Christine Raschdau

Die Aktualität der Vergangenheit

Hochschulschriften

Literaturwissenschaft 42

Christine Raschdau

Die Aktualität der Vergangenheit

Zur gesellschaftlichen Relevanz der Lessing-Rezeption
im 18. Jahrhundert und heute

Forum Academicum
in der Verlagsgruppe
Athenäum · Hain · Scriptor · Hanstein
1979

CIP-Kurztitelaufnahme der Deutschen Bibliothek

Raschdau, Christine:
Die Aktualität der Vergangenheit : zur gesellschaftl. Relevanz der Lessing-Rezeption im 18. Jahrhundert u. heute / Christine Raschdau. – Königstein/Ts.: Forum Academicum in der Verlagsgruppe Athenäum, Hain, Scriptor, Hanstein, 1979.
(Hochschulschriften: Literaturwiss.; Bd. 42)
ISBN 3-445-01922-3

Reproduktion, Druck und Bindung: Decker & Wilhelm, Heusenstamm
Printed in Germany
ISBN 3-445-01922-3

Inhalt

Seite

Seite

1 Vorwort

Reflektiert wird der Problemkreis der Wirkung von Literatur in ihrer Entstehungszeit und in Zeiten veränderter gesellschaftlicher Realität. Das spezielle Ziel ist, Kriterien für einen optimalen Bezug der Literatur, deren Entstehungszeit die Zeit des aufsteigenden deutschen Bürgertums ist, zur heutigen gesellschaftlichen Situation zu entwickeln, und mit Hilfe dieser Kriterien den tatsächlichen Umgang mit literarischen Werken aus dieser Zeit zu bewerten.

Allgemein soll gezeigt werden, woran sich ein produktiver Umgang mit dem Literaturangebot vergangener Zeiten überhaupt messen läßt.

Im Bezugssystem zwischen Werk und Rezipienten soll Wirkung untersucht werden. Dazu wird innerhalb dieses Komplexes unterschieden nach den Haltungen des Anbietens und des Aneignens [1].

Der Text - für den Rezipienten die Rezeptionsvorlage - enthält meist eine Wirkungsabsicht des Autor, etwa, im Sinne einer "Lehre" zu wirken, Fehlhaltungen zu korrigieren, neue Sehweisen zu initiieren. Sie bestimmt die Orientierung, die der Autor dem Rezipienten geben will und die Möglichkeit seiner Aktivierung durch seine Mithilfe bei der Realisierung der Wirkungsabsicht. Die Wirkungsabsicht des Autors ist aber nur eine der Determinanten der möglichen Wirkung. Die Wirkungsmöglichkeit des Werkes ist letztlich immer abhängig davon, wie weit es dem Autor gelungen ist, seine Wirkungsabsicht im Text umzusetzen, von der gesellschaftlichen Situation und ihrer Reflexion im Text, von den materiellen und ideologischen Verhältnissen, die die gesellschaftlichen Rezeptionsbedingungen und die Bewertungsnormen gegenüber Literatur bestimmen: Die Vorstellungen darüber, was Literatur war, ist und sein kann, das Angebot der zur Verfügung stehenden Werke, die Impulse, bestimmte Werke zur Hand zu nehmen und die gesellschaftliche Verständigung über Rezeptionsergebnisse [2].

Der Bereich, innerhalb dessen sich die Vorstellungen und Erfahrungen des Autors sowie des zeitgenössischen individuellen Rezipienten bewegen können, ist abgesteckt durch die zu einem bestimmten historischen Zeitpunkt gegebenen ökonomischen und ideologischen Bedingungen. In der Analyse der Rezeptionsvorlagen wird deshalb gefragt: Was wird innerhalb dieses durch die Geschichte gegebenen Rahmens vom Werk angesprochen? Welche Zusammenhänge werden beschrieben beziehungsweise impliziert? Dahinter steht die Frage, ob das Werk der Höhe der Entwicklung seiner Zeit entspricht und die fortschrittlichsten Ideen seiner Zeit verbreiten hilft. Ist also die mögliche Wirkung, wenn sie sich in der Rezeption realisiert, eine, die dem Rezipienten bei der Bewältigung der Probleme seiner Zeit hilft; wenn er die Impulse, Erfahrungen, Erkenntnisse, die das Werk ihm vermittelt, in seiner Gegenwart umsetzt, kann er damit die Entwicklung der Gesellschaft vorantreiben?

Die Art der möglichen Wirkung gilt es im Text zu finden im Vergleich mit der gesellschaftlichen Realität, aus der heraus er entstanden ist. Kann das Werk fortschrittlichen Rezipienten vorwärtsweisende Impulse geben, dann ist ihm eine maximale Wirkung erreichbar. Die Frage nach diesem (theoretischen) Maximalwert der möglichen Wirkung steht hinter der Wertung der hier analyierten Werke. Es wird also explizit darauf verzichtet, eine Wirkungsabsicht des Autors zu rekonstruieren oder zu postulieren, die Interpretationsergebnisse beschrieben die vom Autor beabsichtigten Wirkungen. Vielmehr geht es darum, aus der Art der Teilnahme des Werks an der zeitgenössischen Diskussion und aus der Art seines Anknüpfens an Bewußtsein und Erfahrungen der (und welcher) Rezipienten die historisch maxiamle Wirkungspotenz zu formulieren. Ob dann die entsprechenden Rezipienten auch die von den gesellschaftlichen Rezeptionsbedingungen ausgewählten sind, wird zu untersuchen sein.

Das literarische Werk erstellt, im Bezugssystem von Realität und Ideologie stehend, einen Zusammenhang zwischen dem Einfluß der Realität und einer Stellungnahme zu ihr. Sowohl die Ansicht über die Realität als auch die Art der Stellungnahme ist vermittelt durch ein "System der gesellschaftlichen (politischen, ökonomischen, rechtlichen, pädagogischen, künstlerischen, moralischen, philosophischen u. a.) Anschauungen, die bestimmte Klasseninteressen zum Ausdruck bringen und entsprechende Verhaltensnormen, Einstellungen und Wertungen einschließen" [3]: durch die Ideologie. "Ideologie" wird nicht als rein subjektives Bewußtsein gesetzt, wie vom Positivismus; sie ist auch nicht von vornherein als illusionäres Bewußtsein definiert. Diese Form nimmt die Ideologie nur unter bestimmten gesellschaftlichen Voraussetzungen an [4].

Für die Zeiten gesellschaftlicher Umstrukturierungen gilt: In der Ideologie der aufstrebenden Klasse erscheint ihr Klasseninteresse als das Interesse der ganzen Gesellschaft. Darin sind zwei Gesichtspunkte enthalten: Zum einen hat die progressive Klasse ein historisches Interesse an der objektiven Erkenntnis der Realität, denn die historische Wahrheit enthält den Nachweis des notwendigen Untergangs der herrschenden zugunsten der aufsteigenden Klasse; zum anderen muß sich die aufsteigende Klasse der Unterstützung aller unterdrückten Schichten der Bevölkerung versichern, sie kann sich - als "besondere Klasse" - - "Nur im Namen der allgemeinen Rechte der Gesellschaft [...] die allgemeine Herrschaft vindizieren" [5]. Wenn die Herrschaftsverhältnisse sich geändert haben und die neue, nun herrschende, Klasse die gesellschaftliche Entwicklung auf dem durch sie erreichten Niveau zu halten versucht (also zu einem Hemmnis wird), dann entwickelt sich aus der historisch progressiven Ideologie die Apologie der bestehenden Verhältnisse: "Je mehr die normale Verkehrsform der Gesellschaft und damit die Bedingungen der herrschenden Klasse ihren Gegensatz gegen die fortgeschrittenen Produktivkräfte entwickeln, je größer daher der Zwiespalt in der herrschenden Klasse selbst und mit der beherrschten Klasse wird, desto unwahrer wird natürlich das dieser Verkehrsform ursprünglich entsprechende Bewußtsein, d. h., es hört auf, das ihr entsprechende Bewußtsein zu sein, desto mehr sinken die früheren überlieferten Vorstellungen dieser Verkehrsverhältnisse, worin die wirklichen persönlichen Interessen ppp. als allgemeine ausgesprochen werden, zu bloß idealisierenden Phrasen, zur bewußten Illusion, zur absichtlichen Heuchelei herab" [6].

Die Gefahr, die in einem rein ideologiekritischen Vorgehen liegt, besteht darin, daß dem 'Denkenden' 'die eigentlichen Triebkräfte, die ihn bewegen, unbekannt bleiben': "Er imaginiert sich also falsche resp. scheinbare Triebkräfte. Weil es ein Denkprozeß ist, leitet er seinen Inhalt wie seine Form aus dem reinen Denken ab, entweder seinem eigenen oder dem seiner Vorgänger. Er arbeitet mit bloßem Gedankenmaterial, das er unbesehen als durchs Denken erzeugt hinnimmt und sonst nicht weiter auf einen entfernteren, vom Denken unabhängigen Ursprung untersucht, und zwar ist ihm dies selbstverständlich, da ihm alles Handeln, weil durchs Denken vermittelt, auch in letzter Instanz im Denken begründet erscheint" [7].

Die gleichzeitige Reflexion der materiellen Triebkräfte wird als eine methodische Forderung verstanden und nach ihr wird bei der Analyse der ausgewählten Dramen und ihrer Bearbeitungen vorgegangen. Das 'Gedankenmaterial' wird untersucht auf die 'Verhaltensnormen, Einstellungen und Wertvorstellungen', die es vermittelt, und darauf, welche Interessen darin zum Ausdruck kommen. Die Interessen selbst ergeben sich aus einem vom Denken unabhängigen Ursprung, nämlich der historisch-gesellschaftlichen Situation und dem sozialen Kräfteverhältnis. Es wird also nicht eine bloße Ideologiekritik betrieben, die leicht ihr Ziel verfehlt, indem sie heutige Erkenntnisse unhistorisch auch von den vorhergehenden Epochen verlangt und der Diskrepanz von Erkenntnis und Wirklichkeit in der Gegenwart verständnislos gegenübersteht.

Die sich für die Gegenwart ergebende Überlegung ist, was ein Werk, das in einer historisch nunmehr definierten Zeit entstanden ist, und in einem bestimmten Verhältnis zu ihr steht, der Gegenwart heutiger Rezipienten an produktiven Impulsen vermitteln kann. Es kommt also hinzu die Reflexion der historischen Differenz, und zwar bezüglich der Entwicklung der Realität, der Ideologie und des Verhältnisses zwischen beiden. Das alte Werk wird in Bezug gesetzt zu diesem veränderten Verhältnis und es wird geprüft, ob es jetzt als Apologie der bestehenden Verhältnisse wirkt und wirken muß. Die Fragen lassen sich nur beantworten durch Bezug auf die veränderten gesellschaftlichen Strukturen. Aus dem Vergleich ergeben sich dann die im Verhältnis von Original und Bearbeitung herauszuarbeitenden Merkmale, die unter Rückverweis auf ihre entstehungsgeschichtlichen Bedingungen auf ihre Funktion in der heutigen Gesellschaft untersucht werden können.

Als Beispiel für den Zusammenhang von zeitgenössischer und über die Zeiten weisender Wirkung und zur Reflexion veränderter Rezeptionsbedingungen wurden aus der Epoche des bürgerlichen Aufstiegs zwei Texte Lessings ausgewählt und ihre zeitgenössische Rezeption untersucht. Dem wurden Rezeptionsergebnisse aus dem Jahr 1970 gegenübergestellt [8)].

Lessings Dramen war der Maximalwert möglicher Wirkung in ihrer

Zeit zumindest annähernd erreichbar und es liegen heutige Rezeptionsergebnisse in Form von Textbearbeitungen für Theaterinszenierungen vor, die im Umgang mit den Texten so verschieden sind, daß inhaltliche Differenzen in der Interpretation des Verhältnisses von Vergangenheit und Gegenwart und somit verschiedene mögliche Wirkungen naheliegen.

Zwischen der Entstehungszeit der Vorlagen und der der Bearbeitungen besteht ein besonderes Verhältnis: Das Bürgertum, das zu Lessings Zeit die Herrschaft anstrebte, und dessen Vorstellungen von Aufbau und Wesen der bestehenden und einer neuen, zu errichtenden, bürgerlichen Gesellschaft Lessing formulieren half, hat vor etwa 130 Jahren die Herrschaft in Deutschland angetreten. Die Programmatik, die die bürgerliche Gesellschaft verwirklichen sollte, ist festgehalten in den Schriften ihrer Protagonisten. Die Konfrontation mit der Realität der heutigen bürgerlichen Gesellschaft zeigt, daß das Bürgertum die eigenen Ideale nicht verwirklicht hat. Es ergibt sich die Frage, ob und, wenn ja, wie an die humanistischen Traditionen des aufsteigenden Bürgertums angeknüpft werden kann, die für uns heute weder in den konkreten Zielen noch in den damaligen Gegnern mehr greifbar sind, sondern, wenn überhaupt, in den Wertvorstellungen.

Die Haltung des Bearbeiters ist entscheidend für die Möglichkeit, diese Werte produktiv für unsere Gegenwart einzusetzen - wobei "produktiv" meint: Darstellung der Funktion der Werte für die gegenwärtige gesellschaftliche Praxis und innerhalb der herrschenden Ideologie als Handlungsanweisung zu deren Veränderung.

Historische Darstellung und Konfrontation bestimmen den Aufbau dieser Abhandlung. Das heißt im einzelnen: Die ökonomischen Bedingungen des bürgerlichen Aufstiegs und die gleichzeitigen ideologischen Auseinandersetzungen werden dargestellt unter dem Gesichtspunkt, daß sie Produktions- und Rezeptionsbedingungen sind. So ergibt sich mit dieser Darstellung die Möglichkeit, die Situation der Rezipienten einzuordnen: Innerhalb welchen ideologischen "Angebots" sie sich bewegten, und was ihre soziologische Einordnung politisch-ökonomisch bedeutete.

Damit ergibt sich außerdem die Möglichkeit einer umfassenderen und systematischeren Darstellung, als wenn die Wirklichkeit nur da konfrontierend herangezogen würde, wo sie im Drama erwähnt oder auffallend außer acht gelassen wird, denn jedes Drama spricht nur Teilaspekte der Realität an. So aber lassen sich die Texte durch Verweise in den umfassenden historischen Kontext einordnen und es wird die Diskussion deutlich, in die die Dramen eingriffen, auch wenn sie es "einseitig" taten.

Als exemplarische Beispiele für Rezeption werden Kritiken herangezogen, die sowohl als Ergebnis der popularisierten, zeitgenössischen ideologischen Diskussion betrachtet werden als auch als Beiträge zu dieser Diskussion. Als Beiträge können sie die im Werk angelegten Wirkungsmöglichkeiten ihren Lesern vermitteln; die in Handlung aufgelösten "Lehren" erklären, theoretisch begründen - oder, die Handlung paraphrasierend, das Anliegen des Autors noch einmal und noch mehreren Rezipienten zugänglich machen. Sie können andererseits uminterpretieren, ablenken, Erkenntnis verhindern, Ablehnung vorbereiten. Als Ergebnisse des ideologischen Angebots sind Kritiken Beispiele für Rezeptionsresultate, den Bedingungen der individuellen Rezeption "privater" Theaterbesucher nur versuchsweise objektivierend entzogen.

Die Analyse der Bearbeitungen wird entwickelt aus ihrem Verhältnis zur Vorlage: Was ist geändert, gestrichen, hinzugefügt? Inwiefern verändert sich durch den veränderten Kontext der Inhalt dessen, was geblieben ist? In diesem Vergleich ist die Konfrontation der Wirklichkeiten und ihrer ideologischen Aufbereitung enthalten. Anschließend wird die Bearbeitung als eigenständiges Werk auf ihre Funktion in der heutigen Wirklichkeit und in der ideologischen Diskussion untersucht und gewertet und die Positionen der Bearbeiter und ihrer Kritiker innerhalb des ideologischen Angebots der Gegenwart bestimmt. Es schließen sich Überlegungen dazu an, wie eine Bearbeitung aussehen muß, um für unsere Zeit eine gültige Interpretation zu liefern und so einen Maximalwert möglicher Wirkung in der Gegenwart zu erreichen.

Insgesamt führt diese Arbeit ein Verfahren exemplarisch vor, das von Rezipienten verlangt wird, die das Ergebnis ihrer Rezeption als Rezeptionsvorlage wieder einem Publikum anbieten. Die Kriterien, die erarbeitet werden, dienen sowohl der Einschätzung der maximalen Wirkungsmöglichkeit - der Wertung - von bereits vorgeführten Bearbeitungen als auch der Erarbeitung von neuen.

2 Produktions- und Rezeptionsbedingungen von Literatur im 18. Jahrhundert in Deutschland

2.1 Die materielle Situation des Bürgertums

Zu Beginn der Arbeit wird der Zusammenhang der materiellen Triebkräfte der Gesellschaft mit ihren Auswirkungen auf das Publikum und mit den gesellschaftlichen Vermittlungsweisen von Literatur untersucht.

Die Vermittlungsweisen und ihr Publikum bedingen einander. Wenn das potentielle Publikum nicht der gesamten Bevölkerung entspricht, stellt sich die Frage nach den Kriterien der Auswahl, und zwar stellt sie sich historisch konkret [1)], als Frage nach Rezeptionsweisen und Publikum einer bestimmten Zeit.

Um Lessings Publikum zu erfassen, sollen zunächst die Möglichkeiten, die es gab, Literatur - speziell: Dramen - kennenzulernen, darauf untersucht werden, wer sie wahrnehmen konnte.

In der folgenden Darstellung werden deshalb zuerst die historischen Voraussetzungen geschildert, die es ermöglichen, das Verhältnis des Publikums zum Stand der gesellschaftlichen Entwicklung näher zu bestimmen.

Das Publikum ist der eine Faktor, durch den die Wirkungsmöglichkeit definiert ist, der andere ist das Verhältnis des Textes zur Realität. So steht die Darstellung der materiellen Triebkräfte gleichzeitig in direktem Zusammenhang mit der Analyse des literarischen Textes, dessen Ausgangspunkt und gesellschaftliche Funktion sie beschreibt, und mit der individuellen Rezeption des Textes, denn sie ist auch hier Vergleichsmoment und Anwendungsbereich.

Die Realisation der Wirkungsabsicht hängt nicht nur von ihrer Umsetzung im Text ab, sondern auch davon, ob die Rezipienten im Text reflektiert sind, ob der Text das Publikum findet, das seine Erkenntnismöglichkeiten realisieren kann.

Die Zeit des Übergangs vom Feudalismus zum Kapitalismus - in Deutschland eine besonders lange Zeit - ist wie jede Entwicklung von einer Gesellschaftsform zur anderen dadurch gekennzeichnet, daß die "materiellen Produktivkräfte der Gesellschaft in Widerspruch mit den vorhandenen Produktionsverhältnissen" geraten. "Aus Entwicklungsformen der Produktivkräfte schlagen diese Verhältnisse in Fesseln derselben um" [2].

2.1.1 Besonderheiten der deutschen Entwicklung

"Anfangs selbst feudaler Stand, hatte das Bürgertum die vorwiegend handwerksmäßige Industrie und den Produktenaustausch auf eine verhältnismäßig hohe Stufe entwickelt, als mit dem Ende des fünfzehnten Jahrhunderts die großen Entdeckungen zur See ihm eine neue, umfassendere Laufbahn eröffneten" [3]. Durch die Entdeckung Amerikas und des Seeweges nach Indien wurden die an den Atlantik angrenzenden Staaten die wichtigsten Verkehrs- und Handelszentren. Die Bedeutung des innereuropäischen Handels, in dem das deutsche Reich einen geographisch wichtigen Platz innegehabt hatte, sank.

Anders als die Niederlande, England und Frankreich erwarb Deutschland keine Kolonien und der sich entwickelnden Wirtschaft fehlte die Möglichkeit, eigene Kolonien auszubeuten durch den Abbau von Edelmetallen (umso stärker wurde der deutsche Handel von der spanischen Silberinflation betroffen) und durch Ausfuhr von Rohstoffen und Einfuhr von Fertigwaren. Der deutschen Handwerksindustrie fehlten die billigen Rohstoffe als eine Voraussetzung, für den internationalen Markt konkurrenzfähige Waren herzustellen. Die deutschen Handelsstädte blieben so hinter der gesamteuropäischen Entwicklung zurück.

Die Möglichkeiten wirtschaftlicher Entwicklung waren weiterhin begrenzt durch die besondere Form der feudal-absolutistischen Unterdrückung und Ausbeutung im territorial zersplitterten deutschen Reich. Fast 1800 Souveräne - 314 souveräne reichsständische Territorien und 1475 Reichsritterschaften [4] - herrschten über zum Teil unbedeutende Landstriche und über nur wenige Untertanen. Ausgestattet mit der Macht eines absoluten Fürsten, wollten sie auch ihrem Machtanspruch entsprechend repräsentieren und erpreßten aus ihren Untertanen die Mittel dazu, so daß sich Wohlstand, Handel, Industrie hier nur ausnahmsweise entwickeln konnten. "Eine einzige der zahllosen Maitressen August des Starken kostete ihn 20 Millionen Thaler. In dem kleinen Württemberg hielt Karl Eugen einen Hofstaat von gegen 2000 Personen; seine Oper und sein Ballett waren die besten nach dem Pariser, aber das Land erlag fast dem Drucke, dem ungeheuren Wildschaden und andern Mißbräuchen" [5].

Der Dreißigjährige Krieg spielte sich im wesentlichen auf dem Gebiet des deutschen Reiches ab; nach dem Krieg waren die landwirtschaftlichen und gewerblichen Produktivkräfte zu bedeutenden Teilen vernichtet, die Bevölkerung um etwa ein Drittel verringert [6]. Die wirtschaftliche Entwicklung war weit hinter den Vorkriegsstand zurückgeworfen [7]. Damit vergrößerte sich der Rückstand Deutschlands gegenüber den fortgeschrittenen Ländern Westeuropas, in denen sich nach Kriegsende rasch manufakturkapitalistische Verhältnisse entwickeln konnten.

2.1.2 Der Feudalabsolutismus als Entwicklungsbedingung des Kapitalismus

Auf dem Gebiet des deutschen Reiches waren nur einzelne bedeutende Vermögen aus Handelskapital akkumuliert worden. Deshalb entstanden die ersten Manufakturen nicht in den traditionellen Handelsstädten durch Investitionen der Finanzbourgeoisie, sondern in den Residenzstädten der größeren, reicheren Staaten wie Sachsen, Preußen und Nordrhein-Westfalen, finanziert oder finanziell unterstützt vom Landesherren.

Die staatliche Wirtschaftspolitik des Merkantilismus entsprach dem realen Bedürfnis nach einer aktiven Handelsbilanz und daher der Förderung von Handel und Gewerbe. Außerdem war der Bedarf der wachsenden Bevölkerung und der großen stehenden Heere so stark gestiegen, daß eine handwerksmäßige Produktion ihn nicht mehr befriedigen konnte. [8]

Qualifizierte Arbeiter, die auch die Kenntnis neuer Verfahren und Techniken mitbrachten, und Unternehmer wurden als Einwanderer geworben durch die Erklärung religiöser Toleranz. So kamen die reichen Hugenotten und die Seidensticker aus Lyon nach Preußen und die böhmischen Bergarbeiter nach Sachsen [9]. Außerdem stellte der Staat die Insassen seiner Wohlfahrts- und Strafanstalten als Arbeitskräfte zur Verfügung, erließ Gesetze, die die Auswanderung erschwerten beziehungsweise unter Verbot stellten - die Auswanderung aus Preußen wurde wie Fahnenflucht geahndet - und warb Arbeiter wie Rekruten an.

In die Auseinandersetzungen zwischen den Zünften und den Manufakturen griff der Landesherr durch Ausnahmegenehmigungen auf der Seite der Unternehmer ein. Um den Anreiz zur Investition von Kapital in Manufakturunternehmen zu vergrößern, wurden Subventionen gewährt. Die Gelder für diese Subventionen wurden zum Beispiel in den preußischen "Provinzen diesseits der Weser" vom 1. Juni 1769 an durch die "Fabrikensteuer" beschafft, eine Steuer auf Weizen und Weizenmehl: Der Betrag, der vor Einführung der Regie pro Scheffel Weizen an Akzise gezahlt wurde, mußte jetzt zusätzlich zur erhöhten Akzise als "Fabrikensteuer" gezahlt werden. Bezuschußt wurde damit die Akzise auf die eingeführte Wolle und es wurde ein ständiger "Fonds zu Bonifikationen und Beihülfe der inländischen Fabriken" geschaffen [10].

Um eine inländische Konkurrenz auszuschalten, wurden Monopole vergeben; Einfuhrverbote für Fertigwaren, Ausfuhrverbote für Rohstoffe und hohe Schutzzölle verminderten die ausländische Konkurrenz [11].

Die protektionistischen Maßnahmen erschwerten jedoch den Handel, besonders den Durchgangshandel, und schadeten der wirtschaftlichen Weiterentwicklung in anderen deutschen Teilstaaten: Das Wollausfuhrverbot unter Friedrich Wilhelm I. verteuerte die Rohstoffkosten für die sächsische wollverarbeitende Industrie so, daß das sächsische Tuchgewerbe zurückging [12].

Bei der Arbeiterbeschaffung machten sich die einzelnen deutschen Teilstaaten die Arbeiter streitig.

So gab es keine Wirtschaftspolitik des Reiches, sondern nur wirtschaftspolitische Interessen der einzelnen Länder.

Zunächst hatte die Ausweitung der indirekten Steuern dazu beigetragen, die Naturalwirtschaft zurückzudrängen zugunsten der Ware-Geld-Beziehung: Um die Steuern zahlen zu können, waren die Bauern gezwungen mehr zu verkaufen. Die Steuern verminderten nicht so sehr ihre sowieso geringe Kaufkraft, sie gingen auf Kosten ihrer Lebenshaltung. So wurde das Warenangebot vergrößert [13]. Später stand dann die Armut der landwirtschaftlichen Produzenten einer weiteren Ausweitung des Marktes entgegen.

Die Bauern leisteten als Kontribution für das stehende Heer Geld- und Naturallieferungen, die den weitaus größten Teil dessen betrugen, was sie ernteten [14]. Die Bevölkerung in den Städten zahlte die Akzise, eine Verbrauchssteuer auf alles, was verkauft wurde. In Berlin waren um 1765 etwa 3750 Gegenstände der Akzise unterworfen [15]. Auf dem Lande wurde die Akzise nicht erhoben, deshalb waren aber Handel und Industrie (mit Ausnahmen) dort verboten und die Landbevölkerung mußte in den Städten kaufen, wo sie die Akzise auch bezahlte. Dafür war der Adel nicht nur von den Kontributionen, sondern auch von der Akzise befreit.

Die Kriege, in die die Landesfürsten aus dynastischen und finanziellen Interessen verwickelt waren, entzogen dem Land für die Produktion benötigte Arbeitskräfte, plünderten die Bevölkerung durch Kontributionszahlungen, besonders in den besetzten Gebieten, noch mehr aus als in Friedenszeiten und vernichteten Produktivkräfte. So warfen die Schlesischen Kriege und der Siebenjährige Krieg die Entwicklung des Bürgertums besonders in Sachsen und Preußen wieder zurück. In vielen Gebieten fehlte es an Saatkorn und der Viehbestand war (zum Beispiel in der Neumark) vollständig vernichtet. Auf dem Lande waren Tausende von Scheunen, Ställen und Höfen verbrannt, in den Städten viele Häuser und Werkstätten [16]. Die Bevölkerungsverluste schätzte Friedrich II. auf etwa 11 Prozent [17].

Dem Frieden von Hubertusburg folgte eine Wirtschaftskrise: Zu Beginn des Krieges hatten die Heereslieferungen und der durch Kriegskontributionen und Münzverschlechterungen erweiterte Geldumlauf einen Aufschwung des Handels herbeigeführt und Wechselspekulanten zu abenteuerlichen Geschäften ermutigt. 1763 mußten 54 Hamburger Banken und Handelshäuser schließen [18], da sie Wechsel, die von mehreren illiquiden Amsterdamer Bankhäusern an sie zurückgingen, nicht einlösen konnten. Infolge dieser Hamburger Ereignisse mußten in Preußen und Sachsen zahlreiche Banken Konkurs anmelden. Verheerender war es aber für die preußische Wirtschaft, daß Friedrich II. 1764 durch ein Münzedikt alle Münzen, die während des Krieges mit Nichtedelmetallen verschmolzen worden waren (zum Teil zu über 50 Prozent), zum Edelmetallwert einziehen ließ. Das führte zu einer allgemeinen Geldknappheit, die wieder Absatzstockungen, Rückgang der Produktion, Preis- und Mietteuerungen und den Zusammenbruch verschiedener Unternehmen zur Folge hatte [19]. Nach dem Ende des Siebenjährigen Krieges erreichten die Lebenshaltungskosten den höchsten Stand des 18. Jahrhunderts.

Das schließt nicht aus, daß einige Bürgerliche am Krieg zu verdienen wußten, so Splitgerber und Daum, die Inhaber des führenden Berliner Handelshauses, und der Berliner Seidenmanufakturier Gotzkowski - der sein Vermögen dann in der Krise wieder verlor.

2.1.3 Die Entwicklung der Produktivkräfte

Die Steigerung der Produktivität beruhte im 18. Jahrhundert auf einer Zunahme der Zahl der unmittelbaren Produzenten, auf einer stärkeren Ausnutzung ihrer Arbeitskraft und der ihrer Frauen und Kinder, auf entscheidenden Verbesserungen der Werkzeuge - zum Teil schon Anwendung von Maschinen, die die beginnende Neuorganisation der Produktionsweise im Verlagswesen und eine Arbeitsteilung in dezentralisierten und in zentralisierten Manufakturen ermöglichten beziehungsweise erzwangen.

In der Garnverarbeitung wurde 1765 das Verbot für die Verwendung des Bandwebstuhls aufgehoben und es wurden Prämien für die Anschaffung dieser Maschinen ausgesetzt [20]. Die Erfindung des Strumpfwirkstuhls brachten hugenottische Flüchtlinge 1685 nach Magdeburg, 1687 nach Berlin.

Die Manufakturen und auch der Bergbau, der in immer größere Tiefen ging, brauchten größere Energiemengen, als sie durch die Ausnutzung der Wind- und Wasserkraft erzeugt werden konnten. Eine neue Energiequelle wurde durch die Ausnutzung des Wasserdampfes gewonnen [21]. 1785 wurde im Mansfelder Bergrevier die erste deutsche Dampfmaschine in Betrieb genommen. Die während der industriellen

Revolution in England entwickelte Spinnmaschine wurde in Berlin zuerst 1781 übernommen, die erste mechanische Baumwollspinnerei 1784 bei Ratingen im Rheinland eingerichtet [22].

Damit war die Entwicklung deutscher Manufakturunternehmen immer noch weit hinter der Entwicklung in anderen westeuropäischen Staaten zurückgeblieben. Ein Beispiel: 1667 gab es in Lyon eine Seidenindustrie mit 2000 Webstühlen - Friedrich Wilhelm I. ließ 1686 mit Hilfe zweier französischer Flüchtlinge die erste Seidenmanufaktur in Berlin errichten; sie besaß sechs oder sieben Stühle und ging bald nach ihrer Gründung wieder ein [23]. Erst die um die Mitte des 18. Jahrhunderts gegründeten Manufakturen hatten Bestand. Zu dieser Zeit gelang es in Sachsen, Schlesien, der Mark Brandenburg und im Rheinland verschiedenen Manufakturunternehmern, ihre Position zu festigen [24].

Die Profite sächsischer, rheinischer und preußischer Unternehmer blieben jedoch zurück hinter Profiten, wie sie in zeitgenössischen Fabriken Westeuropas erzielt wurden, da die Manufakturen in Deutschland meist noch dezentralisiert arbeiteten und die unmittelbaren Produzenten zusätzlich durch feudale Verpflichtungen gebunden waren.

Auf dem Gebiet des deutschen Reiches war es wegen der zweiten Leibeigenschaft in den Provinzen östlich der Elbe [25], wegen der Rekrutierungen, des Soldatenverkaufs [26] und, im Handwerk, wegen des Zunftzwanges erheblich schwieriger Arbeitskräfte zu beschaffen, als in den anderen Staaten Westeuropas.

Der größere Warenbedarf konnte durch das zunftmäßig organisierte Handwerk nicht mehr gedeckt werden, besonders weil die Zünfte die Erweiterung fast aller Handwerkszweige und ihre Integration in Verlagssystem oder Manufaktur behinderten. Die zahlenmäßige Beschränkung der in einem Gewerbe niedergelassenen Meister, die starr begrenzte Mitgliederzahl und ein Verbot für unzünftige Handwerker, sich in den Städten niederzulassen, sollten es weiter möglich machen, den Wettbewerb auf die Standesorganisation zu beschränken. Die Zünfte negierten gesellschaftlich-ökonomische Notwendigkeiten, um ihren gesellschaftlich überholten Stand zu erhalten.

Die nichtzünftigen Handwerker versuchten, in die dörfliche Umgebung der Städte auszuweichen. Da aber nur das städtische Handwerk den Landesherren Einnahmen aus der Akzise brachte, wurden Ansiedlungsverbote für Handwerker auf dem Dorf erlassen [27]. Einige von dem Verbot ausgenommene Handwerkszweige bewirkten im Ganzen doch ein Anwachsen des dörflichen Handwerks [28].

Die Zunftverfassung verbot ferner meist die Zusammenarbeit zwischen Zunfthandwerkern und Kapitalbesitzern, die es ermöglicht hätte, zünftige Arbeiter planmäßig in das Verlagssystem zu integrieren. Eine Ausnahme von allen Beschränkungen bildete die Produktion neuer Güterarten, die natürlich nicht mehr dem Gewerkszwang unterworfen wurde.

Die ökonomische Notwendigkeit und das private Profitstreben machten die Verbote zum Teil unwirksam, ließen die Schranken zwischen zunftmäßiger und frühkapitalistischer Produktion durchlässig werden: Als staatliche Privilegien wurden Dispense vom Zunftzwang an einzelne Unternehmer erteilt. In anderen Fällen wurden Kaufleute und Unternehmer Mitglieder von Zünften [29].

Eingewanderte ausländische Arbeiter setzten sich leichter als die inländischen über den Zunftzwang hinweg - die es in ihrem Gefolge dann auch taten.

Das alles war nur möglich als Bruch der Zunftverfassungen. "Über die Möglichkeiten, die konzessionierten Fabriken [...] völlig[...] vom Gewerkszwange zu befreien, fanden in den Jahren 1792 und 1794 - 1801 im Generaldirektorium mehrfach Verhandlungen statt" [30].

Um trotz dieser Schwierigkeiten die Produktivität zu erhöhen, beutete man zunächst die unmittelbaren Produzenten stärker aus: In Spinnschulen mußte die ländliche Bevölkerung in ihrer freien Zeit arbeiten, Frauen und Kinder wurden stärker als bisher in den Produktionsprozeß einbezogen und die Soldaten wurden durch das Kantonsystem der ländlichen und als Freiwächter der städtischen Produktion zurückgegeben [31].

Die Konkurrenz unter den Handwerkern und die hohen Anschaffungskosten für neue Produktionsmittel führten zur Verarmung vieler Selbständigen. Sie zogen in die Städte, so wie die landlose Bevölkerung, die trotz Leibeigenschaft und Gesindezwangsdienst in die Städte floh, und verkauften, wie diese, ihre Arbeitskraft.

Exkurs über die Städte

Die Entwicklung der Städte zeigt, daß die ökonomische und soziale Struktur in Deutschland im 18. Jahrhundert von der agrarischen Produktion bestimmt blieb: In Preußen lebten 1778 28.3 Prozent der Bevölkerung in Städten [32], in ganz Deutschland waren es sogar nur 20 Prozent [33]. Die Städte waren keineswegs groß, um 1800 hatten 60 Prozent der Städte in Brandenburg unter 2000 Einwohner und nur knapp 5 Prozent hatten über 10 000 [34]. Sogar die größte Stadt Deutschlands, Berlin mit 121 873 Einwohnern [35], hatte noch ländlichen Charakter, auch dort wohnten noch Ackerbauern und Viehzüchter. 1750 waren in den Städten der Kurmark von 235 794 Einwohnern 2834 Ackersleute, 238 Gärtner und 3977 Tagelöhner, das sind zwei Prozent der Bevölkerung. Dieser Anteil ging im Lauf der Zeit zurück.

Von den alten Reichsstädten konnten nur Hamburg, Frankfurt und Bremen ihre Positionen ausbauen (die süddeutschen Reichsstädte verloren an Bedeutung wegen der Verlagerung der Handelswege), insgesamt aber verlagerte sich die wirtschaftliche Macht in die Residenzstädte besonders der großen Staaten, die ihr "natürliches" Absatzgebiet waren, die Produktionsaufträge vom Fürsten erhielten, und in denen sich die Bevölkerungszahl nicht nur durch Handel und Produktion vermehrte, sondern auch durch den sich vergrößernden Verwaltungsapparat und gegebenenfalls durch Garnisonen und Universitäten.

In den Städten lebten also Angehörige etwa folgender Bevölkerungsschichten: Fabrikanten, Zunftbürger und Kaufleute, städtische Beamte, Händler und Zunftgesellen, kleine Gewerbetreibende und Lohnabhängige: Facharbeiter, Dienstboten, Tagelöhner; Bauern; Intelligenz: Theologen, Ärzte, Lehrer, Juristen. In Residenzstädten kam der Fürst mit den ihn umgebenden Adligen, Hofbeamten und Hofbedienten dazu; in Garnisonsstädten Offiziere und Soldaten und in Universitätsstädten der Lehrkörper und die Studenten.

Über das zahlenmäßige Verhältnis der einzelnen Schichten zueinander genaue Angaben zu ermitteln, ist schwierig. Ohne auf die Besonderheiten einzelner Stadtformen einzugehen, schätzt Eberhardt dieses Verhältnis in Thüringen zwischen 1748 und 1816 etwa so ein: Bezogen auf die Gesamtbevölkerung waren 63 Prozent Bauern, 23 Prozent städtisches Bürgertum, je 6,3 Prozent waren Handwerksgesellen und Facharbeiter beziehungsweise Dienstboten und Tagelöhner, 1 Prozent waren Fürsten und andere Adlige; davon lebten circa 27 Prozent in den Städten und 73 Prozent auf dem Land [36]. Daraus läßt sich für die Stadtbevölkerung folgende Zusammensetzung errechnen: 1 Prozent Adlige, 82 Prozent städtisches Bürgertum, 17 Prozent Handwerker und Facharbeiter, Dienstboten, Bauern und Tagelöhner [37].

Wenn 82 von 100 Stadtbewohnern "bürgerlich" waren, müssen unter diesem Begriff vom Zunftmeister bis zum kleinen selbständigen Gewerbetreibenden, vom Händler bis zum Großkaufmann alle subsummiert worden sein, die weder adlig noch lohnabhängig waren - und so ist die Angabe noch immer sehr pauschal. Das Verhältnis mußte sich zudem beträchtlich verschieben, wenn die Stadt eine Garnison beherbergte und damit adlige Offiziere, sowie Soldaten, die sowohl ihrer Herkunft als auch ihrer zeitweiligen Beschäftigung nach der dritten Gruppe zuzuordnen wären.

2.1.4 Bürgerlicher Protest gegen wirtschaftliche Behinderungen

Noch um die Mitte des 18. Jahrhunderts spielte sich der Handel im wesentlichen im Rahmen der einzelnen Territorialstaaten ab. Im Zusammenhang mit dem Wachstum kapitalistischer Produktionsverhältnisse festigten sich jedoch auch die Handelsbeziehungen zwischen wirtschaftlich relativ weit entwickelten deutschen Teilstaaten wie Schlesien und Sachsen. Die Notwendigkeit eines einheitlichen nationalen Marktes der freien Konkurrenz trat besonders durch die Behinderungen, die sich diesen und weiteren Beziehungen entgegenstellten, klar hervor.

Da die Anzahl von kapitalkräftigen Unternehmern mit Hilfe der Fürsten gestiegen war, wurden nun die vom Fürsten vergebenen Monopole hinderlich, da sie den freien Wettbewerb hemmten.

Über den Mangel an Aufträgen und über Absatzschwierigkeiten beschwerten sich 1765/66 Fabrikanten und Kaufleute bei Friedrich II. Er setzte eine Kommission ein, die die Gründe für die Klagen aufdecken sollte [38]. Die schriftliche Antwort des 5. Departements des Generaldirektoriums enthält eine Anklage des Bürgertums gegen den königlichen Steuerwucher, der die Ausbildung eines kapitalistischen Binnenmarktes und die Beziehungen zum auswärtigen Markt stört; sie weist hin auf die "Behinderungen im Commercio in denen Königlichen Landen" [39] und betont, daß "die verschiedenen im Lande eingeführten Monopolia [...] dem allgemeinen commercio höchst schädlich" seien, da "sie den fremden Transito- und Troq-Handel geniren und die Waren im Lande selbst vertheuren". Zum Beispiel habe die mit der General-Tabacks-Verpachtung verbundene Verteuerung des Tabaks große Schäden angerichtet, sowohl bei den betroffenen Fabriken als auch bei den Kaufleuten, die die auswärtigen Tabakabnehmer zugleich als Kunden für ihre anderen Waren verloren [40].

Die Steigerung des Arbeitslohnes, die den Fabrikanten die Konkurrenzfähigkeit erschwerte, erklärten die Verfasser der Untersuchung mit der "Theuerung der unentbehrlichen Lebensmittel", den 'exorbitanten Preisen der Hausmieten und des Brennholzes' [41].

So wurden die feudalen gesellschaftlichen Verhältnisse von Entwicklungsbedingungen des Kapitalismus [42] zu einer Fessel für die volle Entfaltung der Produktivkräfte und des kapitalistischen Handels.

An der Kontroverse zwischen König Friedrich II. und dem 5. Departement des Generaldirektoriums (der Verantwortliche, der Geheime Rat Ursinus, wurde auf die Festung Spandau gebracht [43]), zeigt sich aber nicht nur der Widerspruch zwischen den veralteten Produktionsverhältnissen und den neuen Produktivkräften - es zeigt sich auch schon der Widerspruch zwischen Lohnarbeit und Kapital. Es kam zu Auseinandersetzungen um die Arbeits- und Lebensbedingungen der Arbeiter und zu ersten Streiks, zum Beispiel streikten 1775 in Berlin und Frankfurt/Oder die Seidenmanufakturarbeiter, als ihnen die Löhne um 25 Prozent gekürzt werden sollten [44].

Aber noch konnten die Klasseninteressen gegen den Adel im Kampf für den gesellschaftlichen Fortschritt vereint werden [45].

2.2 Aspekte der ideologischen Auseinandersetzung und die Wirkungsabsicht des bürgerlichen Dramas

Die Entwicklung der Produktivkräfte und die damit verbundene Veränderung der ökonomischen Grundlagen der Gesellschaft provozierten in Deutschland erste Auseinandersetzungen zwischen Adel und Bürgertum zu einem Zeitpunkt, als in anderen Ländern Europas das Bürgertum die Frage der Macht längst für sich entschieden hatte oder kurz davor stand. Wegen der realen Ohnmacht des deutschen Bürgertums fand diese Auseinandersetzung fast ausschließlich auf geistigem, speziell rechts- und religionsphilosophischem, Gebiet statt [46]

Das Theater zeigt dabei zugleich den Stand der Entwicklung des Bewußtseins an und trägt diese Entwicklung mit, indem es in die Auseinandersetzung eingreift. Damit deutlich wird, wie ein solches Eingreifen konkret möglich ist, wird hier der Themenkomplex angesprochen, der den Interessen solcher Zuschauer entspricht, die die Entwicklung ihrer Zeit vorantragen: der Kampf gegen die ideologische Rechtfertigung der ständischen Ordnung. Dazu gehören die Hinwendung zum Individuum, die Betrachtung seiner Interaktionen, die zu einer neuen Staats- und Rechtstheorie führt, und die Formulierung moralischer Maßstäbe zur Rechtfertigung des Kampfes, die gleichzeitig eine neue Bindung implizieren. Sie sind auch Ursache wirkungstheoretischer Hoffnungen auf die Verbesserungsfähigkeit des Menschen.

2.2.1 Die Freiheit des Individuums

Im Feudalismus ist die Abhängigkeit der unmittelbaren Produzenten nicht durch ökonomische Gesetzmäßigkeiten gegeben, sondern durch außerökonomische Zwänge.

In der hierarchisch organisierten ständischen Gesellschaft gibt es vielfältige Formen der persönlichen Abhängigkeit: Die Feudalherren waren jeweils in ihrem Herrschaftsbereich mit weitgehenden ökonomischen und juristischen Vollmachten ausgestattet, zugleich aber einander über- beziehungsweise untergeordnet. Auch sie besaßen keine unbedingte Freizügigkeit - in Preußen durften zum Beispiel Adlige nicht auswandern und ihre Güter nicht verkaufen [47] - sie waren nach dem Prinzip der Lehnsherrschaft dem Landesherren Rechenschaft und den Dienst als Offizier schuldig.

Zunft- und Gesindeordnungen regelten nicht nur das Erwerbsleben, sondern auch das private Leben der betroffenen sozialen Schichten. Mit den sozialen Abstufungen innerhalb der Stände war eine unterschiedliche Lebensführung durch offizielle und inoffizielle Festlegungen in allen Einzelheiten auch des privaten Lebens vorgeschrieben. Mit der Standes- und Berufszugehörigkeit war auch die Privatperson definiert. Diese Lebensbedingungen hinderten den einzelnen Menschen, eigene Verhaltensweisen zu entwickeln und sich seiner individuellen Bedürfnisse und Fähigkeiten bewußt zu werden.

Die allgemeine Entwicklung brachte eine langsame Auflösung der absoluten Verbindlichkeit ständischer Organisation; mit der Veränderung an der materiellen Basis und den neuen Erkenntnissen in der Wissenschaft, die die Welt dem Menschen in vielen neuen Bereichen als erkennbar und lenkbar zeigten, wurde der Versuch unternommen, der eigenen Vernunft zu trauen - statt Glauben Wissen in den Vordergrund zu stellen. Die Erfahrung des eigenen ökonomischen Aufstiegs und der Wunsch die Herrschaft zu übernehmen, ließen das Bürgertum von der Möglichkeit des gesellschaftlichen Fortschritts ausgehen, den es berufen sei zu tragen. Appelle an Wissen, Vernunft und Verantwortung wenden sich an den individuellen Menschen.

Der ideologische Emanzipationskampf des Bürgertums begann als Kampf gegen die Religion, sowohl insofern, als sie die Entwicklung der menschlichen Erkenntnismöglichkeiten behinderte, als auch insofern sie den Feudalabsolutismus rechtfertigte: Sie deutete die hierarchische Gesellschaftsstruktur, indem sie sie in der göttlichen Ordnung spiegelte. Der absolute Herrscher und der allmächtige Gott wurden parallelisiert; so waren der Herrschaftsanspruch und alle Handlungen des Herrschers von vornherein durch seine Stellung legitimiert. Wie der Herrscher durch Gottes Gnade auf den Thron gelangt war, galt jeder Mensch als von Gott an seinen Platz gewiesen.

Der vernünftige Mensch will aber nicht mehr nur passiver Teilhaber der Handlungen göttlicher Vernunft sein, sondern er will sein Leben, seine Position in der Gesellschaft, seine privaten Belange entsprechend seinen Wünschen und seiner Erkenntnis selbst bestimmen.

So ergänzt Leibniz in seiner 'Monadologie' die Theodizee um ein aktives Prinzip. Er argumentiert zwar noch innerhalb der christlichen Rechtfertigungslehre, wenn er auf die Verpflichtung hinweist, die sich für den Monarchen aus der Rechtfertigung durch Berufung auf die göttliche Ordnung ergibt: Wenn der Monarch die höchste Monade im irdischen Bereich sein will, so wie Gott die höchste Monade im himmlischen Machtbereich ist, dann muß seine Monarchie das Abbild des Reiches Gottes, ein vollkommener Staat sein [48)]. Ist sie das nicht und weicht der Monarch von dem göttlich-gerechten Ideal ab, dann hat er seine Legitimation als Herrscher verloren. Diesen Gedanken führt Leibniz nicht aus, er ist aber in seiner Abhandlung implizit enthalten.

Gleichzeitig wohnt den Monaden ein aktives Prinzip inne: Sie können sich an der Gestaltung der Welt beteiligen. Deutlich perzipierende Monaden sind "tätig wirksam" [49)]; sie verändern sich selbst durch immer neue Perzeptionen, die, in die Realität umgesetzt, das Anstreben immer neuer Stufen der Vollkommenheit - der Person und der Umwelt - ermöglichen. Dabei nähern sie sich insgesamt, erkennend und strebend, einer objektiven Wahrheit [50)].

Verschieden sind die Monaden nur durch die Unterschiedlichkeit ihrer Perzeptionskraft.

Die Beziehungen der Menschen untereinander tendieren dazu, auf die Vermittlung durch den Bezug auf Gott und die ständische Hierarchie zu verzichten; Handeln und Verhalten des Individuums sind nicht mehr vor allem durch die Zugehörigkeit zu einem Stand bestimmt und beschränkt, sondern können sich auf die individuelle Vernunft berufen, auf die Fähigkeit zur Erkenntnis, die jedes Individuum - wenn auch in unterschiedlichem Maß - besitzt.

2.2.2 Staat und Recht

Mit dem neuen Empfinden für die Individualität des Menschen entwickelt sich eine neue Auffassung von der Rolle des Staates. Sie wird hergeleitet aus der Theorie von der Entstehung dieses Staates aus einem Staats- oder Gesellschaftsvertrag: Der Staat sei entstanden als eine Verbindung von Menschen, die den Schutz ihrer individuellen Rechte vor Übergriffen der jeweils anderen suchten. Sie haben sich geeinigt, einem einzelnen die Macht zu übertragen, der für die Erhaltung eines rechtmäßigen Zustands sorgen soll [51].

Das Volk ist also der eigentliche Begründer des Staates, es hat dem Herrscher die Macht nur zur besseren Wahrung seiner Rechte übertragen.

Die aus dem Naturrecht hergeleiteten und durch den Staat zu garantierenden Rechte der Staatsbürger sind: Freiheit, Gleichheit, Sicherheit und das Recht auf Eigentum, das heißt: Rechtsgleichheit statt politischer Vorrechte einzelner Stände und statt der Steuerfreiheit des Adels; Rechtssicherheit, nämlich Schutz vor willkürlichen Maßnahmen der Feudalherren, besonders Schutz des bürgerlichen Eigentums; Freiheit statt feudaler und klerikaler Fesseln; Freiheit von der Leibeigenschaft und der Zunftordnung, Freiheit der Wissenschaft von der Vorherrschaft der katholischen Kirche.

Das Individuum erhebt Anspruch darauf, daß diese Rechte ihm gegenüber gewahrt werden und es akzeptiert die Verpflichtung, sie anderen gegenüber selbst zu berücksichtigen.

Das Bedürfnis nach Berechenbarkeit und Zuverlässigkeit besonders der Rechtsprechung entstand aus der freien Konkurrenz auf dem Markt, aus der Notwendigkeit für Fabrikanten und Kaufleute, den Gewinn ihrer Unternehmungen zu kalkulieren. Dazu mußte die Rechtsprechung notwendig geschützt sein vor willkürlichen Maßnahmen der feudalen Rechtshoheit und es mußte privatrechtliche Gleichberechtigung herrschen [52].

Die Auslegung des Gesetzes, die Rechtsprechung, reklamierten die citoyens über die Theorie der Gewaltenteilung für sich: Nach Montesquieu gilt es noch, die Teilung der Gewalten entsprechend der alten Adelsherrschaft wiederherzustellen. Es habe gegeben: die Exekutive in den Händen des Monarchen, die Legislative, bestehend aus dem Oberhaus, und eine Judikative, in der das "Volk" zusammen mit dem Adel vertreten war [53]. Montesquieu argumentiert für den Adel, der die politische Macht des Königs zerstören will, um die eigene wiederzuerlangen. Die Theorie von der Gewaltenteilung konnte aber von den progressiven Kräften im Sinne des Bürgertums interpretiert und genutzt werden [54]. Die Judikative wurde zur Kontrollinstanz, die die absolute Macht des Herrschers einschränken konnte - die staatsrechtliche Gleichberechtigung der Bürger wurde eingeleitet.

In der weiteren Entwicklung wurde dann auch die Gesetzgebung von den Bürgerlichen für sich beansprucht [55].

2.2.3 Die Verpflichtung des Individuums

Die Vorstellung von einem bürgerliche rechtliche Sicherheit und Gleichheit gewährenden Staat wurde präzisiert in der täglichen Auseinandersetzung mit Maßnahmen des Souveräns und des Adels, die als unberechtigt empfunden wurden. Die Empörung entzündete sich dabei auch am Privatleben der Herrscher, das als unvereinbar mit dem moralischen Gewicht ihrer Position empfunden wurde.

So integrierte das Bürgertum seine Forderungen nach bestimmten Rechten in eine Morallehre, die sie als moralische Ansprüche formulieren half, und verband mit ihnen einen Katalog von Tugenden, die im bewußten Gegensatz zur Lebensweise des Hofes standen. Die Morallehre erhob Anspruch auf Objektivität. Sie erwies den, der ihre Normen erfüllte, als zur Herrschaft moralisch befähigt, und die Bürger wollten beziehungsweise sollten sich bemühen, sie, zunächst im privaten Leben, zu erfüllen. Daß die Herrscher sie nicht erfüllten, war leicht zu sehen, und also waren Zweifel an ihrer Legitimation angelegt. Mit dem Vergleich auf der privaten Ebene wurde Gleichheit aller Personen vor dem moralischen Urteil hergestellt.

Die Formulierung eines verbindlichen Tugendkatalogs ist nicht nur aus der Konfrontation mit dem Adel zu erklären, sondern auch aus dem Bedürfnis, die gegenseitigen Beziehungen der Bürger untereinander neu zu definieren. So wird Ersatz geleistet für die verlorengehende Bindung der Verhaltensweisen an den Stand. Das ist auch deswegen nötig, weil das Bürgertum nicht e i n alter Stand ist, sondern weil sich Angehörige verschiedener Stände in einer ähnlichen ökonomischen Situation befinden und sich verständigen müssen.

Mit der Entlassung aus den persönlichen Abhängigkeitsverhältnissen ergibt sich nicht plötzlich völlige persönliche Unabhängigkeit, sondern die neue persönliche Abhängigkeit ist eine moralische. Außerdem wächst mit der Eingliederung eines immer größer werdenden Teils der Bevölkerung in den kapitalistischen Produktionsprozeß die sachliche Abhängigkeit der Individuen [56].

So ist auch die Hoffnung, das Ideal des "freien" Individuums in der bürgerlichen Gesellschaft verwirklichen zu können, nur möglich durch eine Abstraktion von den gesellschaftlichen Bedingungen.

2.2.4 Das Theater als Schule selbstbewußter Umgangsformen

Für das tägliche Leben ergab sich nicht nur die Notwendigkeit, den moralischen Forderungen entsprechend zu leben, sondern auch Umgangsformen zu entwickeln, die als solche nachahmbar waren, Zusammengehörigkeit herstellten und demonstrierten und die dem Auftreten der citoyens auch äußerlich Überzeugungskraft verliehen. Die neuen Umgangsformen sollten sich scharf distanzieren von denen des Hofadels und sollten gleichzeitig "die distanzlose Fremdbürgerlichkeit des Plebejers" vermeiden [57]. Gesucht wird "das Vorbild eines demokratisierbaren Vornehmheitstypus, wie es der englische Gentleman darstellt" [58].

Der Pädagoge Niemeyer katalogisiert die "wünschenswerth" erscheinenden Eigenschaften: "Eine gute, selbst Ehrerbietung gebietende Gestalt, Würde, die sich, ohne angenommen zu seyn, im Gesicht mit Wohlwollen vereinigt, Herrschaft der Seele über Farbe und Mienen des Gesichts, auch im Zustande der Leidenschaft, Leichtigkeit und Anstand in der Bewegung aller Gliedmassen; gerader Gang ohne affectirte Erhabenheit" [59]. Dies alles basierend auf 'einem gewissen edlen Selbstgefühl', "das sehr entfernt von Stolz bleiben kann, und aus dem Bewusstseyn hervorgeht, etwas gelernt und nichts verächtliches im Charakter zu haben" [60]. Vorbilder für diese Haltung sind weniger in der 'großen Welt' zu suchen: "Man findet in den engsten Familienkreisen, sehr gebildete Menschen des Mittelstandes, oft mehr wahrhaft feine Sitten und echte Höflichkeit, als in den Prunkgesellschaften der Großen" [61].

Lessing beschreibt sein Auftreten als junger Mann, seine Erscheinung, als das genaue Gegenteil von Niemeyers Forderungen: "Eine bäuersche Schichternheit, ein verwilderter und ungebauter Körper, eine gänzliche Unwissenheit in Sitten und Umgange, verhaßte Mienen, aus welchen Jedermann seine Verachtung zu lesen glaubte, das waren die guten Eigenschaften, die mir bey meiner eignen Beurteilung übrig blieben" [62].

Die Komödien haben ihm die Erkenntnis dieser Mängel vermittelt und es ihm ermöglicht sich zu vervollkommnen: "Ich lernte daraus eine artige und gezwungene, eine grobe und natürliche Aufführung unterscheiden [...] Ich lernte mich selbst kennen und seit der Zeit habe ich gewiß über niemanden mehr gelacht und gespottet als über mich selbst" [63].

Die Komödie greift ein in den Gestaltungsprozeß der citoyens-Identität, indem sie Beispiele richtigen Benehmens gibt und sie mit Beispielen falschen Benehmens konfrontiert.

2.2.5 Das Theater als Schule der moralischen Welt

Das Theater zeigt praktische Beispiele für ein adäquates Benehmen im Umgang mit anderen Menschen. Der citoyen sucht jedoch vor allem nach seiner moralischen Identität, und auch die Wirkungsabsicht der Schauspiele erstreckt sich auf das moralische Verhalten in der Gesellschaft. Im Folgenden soll die Wirkungsabsicht des bürgerlichen Dramas genauer untersucht werden auf Zielgruppen, Inhalt und Vorstellung von der Möglichkeit ihrer Verwirklichung.

Das Theater wendet sich, entsprechend den Vorstellungen von der Beteiligung möglichst vieler vernünftiger Mitglieder der Gesellschaft am Aufbau einer neuen, besseren Gemeinschaft, an alle "Bürger", an alle citoyens. In diesem Sinn ist das bürgerliche Drama "bürgerlich": Es versucht, "den gesamten individuellen Verkehr der Individuen innerhalb einer bestimmten Entwicklungsstufe der Produktivkräfte" darzustellen [64]. "Der Begriff 'bürgerlich' ist hier keineswegs schon identisch mit 'zur Klasse der Bourgeoisie gehörig'. Er umfaßt inhaltlich weit mehr, nämlich die ganze Gesellschaft 'als Privatstand'" [65].

Die Berechtigung, sich an alle zu wenden und auf alle zu hoffen für die Arbeit an der Verwirklichung der neuen Gesellschaft, wird nachgewiesen anhand der vorgeführten Gleichheit des menschlichen Fühlens. Dieser Nachweis "entreißt den Privilegierten eine Sonderstellung, vereint hoch und niedrig der Gesellschaft auf den einen Grundnenner - ein Mensch zu sein. Das bürgerliche Drama, wollte es diesem Gefühl der Gleichheit Ausdruck verleihen, konnte nicht nur, es m u ß t e 'Personen vom Stande' weit häufiger auf die Bühne bringen als Vertreter der Bourgeoisie oder Plebejer.[...] Wenn der Fürst[...] aller höfischen Erhöhung entkleidet, als Privatmann gezeigt" wird, so "enthält die Zuwendung zur Privatsphäre für die Endphase der Ständegesellschaft ein ausgesprochen egalitäres Moment" [66]

Die moralische Erziehung geht aus "von dem denkenden bessern Theile des Volks", von ihm aus " strömt das Licht der Weisheit herunter und verbreitet sich von da aus in milderen Stralen durch den ganzen Staat. Richtigere Begriffe, geläuterte Grundsätze, reinere Gefühle fließen von hier aus durch alle Adern des Volks" [67]. Verstand und Herz arbeiten so darauf hin, daß "Menschen aus allen Kraisen und Zonen und Ständen [...] jede Fessel der Künstelei und der Mode" abwerfen, "durch e i n e allwebende Sympathie verbrüdert, in E i n Geschlecht wieder aufgelößt" sind [68].

Die "Erzieher" wenden sich an das menschliche Fühlen, mit Hilfe dessen sie das gemeinsame Streben aller Individuen nach staatsbürgerlicher Tugend organisieren wollen, einer Tugend, die sich direkt im privaten Umgang mit anderen Menschen äußert. So steckt im scheinbaren Rückzug auf die Darstellung der privaten Sphäre zugleich der universelle Anspruch des Bürgertums: Der Privatmann verkörpert als moralisch handelnder Mensch das Postulat eines für alle gültigen moralischen Verhaltens.

Die Katalogisierung dieses Verhaltens führt dazu, daß die moralischen Normen die Bedeutung von Gesetzen erhalten. Diese Gesetze werden durch das Theater verbreitet, das Theater soll ein "Supplement" der weltlichen Gesetze vermitteln [69]; "Die Gerichtsbarkeit der Bühne fängt an, wo das Gebiet der weltlichen Gesetze sich endigt" [70].

Dieses Supplement ist notwendig, weil die Gesetze des feudalen Staates in zweifacher Hinsicht nicht ausreichen: Sie beruhen auf veralteten feudalistischen Rechtsgrundsätzen und schützen die Interessen der citoyens nicht vor dem Zugriff des Adels, zum anderen fehlen Gesetze, die die Einhaltung von "Spielregeln" für den Umgang der citoyens miteinander festlegen.

Im bürgerlichen Drama ist für die Konflikte, die sich aus dem erstgenannten Mangel der Gesetze ergeben, die Tragödie die naheliegende Form. In ihr werden Probleme behandelt, "gegen die alle Kraft der Legislation zu kurz fällt; die in ihren Triebfedern so unbegreiflich, in sich selbst so ungeheuer, in ihren Folgen so unermeßlich sind, daß sie entweder der Ahndung der Gesetze ganz entgehen, oder doch unmöglich nach Verdienst geahndet werden können" [71]. Das muß nicht unbedingt nur an der Art der Verbrechen liegen - es kann auch an den Verbrechern liegen: Gegen die Verbrechen der Fürsten fällt allerdings 'alle Kraft der Legislation zu kurz', weil sie keiner Gerichtsbarkeit unterstehen, auf die die Bürger Einfluß haben.

Die Komödie dagegen behandelt "Dinge in dem sittlichen Betragen des Menschen, welche, in Ansehung ihres unmittelbaren Einflusses auf das Wohl der Gesellschaft, zu unbeträchtlich, in sich selbst zu veränderlich sind, als daß sie wert oder fähig wären, unter der eigentlichen Aufsicht des Gesetzes zu stehen" [72] - Probleme des Umgangs mit uneinsichtigen Mitmenschen, des Nichteinhaltens von Übereinkünften, Meinungsverschiedenheiten unter prinzipiell Gleichgesinnten; die Komödie behandelt nichtantagonistische Widersprüche. Auch die Uneinsichtigen, die 'Toren', stören das Glück der Gesellschaft [73]. Es muß der Versuch gemacht werden sie zu bessern. Gleichzeitig sollen die Vernünftigen den Umgang mit ihnen erlernen - und vor allem gewarnt werden, sich so wie sie zu verhalten [74]

Lessing versucht, zusätzlich zur Vermittlung moralischer Vorbilder und Maßstäbe, die Disposition zu ihrer Aufnahme im Zuschauer zu schaffen durch eine ganz neue Vermittlung zwischen Bühne und Publikum - durch die Einfühlung. Der Zuschauer ist aufgefordert, sich mit den dargestellten Personen zu identifizieren. Übereinstimmung wird in verschiedenen Teilbereichen ermöglicht: Psychologie, Weltanschauung, ökonomische Situation. Vorausgesetzt wird dabei die Freiheit des Individuums von ständischen Bindungen, die Freiheit, sich überhaupt mit M e n s c h e n - statt mit Ständen - zu identifizieren. Diese Freiheit hat das Individuum jedoch nicht nur "frei" gemacht, sondern auch bedürftig, neue Bindungen einzugehen. Das Theater bietet ihm die Möglichkeit einer Identifizierung mit a l l e n Menschen und trägt damit auch bei zur Entwicklung des "Gattungsbewußtseins".

Nicht nur, daß die Wirksamkeit der Schaubühne mehr Bereiche des Lebens abdeckt als die der Gesetze, die Bühne wirkt auch "tiefer und daurender als Moral und Geseze" [75]: Es ist die Folge der Identifikation, daß unmittelbares Erleben suggeriert wird. Die Gefühle, die dabei im Zuschauer erregt werden, sollen ihn bessern. Diese Gefühle sind "Mittel zum Zweck", das Ziel ist es, durch Emotionalisieren eine neue Haltung zu erzeugen.

Die besondere Wirkung liegt in der Kombination des Emotionalisierens mit den Hilfen zur Bewältigung der Normen, die in der Moral neu aufgestellt werden: Es sind die Beispiele, die gleichzeitig die abstrakten Normen verständlich machen, zur Nachahmung aufrufen und zur Nachahmung befähigen, indem sie die emotionalen Voraussetzungen schaffen.

Die Komödie zeigt den Menschen Lächerlichkeiten ihres Verhaltens, da sie ihnen "den Spiegel vorhält" [76].
Lessing beschreibt die Wirkung der Komödien auf sich selbst: "Ich lernte wahre und falsche Tugenden daraus kennen, und die Laster eben so sehr wegen ihres lächerlichen als wegen ihrer Schändlichkeit fliehen" [77].

Die Komödie bessert sowohl durch das Beispiel, das sie gibt, als auch durch die Einübung der Zuschauer in die Fähigkeit, das Lächerliche zu bemerken.

Diese Fähigkeit wird dann auf die eigene Person und auf die Mitmenschen angewandt: Man selbst wird die Laster meiden - und zwar alle, denn wer in der Komödie über e i n Laster gelacht hat, hat die Lächerlichkeit a l l e r Laster erkennen können [78] - und ist vorbereitet auf den täglichen Umgang mit 'Toren' (Lessing: "die Thorheiten, die sie [die Gesunden, R] nicht haben, haben andere, mit welchen sie leben müssen; es ist ersprießlich, diejenigen zu kennen, mit denen man in Kollision kommen kann" [79]; Schiller: "Mit diesen Lasterhaften, diesen Thoren müssen wir leben. [..] wir müssen sie untergraben, oder ihnen unterliegen. Jezt aber überraschen sie uns nicht mehr" [80]) und davor bewahrt, sich etwa an ihnen ein

Beispiel zu nehmen - 'die ganze Moral hat kein kräftigers, wirksamers Präservativ, als das Lächerliche' [81].

Als "Schule der moralischen Welt" [82], als "Schule der praktischen Weisheit" und "Wegweiser durch das bürgerliche Leben" [83] soll das Theater generell eine Hinwendung zum Mitmenschen ermöglichen, gegenüber der Gesellschaft verantwortungsbewußt machen. Dabei kommen der Tragödie und dem Trauerspiel besondere Bedeutung zu; hier werden - nach Lessings Wirkungstheorie - Haltungen ("Leidenschaften") herausgefordert und überprüft, die sich auf das Verhalten in der Gesellschaft beziehen:

Wenn der Zuschauer das, was dem Helden zustößt, auf sich selbst bezieht, empfindet er Furcht, ihm könne ähnliches zustoßen. Aus der Identifikation entspringt eine egoistische Haltung, bei der es aber nicht bleibt, denn die Furcht wird rückübertragen auf das Verhältnis des Zuschauers zu dem Helden des Trauerspiels; der Zuschauer empfindet Mitleid mit dem Helden. Ein altruistisches Gefühl ist erweckt worden, Egoismus wurde weiterentwickelt zu Altruismus. Durch die Kombination beider Haltungen werden sie von ihren Extremen auf vernünftige Einstellungen zurückgeführt [84].

Diese Operation soll in ihren einzelnen Schritten geübt werden, im Leben wiederholbar sein und bewirken, daß der Zuschauer generell, nicht nur für den dargestellten Fall, "fühlbar" [85] wird. So soll die Fähigkeit zur Sozialisation vermittelt werden.

Außer dieser praktischen Lehre und Übung verhilft uns das Theater zu theoretischen Einsichten über Menschen ("Charaktere") und Schicksale; es vermittelt Erfahrung und Mut das Leben zu bewältigen [86].

Die tatsächliche Wirkung wird weder von Lessing noch von Schiller sehr hoch eingeschätzt. Lessing hofft zunächst nur auf den Egoismus: "Sobald die Tragödie aus ist, höret unser Mitleid auf, und nichts bleibt von allen den empfundenen Regungen in uns zurück, als die wahrscheinliche Furcht, die uns das bemitleidete Übel für uns selbst schöpfen lassen. Diese nehmen wir mit", es ist eine "fortdauernde Leidenschaft" [87] und sie allein ist imstande, unsere Handlungen direkt zu beeinflussen.

So fordert und befördert das bürgerliche Drama die geistige Emanzipation und staatsbürgerliche Haltung und verkörpert sie zugleich. Das Ideal, das durch die Haltung verwirklicht werden soll, ist die Schaffung einer bürgerlichen deutschen Nation [88].

Im Theater soll der gesellschaftliche Prozeß vorweggenommen und dadurch vorbereitet werden: Die Bühne ist eine, die alle "Stände und Klassen in sich vereinigt" [89]. So wird das Theater zu einem geistigen Raum und zu einem Versammlungsort, wo Gefühle und Gedanken von Gleichheit, Brüderlichkeit und Einheit erweckt werden und in dem eine nationale Gemeinschaft vorgebildet wird.

2.3 Gesellschaftliche Rezeptionsweisen von (dramatischer) Literatur und die soziale Herkunft des Publikums Untersucht am Beispiel der 'Minna' und der 'Emilia'

Verschiedene Arten der Textvermittlung, Buchausgaben und Theateraufführungen, privates Vorlesen, Ankündigungen und Empfehlungen in Zeitungen und Briefen gaben einem Publikum die Möglichkeit, 'Minna' und 'Emilia' kennenzulernen, zu lesen, im Theater zu sehen, überhaupt von den Werken zu erfahren. Es soll versucht werden, dies Publikum zahlenmäßig und soziologisch zu bestimmen.

Hinter der Untersuchung steht die Frage, ob die Menschen, denen es die gesellschaftlichen Rezeptionsweisen ermöglichten, Literatur im allgemeinen und Lessingsche Dramen im besonderen kennenzulernen, der Wirkungsabsicht entsprechen - ob sie überhaupt, nach ihrer Position in der Gesellschaft und ihrer Interessenlage, Wirkungsmöglichkeiten der Werke realisieren können.

Einige Rezeptionsweisen bieten gleichzeitig die Möglichkeit der Verständigung über Rezeptionsergebnisse. Wie der Meinungsaustausch angeregt wird durch Beispiele in den Zeitungen, kann in diesem Kapitel gezeigt werden; der Inhalt des Austausches kann mit Hilfe der Untersuchung von individuellen Rezeptionsergebnissen beschrieben werden, wenn die Dramenanalysen in den folgenden Kapiteln die Voraussetzungen geschaffen haben, die Rezeptionen auf ihre Stellungnahmen zu inhaltlichen Aussagen zu untersuchen.

2.3.1 Von den Schwierigkeiten des Bücherlesens

Der geschriebene Text eines Dramas, Besprechungen in den Zeitungen und Briefe sind nur einem verhältnismäßig kleinen Teil der Bevölkerung überhaupt zugänglich: Schätzungen zufolge konnten etwa 15 Prozent der Bevölkerung einen zusammenhängenden Text lesen [90]. Das waren außer dem größten Teil des Feudaladels die Geistlichkeit, Professoren, Lehrer, Studenten, der Kreis der Zivil- und Hofbeamten, die höheren Offiziere, Kaufleute, Fabrikanten usw.

Daß es auch Bauern, Dienstboten und Handwerker gab, die lesen konnten, geht aus Prüfungsurkunden hervor, die verlangten, wer die Lehre beginne und beende, müsse lesen, schreiben und die fünf Hauptstücke des Katechismus können und diese Kenntnis durch eine Prüfung nachweisen; ebenso aus Gesindeordnungen, die unterscheiden zwischen Lakaien, die lesen können und solchen, die es nicht können, wie die Berliner Gesindeordnung seit 1746 [91].

Aber auch wer lesen konnte, kaufte nicht unbedingt Bücher, denn Bücher waren teuer: Die zuerst erschienene Einzelausgabe der 'Minna' kostete acht Groschen, die zweibändige Ausgabe der Lustspiele einen Thaler und zwölf Groschen (ein Thaler hat 24 Groschen). Die Einzelausgabe der 'Emilia' kostete ebenfalls acht Groschen, die drei zusammen herausgegebenen Trauerspiele ('Sara', 'Philotas', 'Emilia') einen Thaler. In Berlin, der teuersten Stadt in Deutschland, konnte man für einen Thaler einen Hammel kaufen [92].

Ein städtischer Schullehrer verdiente um 200 Thaler jährlich (um 1799 wurden 200 als Minimum festgelegt), ein Dorfschullehrer 40 - 100 Thaler; Professoren verdienten 1787 in Halle 100 - 1200 Thaler [93]. Lessing verdient als Hofbibliothekar 600 Thaler und lebt in "kümmerlichen Umständen", auf Jahre verschuldet [94]. Für ein neues Drama bietet ihm das Hamburger Theater 100 Thaler an [95].

Barner errechnet, daß ein Handwerker etwa 70 Prozent seines Einkommens für Lebensmittel ausgeben muß; es kommen hinzu die Kosten für Miete, Heizung und Kleidung - so bleibt normalerweise kein Geld übrig für Kultur und Bildung. Aber auch die Intelligenz konnte es sich häufig nicht leisten, sich ein Buch zu kaufen. So wird Lessing von einem Leipziger Theologiestudenten gebeten, ihm ein Exemplar seiner Schriften zu schenken, da er kein Geld habe, sie sich zu kaufen [96].

Aus der Subskribentenliste von Schützes 'Hamburgischer Theater-Geschichte' 1794 geht hervor, wer von denen, die sich für das Theater interessierten, lesen konnte und das Geld besaß beziehungsweise aufbrachte, sich ein Buch über das Theater zu kaufen. Die Verzeichneten gelten als "Kenner" und "Schauspielfreunde". Die Liste wird angeführt von Herzog Friedrich Adolf von Mecklenburg-Strelitz. Die am häufigsten vertretene Berufsgruppe sind die Kaufleute: Vierzehn Subskribenten haben als Beruf Kaufmann angegeben, drei sind Bankdirektoren; es folgen die Juristen: acht promovierte Juristen, sieben hohe Gerichtsbeamte; auch hohe Verwaltungsbeamte: der Bürgermeister von Altona, zwei Regierungsbeamte und der Postdirektor von Hamburg. Acht geben 'Gelehrter' oder Professor als Berufsbezeichnung an und von der bestimmt bescheiden lebenden Intelligenz sind vertreten: ein Schullehrer, ein Pastor, ein Kandidat der Theologie, der Katechet am Spinnhause in Hamburg und der Zuchthausprediger von Glückstadt [97].

Auch wenn die 15 Prozent der Bevölkerung, die lesen konnten, sich die 'Minna' oder die 'Emilia' hätten kaufen wollen - die Buchauflagen waren so klein, daß das unmöglich gewesen wäre.

Die Auflagen der Buchausgaben von Lessings Dramen betrugen vermutlich zwischen 2000 und 4000 Exemplare [98]. Zwei Ausgaben der 'Minna' (im April 1767) und der 'Emilia' (Mitte März und Mitte April 1772) bringen also je 4000, eventuell 8000 Exemplare in Umlauf. Tatsächlich "in Umlauf" insofern, als das private Ausleihen fast die übliche Art war, neue Bücher kennenzulernen: Am 21. März 72 schickt Friedrich Nicolai die 'Emilia' an Herder - "Ich glaube, Leßings neues Trauerspiel, wird Ihnen ein angenehmes Geschenk seyn" [99]. Christian Heinrich Boie schickt die 'Emilia' an Bürger: "Es ist eine große Gefälligkeit, daß ich sie ['Emilia'] aufs Land [an Bürger, R] schicke, da sie soviele Liebhaber und Liebhaberinnen in der Stadt hat" [100]. Auf diese Weise fand ein Exemplar bis zu 20 Leser.

Aber auch 160 000 Leser sind nicht mehr als 0,8 Prozent der Bevölkerung [101], oder 75 Prozent der Bücher lesenden Bevölkerung. Die Verbreitung der Lektüre konzentriert sich dabei auf die Städte; dort wohnen, entsprechend der sozialen Struktur, mehr Leser als auf dem Land [102], dort sind die Buchhandlungen konzentriert und das enge Zusammenleben erleichtert den privaten Austausch von Büchern.

Eine Vermittlungsinstanz für Literatur sind im 18. Jahrhundert die Lesegesellschaften [103]. Aber Lessings Werke waren im Bestand von Lesegesellschaften nicht häufig; seine Trauerspiele wurden in einer von elf Bücherlisten geführt, "Schriften" von ihm gehörten zum Grundstock einer 1775 in Hamburg von einem jungen Kaufmann gegründeten Lesegesellschaft und die Lesegesellschaft in Trier besaß durch ein Abonnement beim Karlsruher Nachdrucker Schmieder Werke von Lessing [104]. Eine nennenswerte Verbreitung über den privaten Austausch hinaus erfolgte also durch die Lesegesellschaften für Lessings Werke nicht.

2.3.2 Formen der Textvermittlung

Zusätzlich könnten Leser erreicht werden durch den Abdruck einzelner Szenen in Zeitungen, durch Besprechungen des Textes oder der Theateraufführungen. Die Zeitungen wurden meist von mehreren Parteien gemeinsam gehalten und lagen in Lesegesellschaften und Kaffeehäusern aus. Ein Exemplar wurde schätzungsweise von 20 - 40 Lesern eingesehen [105]. Der 'Hamburgische Correspondent' (der am 18. April 67 eine Kritik der 'Minna' und am 24. März 72 eine Kritik der 'Emilia' veröffentlichte) hatte in den achtziger Jahren eine Auflage von über 21 ooo Exemplaren, die (kleine) 'Braunschweigische Zeitung' hatte 1786 - 88 230 und 300 Abonennten [106]. Zur 'Emilia Galotti' erschienen im Jahr der Uraufführung mindestens 29 längere und kürzere Artikel in deutschsprachigen Zeitungen beziehungsweise Buchveröffentlichungen [107].

Aber nicht jeder Zeitungsleser liest eine Buch- oder Theaterkritik. Die Rezensenten gehen sogar in ihren Besprechungen meist davon aus, daß das Schauspiel schon gesehen oder gelesen worden ist, oder daß die Absicht bei ihren Lesern besteht, es noch zu sehen oder zu lesen. So beginnt Eschenburg seine Besprechung der Uraufführung mit den Worten: "Da wir voraussetzen können, daß ein grosser Theil unserer Leser bey der Vorstellung dieses Meisterstücks der dramatischen Kunst gegenwärtig gewesen sey [...]" [108]. Unter diesem Aspekt besonders beachtenswert ist die Zusammensetzung des Leserkreises seiner Zeitung: "Von den Abonnenten der 'Braunschweigischen Zeitung' [...], waren 8 Prozent Landleute, 10 Prozent Handwerker, 2 Prozent Soldaten, 1 Prozent Gastwirte, 20 Prozent ohne Beruf, der Rest Angehörige der höheren Stände" 109). Tatsächlich berichtet Eschenburg von der Uraufführung, es seien Zuschauer 'aus allen Ständen' dagewesen 110).

Der Verfasser der 'Emilia'-Kritik im 'Postreuter' vom 23.4.72 meint, es lohne sich nicht, ein "Gerippe" des Stücks aufzuzeichnen, "da niemand unserer Leser, der nicht ein geschworener Feind der Bühne ist, es ungelesen lassen wird" 111); Mauvillon schreibt: "Dem Publicum das Süjet dieses Trauerspiels zu erzählen, halten wir deshalb für unnöthig, weil fast jeder, dem nur so viel daran gelegen ist, daß er diese Recension nicht überschlage, es schon gelesen haben wird" 112).

Die Kritik wird als Vermittlung zum Stück und als Beitrag zu einer literarischen Diskussion betrachtet. Durch diese erklärte Absicht verkleinert sich einerseits der potentielle Leserkreis, andererseits kann die suggestive Werbung dazu beitragen, daß die Dramen selbst noch mehr gelesen werden.

Eine besonders kommunikative Form Literatur kennenzulernen, war das Vorlesen in einem kleinen Kreis gebetener Zuhörer. Dabei wird normalerweise der Vorleser ein Stück wählen, dessen Inhalt und Form er seinen Zuhörern aus Überzeugung nahebringen möchte. Es kann sich eine Diskussion anschließen über die ästhetische Auffassung, die dem Werk zugrunde liegt, und, mit der Diskussion des Inhalts, über das Verhalten der dramatis personae und über die moralischen Normen, die ihr Verhalten leiten.

Wie sehr der Vorleser durch die zugleich gegebene Interpretation die Rezeption der anderen zu beeinflussen vermochte, geht aus einem Brief Herders an Caroline Flachsland hervor: Sie lehnte die 'Minna' ab, und er antwortete ihr: "Warten Sie, wenn ich nach Darmstadt komme, will ich Ihnen das Stück vorlesen und ich trotze Ihrer Critik. In Eutin war jeder dagegen so eingenommen, daß Prinz, und Hofdamen die Nase rümpften; ich las es vor, und ich habe Briefe, daß sie es jetzt spielen" 113).

Daß der Vorleser auch Ablehnung provozieren konnte, ist durch eine Kritik der 'Emilia' belegt: Der Kritiker der 'Neuen critischen Nachrichten', Greifswald, mokiert sich über Odoardos "Der Dolch ist keine Haarnadel" und führt zur Bekräftigung an: "Der Rezensent wünschte den Akteur zu sehen, der diese Antwort so aussprechen könnte, daß dadurch bei den Zuschauern der Lauf ihrer Empfindungen nicht unterbrochen würde; beim Lesen geschieht es gewiß; er hat das Stück selbst gelesen, hat es vorgelesen, hat es vorlesen hören, aber allemal hat diese Stelle die Illusion gehemmt, und entweder Lachen bei einigen oder bei andern eine Art von Unwillen verursacht" [114]. Die völlig unbestimmte "Art von Unwillen" ist möglicherweise nur ein Zugeständnis an den Vorleser [115].

Durch den privaten Austausch der Bücher, durch die Diskussion über Literatur in privaten Briefen, die wieder weiter gegeben wurden, und durch das Vorlesen entstand eine weitgehend informierte Gruppe literarischer Rezipienten, die zwar auch auseinandergehende Meinungen vertraten, aber alle etwa gleiche literarische Kenntnisse hatten und darüber diskutierten.

Das erstreckt sich sogar auf Zeitungsartikel, die durch Schikken, Abschreiben oder durch einzelne Abonnements auch in weit vom Erscheinungsort entfernten Gegenden gelesen wurden. So kannte zum Beispiel Boie in Göttingen die Ankündigung der 'Emilia Galotti' im 'Wandsbeker Bothen' und hatte schon am 1. Mai den ersten Wessely-Brief über die 'Emilia' gelesen, der am 25. April in der 'Neuen Zeitung' in Hamburg erschienen war [116].

Die Kritiker können also beim Publikum Verständnis voraussetzen, wenn sie aufeinander Bezug nehmen, so wie der Kritiker des 'Postreuters' vom 23.4.72 fast nur die Einwände aus der 'Neuen Zeitung' vom 8. April zurückweist; am 23. Juli wendet sich der Kritiker des 'Postreuters' mit einer Frage an Moses Wessely als den Autor der 'Briefe über Emilia Galotti', nämlich, wie er es sich erkläre, daß "dies vortreffliche Stück Emilia nicht so allgemeinen Beyfall, als 'Minna', erhalten hat. Woher kömmt dies?" [117]

In dieser Weise nehmen sowohl in einer Zeitung veröffentlichte Kritiken aufeinander Bezug als auch Veröffentlichungen in verschiedenen Zeitungen. Die Publikation von Kritik und Erwiderung, von Buchkritik und von späterer Aufführungskritik, lassen auch die Leser nur einer Zeitung verschiedene (nicht unbedingt konträre) Meinungen zur 'Minna' und zur 'Emilia' kennenlernen. So erwidert Eschenburg auf die in der 'Neuen Zeitung' veröffentlichte negative Kritik der Braunschweiger Uraufführung der 'Emilia' sowohl in der 'Neuen Zeitung' als auch in der 'Braunschweigischen Zeitung' [118]. Die negative Kritik selbst erschien zwei Tage nach ihrer Veröffentlichung in der 'Neuen Zeitung' auch im 'Postreuter'. So kommt es öfter vor, daß eine Kritik in verschiedenen Zeitungen abgedruckt wird: Ramlers Kritik aus der 'Berlinischen privilegirten Zeitung' wurde in der 'Wiener Realzeitung' noch einmal veröffentlicht [119]; Wesselys 'Briefe' erschienen erst in der 'Neuen Zeitung', dann im 'Postreuter' und 1773 noch einmal in Schmids Veröffentlichung 'Ueber einige Schönheiten der Emilia Galotti'.

2.3.3 Theatervorstellungen

Es soll jetzt versucht werden die Frage zu beantworten, ob das Theater in der Lage war, die sozialen Schranken des Analphabetentums und des Insider-Jargons zu überwinden und den Kreis des Publikums für Lessings Stücke zu erweitern.

Berichtet wird von einem ungewöhnlich großen Publikumserfolg der 'Minna' und einem in Bezug auf die Besucherzahlen eindeutigen, aber nicht so überwältigenden Erfolg der 'Emilia'.

Die Aufführungszahlen der 'Minna' waren für die Zeit ungewöhnlich hoch, die Verbreitung über deutsche Städte groß, die Theater waren ausverkauft. Das heißt konkret:

In Hamburg und, als Gastspiel der Hamburger Truppe, in Hannover fanden vom 30. September 1767 bis 5. Dezember 1768 16 Aufführungen statt (Diderots 'Hausvater', der als sehr beliebt galt, erlebte in dieser Zeit zwölf Aufführungen [120]).

Der Uraufführung in Hamburg folgten noch im Oktober und November Aufführungen in Frankfurt am Main, in Wetzlar, in Wien und in Leipzig. Die Berliner Aufführung durch die Döbbelinsche Gesellschaft war ein ganz ungewöhnlicher Erfolg: Auf Zurufen des Publikums - eine Mode, die erst durch die 'Minna' ausgelöst wurde [121] - wurde die Komödie zehnmal nacheinander gespielt und dann mit einmaliger

Unterbrechung (wegen der Anwesenheit von Mitgliedern der königlichen Familie hatte das Publikum es nicht gewagt, laut um Wiederholung zu bitten) noch achtmal: In der Zeit vom 21. März bis zum 23. April 1768 wurden nur an vier Abenden andere Stücke aufgeführt [122)]

In Breslau erlebte die 'Minna' vom 3. Mai bis 4. Juni 68 sechs Vorstellungen, die Wiederholungen waren vom Publikum verlangt worden [123)]. Da die 'Minna' einen Kassenerfolg bedeutete, spielten sie auch kleinere Theater und Wanderbühnen. Für die Jahre 1767/68 lassen sich etwa 70 Aufführungen der 'Minna' ermitteln [124)].

Der Häufigkeit der Aufführungen entsprechen die Berichte darüber, wie gut die 'Minna' besucht war: "das par terre war gedrungen voll" - in Leipzig [125)]; in Berlin gab es "ein ganz volles Parterre" [126)], ja, es mußten noch bei der siebenten Vorstellung viele Besucher wieder nach Haus geschickt werden. Döbbelin schreibt: "Gestern [...] musten 12 Kutschen mit Herrschaften zurückfahren, die nicht Platz hatten und wenigstens 200 Fußgänger [...] Heute hat es das Ansehen, daß der Schauplan ebenfalls die Zuhörer nicht wird fassen können" [127)].

Das Theater, in dem die Döbbelinsche Truppe in Berlin auftrat, war das Schuchsche Theater in der Behrenstraße 55 [128)], das 700 bis maximal 800 Personen faßte [129)]. Da bei den 'Minna'-Aufführungen sogar Plätze auf der Bühne vergeben wurden [130)], haben wohl mindestens 800 Personen jede Vorstellung gesehen. Bei 19 Aufführungen sind das 15 200 Zuschauer oder ca. 12,5 Prozent der Berliner Bevölkerung.

Das Hamburger Theater am Gänsemarkt faßte etwa 1000 Personen [131)]. In elf Aufführungen konnte die 'Minna' von 11000 Zuschauern gesehen werden, das sind gut zehn Prozent der Bevölkerung Hamburgs.

In vielen anderen deutschen Städten hatte das deutschsprachige Schauspiel kein festes Haus, sondern die für einige Monate, Wochen oder nur Tage gastierenden Schauspieltruppen traten in gemieteten Theatern, Sälen und Gasthöfen auf, die wesentlich weniger Zuschauer faßten. Wenn man davon ausgeht, daß in den Theatern durchschnittlich 500 - 600 Personen Platz fanden, ergibt sich, daß bei 70 Vorstellungen maximal 42 000 Theaterbesucher die 'Minna' innerhalb des ersten Jahres nach ihrem Erscheinen sehen konnten. Das sind etwa 0,2 Prozent der Bevölkerung und nur etwa halb so viel wie sie, entsprechend der Auflagenhöhe der Buchausgaben und ihrer Verbreitung, lesen konnten.

Aber in den Städten, in denen Aufführungen stattfanden, wurden sie immer von etwa zehn Prozent der Bevölkerung besucht [132]. Wenn die soziale Herkunft der Theaterbesucher ihrem Anteil an der Stadtbevölkerung entspräche, wären zum Beispiel in Berlin 152 Adelige, 12 505 Bürger, 2287 Handwerker, Dienstboten usw. und 304 Bauern gekommen. Die Bauern können im Hinblick auf ihre finanzielle Lage von vornherein ausgeschlossen werden. Insgesamt werden sich die Relationen zugunsten des Adels und zuungunsten der dritten Gruppe verschoben haben, belegen läßt sich jedoch der Theaterbesuch aller drei Schichten:

Wie Döbbelin schon von "Herrschaften" und 'Fußgängern' berichtet, die sich gleichermaßen für die 'Minna' interessierten, wird von Anna Luise Karsch betont, die 'Minna' habe "den Edlen und dem Volk, den Gelehrten und den Laien [...] durchgängig gefallen" [133].

In seiner 'Hamburgischen Theater-Geschichte' zählt Schütze die Kaufleute unter das 'kleine Häuflein geschmackvoller Kenner und Schauspielfreunde, Gelehrte und Kaufleute', das "Kenner- und Liebhaberpublikum" [134]. Die Juristen als eifrige Theaterbesucher waren nicht nur zahlreich unter den Subskribenten von Schützes 'Theater-Geschichte', ihre Theaterbesuche sind z. B. auch für Weimar belegt; dort feierten "die Juristen des Reichskammergerichts [...] Ekhof als Grossen des Theaters" [135]. Eschenburg, Professor am Carolineum, bezeichnet sich in seiner Kritik in der 'Neuen Zeitung' vom 1.4.72 als "Kenner" [136]. Sicher haben auch die Kaufleute in Leipzig, wo die 'Emilia' mehrfach anläßlich von Messen aufgeführt wurde, als "Kenner" gegolten.

Insgesamt ist ein Kreis mit meist universitärer Bildung und höherer bürgerlicher Position angesprochen.

Die "Edlen" und die "großen Herrschaften" [137] waren die Angehörigen fürstlicher Häuser. Ihr Besuch der 'Minna' ist mehrfach belegt: In Berlin war die neunte Aufführung von "großen Herrschaften" bestellt, die zehnte Aufführung sahen sich Mitglieder der königlichen Familie (Prinz Heinrich, Prinzessin Philippine und Markgraf Heinrich) an. Auf dem Liebhabertheater wird 'Minna' häufig zu Ehren fürstlicher Familienfeste gespielt, oft unter Mitwirkung höchster adeliger Persönlichkeiten [138].

Weniger genau ist zu belegen, wer das "Volk", wer die "Laien" im Theater gewesen sein mögen. Da alle Aufführungen in größeren und kleineren Städten stattfanden, wird die ländliche Bevölkerung vom Besuch der Theateraufführungen ausgeschlossen gewesen sein - das "Volk" muß unter den Stadtbewohnern gesucht werden. Unter diesen waren es nicht die ganz Armen, denn das Theater kostete gar nicht wenig Eintrittsgeld: Für die Berliner Erstaufführung der 'Emilia' kosteten die Plätze vier, acht, zwölf und sechzehn Groschen [139].

Es mögen kleine Gewerbetreibende und Subalternbeamte, Handwerker, Gesellen, Bediente und Soldaten ins Theater gegangen sein. Auf ein solches Publikum weist auch die Umgebung des Berliner Theaters hin: Es lag nicht direkt an der Behrenstraße, sondern in einem Hinterhof. Das Vorderhaus bewohnte der Prinzipal. Um das Theater herum lagen zwei Gasthöfe ("Dem Polizei-Komissar und Gastwirth Obermann gehörig"), ein weiteres Grundstück, das einem Gastwirt gehörte und dessen Wohnungen vermutlich vermietet wurden, die Grundstücke eines Kammerdieners und des Hof- und Dekorationsmalers Verona [140]. Die Rückwand des Theaters grenzte "an die Hintergebäude des Grundstücks Unter den Linden, das dem General von Tempelhoff von der Artillerie gehörte, in welchem sich auch die königliche Artillerieakademie befand" [141].

Es läßt sich vorsichtig folgern, daß die Theateraufführung mehr Bevölkerungsschichten erreichen konnte als die Buchausgaben; aus den unteren Schichten allerdings, absolut und relativ, am wenigsten. Immerhin hatte die 'Minna' den breiten Zuschauerkreis, an den sie sich wandte, und dem sie Identifikationsmöglichkeiten bot.

Die 'Emilia' wurde in Braunschweig, anläßlich des Geburtstages der Herzoginmutter, am 13. März 72, von Döbbelin am Hoftheater uraufgeführt; der Herzog und weitere Angehörige des Hofes waren zugegen, insgesamt saß im Hoftheater ein Publikum, das "sehr zahlreich aus allen Ständen" gekommen war [142]. Es folgten Aufführungen in Berlin, in Hamburg, in Wien und in Weimar. Aus Wien berichtet Eva König, daß Kaiser Josef II. sich zwei Aufführungen ansah [143]. In Hamburg wurde die 'Emilia', entsprechend einer Zeitungsnotiz im 'Wandsbecker Bothen', am 16. Juni 72 zu Ehren des Prinzen Carl von Hessen-Cassel "Stathalter von Schleswig" und seiner Gemahlin aufgeführt. Dafür wurde extra eine Spielplanänderung vorgenommen, vorgesehen waren der 'Spieler' von Moore und ein Ballett [144].

Die Braunschweiger Aufführung wurde zweimal wiederholt [145]; das wurde von den Zeitgenossen als sehr wenig empfunden. Nicolai schreibt an Tobias Freiherr von Gebler: "Unser Publicum will nichts als komische Opern hören, L e ß i n g s Galotti, ist nur 3 mahl nach einander aufgeführt worden" [146].

In Berlin bespielte inzwischen die Kochsche Gesellschaft die Bühne in der Behrenstraße 55, dort wurde die 'Emilia' neunmal wiederholt, allerdings bei ständig 'abnehmendem Zulauf' [147].

Es wird davon ausgegangen, daß die 'Minna' ein Maximum an Zuschauern mobilisiert hat, nämlich etwa das gesamte potentielle Theaterpublikum. Da die 'Emilia' von weniger Zuschauern besucht wurde, ergibt sich die Frage, welcher Teil des Publikums fehlte.

Einerseits setzte sich die 'Emilia' schnell durch: Die ersten Kritiken sind übereinstimmend positiv; ein Kritiker, der Anfang April 72 einen Einwand anmelden möchte, fürchtet, er tue das "vielleicht auf Kosten unsers Credits" [148]; der eifersüchtige Christian Weiße beklagt sich noch im Oktober, daß er nicht daran denken dürfe Kritik zu äußern [149]. Schon einen Monat nach Erscheinen der Erstausgabe und der Braunschweiger Erstaufführung, kurz nach der Berliner Premiere, schreibt Boie an Bürger, daß die 'Emilia' "itzt Mode ist" [150].

Andererseits wird die 'Emilia' nur knapp ein Drittel so oft aufgeführt und hat nur etwa ein Viertel so viel Zuschauer wie die 'Minna'. Die Kritiker bedauern denn auch, daß der Beifall nicht so allgemein sei. Einige suggestive Bemerkungen, wie: es sei befremdlich, wenn irgendjemand von der 'Emilia' nicht "völlig gerührt, und eingenommen wäre, und bey sich einer kalten Kritik, gegründet auf verwöhnten Geschmack und eingeschränkte Vorurtheile, Raum geben könnte" [151].- lassen darauf schließen, daß es diese Kritik eben doch gab, und zwar schon sehr früh, denn so formuliert Eschenburg in der Kritik der Uraufführung. Die "eingeschränkten Vorurtheile" sind die französischen Vorlieben einiger Literaten. Ihre negative Kritik allein kann nicht den Publikumsrückgang bewirkt haben und sie selber bleiben dem Theater natürlich trotz ihrer vorgefaßten negativen Meinung nicht fern. So überlegt van Dyk, nachdem er den 'vortrefflichen französischen Übersetzer', den die 'Minna' in

Berlin gefunden habe, gelobt hat, daß die 'Emilia' unter der 'Minna' stehe; besonders der vierte und der fünfte Akt gefallen ihm nicht. Er führt dann aber den abnehmenden Zulauf zu den 'Emilia'-Vorstellungen in Berlin darauf zurück, daß das Stück 'weit über unsere Zuschauer und Schauspieler' sei und folglich nur für 'die Lektüre der Kenner' geeignet - zu denen er sich zweifellos zählt [152].

Ein anderer Rezensent überlegt, warum "dies vortreffliche Stück nicht so allgemeinen Beyfall, als 'Minna', erhalten hat [...] liegt es an der schlechten Vorstellung [in Hamburg, R], oder sind die Schönheiten des Stücks zu fein, als daß sie dem g e m e i n e n Zuschauer (ich meyne den gemeinen Zuschauer in den Logen sowol, als im Parterre und auf der Gallerie) gefallen können" [153].

Den "gemeinen Zuschauer [...] im Parterre und auf der Gallerie" (als soziologische und eventuell auch die Bildung betreffende Definition) spricht schon ein Trauerspiel weniger an als eine Komödie. Daher war es üblich, auf ein Trauerspiel eine Komödie oder ein Ballett folgen zu lassen, um mehr Zuschauer ins Theater zu "locken" [154]. So wurden auch die ersten Aufführungen der 'Emilia' von Vor- und Nachspielen begleitet [155].

Das Interesse des 'gemeinen Zuschauers' wird durch die 'Emilia' weniger geweckt als durch die 'Minna', da das Personal und die Handlung, die zur Identifikation angeboten werden, auf bürgerliche Vorbilder und Probleme beschränkt sind und auf aktuelle Anspielungen verzichten.

Der 'gemeine' Zuschauer in den Logen (das ist der geistig-moralisch 'gemeine') konnte sich nicht vor der Erkenntnis der Wirklichkeit in ein Ideal flüchten wie in der 'Minna'. Gleichgültig, ob die Lehre des Trauerspiels im Sinne der Fürstenerziehung oder radikaler interpretiert wurde, sie richtet sich immer sowohl gegen die bequeme Lebensart sich arrangierender Bürger als auch gegen den Lebensstil 'gemeiner' Adliger.

Die im Vergleich zur 'Minna' wesentlich geringere Publikumsresonanz der 'Emilia' [156] läßt sich also sowohl auf mangelndes Interesse in den unteren Bevölkerungsschichten als auch auf Ablehnung in den oberen Schichten zurückführen.

Die Besucherzahlen für 'Minna' und 'Emilia' zeigen, wie klein, gemessen an der Gesamtbevölkerung, der Kreis war, der durch einen selbst so ungewöhnlichen Erfolg, wie den der 'Minna', erreicht werden konnte. Daß das Bürgertum zahlenmäßig führenden Anteil an diesem Erfolg hatte, ließ sich nicht nur nach der aus dem Text erschlossenen Zielgruppe vermuten, sondern auch aus den vorhandenen Dokumenten belegen.

Ob die Gelegenheit der gemeinsamen Rezeption auch inhaltlich genutzt wurde zur Verständigung über Verhaltensweisen und Wertvorstellungen, wird untersucht werden anhand der von "Kennern" geschriebenen Kritiken, die die individuelle Rezeption vermittelten, beeinflußten und repräsentieren.

Die Bedenken der Zensurbehörden beziehungsweise der 'großen Herrschaften' gegenüber der 'Emilia' ließen sich in einigen Fällen nicht überwinden:

In Hessen-Kassel war die 'Emilia' bis 1832 verboten [157)], in Gotha wurde sie nach der Übersiedlung der Seydlerschen Truppe aus Weimar zweimal gegeben (im Zeitraum zwischen dem 8. Juni 1774 und dem 4. April 1775 - während sie bei Gastspielen dieser Truppe in Leipzig 1774/5 innerhalb von zehn Wochen dreimal gespielt wurde); als die Truppe den Status eines herzoglichen Hoftheaters angenommen hatte, wurde die 'Emilia' gar nicht mehr aufgeführt [158)]. Der Berliner Theaterdirektor Engel vermutete, sie sei deshalb nicht aufgeführt worden, "weil die Fürsten in der Emilia übel behandelt wären" [159)].

Über Eingriffe der Zensur in den Text der 'Emilia' wird nur in einem Fall berichtet: In Wien strich der kaiserliche Zensor das Wort "Lustschloß" [160)].

Das relative Desinteresse der Zensurbehörden an dem Text der 'Emilia' - vergleicht man zum Beispiel mit dem Schicksal des 'Don Carlos' - beweist zum einen Lessings außerordentliches dramaturgisches und diplomatisches Geschick, zum anderen reagierten die Zensurbehörden in einer politisch verhältnismäßig ruhigen Zeit gelassener.

Die verschiedenen Aufführungsbeschreibungen lassen darauf schließen, daß von den Theatern selbst am Text nichts geändert wurde.

Die 'Minna' verunsicherte die Zensurbehörden wesentlich mehr: Sie sollte eines der ersten vom Hamburgischen Nationaltheater aufgeführten Stücke sein, die Aufführung wurde jedoch zunächst verboten, denn in Hamburg wurden "in Sachen der Zensur" immer zunächst die Gesandten gefragt, die Handelsstadt wollte es mit keiner fremden Macht verderben. Da in Berlin die Buchausgabe noch nicht vom Zensor freigegeben war, verweigerte der preußische Gesandte seine Zustimmung. Noch als die Komödie schon im Druck erschienen war, versicherte sich der Gesandte "zusätzlich der ausdrücklichen Zustimmung des Königs" [161].

Auch in Berlin verzögerte die Zensur die Aufführung, in beiden Fällen wurde der Text dann aber ohne Änderungen und Striche freigegeben [162]. Die als "politisch" erkannten tagespolitischen Bezüge konnten als "harmlos" eingestuft werden, die Tendenz des Stükkes konnte nicht durch Striche geändert werden.

Gestrichen wurde in Wien das 'gar zu preußisch', in Leipzig die Erwähnung der Schlacht bei Rosbach [163]. Diese Striche sind von den Rezensenten, die den vollen Text kannten, als politisch kleinlich empfunden worden. Außerdem wurde aber in den Text noch mehrfach eingegriffen; wegen angeblicher Überlänge wurden gestrichen: die Dame in Trauer, Riccaut (auch wegen der Schwierigkeit, einen geeigneten Darsteller zu finden); die Ringintrige wurde zur Unkenntlichkeit gekürzt.

Diese von den Theatern ohne Druck der Zensur gemachten Eingriffe in den Text verringerten seine gesellschaftlich-politische Relevanz viel mehr als der Verzicht auf aktuelle politische Anspielungen und minderten die maximale mögliche Wirkung der Aufführung gegenüber der des Textes erheblich. Für die Beurteilung der vorliegenden Kritiken ist das insofern relevant, als die Rezensenten, die alle den Text vorher kannten, die Eingriffe als nicht besonders schwerwiegend empfanden [164].

Die Qualität einzelner Aufführungen ist nicht entscheidend für die Einschätzung der 'Emilia', da die meisten Briefe und Kritiken sich ausschließlich auf das Buch beziehen. Auch die Kritiker, die eine bestimmte Aufführung besprechen, haben den Text gelesen.

Wie hier eine Aufführung - ohne daß sich das in jedem Falle nachweisen ließe - doch das Urteil beeinflussen kann, zeigt ein Beispiel:

Nicolai berichtet über die Berliner Aufführung der 'Emilia' an

Lessing, die Aufführung sei 'über sein Erwarten' ausgefallen, aber diese Erwartung war auch nicht eben hoch: "ich zitterte [...], daß es d i e s e Truppe ganz verderben möchte" [165]. Die Claudia (Mme Starke) war zwar "meisterhaft", aber über die Emilia ('die Steinbrecherin jun.'), die Gräfin Orsina (Mme Koch) und Marinelli (Brückner) weiß er viel Negatives zu berichten; der Prinz wurde in der Darstellung durch Herlitz zu einem Schwächling, und Odoardo war falsch besetzt worden: Die Rolle wurde Schubert übertragen, als erst die ersten drei Akte in den Händen des Theaters waren und man nicht dachte, "daß der Vater im vierten und fünften Akt solche wichtige Scenen haben könnte." So fehlte dem Darsteller "zur Heftigkeit [...] Stimme und Stellung, und noch mehr mißlingt ihm der innerlich kochende, äußerlich kalte Zorn". Das wirkt sich, ohne daß es Nicolai bewußt wird, auf seine Beurteilung des Stückes aus: "denn ich will Ihnen nicht verbergen, daß nach der vortrefflichen Scene der Claudia mit dem Marinelli, das Stück im vierten und fünften Acte etwas an Feuer verliert" [166]. Lessing antwortet darauf, daß die Aufführung "eben nicht zum besten ausgefallen" sein könne, "Denn, mit Ihrer Erlaubniß, wenn das Stück, nach der Scene der Mutter mit dem Marinelli, ein wenig matt zu werden geschienen hat, so liegt es nothwendig an dem Spiele des Vaters und der Orsina. Denn daß das Interesse von jener Scene an nicht immer stiege: das wüßte ich doch wahrlich nicht. Madame Starke kann auch wohl, bey allem ihrem vortrefflichen Spiele, zu vortrefflich gespielt haben. Denn auch das ist ein Fehler: und ein verständiger Schauspieler muß nie seine Rolle, wo es nicht nöthig ist, zum Nachtheil aller andern heben" [167].

Auch der Verriß des Trauerspiels im 'Magazin zur Geschichte des deutschen Theaters' 1773 bezieht sich auf diese Berliner Aufführung und beruht zumindest zum Teil auf ihren Schwächen: "Die Charaktere sind nicht durchgehend gut angelegt und ausgeführt", wird festgestellt, und dann wird die mangelhafte Darstellung zum Beispiel des Prinzen durch Herlitz beschrieben, der sich "im Spiel zu seinem silbernen Kleide wie Zwei zu Fünf verhielt". Viele andere Einwände beziehen sich auf die Emilia und den Odoardo, deren Darsteller Reden und Handlungen nicht psychologisch verständlich machen konnten [168].

Der Schauspieler Konrad Ekhof machte in der Rolle des Odoardo einen besonders intensiven Eindruck auf seine Zeitgenossen [169]. "Diese Rolle muß nach allen Zeugnissen der bedeutendsten Männer jener Zeit gerade durch die äußere Unscheinbarkeit [von Ekhofs Erscheinung, R] so gewaltig gewirkt haben, durch die zurückgedrängte, bezähmte innerlich kochende Leidenschaft. Schink sagt in seiner weitläufigen Auseinandersetzung des Spieles: 'Seine Töne des erstickten Zornes, der knirschenden Wut, des zusammengebissenen Schmerzes, sein Lachen der Verzweiflung - wer kann das malen? Jeder Ausdruck muß sich da erschöpfen [...]'," [170].

J. J. Engel hatte in einer Einschätzung der 'Emilia' die Einwände erhoben: Wenn schon getötet werden müsse - warum ersteche Odoardo dann nicht den Prinzen? und: So hoffnungslos, daß nur ein Mord noch helfen könne, sei die Lage gar nicht. Ekhofs Darstellung läßt ihn sagen: "Um die 'Emilia' ganz zu fassen, muß man Ekhof den Odoardo spielen sehen, das ist ein Teufelskerl! Er hat mein ganzes Blut in Aufruhr gebracht; alle Adern sind mir geschwollen!" [171]. Leider schreibt Engel nicht genauer, ob er jetzt verstanden hat, warum Odoardo seine Tochter tötet und ob ihm deshalb 'alle Adern geschwollen'sind.

Da genaue Beschreibungen der einzelnen Aufführungen nicht vorliegen, können nur wenige Details die Vermutung unterstützen, daß Schwächen beziehungsweise besondere Stärken einer Aufführung das Urteil eines Kritikers beeinflußten.

2.4 Zusammenfassung

Die Resonanz, die die 'Minna' fand, erscheint im Verhältnis zur Gesamtbevölkerung verschwindend gering: 0,4 Prozent der Bevölkerung lasen sie, 0,2 Prozent sahen sie im Theater, es nahmen sie also höchstens 0,5 Prozent der Bevölkerung auf eine oder auf beide Weisen zur Kenntnis - und diese Zahlen markierten einen außerordentlichen Erfolg!

Die Rezeptionsweisen schlossen ganze Bevölkerungsgruppen von vornherein aus:

Die Verbreitung der Buchausgabe stieß gleich auf zwei Schwierigkeiten - sie mußte gekauft und gelesen werden; Geld für Lektüre war aber bei circa 76 Prozent der Bevölkerung nicht übrig [172] und nicht nur dort, sondern bei etwa 85 Prozent der Bevölkerung reichte die Lesefähigkeit, wenn sie überhaupt erworben worden war, nicht dazu, ein Lessingsches Drama zu lesen. Auch das Ausleihen von Büchern und das Vorlesen blieb dem Kreis der ohnehin Lesenden und Informierten vorbehalten.

Zeitungen waren immerhin billiger und leichter zugänglich als Bücher. Da sie mit weniger intellektuellem Anspruch auftraten, wurden sie häufiger auch von weniger Gebildeten gelesen. Aber Literatur wurde hier in einem insider-Jargon vermittelt und der Inhalt der Dramen wurde, wenn überhaupt, nur andeutungsweise wiedergegeben.

Theateraufführungen fanden auf dem Lande nicht statt. Die nicht lesende Landbevölkerung - immerhin 82 Prozent der Gesamtbevölkerung - war also quantitativ von der Rezeption von Literatur und Theater ausgeschlossen.

Betrachtet man jedoch den Besuch der Theateraufführungen bezogen auf die Städte, in denen sie stattfanden, so ergibt sich, daß die 'Minna' jeweils von 10 Prozent und mehr der Stadtbewohner gesehen wurde und sogar die 'Emilia' wurde noch von circa drei Prozent der Bewohner Berlins gesehen [173].

Da die soziale Struktur der Städte vielschichtiger war als die des "flachen Landes" und die Menschen auf engerem Raum zusammen wohnten, waren in den Städten häufiger Begegnungen sowohl innerhalb der sozialen Schichten als auch - seltener - Begegnungen, in denen solche Schranken überwunden wurden, möglich. Es waren Gespräche möglich, in denen Erkenntnisse und Wünsche weitergegeben werden konnten. Der Meinungsaustausch unter Gleichgesinnten erfolgte auf der Grundlage gleichartiger ökonomischer und politischer Erfahrungen und gemeinsamer Aneignung des ideologischen Angebots.

So war die Anzahl der Stadtbewohner, die sich infolge der Aufführungen mit den Theaterstücken beschäftigten und die Intensität der Auseinandersetzung, jedenfalls bei erfolgreichen Stücken, größer,als die Zahlen angeben.

Gerade in den Städten konnten Lessings Theaterstücke auf den Personenkreis treffen, der den gesellschaftlichen Fortschritt vorantrieb und auf den Teil, der ihn erklärend und mit dem Versuch ihn wertsetzend zu lenken begleitete.

Lessings Aussagen erreichten also tatsächlich die, die Rat brauchten und die, wenn überhaupt jemand, etwas mit seinen Ratschlägen anfangen konnten. Seine Wirkungsabsicht ging von einer realistischen Vorstellung über den entscheidenden Teil seines Publikums aus, wenn er bei dessen Egoismus ansetzte, aus dem er den Altruismus entwickeln wollte; wenn er die Bürger zugleich vor den Fürsten und vor sich selbst warnte und wenn er ihnen Gesetze für das tägliche Leben vorschlug.

Für die Propagierung der bürgerlichen Ideologie und Lebensweise hatte Lessing im Theater des 18. Jahrhunderts ein angemessenes Medium gefunden.

3 Lessings 'Minna von Barnhelm'

3.1 Rekonstruktion der Vergangenheit anhand der in der Komödie erfaßten historischen Wirklichkeit

Das Leben in Berlin ist im Sommer 1763 - ein halbes Jahr nach Beendigung des Siebenjährigen Krieges - nicht sehr bequem: Schon früh am Morgen werden militärische Übungen mit lauten Trommelschlägen und Kommandos abgehalten [1]. Sogar 'empfehlungswerte' Gasthöfe, wie der 'König von Spanien' [2], haben unter den Kriegs- und Nachkriegseinwirkungen gelitten: Dem einen Gast muß der Wirt ein völlig verwohntes Zimmer einräumen [3], und auch einer besonders vornehmen Reisenden kann er nur ein schlechtes Bett zur Verfügung stellen [4]. Verabschiedete Offiziere und Soldaten lungern in Gasthöfen und Wirtshäusern herum (tatsächlich ist dieser Berufsstand am häufigsten vertreten unter den Vagabundierenden in Preußen [5]). Einer dieser Offiziere versucht, sich lügend und bettelnd durchzubringen, ein anderer, der noch dazu verkrüppelt ist, steht vor dem Nichts, weil er nicht betteln und stehlen möchte. Eine Offizierswitwe ist auf Almosen von Freunden angewiesen, um sich und ihr Kind zu erhalten (so wie ein Drittel aller Berliner von Armenunterstützung lebt [6]).

Die Sachsen, Preußen und Franzosen haben bis vor kurzem gegeneinander Krieg geführt [7] (in den auch noch Österreich und Rußland verwickelt waren).

Die preußische Bevölkerung hat unter diesem Krieg gelitten: Offiziere und Soldaten sind gefallen (der Rittmeister Marloff, zum Beispiel) und sind verwundet worden (wie Tellheim und Just); die 180 000 Gefallenen haben Witwen und Waisen hinterlassen. Während des Krieges haben eindringende fremde Truppen das Land geplündert, Justs Vater ist davon betroffen worden. (500 000 Menschen sind allein in Preußen in diesem Krieg umgekommen - ein Zehntel der preußischen Bevölkerung [8].)

Das schon 1756 besiegte Sachsen war während des ganzen Krieges von fremden Truppen besetzt und Kriegsschauplatz: zum Beispiel fanden bei Katzenberg Gefechte statt [9], und der Graf von Bruchsall floh nach [10] Italien. Für den König von Preußen war das besetzte

Land eine Einnahmequelle, um seinen Krieg zu finanzieren: Die Kriegskontributionen brachten ihm 50 Mio. Taler ein [11] - an eigenen Geldern wandte Preußen 139 Millionen Taler für den Krieg auf [12].

So ist es nicht erstaunlich, daß die Sachsen immer noch etwas empfindlich auf preußische Offiziere reagieren, daß Franziska Tellheim bittet, nicht "in Stiefeln" [13] zu kommen, denn so, wie sie ihn angetroffen hat, sieht er "gar zu brav, gar zu preußisch aus" [14] Der Graf von Bruchsall, von dem Minna und Tellheim sogar einen Einspruch gegen ihre Verbindung fürchteten [15], sagt es noch einmal ganz deutlich: "Ich bin sonst den Offizieren von dieser Farbe, (auf Tellheims Uniform weisend) eben nicht gut." [16]

Tellheim, Werner, Just und Riccaut haben am Krieg teilgenommen. Werner und Just sind Preußen, Tellheim ist Balte, Riccaut Franzose.

Bevor Riccaut in preußische Dienste trat, diente er Frankreich (er hat im Siebenjährigen Krieg gegen sein Vaterland gekämpft!), dem Kirchenstaat, der Republik San Marino, Polen und den Niederlanden [17]. Er ist der Typ des ausländischen Söldners, der nicht fragt, wofür er kämpft, sondern der sich nur um sein persönliches, möglichst gewinnbringendes Auskommen kümmert - Söldner, wie sie die Praxis der Kriegsführung hervorbrachte. Er ist ein Lügner und Schmarotzer, der über sein Unglück klagt und zugleich noch damit prahlt und Gewinn daraus zieht. Er ist verabschiedet und versorgt sich durch Bettelei. Minna stellt er sich als ein ins Unglück geratener Adliger vor, als ein Ehrenmann mit guten Verbindungen zu den höchsten Beamten - daß die Verbindungen erlogen sind, wird sich später noch herausstellen. Sein Name charakterisiert allerdings auch die "Ehre" dieses "honnêt-homme" [18]: de la Marlinière, Seigneur de Pret-au-vol, de la Branche de Prensd'or [19]. Unverschuldet sei er ins Unglück geraten, habe 20.000 Livres im Krieg zugesetzt [20] und stehe jetzt vor dem Nichts. Woher er das Geld hätte haben können und wofür er es ausgegeben hat, ist völlig unklar. Er selbst bezeichnet sich zwar als "Capitaine" [21] - und findet noch eine Entschuldigung für so einen niedrigen Rang - aber das würde immerhin bedeuten, daß er Führer einer Kompanie war und gute Einkünfte gehabt hat. Tellheim berichtigt aber später: Riccaut war nur Lieutenant [22] und hatte also keine Kompanie.

Riccaut ist nicht nur als ein heimat- und ehrloser Söldner typisch für seine Zeit, sondern auch als Franzose in Preußen:

Im "französierten Berlin" Friedrichs II. [23] spricht die feine Welt französisch - deshalb entschuldigt sich auch Riccaut bei Minna wegen seiner Frage, ob sie französisch spreche: "Mademoiselle parle françois? Mais sans doute; telle que je la vois! - La demande etoit bien impolie; Vous me pardonnerés, Mademoiselle. - [24]

Die feine Welt beherrscht die deutsche Sprache nur gebrochen, genau wie Riccaut. So wie er die Sprache spricht, ist sie wirklich "ein arm Sprak", "ein plump Sprak" [25]. Um so erstaunlicher ist es für Riccaut, daß die vornehme Minna es ablehnt, französisch mit ihm zu sprechen. Sie gibt dafür eine allgemein-gültige Begründung: "in Frankreich würde ich es zu sprechen suchen. Aber warum hier?" [26]

Mit der Auflösung von Tellheims Regiment sind auch Paul Werner, ein Unteroffizier, und Just, ein Soldat, verabschiedet worden. Just, der im Krieg Tellheims Reitknecht war, bleibt als sein Diener bei ihm. Paul Werner hat Gefallen gefunden am Soldatenleben. Er ist mit heiler Haut davongekommen und hat Beute gemacht. Das veranlaßt ihn, den Krieg zu loben: "Gott sey Dank, daß doch noch irgendwo in der Welt Krieg ist" [27] und: ein 'trefflicher' [28] Krieg ist in Persien. Er will Berufssoldat werden: "Soldat war ich, Soldat muß ich wieder seyn!" [29].

Beim Major von Tellheim stößt er auf wenig Verständnis für seine Kriegsbegeisterung. Tellheim meint, man könne zwar das Metier eine Zeitlang ausüben, um "sich mit allem, was Gefahr heißt, vertraulich zu machen, und Kälte und Entschlossenheit zu lernen" [30] - aber den Krieg zu seinem Handwerk machen "heißt wie ein Fleischerknecht reisen" [31].

Das ist eine Erkenntnis, die Tellheim nicht nur theoretisch (nämlich aus dem Othello [32]) gewonnen hat. Er konnte sie aus seiner eigenen Lage als "Auslandsdeutscher" in preußischen Diensten gewinnen, denn er stammt aus Kurland [33], das bis 1762 in den Staatsverband unter polnischer Krone und ab 1762 zu Rußland gehörte. Er muß zu den wenigen deutschen Gutsbesitzern und reichen Stadtbewohnern gehört haben, die dort seit der Eroberung des Gebiets mit lettisch-stämmiger Bevölkerung durch den Deutschen Orden lebten.

Nur zwei Rechtfertigungen für das Kriegshandwerk als vorübergehende Beschäftigung läßt Tellheim gelten: "Man muß Soldat seyn, f ü r s e i n L a n d ; oder a u s L i e b e z u d e r S a c h e , für die gefochten wird." 34)

Tellheim lehnt damit das Söldnerheer als solches ab, und fordert ein Heer von Patrioten, überhaupt von Männern, die bewußt für ein Ziel eintreten und nicht für ihre persönliche Bereicherung kämpfen.

Er selbst, der, wie Riccaut, verabschiedet ist - und der tatsächlich 2000 Pistolen zugesetzt hat - ist zwar "aus Partheylichkeit" 35) in den Krieg eingetreten, aber nachträglich kann er nicht mehr sagen "für welche politische Grundsätze" 36).

Der Grund für seine Ratlosigkeit mag in seinen Erfahrungen mit den kriegführenden Instanzen liegen, die ihn verdächtigen wegen einer Handlung, die er im Einklang glaubte mit der "Sache, für die gefochten wird":

Tellheim hatte nämlich im letzten Kriegswinter den Befehl erhalten, von den Ständen in Thüringen eine bestimmte Summe Kriegskontributionen einzutreiben.

Nun war es allgemein üblich, so eine Summe herunterzuhandeln; so sollte Leipzig für das Jahr 1762 drei Millionen Taler bezahlen, am Ende des Jahres gab Friedrich II. sich mit einer Million zufrieden 37). Auch Tellheim war befugt, je nach Lage der Dinge eine niedrigere Summe zu fordern, vorausgesetzt aber, er triebe das Geld "mit der äussersten Strenge" 38) ein. Aber sogar die niedrigste Summe, mit der Tellheim sich "nur im äussersten Nothfall zu begnügen, Vollmacht hatte" 39), hätte der äußersten Strenge bei der Eintreibung bedurft - die anzuwenden Tellheim sich ersparen wollte. Deshalb trieb er ein, was er bekommen konnte, und schoß die Differenz zwischen der gesammelten und der gerade noch erlaubten Summe selbst vor. Diese Differenz betrug 2000 Pistolen, das sind 10.000 Taler. Die Stände gaben ihm einen Wechsel über diesen Betrag, mit dem er das Geld nach Kriegsende zurückfordern sollte.

Nach Kriegsende nun wollte sich Tellheim mit seinem Wechsel eintragen lassen unter die "sächsischen Staatsgläubiger in Preußen" 40), deren Angelegenheiten im Frieden zu Hubertusburg zwischen Preußen und Sachsen zentral geregelt worden waren. Laut Artikel 7 des Vertrages "verspricht der König von Polen und Kurfürst von Sachsen, daß die preußischen Gläubiger ihre Interessen pünktlich und die Kapitalien vollständig bezahlt erhalten sollen." Die Separatartikel gehen noch einmal auf finanzielle Regelungen ein. Im Artikel 1 heißt es: "Unter den rückständigen [Kontributions-, R] Forderungen, welche mit dem 11. Februar erlöschen sollen, ist Das nicht begriffen, was auf ausgestellte Wechsel noch zu bezahlen ist." [41]

Als Tellheim aber der Kriegskasse seinen Wechsel vorlegte, wurde gegen ihn der Vorwurf erhoben, er hätte sich von den thüringischen Ständen bestechen lassen, nur die niedrigste Summe einzutreiben, die noch erlaubt war. Dafür hätten die Stände ihm den Wechsel ausgeschrieben, mit dem er nach vollzogenem Frieden dann sein "Dankgeschenk" einfordern sollte. Begründet wird der Bestechungsvorwurf nicht, er erscheint als Willkürhandlung.

Es sind nicht nur Tellheim, die sächsischen Stände und die Militärbehörde, die sich mit den Kontributionszahlungen befassen - der König greift schließlich als höchste Instanz in den Konflikt ein und löst ihn. Und er ist schon im Konflikt gegenwärtig.

Im Text der 'Minna' verhält Lessing sich zunächst vorsichtig-indifferent zu der Frage, ob der König hinter dem Spruch der Militärbehörde steht. Statt Verantwortliche zu nennen, verwendet Lessing unpersönliche oder passivische Satzkonstruktionen. "man kenn sik hier nit auf den Verdienst" [42], beschwert sich Riccaut - "Freylich nicht, wenn man die Spitzbuben so ungehangen herumlauffen läßt" [43] kontert Franziska und Minna sorgt sich um Tellheim: "Unmöglich kann man Ihnen aus einer edlen Handlung ein Verbrechen machen wollen" und muß dann einräumen: "Wenn man Sie hier durchaus verkennen will [...]" [44]. Werner findet es "schlecht genug, daß man ihm [Tellheim, R] das Seinige so sauer macht!" [45] und Tellheim sagt, als er den Vorwurf, der ihm gemacht wird, erklären soll: "Der Wechsel ward für gültig erkannt, aber mir ward das Eigenthum desselben streitig gemacht. Man zog spöttisch das Maul [...] Man erklärte ihn für eine Bestechung " [46].

Hinter diesen - immerhin als bewußt neutral auffallenden - Konstruktionen kann die Militärbehörde, kann aber auch der König stehen. Verbal wird die Verbindung zum König zum Beispiel hergestellt in der Antwort Minnas auf die Frage, ob man sich auf die Verdienste der Offiziere "kenne": "Der König kann nicht alle verdienten Männer kennen" [47]; und als Tellheim den Satz "daß der König alles niedergeschlagen habe, was wider mich urgiret worden" kommentiert mit den Worten "man wird mich wollen lauffen lassen. Allein man irrt sich " [48].

Erst am Ende der Komödie zeigt sich eindeutig, daß der König von dem Vorwurf, den die Militärbehörde Tellheim machte, wußte. Er schreibt, nachträglich den Vorwurf abmildernd: "der Handel, der mich um Eure Ehre besorgt machte" [49].

Gleichzeitig geschieht aber Tellheim endlich Recht, und zwar durch den König, so daß alles Bittere, das gesagt worden ist, auf die Behörde, und nicht mehr auf den König zurückfällt.

In seinem Brief hebt Friedrich II. den Spruch der Militärbehörde auf: Zufällig hatte sein Bruder, Prinz Heinrich, in seiner Eigenschaft als Oberkommandierender in Sachsen Einblick in die Kontributionsaffäre der thüringischen Stände im Winter 1762 genommen - ab Anfang 1761 hatte Prinz Heinrich die Führung der Besatzungsarmee in Sachsen [50] - und durch seinen Bruder ist Friedrich über Tellheims Handlungen unterrichtet worden [51]. So konnte Tellheim rehabilitiert werden.

Er soll seinen Wechsel von der Hofstaatskasse zurückbekommen (die Generalkriegskasse, die eigentlich zuständig ist für die Eintreibung der Wechselschulden [52], hat den Wechsel weitergegeben) - und kann dann selbst entscheiden, ob er das Geld privat oder wieder über die Generalkriegskasse einziehen will.

Außerdem ist der König bereit, die Kassation zurückzunehmen, weil er Männer von "Bravour und Denkungsart" wie Tellheim 'nicht gern entbehren' möchte [53].

Wie sich Friedrich II. tatsächlich nach dem Siebenjährigen Krieg den angeworbenen, zumeist bürgerlichen, Offizieren gegenüber verhielt, erzählt Carlyle:

> Verdiente bürgerliche Offiziere und Soldaten werden abgedankt, "Kleist, Icilius, Graf Hordt und andere widerstrebten und remonstrierten umsonst. Der König selbst ist unerbittlich wie die Arithmetik. 'Kann 138.000 regulaire, 12.000 von anderen Truppenarten erhalten; nicht einen Mann mehr!' Der eifrige Icilius verwendete sich um einige Entschädigung für seine Offiziere: 'Theilweise Rückzahlung des Geldes, das sie aus ihrer eigenen Tasche hergegeben als sie ihre jetzt entlassenen Leute anwarben!' Nicht einen Deut. Des Königs Antwort ist ein Autograph und noch vorhanden; nicht sehr orthographisch, aber sein Sinn klar wie das Licht: 'Seine Offiziere haben wie die Raben gestollen, Sie krigen nichts'." 54)

Carlyle findet die Parallele zu Lessings 'Minna': "Lessings schönes Schauspiel 'Minna von Barnhelm' giebt Zeugniß von einer bedeutenden öffentlichen Sympathie für diese verarmten Ex-Soldaten." [55]

Warum Lessing sich nicht an die Wirklichkeit hielt, sondern einen versöhnlichen Schluß erdachte, wird zu überlegen sein, wenn die strukturelle Gestaltung der Komödie auf die dahinterstehenden theoretischen Konzepte untersucht wird.

Eine Erklärung für den Verdacht der Behörde läßt sich denken: Als Major und Kompaniechef hat Tellheim Jahreseinkünfte von etwa 3100 Talern [56]. Wenn er davon überall hin verleiht und verschenkt (zum Beispiel an die thüringischen Stände; wir erfahren noch von 400 Talern an den Rittmeister Marloff [57] und von 114 Talern an Just und dessen Vater [58], kann er in den sechs bis zum Winter 1762 vergangenen Kriegsjahren kaum 10.000 Taler von seinem Sold gespart haben. Deswegen zog man 'spöttisch das Maul, als Tellheim versicherte, die Valuta bar hergegeben zu haben.' [59]

Nun wäre es denkbar, daß Tellheim - wie unter preußischen Offizieren die Regel - von den Einkünften eines Familiengutes lebt [60] Dafür, daß Tellheim unabhängig von seinem Sold genügend zum Leben besitzt, spricht auch seine Versicherung, er hätte seinen Abschied 'gefordert, wenn er ihn nicht bekommen hätte' [61].

Aber: Warum versiegt diese Geldquelle gerade, als er sie für sich braucht, warum ist das offenbar kein vorübergehender Zustand (sonst könnte er von Werner leihen, denn er 'wüßte wieder zu geben' [62]) und warum ist er nun doch gezwungen, sein Geld als Soldat zu verdienen - die 10 000 Taler, die er den thüringischen Ständen geliehen hat, können doch, ob er sie nun zurückerhält oder nicht, sein ganzes Vermögen nicht ausmachen?

Wovon Tellheim also eigentlich lebt, wenn nicht vom Militärhandwerk, gegen das er sich einsichtsvoll und begründet ausspricht, bleibt unklar.

Die Frage nach dem Gelderwerb ist für Tellheim nicht konsequent durchdacht. Es bleibt offen, zu welchem Stand er nach seinen ökonomischen Lebensbedingungen zu rechnen ist.

Tellheims Problem allerdings ist ein bürgerliches - das des abgedankten mittellosen Offiziers - so wie die Verbindung ja auch von Carlyle hergestellt wird. Die Tatsache, daß Tellheim von Geburt adelig ist, hindert Lessing nicht daran, ihn als Repräsentanten eines typisch bürgerlichen Schicksals auftreten zu lassen, und verhindert nicht die richtige Identifizierung.

Auch das übrige Dramenpersonal ist nicht durch seine ökonomischen Verhältnisse definiert:

Zwar ist klar, daß Minna vom Ertrag ihrer Güter lebt - also vom Mehrprodukt der Arbeit der Bauern -, aber ihre (und später auch Tellheims) Existenzgrundlage wird nicht thematisiert. Entsprechend fällt auch kein Blick auf die Bauern, die ungefähr 80 % der Bevölkerung ausmachten [63], deren Arbeit und Abgaben, die Kontributionen an die Generalkriegskasse, die Grundlage des feudalistischen Staates bildeten und die als Rekruten etwa 50 % des preußischen Heeres stellten [64]. Und das, obwohl ein großer Teil des Personals Beziehungen zum Bauernstand hat: Justs Vater ist Bauer [65], Just hat als Reitknecht Kriegsdienste geleistet [66], Franziskas Vater war abhängiger Müller [67], und Paul Werner hatte ein Schulzengericht [68], war also, bevor er Söldner wurde, ein von Abgaben und Spanndiensten befreiter Bauer und gleichzeitig Dorfrichter. Alle diese Personen erscheinen nicht in ihrer eigentlichen Umgebung und diese hat sie auch nicht geprägt, sieht man von etwas weniger weltmännischen Umgangsformen bei Werner und der zum Teil derben Ausdrucksweise Justs ab.

Nur der Wirt ist durch sein Erwerbsverhalten charakterisiert: Er ist als Städter und Kleinbürger - der die Generalkriegskasse zum anderen (kleineren) Teil versorgt, nämlich durch Zahlung der Akzise - ein geschäftstüchtiger Mann; er orientiert sich über die Zahlungsfähigkeit seiner Gäste [69] und übergibt dem zahlungswilligsten die besten Zimmer. Das Recht an dem bei ihm verpfändeten Ring gibt er mit 12,5 % Gewinn weiter [70].

Durch seine Arbeit als geheimer Spion des Königs spart er die Miete für sein Hotel zumindest zur Hälfte, eventuell sogar ganz [71]. Dafür, daß der Wirt ein Polizeispitzel ist, sprechen nicht nur seine Neugier [72] und Franziskas [73] und Tellheims [74] Reaktionen darauf, sondern auch der Umstand, daß Tellheim unbesorgt Werners Beutel mit hundert Pistolen in seinem Hotelzimmer liegen lassen kann, denn die Wirte, die gleichzeitig als Polizeispitzel arbeiten, müssen "dem König mit dem Kopf dafür haften", daß das Hab und Gut ihrer Gäste "sicher und heylig" ist - "dahero auch von keinem Diebstahl in diesen Häusern etwas zu hören ist!" [75]

Dafür muß er 'von allen Zusammenkünften, Gesprächen und sogar - wenn jemand bei ihm wohnt, der dem Staat verdächtig scheinet - von seinen bei sich habenden Briefschaften täglich einen verläßlichen Protocoll-Auszug der Geheimen Polizei einschicken' [76].

Jede Handlung des Wirtes ist geprägt von dem Wunsch Geld zu verdienen.

Die Wertung dieses Verhaltens und des Verhältnisses der anderen Personen zum Geld als Mittel zu ihrer Charakterisierung wird bei der Untersuchung von Lessings Weltbild eine Rolle spielen.

3.2 Die Theodizee als Modell zur Bewältigung der Wirklichkeit

Nach Beendigung des Krieges, aber noch verwickelt in seine Nachwirkungen, hat Tellheim versucht, seine privaten Pflichten zu verdrängen.

Pflichten hätte er gegenüber Minna von Barnhelm, einer reichen thüringischen Erbin, deren Dankbarkeit und Liebe er durch seine Haltung als preußischer Offizier erwarb, und deren Liebe er erwidert. Während seines Winterquartiers in Sachsen verlobte er sich mit ihr.

Jetzt ist durch die Verdächtigung der Militärbehörde sein Ansehen in der Gesellschaft zweifelhaft, und seine finanziellen Mittel sind erschöpft. Deshalb glaubt Tellheim, auf Minna verzichten zu müssen, schreibt ihr nicht mehr und versucht sie zu vergessen.

Da sie nichts mehr von ihm hört, reist Minna Tellheim nach, sie will in Berlin etwas über seinen Verbleib erfahren. Ihn selbst zu treffen kann sie kaum hoffen, denn sie denkt: "wer weiß, zu welchem andern Regimente, in welche entlegne Provinz, er versetzt worden"[77]. Aber keine vierundzwanzig Stunden nach ihrer Ankunft trifft sie Tellheim in ihrem Hotel.

Tellheim ist in dem Augenblick, in dem die Komödie einsetzt, gerade besonders schmerzlich bewußt geworden, daß man ihm mit weniger Ehrerbietung begegnet als früher: Der Wirt des "Königs von Spanien", bei dem er seit Monaten logiert, und den er zuletzt nicht mehr pünktlich bezahlen konnte, hat ihm in seiner Abwesenheit andere, schlechtere Zimmer eingeräumt, da er Tellheims Räume für einen spät abends ankommenden Gast (nämlich Minna) brauchte. Tellheim ist darüber so erregt, daß er das Hotel verlassen will - obwohl er sicherlich einer Dame seine Zimmer geräumt hätte, wenn er gefragt worden wäre. Das setzte auch der Wirt voraus [78].

Die empfindliche Reaktion zeigt Tellheims verletztes Selbstbewußtsein, obwohl er nur mit Distanz von seinem "Unglück" spricht. So deutet er gegenüber der Witwe Marloff nur an: "Sie finden mich in einer Stunde, wo ich leicht zu verleiten wäre, wider die Vorsicht zu murren" [79]. 'Zu murren', weil er sich im Unglück befindet, verarmt und in seiner Ehre gekränkt ist - und das alles wegen einer Tat, die moralisch einwandfrei war und deren Rechtfertigung, auch innerhalb des Ehrenkodex seines Standes, er nicht anzweifelt: Wegen seiner Haltung bei der Eintreibung der Kriegskontributionen in Sachsen, die von den zuständigen Instanzen falsch interpretiert wird.

Seit fast einem halben Jahr wartet Tellheim nun schon tatenlos darauf, ob "noch ein glücklicher Wurf [...] im Spiele ist" [80]. Er wartet tatenlos, denn er glaubt daran, daß sich gute Taten von selbst belohnen, im Sinne von Minnas Gedanken "Die Vorsicht [...] hält den ehrlichen Mann immer schadlos" [81]. Da die Belohnung bisher ausgeblieben ist, da er an eine glückliche Wendung immer weniger glauben kann, neigt er immer mehr dazu, "wider die Vorsicht zu murren".

Bevor Tellheim mit der Eintreibung von Kontributionen in Sachsen beschäftigt war, bildeten Gewissen, Ehre und Pflichterfüllung für ihn eine Einheit. Dementsprechend handelte er auch; er nahm den objektiv zwischen Pflichterfüllung und Gewissen bestehenden Konflikt nicht wahr.

Tellheim tat "alles seiner eignen Ehre wegen" [82] und erhebt jetzt Anspruch auf Anerkennung seiner Tat durch den König - das zeigt, daß seine Ehrauffassung darin besteht Handlungsanweisungen zu folgen, deren Ehrenhaftigkeit sich aus einem einheitlichen moralischen Konsens ergeben, dessen oberste - überwachende - Instanz der König ist. Tellheim sieht seine Ehre im Zusammenhang mit der Anerkennung durch die Herrschenden; sein Platz ist innerhalb der feudalen Hierarchie, er möchte im Einklang mit der Staatsräson handeln. Die Integration in diese Hierarchie ist für ihn nicht nur als gesellschaftliches Wesen ausschlaggebend, sondern auch als Privatperson, da er sich selbst mit den Augen derer zu sehen versucht, die ihm gesellschaftlich übergeordnet sind.

Die Reaktion der Militärbehörde scheint zu besagen, daß es keine moralische Übereinstimmung gibt, daß der Begriff der Ehre nicht einheitlich ist. Dann hätte Tellheim nach einer Ehrauffassung gehandelt, deren Definition nicht durch die Herrschenden bestimmt wäre.

Die Unsicherheit Tellheims im Punkt der Ehre spiegelt sich in seiner negativen Formulierung: "Die Ehre ist n i c h t die Stimme unsers Gewissens, n i c h t das Zeugniß weniger Rechtschaffenen--"[83] Seine beharrliche Weigerung, das Wirken der "Vorsicht" in einer Belohnung zu sehen, die nicht vom König kommt, betont noch einmal das hierarchische Denken Tellheims.

Die einzelnen Verhaltensweisen und Denkansätze Tellheims lassen sich zusammenfassen als seine Interpretation eines in seiner Zeit angebotenen Denkmodells - der Theodizee [84].

Hierher bezieht Tellheim die Überzeugung: "Alles muß zum Wohl der Guten auslaufen, das heißt zum Wohl derjenigen, die [...] auf die Vorsehung vertrauen, nachdem sie ihre Pflicht getan haben" [85] - und "daß die schönen Taten [...] ihren Lohn auf mechanischem Wege nach sich ziehen" [86]. Dies verleitet ihn, tatenlos auf Belohnung zu warten, und an der "Vorsicht" zu zweifeln, als die Belohnung ausbleibt.

Auch in der Überzeugung, daß die Belohnung vom König kommen muß, kann Tellheim sich auf Gedanken der Theodizee berufen, in der der Fürst mit Gott, die Untertanen mit den Geistern verglichen werden. Die gegenseitige Abhängigkeit ist parallel konstruiert [87]: Der Fürst ist die höchste Monade auf Erden, so wie Gott die höchste Monade überhaupt ist. Zwar ist "jeder Geist in seinem Bezirk gleichsam eine kleine Gottheit" [88], aber Friedrich II. hat es abgelehnt, als Tellheim "in eine Art Gesellschaft" mit ihm treten wollte [89].

Wenn es bei dieser Ablehnung durch den König bliebe, wäre die Konsequenz sowohl für den König als auch für das Theodizee-Modell, wie Tellheim es sich denkt, diese: Ein unmoralischer König müßte das Theodizee-Modell unglaubwürdig machen; ein unglaubwürdiges Theodizee-Modell wäre keine Rechtfertigung mehr für einen König als höchste irdische Monade.

Aber dahin kommt es nicht: Tellheim, der "in diesem großen Staat [...] unzufrieden" ist [90], der zu wissen meint, daß der Glaube an

"Tugend und Vorsicht" falsch ist [91], hat sich geirrt - seine Ehrenhaftigkeit war nur verkannt: Der König schreibt ihm einen Brief, verspricht ihm darin die Rückerstattung des Geldes und bittet ihn, wieder in seinem Heer Dienste zu nehmen.

Dadurch wird auch der König rehabilitiert: Indem er Tellheims Ehrenhaftigkeit - an der nie gezweifelt wurde - auch im Sinne von: Anerkennung durch die höfische Gesellschaft wiederherstellt, erweist er sich als ebenso moralischer Mensch, und Tellheims Annahme, es gebe e i n Moralgesetz für alle, erweist sich doch noch als richtig.

Und zwar hatte der König nach diesem Gesetz gehandelt, bevor Tellheim, bevor der Zuschauer es wußte: Er hatte nämlich den Brief, der alles klärte und zum Besten wandte, schon abgeschickt, bevor wir Tellheim in seiner Verzweiflung kennenlernten. Eigentlich hätte er ihn auch erhalten sollen, bevor Minna ankam; nur der Bote konnte Tellheim nicht ausfindig machen. Er mußte erst jemand finden, den er nach seiner Adresse fragen konnte, und fragte morgens bei der Parade Riccaut.

Lessing hat also auch in der Makrostruktur der Komödie die Staatsaffäre nach dem der Theodizee entnommenen Gedanken angelegt, "daß wir, wenn wir die Weltordnung hinreichend zu verstehn imstande wären, finden würden, wie sie alle Wünsche der Weisesten übertrifft" [92].

Die gute Weltordnung zu verstehen, ist Tellheim nun gerade nicht in der Lage. Von seiner Begegnung mit dem Kriegsminister an [93] - und das ist vor seiner Aussprache mit Minna - weigert er sich zu glauben, daß seine Sache "dem glücklichsten Ausgange nahe" [94] ist. Als Werner ihm berichtet, daß die Hofstaatskasse Ordre hat, Tellheim seine Gelder zu bezahlen, antwortet Tellheim ihm: "Begreiffst du denn nicht, daß, wenn es wahr wäre, ich es doch wohl am ersten wissen müßte?" [95] - und das ist gerade falsch, denn Tellheim befindet sich in einem "schreckhaften Traume" [96] - ist eine verworren perzipierende Monade; er ist passiv, insofern er "von einem anderen etwas erleidet" [97], nämlich von dem schwerfälligen Staatsapparat.

Im Privatleben steht Tellheim seiner Braut Minna, einer aktiven, zielbewußten Frau, gegenüber. Sie glaubt zwar auch an die Vorsehung - "Die Vorsicht [...] hält den ehrlichen Mann immer schadlos; und öfters schon im voraus" [98], sagt sie - aber sie handelt auch: Sie durchschaut die Wege der Vorsehung und sieht sich selbst als Werkzeug, das Intentionen durchsetzt. Im Denkmodell der Theodizee ist Minna als eine deutlich perzipierende Monade einzuordnen.

Das Ziel der Vorsehung, so wie Minna es sieht, ist die Belohnung Tellheims durch Minnas Liebe (und seine Entschädigung durch ihr Geld). Sie kann das Ziel zunächst deshalb nicht erreichen, weil Tellheim sie für nicht zuständig hält. Er erwartet seine Belohnung innerhalb des hierarchischen Aufbaus der Ständegesellschaft "von oben".

Für Minna hingegen besteht der Staat aus Individuen, die alle von Natur aus zu gutem Handeln fähig sind, von denen sich keines über andere erhebt, es sei denn durch gute Taten. Für Minna ergibt sich aus dieser Überzeugung, daß Tellheim zwar einen Anspruch auf Belohnung hat, aber nicht auf eine bestimmte Art von Anerkennung. Da Tellheims und ihre Auffassungen in Sachsen scheinbar übereinstimmten, erwartete Minna, ihn auch jetzt ihrer Ansicht zu finden.

Entsprechend dem grundlegenden Mißverständnis - beide glauben, der Partner ginge von den gleichen Voraussetzungen aus - verlaufen auch ihre Gespräche: Beide unterbrechen sich immer wieder, und zwar zunächst, um sich gegenseitig im Sinne ihrer Auffassungen zu korrigieren. Minna versucht dabei, Tellheims Argumente ganz zu ignorieren, sie gibt vor, sie habe seinen Brief nicht gelesen, und versucht, ihn nicht aussprechen zu lassen. "Nein, ich brauch es auch nicht einmal zu hören" [99] unterbricht sie den Major, denn "Es versteht sich von selbst" [100] - und dann erzählt sie ihm, was sich ihrer Meinung nach von selbst versteht. Später, als sie seinen Standpunkt schon kennt, möchte sie immer noch nicht hören, was geschieht, "wenn sich das Blatt nicht völlig wendet" [101].

Tellheim kann Minna im Detail korrigieren: "Unserer Verbindung?" [102] fällt er ihr nachfragend ins Wort, und später, als sie ihm erklären will, "was mein Oheim für Sie mitbringt" [103], ruft er dazwischen: "Ihr Oheim, gnädiges Fräulein, wird für mich nichts mitbringen" [104]. Als Minna ihn beruhigen möchte, daß das Urteil ihres Oheims und der Stände ihn freisprechen wird, fällt er ihr ins Wort: "Ihres Oheims! Ihrer Stände! Ha, ha ha!" [105]

Die heftige Diskussion kulminiert in der Frage der Ehre, in der die unterschiedlichen Auffassungen der beiden Gesprächspartner über die Abhängigkeit der persönlichen Ehre - von der feudalen Hierarchie oder vom Urteil der Rechtschaffenen - zusammengefaßt sind [106].

Letzte Klarheit über Tellheims Ehrauffassung bringt sein Satz: "wenn meiner Ehre nicht die vollkommenste Genugthuung geschieht; so kann ich, mein Fräulein, der Ihrige nicht seyn. Denn ich bin es in den Augen der Welt nicht werth, zu seyn." [107] Mit diesem Satz bezeichnet er das Urteil der Tugend - das Urteil Minnas und der sächsischen Stände - als unwichtig und mißversteht ihr Urteil als Resultat nicht ihres Tugendbegriffes, sondern ihrer 'blinden Zärtlichkeit' [108].

Da setzt Minnas Intrige ein, die Tellheim zwingen will, die Belohnung der Vorsehung anzunehmen, und die ihm beweisen wird, wer der wahrhaft Blinde ist. Minna gibt ihm den Ring zurück, den sie ihm in Sachsen geschenkt hatte (und bekräftigt damit das Verlöbnis), aber sie gibt ihm den Ring mit einer Miene, als entbände sie ihn von seinem Versprechen.

In den folgenden Unterhaltungen versuchen Franziska und Minna immer wieder, Tellheim den Ring interessant zu machen - er soll ihn sich genau ansehen [109]. Aber Tellheim ist blind, er sieht nicht, daß sein privates Schicksal längst zum Guten gewendet ist, daß er sein Glück längst in der Hand hält [110].

Tellheim sieht weder in seinem privaten Schicksal noch in der Staatsaffäre, in die er verwickelt ist, die "Weisheit und Güte" [111], die die Weltordnung bestimmen; sieht nicht, wie das eine Abbild des anderen ist, aber: Als 'blindes Geschick' erscheint der 'Zusammenhang aller Dinge' [112] nur solchen Menschen, die nicht sehen können, daß die Einrichtung der Welt "alle Wünsche der Weisesten übertrifft" [113].

Der Versuch, mit einem auf dieser Hoffnung aufbauenden Denkmodell die Wirklichkeit zu bewältigen, steht hinter dem Schema, nach dem in der Komödie sowohl der Konflikt Tellheims mit dem Staatsapparat, als auch das von Minna inszenierte Spiel angelegt sind.

3.3 Substitution der Theodizee durch ein neu definiertes Weltbild

Tellheim wird am Ende der Komödie zweimal belohnt: Der König setzt ihn durch sein Handschreiben wieder in den Stand der Ehrenhaftigkeit; die Heirat mit Minna schenkt ihm privates Glück.

Aber: Vor die Wahl gestellt zwischen privatem Glück und öffentlicher Anerkennung, ist Tellheim am Ende der Komödie bereit, auf die öffentliche Anerkennung zu verzichten, sie sogar als überflüssig zu bezeichnen, die 'Große Welt' zu verlassen und mit Minna auf ihre Güter nach Sachsen zu gehen [114].

Die Erkenntnisse, die Tellheims neue Haltung begründen, beziehen sich auf die Definition der Ehre und ihre Abhängigkeit vom König einerseits und vom eigenen moralischen Empfinden andererseits.

Daß die 'Ehre', definiert als Anerkennung durch die Herrschenden, überhaupt Unmoralisches von ihm fordern kann, erkennt Tellheim durch Minnas Intrige: Der Verzicht auf die scheinbar entehrte Minna, der notwendig wäre, um eine Position in der Gesellschaft wiederzuerlangen, wird nicht geleistet, sondern mit einer 'Rebellion' beantwortet: "Von diesem Augenblicke an, will ich dem Unrechte, das mir hier widerfährt, nichts als Verachtung entgegensetzen. Ist dieses Land die Welt? Geht hier allein die Sonne auf?" [115]

Damit ist die Erkenntnis eingeleitet, daß sein Begriff der 'Ehre', der einerseits an die feudale Hierarchie, andererseits an bestimmte Moralvorstellungen gebunden ist, in sich nicht einheitlich ist, und unter Besinnung auf die eigentlichen Handlungsmotivationen überprüft werden muß: De facto hatte Tellheim schon in Thüringen einer Ehrauffassung widersprochen, mit der es vereinbar war, die besiegten Stände ihrer Lebensgrundlage zu berauben [116].

Den Befehl, den er so selbstverständlich nicht ausführte, und der doch während des ganzen Krieges von anderen ausgeführt wurde, hielt er für unmoralisch und interpretierte ihn im Sinne seiner Moralauffassung um. Die Einsicht, daß die 'Ehre' überhaupt unmoralische Handlungen fordern kann, legt nun die Erkenntnis nahe, daß ein entsprechendes Verhalten schon in Sachsen von ihm gefordert war.

Da die Ehrauffassung an die herrschende Gesellschaftsordnung gebunden ist, erweist sich mit der (abgelehnten) Ehrauffassung auch das System als unmoralisch. Deshalb verlangt Tellheim auch nicht zurück, "was man durch einen so schimpflichen Verdacht entehret hat" [117] - jetzt ist der König die falsche Instanz für die 'Ehre': Die öffentliche Ehre will er nicht mehr, der privaten sind die "Dienste der Großen [...] gefährlich" [118].

Tellheim zieht sich wegen seiner unbedingten Ehrenhaftigkeit vom König zurück - darin spiegelt sich der objektive Charakter des Konflikts wider.

Die Erkenntnisse, die sich Tellheim im Lauf der Ereignisse aufdrängten, entfernten ihn von seiner Auffassung der Theodizee. Diese Auffassung wird auch durch die Bestätigung der ursprünglichen Erwartung nicht wieder hergestellt, denn in der Komödie wird die Wirklichkeit zwar im Sinne des alten Schemas korrigiert - es wird ein 'guter' König gesetzt - aber eine Konsequenz aus der Korrektur wird nicht gezogen: Nicht das Denkmodell, sondern die Wirklichkeit, die nicht dargestellt wird, bestimmt die Haltung Tellheims [119]. Indem er eine Welt verläßt, die noch nach den 'Wünschen der Weisesten' abläuft, bezweifelt er auch die Gesetzmäßigkeit dieses Ablaufs [120].

In Sachsen, abseits der 'Großen Welt', will Tellheim nach seinen Moralvorstellungen leben, deren allgemein-gültige Formulierung später lauten sollte: "handle nur nach derjenigen Maxime, durch die du zugleich wollen kannst, daß sie ein allgemeines Gesetz werde." [121]

Der für Tellheim entscheidende Widerspruch zur Theodizee liegt in der neu erkannten Möglichkeit der Selbstbestimmung: Das Denkmodell der Theodizee impliziert, daß der Untertan in seiner eingeschränkten, unvollkommenen Einsicht am besten handelt, wenn er den Befehlen des Fürsten als der höchsten, weil einsichtsvollsten, vollkommensten Monade folgt, also dem Fürsten dient. Aber: "Die Dienste der Großen sind gefährlich, und lohnen der Mühe, des Zwanges, der Erniedrigung nicht, die sie kosten." [122] Tellheim will nicht mehr von oben bestimmt werden, sondern er will er selbst sein, von Minna sagt er in diesem Sinne: "Sie wird mich um mich selbst lieben." [123]

Tellheim hat aus seiner unbeabsichtigt-freien Handlung gelernt, daß der Einzelne frei ist, seine Handlungen selbst zu bestimmen und daß er nur seinem Gewissen verantwortlich ist - er war schon vorher der Überzeugung, daß jeder verpflichtet sei, so gut zu handeln, wie es ihm möglich ist.

Daraus ergibt sich eine Korrektur der alten Theodizee, die der Legitimation der Fürsten dient: Auf Erden streben alle gleichermaßen nach Vervollkommnung, eine per se 'höchste Monade' gibt es nicht.

Tellheim vertritt am Ende seiner Entwicklung die humanistische Idee, die hinter dem bürgerlichen Sittengesetz steht, gegen den Feudalismus. Er wird zu einem Beispiel für die Würde des Menschen, unabhängig von der - und gegen die - feudal-absolutistische Ordnung. In der 'Minna von Barnhelm' wird das alte Denkmodell der Theodizee verlassen und gleichzeitig ein neues (auch harmonistisches) Denkmodell eingeführt, das ausgeht von dem humanistischen Postulat der Gleichheit aller Menschen.

Als Tellheim noch ganz im Schema der Theodizee denkt, werden schon die praktischen Auswirkungen einer Gesellschaft moralisch gleichwertiger Menschen in der Komödie vorgeführt: Die verschiedenen Bemühungen, Tellheims falsches Weltbild zu korrigieren, nehmen den Charakter einer "Verschwörung" an, in der sich der Gedanke der Gleichheit durch moralische Gleichstellung ihrer Mitglieder trotz deren sozialer Ungleichheit verwirklicht: Reitknecht und Kammerzofe, Söldner und Edelfräulein sind sich darin einig, Tellheim durch ihr Handeln zu zeigen, daß unabhängig vom sozialen Stand jeder Mensch moralisch sein und nach den Forderungen der praktischen Vernunft handeln kann.

So, wie Minna sich um Tellheim bemüht, bemüht sich auch Just; wie sie Tellheim liebt, hängt auch Just dankbar und treu an ihm.

Als Tellheim Just entlassen will, weil er ihm den Lohn nicht mehr zahlen kann, versucht auch dieser zunächst, Tellheim durch eine vernünftige Argumentation zu überzeugen. Er rechnet Tellheim vor, daß nicht Tellheim ihm, sondern er Tellheim Geld schulde, das er noch abarbeiten wolle. Daß Tellheim diese Argumentation nicht anerkennt, zeigt, daß er für Just nicht gelten läßt, was für ihn selbst gilt: daß man niemandem etwas schuldig bleiben darf. Er erkennt Just also nicht als gleichberechtigt an.

Just setzt aber seinen Stolz mit einem naiven Raffinement durch, dem Tellheim ebensowenig gewachsen ist, wie später Minnas Intrige. Auch er weckt Tellheims Mitleid, und zwar, indem er sich mit einem herrenlosen Hund vergleicht, der ohne Tellheim verloren wäre. Jetzt gebietet es Tellheims Ehre, Just zu behalter, der der Schwächere, von ihm Abhängige, ist.

Die Ehre des Dieners ist ebenso konsequent, unbeugsam und von moralischem Wertgefühl getragen, wie die des Herren.

Auch Werner möchte dem Major von Tellheim, der während des Krieges sein Kompaniechef war, helfen, und bringt ihm nun schon zum zweiten Mal Geld. Als er erfährt, daß Tellheim das Geld gar nicht verbraucht hat, beschließt er, sich eine Argumentation zu sparen, und ersinnt - wie später Minna - eine Unwahrheit: Er bringe das Geld der Witwe Marloff. Tellheim erkennt die Lüge - und Werner muß nun doch argumentieren. Dabei begegnet er Tellheim auf gleicher Argumentationsebene, ungeachtet der Tatsache, daß er, der Bauer, mit einem Adligen spricht. Der Auseinandersetzung ist Tellheim nicht gewachsen: Um seine 'Ehre' zu retten, muß er lügen. Er verschweigt Werner nicht nur, daß er das Geld der Witwe nicht angenommen hat (also nimmt er wohl an, daß Werner diese Handlung für unvernünftig halten würde), sondern betont sogar noch: "Wenn ich dich nun auf meine Ehre versichere, daß ich noch Geld habe" [124].

Damit hintergeht er die Hilfsbereitschaft Werners, die diesen sogar veranlaßte, seine ehrenhaften Beweggründe zu verleugnen und seinem moralischen Impuls, Tellheim zu helfen, die materielle Begründung zu geben: "ich thu es nur der Interessen wegen" [125].

Werners Denkweise ist so vernünftig und vorbildlich, daß der Vorwurf der Unvernunft und der Abweichung von moralischen Grundsätzen auf den Freund fällt, der sich nicht helfen lassen will.

Franziska wird nicht so sehr durch ihre Beteiligung an der allgemeinen "Verschwörung" gegen die ideologische Rückständigkeit des Majors von Tellheim als moralisch gleichwertiger Mensch vorgeführt (ihre Rolle dabei ist beschränkt darauf Minna zu assistieren), sondern mehr durch ihr Verhältnis zu Minna und ihr vernünftiges Raisonnement.

Ein sozialer Abstand zwischen Minna und Franziska, zwischen Herrin und Dienerin, besteht zwar, ist aber für das Verhältnis der beiden gemeinsam erzogenen jungen Mädchen nicht ausschlaggebend. Minna läßt sich von Franziska bedienen [126] und schickt sie, um Briefe zu besorgen [127], aber sie "bedient" auch Franziska: Sie schenkt selbst den Kaffee ein und reicht Franziska ihre Tasse [128] -

und sie hält es für selbstverständlich, daß Franziska für ihr eigenes Wohlergehen sorgt: Franziska darf für sich von ihrer Schokolade machen lassen [129]. Im Gespräch darf Franziska völlig offen sein und ihre Herrin kritisieren. Dabei kann sie Minna immer wieder durch ihre treffenden Bemerkungen verblüffen und belehren. Zum Beispiel hört Franziska nicht auf, Minnas Eitelkeit und Egoismus zu entlarven. Franziskas Reaktion, als sie hört, daß Tellheim im 'König von Spanien' seinen Ring versetzen mußte, ist eine Empfindung von Mitleid: "Er muß unglücklich seyn! Das jammert mich" [130] - während Minna selbstbewußt erwidert: "Unglück ist auch gut. Vielleicht, daß ihm der Himmel alles nahm, um ihm in mir alles wiederzugeben" [131]. Aus der gleichen Einstellung heraus freut sich Minna, daß Tellheim sie, wenn er sie unglücklich und verlassen glaubt, "der ganzen Welt streitig machen" wird[132], worauf Franziska sie "sehr ernsthaft" ermahnt: "Und so was muß die feinste Eigenliebe unendlich kützeln" [133].

Franziska löst Probleme gefühlsmäßig, deshalb kann sie auch den Sinn der Intrige nicht durchschauen, sondern empfindet sie nur als einen Spaß, der zu weit geht, als Quälerei für Tellheim. Minna, die die bessere Einsicht hat, muß sie zurechtweisen, wenn sie versucht, das Spiel von sich aus zu unterbrechen: "Ohne dich in unser Spiel zu mengen, Franciska, wenn ich bitten darf!-" [134]

Riccauts Lügengeschichte hat wiederum Franziska richtig eingeschätzt: Als der Feldjäger den Brief des Königs bringt, trifft ein, was Riccaut ankündigte und was er durch einen Minister erfahren haben wollte. Das Fräulein triumphiert: "Franciska, hörst du? - Der Chevalier hat doch wahr geredet!" [135] Als aber der Feldjäger berichtet hat, wie er Tellheims Adresse auf der Parade vom Lieutenant Riccaut erfahren hat, ist es an Franziska zu triumphieren. Amüsiert formuliert sie genau wie Minna: "Gnädiges Fräulein, hören Sie? - Das ist des Chevaliers Minister. - 'Wie heissen der Minister, da draus auf die breite Platz?'-" (wo die Parade stattfand) [136].

Die vernünftige Franziska kann die vernünftige Minna kritisieren, wenn diese abweicht von den praktisch-vernünftigen Lebensregeln. Vernunft und Moral als Grundlage menschlicher Beziehungen sind nicht gebunden an eine soziale Hierarchie.

Das wird bekräftigt durch das glückliche Ende, das zwei Liebespaare und vier Freunde vereint, und an dem der Wachtmeister sich rühmen darf, er habe in der Zofe Franziska "wenigstens ein ebenso gutes Mädchen" wie Tellheim in der reichen Minna und in Tellheim "wenigstens [...] einen ebenso redlichen Freund", wie Tellheim in ihm [137].

Auf der Ebene der moralischen Gleichheit sind materielle Werte nur insofern von Bedeutung, als sie nach den Forderungen der praktischen Vernunft eingesetzt werden können. Entsprechend sind in der Komödie materielle Probleme generell den moralischen untergeordnet:

Gleichgültigkeit gegenüber Geld dient dazu, einen edlen, altruistischen Charakter zu beschreiben.

Tellheims Verzicht auf die Rückzahlung von 400 Talern durch die Witwe Marloff ist in seiner finanziellen Situation verschwenderisch, und er ist auch unvernünftig im Hinblick auf die Wirkung seiner Wohltätigkeit: Er hilft nicht vielen, sondern nur punktuell - er legt sein Geld nicht vernünftig an [138].

Als Gutsbesitzerin und reiche Erbin kann Minna sich eine ähnlich großzügige Verschwendung auch wirklich leisten: Sie will sofort für Tellheims Schulden all ihr Bargeld hergeben und noch dazu Wechsel ausschreiben [139]; sie kauft dem Wirt das Pfandrecht an Tellheims Ring ab, verschenkt Geld an Franziska, an "den ersten blessirten armen Soldaten, der uns anspricht" [140] und Riccaut schenkt sie 10 Pistolen [141].

Paul Werner und Franziska denken nur wenig ökonomischer: Werner hat wenigstens im Krieg zu seinem Vorteil gewirtschaftet [142] - das veranlaßte ihn allerdings, sein Schulzengericht aufzugeben und seine sichere, wenn auch nicht bedeutende, Stellung mit einer unsicheren zu tauschen, die Aussicht auf Gewinn oder Tod bietet und sehr 'verdienstlich' [143] ist. Den Erlös seines Gutes will Werner ohne Zinsen und ohne Sicherheit an Tellheim verleihen, und er verzichtet sogar auf ein halbes Prozent der Kaufsumme: Er erläßt dem Käufer diesen Beitrag, um seinem Freund das Geld sofort zu beschaffen [144].

Franziska achtet darauf, daß der Wirt Minna nicht übervorteilt - ihr nicht 100 statt 80 Pistolen Pfand für den Ring in Rechnung stellt, ihr tut es leid, daß Minna Riccaut Geld schenkt, sie will "ihm nach, und ihm das Geld wieder abnehmen" [145] - aber sie möchte auch das Geld nicht annehmen, das Minna ihr "von Fröhlichkeit trunken" [146] aufzwingt; damit stellt sie Minnas Interesse über ihr eigenes und das zeigt, daß auch ihre anderen Handlungen mehr aus Fürsorge für Minna, als aus Achtung vor dem Wert des Geldes zu erklären sind.

Just schließlich ist überhaupt nicht auf seinen Vorteil bedacht, er ist sogar bereit, auf seinen Lohn zu verzichten und umsonst zu arbeiten.

Das Wort Tellheims an Werner "Euch gutherzigen Leuten sollte man allen einen Vormund setzen, Ihr seyd eine Art Verschwender" [147] gilt noch mehr als für Werner für ihn selbst, für Just, für Minna und Franziska. Sie alle sind 'gutherzige Leute', die mit Geld umgehen, ohne auf den eigenen Vorteil bedacht zu sein. Sie sind sich darin einig, alles, was sie an Geld oder Geldeswert besitzen, herzugeben für die, die es wert sind. Man kann aus Tellheims Satz herauslesen, daß es geradezu das Zeichen für Gutherzigkeit ist, eine "Art Verschwender" zu sein.

Die Forderung des Sittengesetzes, vorbildlich - und das heißt auch: großmütig - zu handeln, erfüllte Tellheim schon, als er in Sachsen den thüringischen Ständen half. Als ihm bewußt wurde, daß die Voraussetzung für diese Handlungsweise die Anerkennung der Existenz einer moralischen Gleichheit aller ist, vertrat er diese Erkenntnis, mit einem emanzipatorischen Effekt für **sich selbst, gegenüber** dem Herrscher.

In der konsequenten Anwendung dieser Erkenntnis auf die eigene Stellung innerhalb der Hierarchie ist Tellheim seinen Freunden noch unterlegen, da er noch Sonderrechte für sich beansprucht:

Er verstößt gegen die Maxime "Handle so, daß du die Menschheit sowohl i n d e i n e r P e r s o n , als auch in der Person eines anderen, jederzeit zugleich als Z w e c k , niemals bloß als Mittel brauchst." [148], da er sich selbst nur als Mittel und nicht auch als Zweck setzt.

Tellheims Stolz und sein Unvermögen, die Großmut anderer anzunehmen, zeigen seine noch unvollkommene Erkenntnis des Sittengesetzes.

Seine 'stolze' Haltung wird vorgeführt in verschiedenen Abstufungen und sie ist bestimmend für Minnas Plan der Intrige.

Gegenüber der Witwe seines Stabsrittmeisters Marloff handelt Tellheim, da sie eine Frau ist und durch den Tod ihres Mannes unglücklich, mitleidig-großmütig (wie gegenüber den thüringischen Ständen, als den Besiegten). Um es der Witwe zu ersparen, Mitleid annehmen zu müssen, gibt er vor, er handle gar nicht großmütig, gar nicht mitleidig. Denn er nimmt an, daß die Witwe Marloff Mitleid als eine Demütigung auffassen würde, die er ihr ersparen will. Sie bemerkt seine Absicht und bittet ihn: "denken Sie auch von mir nicht zu klein!" [149] und beteuert, daß sie "für ihr eigen Leben" [150] die Wohltat nicht annehmen würde.

Tellheim zeigt also Großmut auch dann, wenn es nicht erwünscht ist und wenn es ihn finanzielle Opfer kostet. Im Zusammenhang mit seiner Weigerung, Hilfe von seinen Freunden anzunehmen, wirft das ein Licht auch auf seine Handlungsmotivation in Sachsen: Tellheim sieht sich als Angehörigen des übergeordneten Standes, als "Herren". Mitleid ist in einer hierarchischen Sozialordnung eine Funktion der "Herren", das heißt, es ist nach unten gerichtet. Für die Umkehrung gilt: Wer Mitleid annehmen muß, ist erniedrigt. Soziale Ungleichheit ist konstituierend für Tellheims Mitleidbegriff.

Entsprechend seiner Haltung mißversteht er die Haltung seiner Freunde.

Und es geht ihm wie der Witwe Marloff: Er wird belogen. Den Freund Werner ertappt er bei seiner Lüge und auf seine neue Definition von Mitleid geht er nicht ein. Einer der Versuche Werners Tellheim zu helfen, besteht darin, ihn zu einer neuen Definition von Mitleid zu überreden: Wenn der Gebende Mitleid als Mittel zum Zweck betrachtet, erniedrigt sich der Nehmende nicht, sondern beide begegnen sich auf der Ebene möglicher und tatsächlicher Bedürftigkeit.

Aber Tellheim nimmt das Angebot nicht an; er lügt lieber, als daß er von Werner Geld annimmt. Er sagt, die Witwe Marloff habe ihn "bey Heller und Pfennig bezahlt" [151]. Er lügt nicht nur, sondern zwingt Werner zu lügen, um ebenso moralisch handeln zu können, wie Tellheim selbst es getan hat. Damit verletzt Tellheim ein Grundprinzip des kategorischen Imperativs, nämlich die Forderung nach allgemeiner Anwendung des Sittengesetzes.

Sogar ein falsches Ehrenwort unter Soldaten ("Wenn ich dich nun auf meine Ehre versichere, daß ich noch Geld habe; wenn ich dir nun auf meine Ehre verspreche, daß ich es dir sagen will, wenn ich keines mehr habe" [152]) bedeutet für Tellheim nicht einen so entscheidenden Ehrverlust, wie das Eingeständnis eigener Bedürftigkeit.

Minna geht geschickter vor als Werner, und Tellheim merkt nicht, daß sie ihm eine 'Komödie' vorspielt. Sie sieht nicht den umfassenden Aspekt, unter dem Tellheim ihre Großmut ablehnt, sondern sieht nur, daß er zu stolz ist, "Denn auch seiner Geliebten sein Glück nicht wollen zu danken haben, ist Stolz, unverzeihlicher Stolz!" [153] und sie beschließt, "ihn wegen dieses Stolzes mit ähnlichem Stolze ein wenig zu martern" [154] - und entwickelt ihre Intrige. Minnas Ziel ist, Tellheim von zu viel Stolz zu heilen, ihre Methode, Tellheims Bereitschaft, Unterlegenen gegenüber mitleidig und großmütig zu reagieren, zu benutzen, "Vielleicht würde mir ihr Mitleid gewähret haben, was mir Ihre Liebe versagt" [155], sagt sie zu Tellheim.

Minnas Ziel ist erst erreicht, als Tellheim auf den Königsbrief verzichten will, also die Ehre, die vom König kommt, ausdrücklich ablehnt und sich mit privatem Glück begnügt; als er von der großen Welt erkannt hat: "Wie klein, wie armselig ist diese große Welt!" und sich ganz Minna anvertraut: "Kommen Sie nur, mein Fräulein; wohin Sie wollen." [156]

Minna hat also erreicht, was sie wollte. Ob sie es aber ohne den Brief des Königs auch erreicht hätte, erscheint fraglich, denn sie hat es nicht vermocht, die hierarchische Denkstruktur Tellheims qualitativ zu verändern:

In der Intrige begibt sich Minna zum Schein unter Tellheims soziale Lage; sie ist enterbt, also ebenso arm wie er, und entehrt (durch ihr Beharren auf dem Mann ihrer Wahl und durch ihre Flucht) und wertet dadurch Tellheims Lage auf: Er hat in Werner noch einen reichen Freund und als Mann nicht nur die Möglichkeit Geld zu verdienen, sondern überhaupt die stärkere Position.

Tellheims Reaktion, Minna nun doch heiraten zu wollen, bestätigt nur das Funktionieren des Schemas, nach dem sein Mitleid erweckt wird: Geben kann er der unglücklichen Frau sein Mitleid, annehmen konnte er es von der glücklichen nicht.

Minna meint zwar, was für Tellheim gelte, gelte auch für sie und umgekehrt, und übernimmt Tellheims Argumentation, um sie dadurch lächerlich zu machen - aber Tellheim erkennt nicht, daß sie an sich lächerlich ist, sondern meint, daß sie es nur im Munde einer Frau ist. Sein letztes Wort in dieser Angelegenheit ist: "So entehrt sich das schwächere Geschlecht durch alles, was dem stärkern nicht ansteht? So soll sich der Mann alles erlauben, was dem Weibe geziemet? Welches bestimmte die Natur zur Stütze des andern?" [157)]

Daraufhin lenkt Minna ein ("Beruhigen Sie sich, Tellheim" [158)]), erkennt nicht die Wichtigkeit gerade dieser Frage und meint sogar, sie habe sich 'den Anblick seines ganzen Herzens verschafft' [159)].

Minnas Intrige führt die Einseitigkeit von Tellheims Moralvorstellungen vor; der Widerspruch zwischen seinem Anspruch auf Vorbildlichkeit und seiner Weigerung, daraus nicht nur als Subjekt, sondern auch als Objekt die Konsequenzen zu ziehen, wird jedoch nicht gelöst. Denn immer noch ist Tellheim eher bereit, auf Königsbrief, Ehre und Geld zu verzichten und Minnas (vorgetäuschten) Wunsch nach äußerer Gleichheit zu erfüllen, als daß er die Einsicht formulieren könnte, es sei ganz gleichgültig, welche Position jeder von ihnen einnähme, wichtig sei nur ihre tatsächliche moralische Integrität. Nach Erhalt des Königsbriefes kann Tellheim freiwillig sein, was er unfreiwillig nicht akzeptieren konnte, nämlich arm und entehrt, denn es ist ein Verzicht auf etwas, was ihm in den Augen der Welt wieder zusteht.

Daß Tellheim auch bereit ist, auf das Geld zu verzichten, zeigt, daß er immer noch nicht gelernt hat, ökonomisch mit Geld umzugehen, denn er könnte es, gerade wenn er dem Ruf des Königs nicht folgen und sich mit Minna zurückziehen will, als materielle Grundlage gebrauchen.

Da Minna aber als Ursache von Tellheims Verhalten nur seinen übertriebenen Stolz sieht und nicht sein Festhalten an hierarchischen Prinzipien, gibt sie sich mit einer quantitativen Lösung zufrieden: Sie korrigiert die Übertreibung, nicht die Qualität des Stolzes.

Das Denkmuster der Theodizee wird in den Punkten, in denen es den Feudalismus rechtfertigt, von Lessing verlassen. Er führt zwar noch den alten Mechanismus vor, läßt einen guten König als tatsächlich vollkommene Monade Einblick in alle Zusammenhänge haben und Recht sprechen, aber er greift den Mechanismus schon an, während er noch abläuft, indem er den Gedanken nahelegt, daß Begriffe wie 'Ehre' und 'Moral' nicht abhängig sind vom Urteil des Fürsten als der höchsten Monade.

Als moralisch höchste Monade wird der König am Schluß der Komödie ausdrücklich abgedankt - die ideologische Rechtfertigung seiner Position wird ihm entzogen.

In der Komödie wird diese Ideologie formal noch nachvollzogen und inhaltlich durch neue Erkenntnisse überholt; in diesen Erkenntnissen wird im Ansatz eine neue - bürgerliche - Ideologie sichtbar. Dabei bleibt das harmonistische Weltbild erhalten, aber seine Rechtfertigung liegt in der Hoffnung auf eine neue Art des gesellschaftlichen Zusammenlebens, in der nicht mehr nur der König Garant der Moral ist, sondern in der jeder Mensch seine praktische Vernunft zu seiner Vervollkommnung nutzt und seine Handlungen verantwortlich plant. Die Handlungen werden durch das Gewissen und durch das Urteil der Rechtschaffenen geprüft, gerichtet und belohnt - denn der Glaube an die notwendige Belohnung der guten Taten ist aus der alten Theodizee übernommen, sie muß nur direkt von den guten Menschen oder von Gott kommen.

Der Mensch wird nicht mehr nach seinem Standort innerhalb der hierarchischen Struktur der Gesellschaft (die auch als Abbild einer moralischen Hierarchie gilt) beurteilt, sondern die Erkenntnis lautet, daß die Menschen trotz sozialer Ungleichheit moralisch prinzipiell gleich sind.

In dieser Erkenntnis liegt sowohl der Fortschritt, den der bürgerliche Gedanke der Gleichheit und Brüderlichkeit gegenüber dem Feudalismus bedeutete, als auch die Begrenztheit des Gedankens, der sich in der Forderung beschränkt auf juristische und politische Gleichheit - da die Forderung nach sozialer Gleichheit nicht vereinbar ist mit den ökonomischen Lebensbedingungen des Bürgertums.

Lessings Komödie beschränkt sich auf eine ideologische Kritik der Ideologie, auf die Gegenüberstellung von zwei Versuchen, das Funktionieren des menschlichen Zusammenlebens zu erklären, die beide den Anspruch erheben, ewig und für alle Menschen gültig zu sein.

3.4 Grenzen und Leistungen des neuen Weltbildes

Für seine Konzeption eines moralischen Menschen übernimmt Lessing die finanzielle Unabhängigkeit des Adels, die diesem (scheinbar) Entscheidungsfreiheit zusichert, nämlich ihm die Möglichkeit gibt, sich in den Zirkel privater Geselligkeit zurückzuziehen. Dabei treffen sich Bürgertum und Adel in einer antihöfischen Tendenz, die Lessing in der Frage der Moral konkretisiert und mit einer bürgerlichen Ideologie begründet.

Wie sehr dabei Moral und Interessen verknüpft sind und es sich eigentlich weniger um die Ablösung einer Moral durch eine andere, als vielmehr um die Durchsetzung verschiedener Interessen handelt, wird deutlich an dem Konflikt, der die Handlung der Komödie auslöst: am Konflikt zwischen Tellheim und den Instanzen des feudalen Militärstaates.

Die Erlebnisse, die Tellheim unter den Aspekten 'Ehre' und 'Moral' sieht, sind objektiv die Kollision von Interessen:

Die Kriegskontributionen während des Siebenjährigen Krieges hatten die Funktion, den Feind wirtschaftlich und militärisch zu schwächen und den eigenen Staat, die eigene Armee zu finanzieren. Der Vorwurf, der Tellheim gemacht wird, lautet, er habe für Preussen nicht genug Geld eingetrieben und statt dessen in die eigene Tasche gewirtschaftet. Zwar trifft dieser letzte Vorwurf nicht zu, aber tatsächlich hat er den Feind nicht genug geschwächt, indem er nicht auspreßte, was nur mit äußerster Strenge zu holen gewesen wäre.

Auch dieses Verhalten läuft - ungeachtet der Tatsache, daß es moralisch einwandfrei ist - der Wirtschaftstheorie des Merkantilismus in ihrer preußisch-feudalen Ausprägung zuwider, nach der "die Schädigung des Auslands der Vorteil des Vaterlandes" [160] ist und "Geldbesitz und Reichtum einer Nation ein und dasselbe" [161] sind. Also: "Je mehr Geld die Fürsten für ihre Heere und Höfe ins Land ziehen und im Lande behalten konnten, umso reicher wurde das Volk" [162]

Tellheims Verhalten dient - wiederum ungeachtet seiner moralischen Qualität - objektiv bürgerlichem Interesse, das im Deutschland des 18. Jahrhunderts zunächst darin bestand, den anderen Staat als Handelspartner zu erhalten und letztlich eine wirtschaftliche Vereinigung der deutschen Teilstaaten herbeizuführen. [163]

Die Militärbehörde kann, gleich welcher Interpretation von Tellheims Handlung sie folgt, sei es ihrem Verdacht oder Tellheims Erklärung, in ihrer Interessenlage seine Handlung nicht akzeptieren. Sie versucht vielmehr nach beendetem Krieg noch einmal, aus der Affäre Gewinn zu schlagen: Der Wechsel selbst wird von ihr nicht angezweifelt, aber er soll als Bestechungssumme konfisziert werden [164]. Die Behörde will den Wechsel für sich selbst einziehen und dadurch nachträglich die Summe, die Tellheim an sie ablieferte, noch erhöhen.

Dem Interesse des Militärstaates liegt außerdem daran, die Armee zu verkleinern, denn nach dem Krieg muß gespart werden - bürgerliche Offiziere werden sofort und ohne Begründung verabschiedet [165] Auch der nichtpreußische Adlige Tellheim ist jetzt überflüssig, und der Vorwurf, eine unehrenhafte Handlung begangen zu haben, dient dazu, ihn aus der Armee zu entfernen, denn "Die Zugehörigkeit zum Offiziersstand ist abhängig von Voraussetzungen des Denkens und Handelns des Einzelnen, die 'Ehre' genannt werden" [166].

Die Militärbehörde handelt also im Interesse des Staates, den sie vertritt. Die ideologische Rechtfertigung dafür bietet die Verknüpfung der Behörde mit dem höchsten moralischen Wesen, dem König.

Tellheim handelt subjektiv im Sinne des kategorischen Imperativs, objektiv im bürgerlichen Interesse. Aber weder Tellheim noch sonst eine der dramatis personae deckt diesen Zusammenhang während der Komödienhandlung auf.

Da Lessing nicht davon ausgeht, daß eine Verbindung besteht zwischen Interessen und der Auffassung von Moralgesetzen, noch davon, daß es prinzipiell antagonistische Interessen gibt, kann er nicht eingehen auf den Interessengegensatz, der hinter den gegensätzlichen Moralauffassungen steht, sondern stellt die Moral als einheitlich dar.

Eigentlich müßten nämlich Adlige, gemeine Soldaten, Bürger und Diener - entgegen Lessings Darstellung - verschiedene ethische Prinzipien vertreten. Das zeigt sich auch daran, daß sie, indem sie das bürgerlich-harmonistische Weltbild in die Praxis umsetzen, gegen ihre eigenen Interessen verstoßen: Just verzichtet auf Lohn für seine Arbeit, Franziska will ein Geldgeschenk nicht annehmen, und Werner legt sein Geld nicht zinsgünstig an.

Umgekehrt ist der, der für eigene Interessen eintritt, nicht moralisch: Der Wirt und Riccaut verdienen es nicht, großmütig behandelt zu werden, da sie sich aus eigennützigen Motiven aus der Gemeinschaft moralisch Gleicher ausschließen.

Diese beiden Charaktere, der bettelnde, lügende ausländische Söldner und die Krämerseele, sind typische Gestalten aus dem Leben in Berlin.

Hier werden zwei Bevölkerungsgruppen erfaßt und realistisch-kritisch dargestellt, die (noch) nicht in die Vorstellung von der harmonischen Welt passen. Aber es wird - zumindest für Riccaut - angedeutet, daß seine Lebensart nicht die einzig für ihn mögliche ist: Minnas Hoffnung auf Riccaut ist, "daß er nun hingeht, seine kleinen Schulden bezahlt, von dem Reste, soweit er reicht, still und sparsam lebt, und an das Spiel nicht denkt -" [167]. So einen Riccaut möchte Minna mit ihrem Geld unterstützt haben, und nicht den Falschspieler und Lügner.

Minnas Glaube an Riccauts gute Seiten ist der Glaube an eine jederzeit mögliche Entscheidung des Menschen für das Gute. Und die Gegenüberstellung von realistisch geschilderten und von idealisierten Menschen enthält die Hoffnung darauf, daß die Entscheidung auch in diesen beiden Bevölkerungsgruppen zum Guten ausfallen wird - entsprechend dem gegebenen Vorbild.

Die Kritik am "Geschäftsgebaren" des Wirtes ist nicht gemeint als Kritik an den Lebensbedingungen des Bürgertums, sondern als Kritik ideologischer Schwäche und als Ermahnung an das Bürgertum, seine moralische Überlegenheit zu zeigen. Immerhin verweigert Lessing damit der sich konstituierenden Klasse die Legitimation für skrupelloses Erwerbsdenken.

Den idealistischen Ansatz hat Schiller formuliert: "denn die Kunst ist eine Tochter der Freyheit, und von der Nothwendigkeit der Geister, nicht von der Nothdurft der Materie will sie ihre Vorschrift empfangen" [168].

Der Ansatz impliziert die Gefahr einer Verschleierung der wirklichen Verhältnisse in der Kunst. Auch Lessings 'Minna von Barnhelm' entgeht dieser Gefahr nicht völlig - hier wird zwar nicht nur die "Nothwendigkeit der Geister" erfaßt, die darin besteht, daß eine Moral durch eine bessere abgelöst wird, sondern durch die Konfrontation dieser besseren Moral mit der historischen Realität dringen die "Nothdurft der Materie", die späteren Zustände kapitalistischer Wirklichkeit, in die Komödie ein; Lessing verwahrt sich aber nicht nur in der Darstellung des Wirtes vorwärtsblickend gegen materielle Praktiken des neu sich bildenden Systems, sondern er gestaltet auch rückwärtsblickend-harmonisierend, nämlich unter Verzicht auf die Thematisierung materieller Gegebenheiten, den Adligen als Protagonisten des Bürgertums oder den Bürger als besseren Adligen: den "bürgerlichen" Adligen oder den "adligen" Bürger. Die Hoffnung auf ein solches Bündnis bürgerlicher und adliger Tugenden und Möglichkeiten (die dem historisch-realen wirtschaftlichen und politischen Kompromiß des Bürgertums mit dem Feudaladel ideologisch Vorschub leistet) wird dadurch möglich, daß Lessing den Feudalismus nur inkonsequent kritisiert. Er konfrontiert nicht die Ideologie mit den realen Verhältnissen des preußischen Absolutismus, er entlarvt nicht das Theodizeemodell durch eine Konfrontation mit der einzig wirklich denkbaren Vorgehensweise Friedrichs II. - sondern er läßt die Theodizee als Modell bestehen. Die bürgerliche Variante, die er anbietet, wird nicht als antagonistisch dargestellt, sondern als koexistierend.

Lessings Bemühen, ein harmonistisches Weltbild zu erhalten und nur die "Mängel" der Theodizee durch bürgerliche Modifikationen zu substituieren, zwingt ihn dann, auch dort von der Realität abzuweichen, wo es um die Voraussetzungen für den Wirklichkeitsgehalt seines eigenen Weltbildes geht.

Die Gegensätzlichkeit zur Realität kennzeichnet auch Lessings Ansatz als auf einer eingeschränkten Weltanschauung mit apologetischen Zügen beruhend. Er erliegt - wie Tellheim - der Gefahr, die in der Abhängigkeit von einem abstrakten formalen Moralgebot wie dem kategorischen Imperativ liegt: der Gefahr, daß die Erkenntnis der Hintergründe des eigenen Handelns blockiert wird und ein bewußtes Eintreten zum Nutzen einer bestimmten Klasse - hier der bürgerlichen - verhindert wird, weil moralische Normen nicht befragt werden nach den sie bestimmenden sozialen Interessen.

Die Konsequenz aus der erfahrenen Ohnmacht im öffentlich-politischen Bereich ist der Rückzug. Das Sittengesetz, das nur durch diesen Rückzug rein erhalten bleiben kann, wird um seinen direkten Einfluß gebracht, und das Feld wird anderen überlassen - den Behörden, Männern wie Riccaut, und den skrupellosen Wirten.

Aber in der hoffnungsvollen Aufforderung an die Menschen, sich auf die eigenen Möglichkeiten zu besinnen, ist der humanistische Anspruch festgehalten, mit dem das Bürgertum angetreten ist.

4 Lessings 'Emilia Galotti'

4.1 Kontrahenten und Verbündete

Die Ereignisse, die in der 'Emilia Galotti' dargestellt werden, spielen nicht in der Gegenwart des Zuschauers und nicht im deutschen Reich, sondern im 17. Jahrhundert in einem italienischen Fürstentum. Mit dem Verzicht auf die Einbeziehung der Realität des Alltags wird auf eine der Identifikationshilfen, die dem Zuschauer gegeben werden können, verzichtet.

Der Verzicht auf örtliche und zeitliche Aktualität muß nicht negative Auswirkungen auf den Realitätscharakter des Dargestellten haben. Der Verzicht kann, wie im vorliegenden Fall, nötig sein, um eine realistische Darstellung, aus der sich Handlungsanweisungen ergeben, ohne inhaltliche Konzessionen auf die Bühne zu bringen und doch dem Zugriff der Zensur zu entziehen.

Die gesellschaftliche Struktur in Italien in der zweiten Hälfte des 17. Jahrhunderts ist den Verhältnissen in Deutschland in der zweiten Hälfte des 18. Jahrhunderts insofern vergleichbar, als in beiden Staaten der Feudalismus sich auf der Entwicklungsstufe der Herrschaft von Duodezfürsten befindet. Das Bürgertum ist im wirtschaftlichen Aufstieg, den es in politische Macht umzusetzen strebt.

Die Beschreibung der Zustände am Hof eines italienischen Duodezfürsten läßt sich auf die Zustände an deutschen Fürstenhöfen durchaus übertragen, sowohl was die Art der Machtausübung anbetrifft, als auch in der Beschreibung der Versuche, die Macht zu erhalten und zu vergrößern: ein Streit zweier Fürsten um ein angrenzendes Gebiet, eine Heirat aus Staatsräson. Die historisch-geographische Realität, auf die Lessing rekurriert [1)], geht nicht weiter in den Text ein, als sich in ihr unter den gegebenen Voraussetzungen überall mögliche Ereignisse abspielen.

Für den Gang der Handlung und die Personenkonstellation ist außerdem die Vorlage bestimmend, die Lessing gewählt hat: die Virginia-Erzählung des Livius. Der Handlungsablauf bei Livius wird beibehalten, nicht aber die Konsequenz, die bei ihm aus den Ereignissen folgt.

Für die gesellschaftlichen Strukturen und ihre Protagonisten in der Liviusschen Fabel werden die entsprechenden historischen Charakteristika, die Lessing an seiner eigenen Umgebung beobachtete, substituiert.

Entsprechend werden zunächst die gesellschaftlichen Kräfte, die im Drama angesprochen werden, beschrieben und daraufhin untersucht, wie sich in ihnen Kontrahenten und Verbündete finden.

Emilia Galottis bevorstehende Hochzeit mit dem Grafen Appiani wird in Guastalla als Mesalliance des Grafen angesehen, die ihm den "Zirkel der ersten Häuser" [2] verschließen wird; die Galottis sind durch die Verbindung ein Objekt der Neugierde geworden [3] - der sie sich entziehen werden, da sie zur Trauung auf das Landgut des Vaters fahren, und später auf ihren Gütern in Sabionetta und Piemont leben werden. Sowohl in der ökonomischen Grundlage, die ihnen die Möglichkeit dazu gibt, als auch in dem Wunsch sie wahrzunehmen, stimmen Odoardo Galotti, Oberst unter dem Prinzen von Guastalla, und sein adliger Schwiegersohn überein. Odoardo Galotti lebt zur Zeit der Handlung auf seinem Gut beim Sabionetta. Sein Einkommen erlaubt es seiner Familie, in der Residenzstadt zu wohnen, und ermöglicht der Frau und der Tochter die Teilnahme am Leben angesehener Kreise in der Stadt. So haben sie den Grafen Appiani kennengelernt, der von den väterlichen Gütern in Piemont nach Guastalla gekommen ist, um am Hof des Prinzen eine diplomatische Laufbahn einzuschlagen. Der Prinz hat jedoch versäumt, seine Dienste in Anspruch zu nehmen, und Appiani hat sich, abgestoßen von der Lebensweise des Hofes, der Familia Galotti zugewandt. Besonders in Odoardo Galotti fand er einen Freund. Er hat die Konsequenz aus seiner den Bürgerlichen zugewandten Haltung gezogen, und hat sich mit Odoardos Tochter Emilia verlobt.

Da die Frage nach der ökonomischen Grundlage ihres Lebens nicht thematisiert ist, besteht die wichtige Übereinstimmung zwischen diesen Bürgern und diesem Adligen in weltanschaulichen, in moralischen Fragen.

Der Prinz beneidet Appiani, der sich "den Eindrücken, die Unschuld und Schönheit auf ihn machen, ohne weitere Rücksicht so ganz überlassen" [4] und eine Bürgerliche heiraten konnte. Emilias Unschuld und Schönheit reizen auch den Prinzen und er lobt Odoardos Rechtschaffenheit [5]. Er weigert sich ausdrücklich, Emilia gegenüber als "Herr" aufzutreten [6] und bittet Odoardo: "O Galotti, wenn Sie mein Freund, mein Führer, mein Vater sein wollten!" [7].

Der Prinz von Guastalla wird als ein eifriger junger Mann eingeführt, als ein Herrscher, der sich um die Angelegenheiten seiner Untertanen kümmert. Ihre Bittschriften und Klagen erreichen ihn, und es stimmt ihn melancholisch, daß er nur wenig helfen kann. Seine Verbindung mit der Gräfin Orsina, einer Dame des Hofadels, hat er als Verirrung erkannt und träumt von einem 'andern Bild', von der Bürgerin Emilia Galotti.

Der Prinz vertritt verbal keinen Klassenstandpunkt, er äußert sich "liberal". Er denkt unpolitisch und nutzt seine Machtmittel nicht bewußt. Nun ist aber der Prinz keine Privatperson, sondern Herrscher über ein Fürstentum. Als solcher ist er auch verantwortlich für die Situationen, aus denen heraus seine Untertanen sich mit Bittbriefen an ihn wenden. Sein Entschluß, einer Emilia Bruneschi eine Bitte zu erfüllen, ist ebenso privat motiviert wie sein späteres Zögern in ihrer Angelegenheit. Zunächst ist seine Schwärmerei für Emilia Galotti maßgebend [8], dann seine Verstimmung darüber, daß diese andere Emilia sich ihm zu entziehen droht [9]. Seine Stellung als Herrscher gibt ihm die Macht, seine privaten Wünsche gesellschaftlich durchzusetzen. Und seine persönliche Orientierung auf sein Privatleben hat politische Konsequenzen.

Besonders in seinen Funktionen innerhalb der Gesetzgebung und der Rechtsprechung wird er als abhängig von privaten Stimmungen gezeigt. In der Konfrontation mit Camillo Rota ist der Prinz vollstreckendes Organ der Gerichte. Der Rat legt dem Prinzen ein Todesurteil vor - dieser will es möglichst schnell unterschreiben, um Emilia noch in der Kirche anzutreffen. Rota erkennt die Situation und legt das Urteil nicht zur Unterschrift vor, in der Hoffnung, den Prinzen an einem anderen Morgen in einer sachlicheren Stimmung anzutreffen.

Die Vertreter des Hofadels attackieren auch das Gerechtigkeitsgefühl, das möglicherweise nicht auf dem normativen Recht, wohl aber auf dem Naturrecht beruht. Als Untersuchungsrichter bestimmt der Prinz über die Vernehmung und Unterbringung der Zeugin Emilia im Mordfall Appiani: Emilia soll von den Eltern getrennt werden unter dem Vorwand, man müsse untersuchen, ob nicht ein begünstigter Nebenbuhler Appiani ermordet habe, wie das "Vorurtheil" angeblich sagt. Aber, sagt Marinelli, "das gegründetste Vorurtheil wiegt auf der Wage der Gerechtigkeit so viel als nichts" [10]. Odoardos höhnischer Gebrauch des Wortes "Gerechtigkeit" in seinen Repliken enthüllt den getarnten Rechtsbruch: "wer weiß, ob die Gerechtigkeit nicht nöthig findet, mich zu vernehmen" und "O wie fein die Gerechtigkeit ist" [11].

Odoardo hat den Zusammenhang zwischen Gesetzgebung und Rechtsprechung im Feudalabsolutismus zumindest ansatzweise erkannt, er weiß, daß nur "Wer kein Gesetz achtet" so mächtig ist wie der, der "kein Gesetz hat" [12]. Aber der, der das Gesetz nicht achtet, kann dafür zur Rechenschaft gezogen werden; der, für den kein Gesetz gilt, kann im Rahmen dieses Rechtssystems nicht gerichtet werden.

Die Personalunion von Legislative, Judikative und Exekutive in der Person des feudalabsolutistischen Herrschers wird in ihrer Perversion vorgeführt. Die Forderung nach Gerechtigkeit läßt sich so in Zusammenhang bringen mit der übergeordneten Forderung nach Gewaltenteilung.

Auch Gesetzgebung und Rechtsprechung werden nicht als Faktoren von Klassenherrschaft gesehen, sondern in den Kategorien von Moral und Unmoral.

Appiani hat sich von diesem Hof abgewandt, an dem der Marquese Marinelli und die Gräfin Orsina die engsten Vertrauten des Fürsten sind.

Die Mätresse des Prinzen, die Gräfin Orsina, erkennt nur den Prinzen als ihresgleichen an. In Marinelli verachtet sie den subalternen Hofmann - "Hofgeschmeiß" [13], "nachplauderndes Hofmännchen" [14], "das Gehirnchen" [15] nennt sie ihn. Als sie selbst vom Prinzen wie ein "Bettler" [16] behandelt worden ist, sucht sie die Unterstützung der Bürger. Vom Prinzen verlassen, schildert sie Odoardo die Parallele zwischen ihrer gegenwärtigen Lage und dem zukünftigen Schicksal Emilias. Sie formuliert eine Leidens- und Interessengemeinschaft, in der sie allerdings ihr Leid für bedeutender hält als Odoardos Schicksal: "Wir, Alter, wir können uns alles vertrauen. Denn wir sind beide beleidiget. - [...] wenn Sie wüßten, wie überschwenglich [...]ich von ihm beleidiget worden, und noch werde: - Sie könnten,

Sie würden Ihre eigene Beleidigung darüber vergessen." [17] Die Gräfin wertet die Beleidigung als eine soziale, nicht als eine moralische, deshalb muß ihr die Beleidigung, die ihr widerfahren ist, als die schlimmere erscheinen. Der Fall der Aristokratin ist tiefer, als der Fall der Bürgerlichen je sein kann. Als weitere Erniedrigung kommt hinzu, daß die Gräfin ihren Platz an der Seite des Fürsten an eine Bürgerliche verlieren soll. Auch das versucht sie durch ihr Bündnis mit Odoardo zu verhindern. Sie klärt Odoardo über die Ereignisse auf und gibt ihm eine Waffe. Damit fordert sie ihn auf und motiviert ihn, wie sie meint, in ihrer beider Interesse den Fürstenmord zu verüben.

Marinelli ist Kammerherr und Ratgeber des Prinzen, er ist adelsstolz, achtet nur die Angehörigen der "ersten Häuser" als seinesgleichen, verachtet die Bürgerlichen als niederen Stand. An eine moralische Differenz zwischen Bürgerlichen und Adligen denkt er nicht; er unterstellt den Handlungen der Bürger ähnliche Motive, wie sie seine eigenen Handlungen leiten: Ehrgeiz und Eigennutz. So hält er Emilias Tugend für Vorspiegelung von "Tugend und Gefühl und Witz" [18], für Berechnung um des sozialen Aufstiegs willen.

Der Prinz wirbt um Marinelli [19], wirft sich ihm in die Arme [20], sagt ihm Schmeicheleien - und beleidigt ihn im nächsten Moment grob: Marinelli sei treulos und hämisch, unverschämt, albern; ein Tor, ein Prahler [21]. Entsprechend unterscheidet sich die Form, in der er Marinelli anredet: Sowie der Prinz verärgert ist, wechselt er vom "Sie" zum distanzierenden "Er" [22] oder gar zu dem beleidigenden "Du" [23], um Marinelli in seine Schranken zu weisen. Trotz gegenteiliger Zusicherung macht er ihm Vorwürfe wegen Appianis Tod. Wenn dies alles einem ehrenhaften Mann geschähe, der sich uneigennützig für den Prinzen einsetzt (dem Grafen Appiani zum Beispiel), - müßte er entweder den Dienst quittieren oder sich zu einem Marinelli entwickeln. Das Verhalten des Prinzen erzwingt Marinellis Verhalten oder: Nur ein Marinelli kann die menschlichen und moralischen Verhältnisse am Hof ertragen.

Daß der Prinz weniger verwerflich als Marinelli erscheint, liegt an der Gewohnheit des Prinzen, vor sich und anderen alle Verantwortung auf Marinelli abzuschieben: Als der "Unglücksfall", der Tod Appianis, sich ereignet hat, will der Prinz von der vorher erteilten Absolution nichts mehr wissen; an Marinellis "weisen, wunderbaren Anstalten" [24] liege es, daß Verdacht auf den Prinzen fällt, an Marinelli liege es auch, daß Appiani sich nicht überreden ließ, noch am selben Tag nach Massa zu reisen. Noch für den Tod Emilias will der Prinz seinen Berater verantwortlich machen.

Zwar pflegt der Prinz Bedenken gegen Marinellis Pläne zu äußern; diese Bedenken beziehen sich aber immer nur auf die Rücksicht auf sein Ansehen in der Öffentlichkeit: Als er von dem Plan, die Kutsche zu überfallen, hört, fragt er nur, ob die "Anstalten" auch unverdächtig seien [25]. Nicht der Tod Appianis entsetzt ihn, sondern das zu erwartende Aufsehen in der Stadt und der Umstand, daß ihm das alles nicht hilft Emilia zu gewinnen. Gegen ein Verbrechen hat er nichts einzuwenden, aber es muß "still" sein (d. h. es darf nicht an die Öffentlichkeit dringen) und es muß "heilsam" sein (d. h. es muß zum Erfolg führen) [26]. Grundsätzlich hält der Prinz Verbrechen für notwendig, er hält nur in diesem Fall die Methode nicht für geeignet.

Um sich die Intrigen, die Verbrechen, die zur Verwirklichung seiner Wünsche nötig sind, selbst auszudenken, ist der Prinz nicht intelligent genug, er mußte Marinelli engagieren, an den er sich immer wendet, wenn er nicht weiter weiß. "Liebster, bester Marinelli, denken Sie für mich" [27] - sagt er und gibt Marinelli die Blankovollmacht alles zu tun, "was diesen Streich [Emilias Hochzeit, R] abwenden kann" [28]; "Kommen Sie, Marinelli! Ich[...] muß Licht von Ihnen haben" [29]. Als die Ankunft der Orsina gemeldet wird, stellt der Prinz verzweifelt Fragen an Marinelli, dann fleht er um Hilfe: "Ah, Marinelli! So reden Sie, so antworten Sie doch" [30]. Später drängt er Marinelli, sich einen Plan auszudenken, falls Odoardo darauf bestehen sollte, Emilia aus des Prinzen Reichweite zu entfernen - "Wie dann?" [31]. Und in der folgenden Intrige spielt der Prinz genau die Rolle, die Marinelli für ihn entworfen hat.

Sowohl vorsichtige Passivität als auch Weichlichkeit machen den Prinzen von Marinelli abhängig, und die Machtposition, die Marinelli dadurch erhält, spielt dieser gegen den Prinzen aus. Der Prinz reagiert unsicher zum Beispiel auf Marinellis Frage "Und vergessen Sie denn das Vornehmste?", er sagt: "Wie kann ich vergessen, woran ich sicher noch nicht gedacht habe?- Das Vornehmste? was ist das?"[33]

Die Beziehung zwischen Höfling und Fürst ist nicht von einer

Seite bestimmt, sondern beruht auf gegenseitiger Beeinflussung und Abhängigkeit. Die persönlichen Wünsche des Fürsten brauchen, um zum Ziel zu gelangen, die Skrupellosigkeit und Phantasie eines Marinelli - der aber ohne die ihn schützende Macht des Fürsten nicht in der Lage wäre, ungesühnt auch im eigenen Interesse Verbrechen zu begehen. Die Klage des Prinzen, er sei durch Marinelli zum Bösen verführt worden, trifft nicht zu, sondern entspricht seiner Taktik, die Verantwortung für böse Taten und ihre Folgen auf Marinelli abzuschieben.

Öffentlich erkennt der Prinz die absoluten moralischen Werte an, die die Galottis und Appiani verkörpern; nach seinen Worten zu Marinelli schätzt er an diesen Menschen ihre Tugenden. Und wenn er auch nicht selbst nach ihren moralischen Grundsätzen lebt, so möchte er doch nicht vor der Öffentlichkeit als ein Herrscher dastehen, der diese Werte verletzt. Er handelt also, anders als Marinelli, im Bewußtsein seiner Taten. Das Handeln wider die Gesetze der Tugend und gegen eigenes besseres Wissen läßt ihn als doppelt verwerflich erscheinen. Auch wenn er in der Öffentlichkeit den skrupellosen Marinelli vorschiebt, werden doch im Drama die Auswirkungen seiner Unmoral auf das Leben seiner Untertanen vorgeführt.

4.3 Adel und Bürgertum als moralische Antagonisten

An Emilias Hochzeitsmorgen geraten, nachdem die Auseinandersetzung lange glücklich vermieden worden ist, die verschiedenen Ansichten und Lebensweisen der Bürger und des Hofadels in den Bereichen der Liebe und Ehe in Konflikt.

Im Bereich der Liebe gibt es für den Prinzen nur den Grundsatz seines Vergnügens. Seine bevorstehende Vermählung mit einer Prinzessin von Massa ist eine Frage der Staatsräson, eine Formsache. Die Ehe wird ihn nicht daran hindern, eine Mätresse zu haben. Seine derartigen Beziehungen sind jedoch alle von kurzer Dauer. So sagt er selbst, und so schildert es die Gräfin Orsina, die von einem "Heer" von Frauen spricht, das der Prinz schon verlassen habe und noch verlassen werde [34].

Auch die Liebe des Prinzen zu Emilia äußert sich in einem bedenklichen Bild: Er will Emilia besitzen, sie sogar von den Eltern kaufen, sie bezahlen [35] - und es ist nicht auszuschließen, daß er bald über seine Liebe zu Emilia sagen wird: "Kann seyn, ich habe sie auch wirklich geliebt. Aber - ich habe!" [36]. Auch scheint der Prinz noch zu der Zeit, als er von Emilia nur träumte, der Gräfin Orsina Grund gegeben zu haben, an seiner Treue zu zweifeln: Sie fürchtete zwar schon, einer neuen Geliebten weichen zu müssen, dachte aber an eine andere Frau, nicht an Emilia [37]. Der Prinz geht mit Frauen um, als seien sie Gegenstände - er glaubt, er könne sie kaufen, besitzt sie dann, ohne daß er mit dem 'Herzen' beteiligt wäre [38], und wenn sie ihn nicht mehr interessieren, werden sie "in der Galerie aufgestellet" [39], werden sie möglichst ohne Aufwand beiseite geschoben.

Orsina meinte den Prinzen zu lieben, als sie die Verbindung mit ihm einging und plante eine dauerhafte Liebesbeziehung. Sie sah ihren Platz eventuell auch neben einer Gemahlin: "Neben so einer Gemahlinn [die "nicht die Liebe, sondern die Politik" dem Prinzen zuführte, R] sieht die Geliebte noch immer ihren Platz" [40]. Später mußte sie aber feststellen, daß der Prinz sie nicht liebte, denn er war nicht fähig oder nicht willens, eine seelische Verbindung zu ihr einzugehen.

Die subjektiven Empfindungen der Orsina werden nicht anerkannt bei der Bewertung ihrer Handlungsweise nach moralischen Maßstäben. Die außereheliche Verbindung, die formal nicht den Anspruch erhebt, dauerhaft zu sein, und der unwürdige Gegenstand der Liebe machen diese zum "Laster" [41].

Bei Frauen ist an ihrer Erscheinung zu erkennen, ob sie sich dem "Laster" verschrieben haben oder ob sie tugendhaft sind und zur Liebe fähig:

Emilia wird beschrieben als ein "Engel" [42]; sie ist des Malers Conti "einziges Studium der weiblichen Schönheit" [43]. Aber das Porträt der Gräfin Orsina ist "geschmeichelt"; in Wirklichkeit hat sie eine "stolze, höhnische Miene, die auch das Gesicht einer Grazie entstellen würde", hat 'stiere, starre Medusenaugen' [44]. An ihrem Äußeren erkennt man schon den Stolz, den Hohn, mit dem sie anderen begegnet, ihre Neigung zu "trübsinniger Schwärmerey" [45] -

die Abwesenheit von Tugenden, während sich in Emilias äußerer Schönheit ihre moralischen Qualitäten widerspiegeln.

Schönheit und Frömmigkeit schätzt Appiani an Emilia. Das höchste Lob, das er ihr ausspricht, ist: "Ich werde eine fromme Frau an Ihnen haben" [46]. Auch Odoardo bewundert, daß Emilia sogar am Tag ihrer Hochzeit, wie sonst täglich, in die Kirche geht. Beide stimmen in ihrer religiösen Auffassung mit Emilia überein, die an die kirchlichen Lehren glaubt, an das Jüngste Gericht, ewige Verdammnis für die Bösen [47] und ein ewiges Leben für die Rechtschaffenen [48]. Emilia hält sich an die Zehn Gebote, ist ihren Eltern gehorsam und Appiani treu, auch als der Verlobte getötet ist.

Der Prinz hat Emilia beobachtet und bemerkt, daß sie täglich in die Kirche geht. Dieses Wissen nutzt er aus, um sie zu treffen. Er pervertiert den Sinn ihres Kirchgangs und gleichzeitig gibt er seinem Besuch in der Kirche einen ketzerischen Sinn. Er spricht zu Emilia statt zu den Heiligen, betet Emilia an. Auch gegen alle anderen Gebote verstößt der Prinz wie gegen das Erste: Er schwört bei Gott, er verachtet Gottes Wort, er versucht mit allen Mitteln, die Verlobte eines anderen für sich zu gewinnen. Er belügt die Galottis und die Gräfin Orsina, und er versucht, anderer Hab und Gut an sich zu bringen [49]. Appianis Tod kalkuliert er ein, spielt dann aber die Rolle eines Pilatus, wenn er die Schuld an Appianis Tod leugnet mit den Worten: "bey dem allgerechten Gott! ich bin unschuldig an diesem Blute" [50].

Der Prinz läßt das Böse zu und weist die Verantwortung von sich. Seine gesellschaftliche Stellung und sein tatsächliches Einverständnis zeigen ihn jedoch als Schuldigen.

In bürgerlichen Kreisen wird eine Ehe geführt, oder geplant, die auf gegenseitiger Achtung, Wertschätzung und Treue beruht. Claudia und Odoardo führen so eine Ehe. Sie sprechen höflich und freundlich miteinander und akzeptieren sich als Partner. Odoardo nennt das "Liebe", er spricht von sich als einem "Manne [...], der euch [Frau und Tochter,R] so herzlich liebet" [51].

Emilia ist mit Appiani verlobt, einem in der gesellschaftlichen Hierarchie höher als sie stehenden Mann, der aber bürgerlich, also zu ihr passend, denkt. Sie hat nach vernünftigen Grundsätzen einen

Mann gewählt, der die notwendigen Voraussetzungen für eine lebenslange Gemeinschaft mitbringt. Er hat alle guten Eigenschaften, die die Eltern für den Mann ihrer Tochter wünschen, und die richtigen Vorsätze für sein zukünftiges Leben. Die Beziehung zwischen beiden ist selbstverständlich "Liebe". Odoardo sagt zu Claudia, er werde Emilia bei Appiani "in den Armen der Liebe" wissen [52].

Die Wertung von Zuneigung nach den Kategorien "Liebe" und "Laster" geschieht nach der moralischen Einschätzung des Fühlenden: Nur gute Menschen lieben und verdienen es geliebt zu werden. Die guten Eigenschaften eines Menschen erwecken Liebe im anderen guten Menschen. Vorgeführt wird das besonders am Verhältnis zwischen Odoardo und Appiani. Aus ihrer gegenseitigen Wertschätzung ist Zuneigung geworden, die sich ausdrückt mit den Worten der Liebe [53].

Damit ist aber zugleich der geschlechtslose Charakter dieser Liebe beschrieben. Was Appiani und Odoardo füreinander empfinden, fühlen auch ihre Frauen für sie, nämlich Achtung, Anerkennung und Zuneigung.

Ihre Ehe mit Odoardo hindert Claudia nicht, eine ganz andere Auffassung vom Leben zu haben als Odoardo, diese Auffassung auch gegen ihn durchzusetzen und getrennt von ihm zu leben. Claudia hat auch eine andere Auffassung von bürgerlicher Tugend und von der Erziehung ihres Kindes.

Erst Emilia und Appiani sollen die Ehe als Lebensgemeinschaft nach bürgerlichen Idealen verwirklichen. Dabei deutet nichts auf eine starke gefühlsmäßige Bindung zwischen den Verlobten hin. Appiani erwähnt, wenn er für Odoardo schwärmt, Emilia nur im Nachsatz, und als Emilia sich um das Schicksal der Ihren bei dem Überfall sorgt, erwähnt sie Appiani gar nicht oder nur an zweiter Stelle. Sogar die Schüsse, die sie fallen hörte, bezieht sie nur auf ihre Mutter, um die sie Angst hat [54].

Sexuelle Anziehung gibt es auch da nicht, wo sie erlaubt wäre, es entsteht also keine positive Beziehung zwischen Sexualität und Liebe; der negativen Beziehung zwischen Sexualität und Laster wird nichts entgegengesetzt.

Trotzdem hat Emilia Erfahrungen mit ihrer Sexualität gemacht - im Hause der Grimaldi, dem "Haus der Freude" [55], dessen Töchter bekannt sind für ihren unmoralischen Lebenswandel [56]. In diesem

Hause erhob sich "so mancher Tumult" in Emilias "Seele" [57]. Da nur von einem Besuch bei den Grimaldis berichtet wird, müßte Emilia die Erfahrung also an dem Abend gemacht haben, als sie den Prinzen das erste Mal sprach. Den "Tumult" empfand Emilia als "fremdes Laster", das sie wider ihren Willen zur "Mitschuldigen" machte [58].

"Liebe" kann Emilia für den Prinzen nicht empfinden, denn er ist ein unwürdiger Mensch. Aber die Begegnung mit ihm hat ihr einen Begriff von sexueller Verführbarkeit gegeben, der dem ideologischen Anspruch des bürgerlichen Tugendbegriffs widerspricht, Tugend sei asexuell. Daß dieser ideologische Anspruch nicht mit der Realität menschlichen Fühlens übereinstimmt, zeigt sich an und determiniert Emilias Schicksal.

Odoardo, Claudia, Emilia und Appiani versuchen, sich in ihren Handlungen und Äußerungen nach dem Ideal eines tugendhaften Lebens zu richten. Ein Katalog ihrer Tugenden enthält die Werte: fromm, ehrlich [59], hochachtungs- und liebesfähig, uneigennützig [60], tapfer - bestimmt von rationaler Einsicht in die gesellschaftliche Notwendigkeit von Tugend.

In diesen Werten liegt die vollständige Abkehr von der Lebensweise des Hofes. Dort wird Frömmigkeit mißbraucht, man ist unaufrichtig und verschlagen, lasterhaft, egoistisch, leichtfertig und verantwortungslos, rachsüchtig und feige - es fehlt das Bewußtsein, Wünsche und Begierden moralischen Restriktionen zu unterwerfen.

Marinelli glaubt, die Eheschließung Appianis mit Emilia hinauszögern zu können, indem er Appiani die Ehre anbietet dem Prinzen zu dienen. Der Graf Appiani hatte auf seine Karriere bei Hof verzichtet, denn dort hätte er "Sich bücken, schmeicheln und kriechen"[61], "Sklave werden" [62] müssen. Das vertrug sich nicht mit seiner Ehrauffassung: Er kam als "ein Freywilliger" [63] an den Hof des Prinzen und "wollte die Ehre haben, ihm zu dienen" [64]. Er wollte nicht auf gegenseitige Hochachtung verzichten, und er wollte in seiner Entscheidung, dem Prinzen zu dienen, jederzeit frei sein. So willigt er auch zunächst ein, als Brautwerber nach Massa zu gehen, da der Auftrag sich im Einklang mit seiner Persönlichkeit zu befinden scheint. Er lehnt ihn jedoch ab, als er merkt, daß das fürstliche Anerbieten mit einer Beleidigung verbunden ist. Der Auftrag fordert von ihm, seine Vermählung aufzuschieben - mit dem Hinweis, der Tugendbegriff sei von Emilia und ihren Eltern benutzt worden, um ihn 'in ihre Schlinge zu ziehen' [65], da das aber nun geschehen sei, werde man es mit der Tugend nicht mehr so genau nehmen. Marinellis Beleidigung trifft Appianis bürgerliche Identität. Gleichzeitig setzt sie bei ihm den Mechanismus in Bewegung, nach dem ein Adliger auf eine Beleidigung reagiert: Appiani zwingt Marinelli ihn herauszufordern. Marinelli hält sich jedoch nicht einmal mehr an die Form - er verschiebt das Duell. Er selbst hat vorher den Meuchelmord vorbereitet, weiß also, daß es nicht mehr zum Duell kommen wird, hat bewußt auf sich genommen, worüber er sich später beim Prinzen beklagt: "Meine Ehre bleibt beleidiget" [66].

Marinellis Ehrauffassung entspricht dem Gebrauch des Wortes "Ehre" bei Hof: Er selbst sagt zur Gräfin Orsina: "gnädige Gräfin, kann ich vorher die Ehre haben [...]" [67] und der Prinz sagt zu ihr: "Wie sehr betaure ich, Madame, daß ich mir die Ehre Ihres Besuchs für heute so wenig zu Nutze machen kann" [68] - beide empfinden aber den Umgang mit der Gräfin nicht als Ehre.

In der höfischen Welt ist die "Ehre" zur Redensart geworden. Diesen Zustand erfaßt Odoardo, wenn er stets ironisierend von der Ehre, die der Hof zu vergeben hat, spricht: "Nun, Mütterchen?- Haben wir nicht Freude erlebt! [...] O der ganz besonderen Ehre!" [69]; und als Marinelli ihm versichert, der Prinz hätte Mutter und Tochter gern selbst in die Stadt gebracht, antwortet Odoardo: "Die Tochter wenigstens würde sich diese Ehre haben verbitten müssen" [70].

Den Angehörigen des Hofadels genügt die Bestätigung ihrer Ehrenhaftigkeit durch den Herrscher - auch wenn sie auf Irrtum und Täuschung beruht. Die Gräfin Orsina hat erst alles verloren, als sie die Anerkennung des Prinzen offiziell verloren hat, als sie von ihm in Gegenwart Marinellis wie ein "Bettler" behandelt wird. Für den Adel ist der Fürst oberste Instanz, die formale Anerkennung durch ihn ist "Ehre".

Der Bürger versucht, den Forderungen der Tugend entsprechend zu leben, sein Ideal in der Wirklichkeit durchzusetzen. In der Übereinstimmung von Tugendideal und Lebenswandel besteht die Ehre der Bürger. Sie wird bestätigt durch die Anerkennung gleich tugendhafter Menschen. Unter diese wird der Fürst in der 'Emilia Galotti' nicht gerechnet.

Die Ehre des Adels wird gemessen an formalen, die Ehre der Bürger an inhaltlichen Kategorien. Die beiden Ehrauffassungen gelangen noch nicht einmal mehr scheinbar - wie in der 'Minna von Barnhelm' - zur Übereinstimmung.

Die Auseinandersetzung zwischen Adel und Bürgertum ist bisher vermieden worden. Die Galottis lebten relativ zurückgezogen, die Hochzeit sollte sogar außerhalb Guastallas stattfinden. Der Prinz hat, obwohl er Emilia schon vor einiger Zeit kennengelernt hat, bisher nichts unternommen, um sie auch nur wiederzusehen. Ausgerechnet am Morgen von Emilias Hochzeitstag, am letzten Tag ihres Aufenthaltes in der Residenzstadt, wird der Prinz - von dessen Verliebtheit niemand weiß - mehrfach auf Emilia aufmerksam gemacht: Er hält die Bittschrift einer Emilia Bruneschi in der Hand, da kommt der Maler Conti, bringt ihm ungebeten Emilia Galottis Porträt und schwärmt von ihrer Schönheit. Kurz darauf berichtet Marinelli, nur weil sich weiter nichts Bemerkenswertes in der Stadt zugetragen hat, von der noch am selben Tage bevorstehenden Hochzeit eines Bürgermädchens - von Emilias Hochzeit.

Mit diesen drei Ereignissen konkretisiert sich der Wunsch des Fürsten, Emilia Galotti zu besitzen. Sie sind nicht zufällig, denn den "Zufall" gibt es nicht: Was einem begrenzten Verstand oder einer begrenzten Einsicht in die Realität als Zufall erscheint, ist entweder das Werk der Vorsehung oder das Ergebnis menschlicher Pläne. Die Häufung von "Zufällen", die die Kollision zwischen dem Prinzen und der Familie Galotti herbeiführen, ist das Werk der Vorsehung. Sie ist es, die die Auseinandersetzung der Bürgerlichen mit dem Fürsten erzwingt.

Mit seiner Intrige greift Marinelli in den Ablauf der Ereignisse ein. An die Stelle des "Schöpfers" [71] tritt der Intrigant, der zwar nicht die Welt lenkt, wohl aber das politisch-moralische Getriebe dieses Kleinstaates entscheidend beeinflußt.

Er lenkt es nicht mit "Weisheit" - sondern ohne die neue Klasse und ihre Werte zu kennen: Er irrt sich demonstrativ in der Einschätzung der Reaktionen von Claudia und Odoardo auf seine Pläne mit Emilia. Weder ist Claudia geschmeichelt, noch wartet Odoardo untertänig auf die Entscheidung des Prinzen - auch darin liegt eine Begründung für das Scheitern seiner Intrige. Marinelli lenkt seine

Welt auch nicht mit "Güte", seine Pläne lassen vielmehr die "Bosheit der Menschen" erkennen: Der Anschlag auf Appiani, Emilias Entführung und der Plan ihrer Verwahrung im Hause der Grimaldi sind sein Werk.

Aber er arbeitet nicht konkurrenzlos: Die Vorsicht hilft der Gegenseite, die intriganten Pläne zu durchschauen. Der Besuch des Prinzen in der Kirche, von dem Marinelli nichts weiß, läßt später Emilia, Claudia und die Gräfin Orsina (durch sie auch Odoardo) die wahren Absichten des Prinzen und seines Beauftragten erkennen. Die Pläne des Intriganten zu durchschauen bedeutet nicht, daß man sich ihnen entziehen kann, aber die Tatsache, daß man in diese Pläne einbezogen ist, zwingt zum Handeln.

Es ist wiederum die Vorsehung, die dafür gesorgt hat, daß gehandelt werden kann: Ihr Werk ist es, daß die Gräfin Orsina nach Dosalo kommt - also ist es ihr Werk, daß die Gräfin dort Odoardo trifft und ihm, der keine Waffe mitgebracht hat, ihren Dolch geben kann. Sie verbindet damit die Aufforderung, Odoardo solle seine Rache in den Dienst ihrer Rache stellen - tatsächlich spielt durch sie die Vorsehung Odoardo das Werkzeug und die Aufforderung zum Fürstenmord in die Hand.

In der 'Emilia Galotti' ist die Monarchie keine "moralische Welt in der natürlichen Welt" [72], sondern eine korrupte Welt in der durch sie korrumpierten Welt. Das Verhältnis des Fürsten zu seinen Untertanen ist nicht so, wie das ideale Verhältnis Gottes zu den Geistern in der 'Monadologie' beschrieben wird, und nicht wie das Verhältnis eines Vaters zu seinen Kindern, sondern es ist ein Verhältnis, in dem sich Macht und Moral und Ohnmacht und Unmoral verkehrt zueinander verhalten. Das wirkt sich auch aus auf das Verhältnis des Vaters zu seinem Kind: Odoardo, der Emilia das Leben gab, tötet sie nun.

Insgesamt wird gezeigt, daß die ständische Hierarchie nicht mehr übereinstimmt mit der moralischen. Das heißt zum einen, daß der Fürst in seiner Position nicht mehr legitimiert ist und fallen kann, zum anderen, daß die neue moralische Autorität gesellschaftliche Autorität fordert.

Lessing stellt also die ideologischen Voraussetzungen für eine Abschaffung des Fürsten und für eine Herrschaft des Bürgertums dar.

Nur die Bürger und Appiani, der Adlige, der sich ihnen angeschlossen hat, sind tugendhaft. Ihre Tugend ist eine im Charakter jedes einzelnen verankerte Weltanschauung, ein absolutes Prinzip - daher kann das Streben nach Übereinstimmung mit diesem moralischen Prinzip für alle verbindlich gemacht werden. Der normative Charakter des Tugendideals macht es möglich, den Adel, dessen Klassenmerkmal die Abwesenheit der Tugend ist, aufgrund seiner Nichtübereinstimmung als Gesamtheit abzulehnen. Appiani muß hier ganz als Bürgerlicher zählen: Er hat die gesellschaftlichen und ideologischen Bindungen an seine adlige Herkunft aufgeben müssen, um seine Ideale verwirklichen zu können, und der Hofadel hat den Bruch bestätigt.

Die Diener, die Lessing zeigt, sind Pirro, Bedienter der Galottis, und Battista, Bedienter Marinellis. Pirro unterhält Verbindung zu dem Dieb und Mörder Angelo und hilft ihm als Komplize und Hehler bei seinen Verbrechen. Battista fungiert als Werkzeug bei der Ausführung von Marinellis Plänen.

Auch die niedrigere soziale Schicht ist nicht mehr an der Verwirklichung moralischer Prinzipien beteiligt. Eine Verwirklichung des Sittengesetzes durch einen Bund aller guten Menschen, die unterschiedslos in allen Klassen anzutreffen sind, wird nicht mehr vorgeführt. Die Forderung nach und die Verwirklichung von Moral wird als Aufgabe der Bürger gezeigt.

Das Sittengesetz, das von jedem Menschen einen ständigen produktiven Beitrag zur Realisierung der Tugend auf der Welt fordert, dient jetzt auch dazu, den Kreis der tugendhaften Menschen so einzugrenzen, daß eine zukünftige Herrschaft der Bürger legitim erscheint.

Wenn die moralische Nutzlosigkeit, ja Verderblichkeit des Adels erwiesen und die ideologischen Voraussetzungen für eine Abschaffung der Fürsten dargelegt worden sind, muß sich auch für die Bürger die Frage stellen, wer - gesellschaftlich konkret - den Konflikt herbeiführt, und wer für seine Lösung verantwortlich ist. Denn die Vorsehung will eigentlich mehr als moralische Haltungen nur werten: Indem sie den Konflikt herbeiführt, den Galottis hilft, ihn zu durchschauen und ihnen eine Waffe in die Hand gibt, leitet sie die Vernichtung des Prinzen ein und wählt als Werkzeug dazu die Galottis. Dieser weitergehende Plan der Vorsehung scheitert.

Odoardo versucht, die Verantwortung abzulehnen und einen anderen Verantwortlichen zu finden. Er meint, Gott sei sowohl für den Konflikt als auch für seine Lösung verantwortlich: "Deine Sache [Appianis, R] wird ein ganz Anderer zu seiner machen!" 73), sagt Odoardo in Anlehnung an das Bibelzitat "Die Rache ist mein; ich will vergelten, spricht der Herr" 74). Später wendet sich Odoardo an den Himmel mit den Worten "Wer sie unschuldig in diesen Abgrund gestürzt hat, der ziehe sie wieder heraus!" 75). Aber Gott gibt Odoardo ein Zeichen: In dem Augenblick, in dem Odoardo fortgehen und Gott die Hilfe und die Rache überlassen will, tritt Emilia auf, und Odoardo muß bleiben. Odoardo versteht das als Aufforderung Gottes zu handeln: "er will meine Hand; er will sie!" 76) erkennt er.

Odoardo muß lernen, daß Gott nicht selbst handelt, sondern daß die Menschen in seinem Sinne handeln müssen. Gott kann nur durch ein Zeichen auffordern, sich für die Emanzipation der Bürger einzusetzen - dies Zeichen gibt Gott Odoardo. Im Ablauf der Handlung unterstützt Religion, als ideologisches Kampfmittel, die gesellschaftlich progressiven Tendenzen.

Die Vorsehung - Gott - interveniert für eine Auseinandersetzung zwischen Adel und Bürgertum und die Vernichtung der Fürsten. Dem Kampf kann sich der Bürger nicht entziehen, indem er in ein idyllisches Leben auf dem Lande flüchtet. Diese Erfahrung konnte auch Odoardo schon machen, als er noch zurückgezogen in Sabionetta lebte: Sogar dort konnte er sich nicht von einem Rechtsstreit seines Fürsten fernhalten, weil seine Interessen betroffen waren 77).

Die gesellschaftliche Auseinandersetzung ist deshalb unvermeidlich, weil es einen Freiraum, in den man sich flüchten könnte, nicht gibt. Dieser Erkenntnis entspricht in der Makrostruktur des Trauerspiels das Wirken der Vorsehung.

4.4 Widersprüche im Bürgertum

Im Bürgertum besteht weder Einsicht in die Notwendigkeit einer Auseinandersetzung zwischen Adel und Bürgern, noch Einheit darüber, wie eine Auseinandersetzung geführt werden sollte.

Appiani hängt in seiner Ehrauffassung noch anachronistischen

Denkmustern an: Daß der ehrlose und von ehrenhaften Menschen verachtete Marinelli Appianis Ehre überhaupt beleidigen kann, weist darauf hin, daß Appiani noch Wert darauf legt, von allen Mitgliedern der Gesellschaft anerkannt zu werden. Appiani hat zwar längst erkannt, daß der Adel einen Ehrbegriff hat, den er selbst ablehnt - daß Marinelli also für ein Urteil über Appianis Ehre nicht zuständig ist. Appiani denkt aber nicht so konsequent und hat auch seine Abkehr vom Hof nicht so vollständig vollzogen. Er ist immer noch bereit, in besonderen Fällen dem Hof zu dienen, nämlich wenn er annehmen kann, daß der Auftrag mit seiner individuellen Ehre in Übereinstimmung zu bringen ist.

Er versteht nicht, daß er seine Entscheidung zwischen Adel und Bürgertum nicht von Fall zu Fall treffen kann, sondern die Entscheidung für das Bürgertum in jeder Frage bestätigen muß. Seine Bereitschaft, individuell Konzessionen zu machen, hat gesellschaftliche Konsequenzen: Die generelle Unvereinbarkeit bürgerlichen und adligen Lebens wird verschleiert.

Das ist besonders relevant, da auch die Position der meisten anderen Bürgerlichen gegenüber dem Hof nicht gefestigt ist. Zwischen Claudia und Odoardo gibt es Auseinandersetzungen über ihr Verhältnis zum Hof. Das Problem ist hier festgemacht an den unterschiedlichen Meinungen darüber, wo der Wohnsitz zu wählen sei.

Odoardo spricht nur mit Verachtung und Mißtrauen vom Hof. Er haßt "das Geräusch und die Zerstreuung der Welt" [78)], weiß, daß man bei Hof "Sich bücken, schmeicheln, und kriechen" [79)] muß, und er meint, daß die Nähe des Hofes den, der sich ihren Gefahren aussetzt, korrumpiert. Seine Meinung beruht auf der Erfahrung eigener Schwäche: In Guastalla lernen wir ihn kaum als den Mann kennen, als der er beschrieben wird. Seine Strenge äußert sich im Mißtrauen gegenüber seiner Familie, er ist weniger "männlich" als nervös und unbeherrscht. Er kann tatsächlich in der Nähe des Hofes nicht seinen Idealen entsprechend leben.

In der Ehe hat es über die Frage des Wohnsitzes häufig Streit gegeben. Odoardo: "Du möchtest meinen a l t e n Argwohn erneuern, daß es mehr [...] die Zerstreuung der Welt [...] war, was dich bewog, hier in der Stadt [...] zu bleiben" [80)] - Claudia: "laß mich h e u t e nur ein einziges für diese Stadt, für diese Nähe des Hofes sprechen" [81]. Obwohl Odoardo überzeugt ist, daß Claudias Haltung gefährlich ist, hat er seine Frau nicht von seiner Ansicht überzeugen können. Und obwohl er um die besondere Gefährdung der jungfräulichen Ehre in der Nähe des Hofes wußte, ließ er zu, daß Emilias Erziehung für seine Frau der Anlaß war, ihn allein auf das Gut bei Sabionetta ziehen zu lassen und mit Emilia in der Stadt zu bleiben [82]. Zusammen mit ihrer Tochter nimmt sie an dem abwechslungsreichen Leben, das ihr die Residenzstadt bietet, teil. Sie hat sich über Emilias Erfolge in der "besseren" Gesellschaft gefreut und mit Stolz gesehen, daß ihre Tochter dem Fürsten gefallen hat.

Über die Vermählung Emilias mit dem Grafen Appiani freut sie sich nicht uneingeschränkt, denn sie bedauert, daß Emilia mit Appiani nach Piemont gehen wird [83] - das bedeutet für sie, daß sie Odoardo nach Sabionetta folgen muß. Gerade dieser Plan Appianis findet Odoardos begeisterte Unterstützung: "Alles entzückt mich an ihm. Und vor allem der Entschluß, in seinen väterlichen Tälern sich selbst zu leben" [84] - das ist die Lebensform, die auch Odoardo für die richtige hält und die er, allerdings ohne Frau und Kind, auf Sabionetta zu verwirklichen versucht.

Emilias Eltern sind sich über die Art, wie ihre Ideale zu verwirklichen sind, nicht einig. Sie haben sich lieber voneinander getrennt, als von ihren verschiedenen Auffassungen abzuweichen. Diese verschiedenen Auffassungen resultieren aus einer unterschiedlichen Einschätzung der Wirklichkeit.

Claudia lehnt Odoardos mißtrauische Haltung ab: "wenn das die Menschen kennen heißt:- wer sollte sich wünschen, sie zu kennen?" [85] und bezweifelt, daß Odoardos Haltung noch unter den Begriff der Tugend einzuordnen ist: "O, der rauen Tugend!- wenn anders sie diesen Namen verdienet.-" [86]. Für Claudia gehört zur Tugend das Vertrauen in alle Menschen; wenn "die Menschen kennen" heißt, zu wissen, daß 'alles verdächtig, alles strafbar' [87] ist, dann möchte sie sie gar nicht kennenlernen.

Das heißt aber: Claudia flüchtet vor der Realität in die Illusion über die Herrschenden, die ihr ein Arrangement mit ihnen erlaubt und ihr gleichzeitig gestattet, den gewohnten Lebensstil beizubehalten. Indem Odoardo in Sabionetta lebt, versucht er, die Auseinandersetzung mit dem Teil der Realität, dessen Mängel er erkannt hat, zu vermeiden.

Hier wird die Alternative diskutiert, ob man in der Residenzstadt die gesellschaftlichen Widersprüche negieren oder fern von den Problemen auf dem Lande seine Vorstellungen verwirklichen soll. Den dargestellten Bürgern fehlt das Bewußtsein, daß sie es - wo auch immer - mit den gesellschaftlichen Widersprüchen aufnehmen müssen.

Als die Ereignisse die Flucht vor der Realität unmöglich machen, wagt nur Claudia offen auszudrücken, was sie erkannt hat über den Hof, den Höfling und den Prinzen. Sie klagt Marinelli an: "Mörder! feiger elender Mörder! Nicht tapfer genug, mit eigner Hand zu morden: aber nichtswürdig genug, zur Befriedigung eines fremden Kitzels zu morden! - morden zu lassen!" [88].

Odoardo ist den Ereignissen nicht gewachsen - er flüchtet in eine vorgetäuschte Ruhe und sucht nach Rechtfertigungen für eine weiterhin passive Haltung. So erfüllt er schließlich nur noch in einem verklausulierten Sinn den Vorsatz, Emilia aus den Händen des Prinzen zu befreien; er 'gibt ihr zum zweiten das Leben' [89]. Damit meint er auch den Prinzen zu strafen: Als er plante, Emilia in ein Kloster zu bringen und sie ihm so entziehen wollte, malte er sich seine Rache mit den Worten aus: "Genug für mich, wenn dein [Appianis, R] Mörder die Frucht seines Verbrechens nicht genießt.- Dieß martre ihn mehr, als das Verbrechen! Wenn nun bald ihn Sättigung und Eckel von Lüsten zu Lüsten treiben; so vergälle die Erinnerung, diese eine Lust nicht gebüßet zu haben, ihm den Genuß aller!" [90]. Daß er diese Rachevorstellung später wieder aufgenommen hat, zeigt seine Frage an den Prinzen, nachdem er Emilia getötet hat: "Gefällt sie Ihnen noch? Reizt sie noch Ihre Lüste?" [91]. Odoardos Rache beruht auf einer falschen Einschätzung des Prinzen, von dem er glaubt, er kenne ähnliche moralische Skrupel wie die Bürgerlichen. Da Odoardo hätte bemerken müssen, daß der Prinz nie moralische Bedenken hat, ist die Begründung, die er seiner Tat gibt, als vorgeschobene Rechtfertigung erkennbar.

Gegenüber der geweckten Erwartung ist Odoardos Tat eine Zurücknahme, ist Resignation, Vermeidung des Kampfes.

Die Uneinigkeit der Eltern realisiert sich in Emilia als mangelndes Selbstvertrauen. Die Eltern haben ihr kein einheitliches ideologisches Konzept mitgeben können, das sie sicher macht vor der Verführung durch den Prinzen.

Als Emilia vor die Entscheidung gestellt wird, aktiv für ihre Ideale einzutreten oder passiv zu leiden, bleibt ihr aus der ideologischen Unklarheit heraus nur die Passivität. In ihrem Willen zu sterben, vereinigen sich in ihr die negativen und die positiven Eigenschaften ihrer Eltern: die Neigung der Mutter zum höfischen Leben und der Jähzorn des Vaters, aber auch seine hohen Ideale und Claudias Realismus. Emilia stirbt als eine Protagonistin des Bürgertums, im positiven wie im negativen Sinn [92].

Die Reaktionen und Handlungen der Galottis verraten Schwächen in ihrer moralischen Haltung. Odoardo ist nur in Sabionetta vorbildlich tugendhaft, in Guastalla ist er jähzornig und mißtrauisch. Da die Forderung nach Tugend aber eine absolute ist, kann Tugendhaftigkeit nicht an einen Ort, nicht an äußere Umstände gebunden sein. Odoardos Unfähigkeit, sich in Guastalla zurechtzufinden, ist also ein Mangel seiner Tugend. Claudia und Emilia sind Appiani gegenüber nicht ganz aufrichtig, Claudia ist naiv und nicht uneigennützig, Emilia ist verführbar. Appiani fühlt sich durch einen Angriff Marinellis in seiner Ehre gekränkt. - Im entscheidenden Augenblick sind sie alle unfähig, ihre Lage rational zu durchschauen und entsprechend zu handeln.

Die Galottis vertreten also die Forderung nach Tugend nicht vollkommen. Das geht nicht aus den Beschreibungen hervor, die die dramatis personae voneinander geben, sondern aus ihren Handlungen; sie haben zwar die richtigen Ideale, es gelingt ihnen aber nicht, ganz ihnen gemäß zu leben. Daraus ergibt sich die Rechtfertigung des tragischen Schlusses: Da die Galottis nicht völlig mit dem guten Prinzip übereinstimmen, können sie untergehen. Das widerspricht auch nicht der Forderung in der 'Hamburgischen Dramaturgie', daß wir, um bei unserer Unterwerfung unter "die Lehre der Vernunft [...] Vertrauen und fröhlichen Muth" behalten zu können, an 'verwirrende Beispiele unverdienter schrecklicher Verhängnisse so wenig, als möglich, erinnert werden sollen' [93]. Es ist nachgewiesen worden, daß der Untergang der Familie Galotti nicht notwendigerweise und nicht unverdient erfolgte - er hätte verhindert werden können, hätten die Galottis nur gerade die rationalen Qualitäten gehabt, die ihnen fehlten.

Nicht nur die schlechten, sondern auch die schwachen Menschen durchkreuzten die Pläne der Vorsehung - und zwar durch Passivität. Die Vorsehung braucht (das wurde schon für die 'Minna von Barnhelm' gezeigt) aktive Menschen, die ihre Pläne durchschauen und in die Tat umsetzen.

Appiani und Odoardo widersprechen dem aktiven Prinzip mit ihrer Vorstellung, die volle Verwirklichung der bürgerlichen Tugend sei nur im Zusammenhang mit individueller Freiheit und Unabhängigkeit möglich. Daß Odoardos und Appianis Versuche sich zurückzuziehen in ihrem Scheitern gezeigt werden, und daß dieses Scheitern umfangreich begründet wird, legt die Vermutung nahe, daß es den gesellschaftlichen Freiraum, in dem sie leben möchten, nicht gibt. Das stimmt überein mit der Situation, wie sie sich in der Realität darstellt. Das Bürgertum kann seinen Aufenthalt nicht frei wählen: Das Leben außerhalb der Residenzstadt setzt finanzielle Unabhängigkeit voraus, die Odoardo durch seinen Landbesitz hat, die die meisten Stadtbewohner aber nicht haben. Sie halten sich gerade wegen des Gelderwerbs in der Stadt auf [94].

Die Schwierigkeiten, die sich aus dem Zwang zur politischen Auseinandersetzung ergeben, werden nicht einmal versuchsweise gesellschaftlich bewältigt. Die Bürger stehen im Konflikt mit sich selbst und mit der Realität. Es gelingt ihnen nicht, sich eindeutig gegen den Hof zu wenden, weil der Gegensatz des Bürgertums zum Hof auf entsprechende Gegensätze im Bürgertum stößt. Daraus resultieren Schwächen, die den Kampf behindern: fehlende ideologische Klarheit, Uneinigkeit, mangelndes Selbstvertrauen, Passivität.

In der 'Emilia Galotti' erscheint der selbstverschuldete Untergang des Bürgertums als Konsequenz seiner Uneinigkeit.

4.5 Anspruch und Wirklichkeit

In den Ablauf des Dramas, wie er durch das Konzept der Vorsehung angelegt war, bricht die Erkenntnis der Wirklichkeit, die ebenfalls im Drama angelegt ist: Die Inkonsequenz der Bürger siegt über ihr Erkenntnisvermögen.

Die schließliche Resignation ist die Folge einer gesellschaftlichen Situation, die sich in einer Leerstelle im Drama äußert - darin, daß keine Kraft da ist, die den Fürstenmord in eine revolutionäre Erhebung überleiten könnte. Auf das Fehlen dieser Kraft wird hingewiesen durch die Berufung auf Livius' Virginia, an deren Ende nicht die Resignation einzelner, sondern die Erhebung des Volkes steht [95]. Lessings Neukonzeption des Endes muß ihre Ursache nicht unbedingt in seinem mangelnden Vertrauen in das Bürgertum haben - sein Trauerspiel enthält vielmehr noch die Hoffnung auf eine Reaktion:

Emilias Schicksal ist die Folge einer realen Situation, könnte ein Bewußtsein dieser Situation vermitteln und so als Ursache wirken. Lessings Trauerspiel dient der Veröffentlichung ihres Schicksals und beabsichtigt eine öffentliche Wirkung.

Der Zuschauer ist emotional und rational auf einen Fürstenmord vorbereitet worden. Ihm wurde aber die Erfüllung seiner Erwartung auf dem Theater versagt - die kathartische Wirkung,die Befreiung von zu starken Emotionen [96] kann nicht eintreten, und das Theater entläßt einen Zuschauer, der die Probleme, die ihm auf dem Theater vorgeführt wurden, in seiner Wirklichkeit bewältigen muß. So wird die Wahrscheinlichkeit erhöht, daß das Trauerspiel eine Wirkung auf die Realität des Zuschauers hat [97].

Darüberhinaus wird der Zuschauer doppelt zur Identifikation mit den dramatis personae aufgefordert:

In der Beschreibung, die die Handelnden voneinander geben, spiegelt sich der ideologische Anspruch des Bürgertums; in den Handlungen, mit denen sie vorgestellt werden, spiegelt sich die Realität. In dem dargestellten nicht ganz guten und schwankenden Bürger kann sich der bürgerliche Zuschauer wiedererkennen - in der Beschreibung erkennt er seine nicht verwirklichten Ideale.

Aber Lessing zeigt Bürger, die wenigstens versuchen, die "Tugend", die sie im Munde führen, in ihrem Leben zu verwirklichen, die also insofern vorbildlich sind. Bei diesem Versuch stellt sich aber auch die Uneinheitlichkeit der bürgerlichen Ideologie und ihr gebrochenes Verhältnis zur Realität heraus: Es liegt nicht nur an den schwachen Menschen, daß das Tugendideal nicht voll verwirklicht wird, sondern auch an der Art der Forderungen. Im Widerspruch zur Forderung nach Gehorsam, Frömmigkeit und Einhalten der Zehn Gebote steht die von der Vorsehung kommende Forderung nach Ermordung des Prinzen. Die Sexualethik orientiert sich an abstrakten Gesetzen, nicht an der Realität menschlicher Gefühle. Die Ablehnung von Freude und Vergnügen und ihre undifferenzierte Gleichsetzung mit höfischer Verderbtheit führt zu lebensverneinender Bigotterie.

Die Forderung nach Tugend und Humanität wird vom Bürgertum im Kampf gegen den Feudalismus gestellt. Das muß geschehen in der Form eines Sitten g e s e t z e s , denn die Moral muß hier die Form eines einzigen schlagenden Beweises annehmen, da Fragen nach den nichtideologischen Grundlagen der feudalistischen Macht nicht gestellt werden. Der Hof wird nicht als politisches und wirtschaftliches Zentrum gezeigt. Die Diskussion über ökonomische Grundlagen der Herrschaft wird vom Bürgertum vermieden. Damit wird zugleich die Frage nach den eigenen Herrschaftsbedingungen ausgeklammert.

Die Vernichtung der alten Herrschaft und der Aufbau einer neuen kann aber nur vollständig gelingen nach einer Analyse der alten Herrschaftsinteressen und einer vergleichenden Analyse der neuen, revolutionären Interessen, die das Ziel des Handelns bilden und das Handeln bestimmen müssen. Daß diese Analyse fehlt, vermindert die Möglichkeiten des Trauerspiels 'Emilia Galotti' handlungsanweisend zu wirken. In der Realität hat sich die Tendenz zur Verschleierung ähnlich ausgewirkt, nämlich in fehlender Klarheit in der Auseinandersetzung mit dem Adel und in mangelnder Einigkeit der Bürger.

Schon im Kampf auf der Ebene der Moral ist aber in der 'Emilia Galotti' - im Vergleich mit der 'Minna von Barnhelm' - zu ahnen, daß die Forderungen des Bürgertums sich, wenn es einmal an die Macht gekommen ist, beschränken werden auf das Durchsetzen eigener Interessen. Im Gegensatz zu dem vom Reitknecht bis zum Edelfräulein verwirklichten Ideal des Altruismus, ist hier der Personenkreis, von dem erwartet wird, daß er dem Sittengesetz entspricht, begrenzt auf die Bürger.

In den Grenzen, die die bürgerliche Gesellschaft der Selbstverwirklichung des Menschen setzt, und die in der 'Emilia Galotti', anders als in der 'Minna von Barnhelm', sichtbar werden, sind die humanistischen bürgerlichen Forderungen nicht zu verwirklichen.

5 Rezeptionsanalytisches Erkenntnisinteresse

Wirkung wurde bisher untersucht als Wirkungsabsicht, insofern sie aus theoretischen Äußerungen Lessings hervorging, und als Wirkungsmöglichkeit, insofern sie sich aus der Konfrontation von Werk und Wirklichkeit, aus den abbildenden und umbildenden sowie den wertsetzenden Komponenten der Lessingschen Dramen ergab, und insofern sie sich aus dem Personenkreis ergab, an den sie sich wandte und den sie erreichte.

Die mögliche Wirkung realisiert sich als individuelle Wirkung. Dabei erfaßt ein Zuschauer ein Werk meist nicht mit allen Implikationen, sondern er reagiert auf verschiedene Mitteilungen, die es enthält, auf verschiedene "Schichten"; er rezipiert selektiv. Seine Deutung ist abhängig von seinen bisherigen gesellschaftlichen Erfahrungen und davon, wie er sie individuell verarbeitet hat - von seinem Bewußtseinsstand. Dieses Bewußtsein braucht nicht seinen Erfahrungen, seiner Interessenlage, zu entsprechen, es kann manipuliert sein.

Entsprechend der individuell herstellbaren Beziehung zwischen Bewußtsein und momentaner Stimmung des Rezipienten und den Voraussetzungen und Verständnishilfen, die der Autor in den Text eingebracht hat, nimmt der Rezipient diese mehr oder weniger, ganz oder gar nicht auf, und zwar teils emotional, teils rational [1].

Wenn die Voraussetzungen, die Verständnishilfen, die Schlußfolgerungen des Autors zu weit von den Erfahrungen beziehungsweise den Denkgewohnheiten des Rezipienten abweichen, ersetzt dieser unbewußt, nämlich ohne die Differenz zu bemerken, Teile der Aussage durch Assoziationen an seine Erfahrungen und aus seinem Wissen: Er rezipiert den Text selektiv und deutet ihn für sich um. "Rezeption vollzieht sich als Annahme von Voraussetzungen, die im Text nicht gemacht werden (Substitution); als Auswahl eines, Weglassen eines anderen Teils von Voraussetzungen, die im Text gemacht werden (Selektion); als Verbindung der substituierten mit den selektierten Voraussetzungen zu einem anderen als dem im Text gegebenen Bedeutungszusammenhang (Deformation)" [2].

Dabei gibt es verschiedene "Grade" der Selektion und der Substitution, letztere führt auch nicht zwingend zur Deformation. Die

Annäherungen und die Abweichungen zu untersuchen auf ihre ideologische und sozialgeschichtliche Fundierung wird produktiv unter der Fragestellung, welchen "Sinn" Selektion und Substitution ergeben - auf welche vorhandenen Denkmuster sie verweisen.

Wenn der Rezipient sehr viele Aussagen des Textes negiert, kann er entweder die Relevanz des Textes für sich verneinen oder versuchen, den empfundenen Mangel zu beheben (für solche Rezipienten wäre das zum Beispiel eine Aufgabe, die Zeitungskritiker erfüllen könnten). Im Idealfall einer produktiven Rezeption ist der Rezipient entweder in der Lage, die Verständnishilfen des Autors anzunehmen und seine Voraussetzungen zu erfassen, oder er kann seine eigene Lebenserfahrung so in den Text einsetzen, daß er die angebotenen Denk- und Verhaltensmuster auf seine Praxis beziehen kann [3]. Das kann dann Erweiterung, Korrektur oder motivierende Bestätigung des eigenen Vorverständnisses zur Folge haben. Nur in diesem Fall kann sich die in der Analyse erschlossene Wirkungsmöglichkeit des Textes realisieren, nämlich in der Praxis des Rezipienten.

Der "Rahmen", innerhalb dessen die individuellen Vorverständnisse variieren können, ist gegeben durch die zeitgenössische Wirklichkeit. Dabei wird es immer möglich sein, von antagonistischen Standpunkten aus ein Drama verschieden zu interpretieren. Es kann in antagonistischen Gesellschaftsordnungen keine "eindeutige" Rezeptionsvorlage geben. Brecht beschreibt die "mißverständlichkeit" Shakespearescher Dramen in dieser Hinsicht: "vom feudalen standpunkt aus zeigen sich die neue liebe (ROMEO, ANTONIUS), das neue denken (HAMLET, TIMON), die neue verwandtschaftsbeziehung (LEAR), der neue freiheitsdrang (BRUTUS), der neue ehrgeiz (MACBETH), die neue Selbstachtung (RICHARD III) als tödlich, vom bürgerlichen standpunkt aus sind die schranken feudaler art tödlich und triumphiert die neue verhaltensart durch ihre gleichgültigkeit gegen den tod angesichts der befriedigung, die sie gewährt" [4].

So läßt sich der Standpunkt des Interpreten in seiner Interpretation erkennen und als ideologischer Standpunkt beschreiben. Insofern komplettiert die Analyse der Kritiken die Analyse der zeitgenössischen ideologischen Situation, hilft bei der Beantwortung der Frage, in welchem Verhältnis der Autor zur geistigen Entwicklung seiner Zeit steht und ist typisch für die populären Reflexe der philosophischen Auseinandersetzungen.

Es soll jetzt der Versuch unternommen werden, die tatsächliche Wirkung zweier Texte zu zwei verschiedenen historischen Zeitpunkten anhand von schriftlich vorliegenden Rezeptionsergebnissen zu untersuchen.

Wenn dabei nicht entsprechend dem von Jauß vorgeschlagenen rezeptionsästhetischen Modell vorgegangen wird, so deshalb, weil die dort konzipierten Postulate eines Erwartungshorizonts, des "Dialogs" von Werk und Leser, in ihrer an der Synchronie orientierten Fragestellung gerade das hier leitende Interesse nicht befriedigen können, nämlich die Frage, in welchem Verhältnis Werk und gleichzeitige Rezipienten einerseits, Werk und spätere Rezipienten andererseits zueinander stehen. Der Bezugspunkt der hier vorgenommenen Wertung des Werkes und der Rezeptionen ist im Gegenteil ihr Bezug zur Wirklichkeit in ihrem prozeßhaften Charakter. Dabei ergeben sich aus der Standpunkt beziehenden Kritik Kriterien für die Gestaltung von Rezeptionsvorlagen für die Gegenwart - eine Anforderung, der Jauß' Modell gerade ausweicht [5].

Unter dem Gesichtspunkt der Traditionsrezeption findet im letzten Kapitel, die Beispiele auswertend, eine umfassendere Auseinandersetzung mit der Thematik statt.

Die herangezogenen Zeugnisse sind Theaterkritiken und (zwei) gegenwärtige Bearbeitungen; ihre Bedeutung für die Untersuchung von Rezeption ist die folgende:

In der Theaterkritik findet die Beschreibung und Rationalisierung einer Rezeption statt - es ist der Beruf des Kritikers, das Rezeptionserlebnis umzusetzen in Beschreibung und Kritik, als solcher Teil seiner Lebenspraxis. Wir kommen hier einer Überprüfbarkeit der Impulse, die das Werk für die Lebenspraxis der Rezipienten gibt, relativ nahe.

Die in Zeitungen beziehungsweise Büchern veröffentlichten Kritiken sind sowohl ausformulierte Rezeptionen, Belege von Erkenntnissen, als auch Vermittlungen für weitere Rezeptionen des Werkes, als auch selbst wieder Rezeptionsvorlagen. Ein vom Kritiker erkannter und dargestellter Zusammenhang wird so zu einem verständlichen Zusammenhang, ist eine weitergegebene Erkenntnis. "Lehren", die formuliert werden, sind Lehren, die angeboten werden, die angewendet werden können.

Ähnlich wie eine Kritik ist eine Bearbeitung gleichzeitig Rezeption - und zwar eine sehr intensive, die jedes Wort, jeden Zusammenhang prüfen muß, bevor sie ihn übernimmt, verändert, verwirft - und Erstellung einer neuen Rezeptionsvorlage: Der Gegenstand der Rezeption fungiert gleichzeitig als Gegenstand der Produktion. Zu fragen ist, inwiefern die Vorlage wirklich "produktiv" gemacht wird, in diesem Fall: inwiefern mit der neuen Rezeptionsvorlage neue Möglichkeiten zum Verständnis der gegenwärtigen und der vergangenen Wirklichkeit erschlossen werden. (Mit dem Begriff "Bearbeitung" sind solche Theaterinszenierungen gemeint, in denen der Versuch kenntlich ist, sich mit den Dramen - eventuell auch mit ihrer wirkungsgeschichtlichen Tradition - vom Standpunkt der Gegenwart auseinanderzusetzen und dem Publikum dann zugleich mit der Aufführung des alten Stückes einen gegenwärtigen Kommentar zu liefern. Die Gültigkeit der Aussagen für die Gegenwart wird geprüft.)

Eine Bearbeitung als Rezeptionsvorlage formuliert Erkenntnisse, "Lehren", nicht so eindeutig wie die kritische Interpretation es tun kann. So ist der Rezeptionsvorgang wieder verbunden mit Substitution und Selektion. Gleichzeitig mobilisiert die Theateraufführung aber durch einen starken Appell, sich in Beziehung zu setzen, in weit größerem Umfang Subjektivität - eine Voraussetzung für die Verwirklichung von Erkenntnis. [6)]

Bei der Untersuchung der Rezeptionen geht es also um die Weitergabe produktiver Wirkung durch produktive Wirkung der Interpretation, das heißt der zugleich gelieferten neuen Rezeptionsvorlage. Deshalb stützt sie sich auf eine Analyse inhaltlich möglichst vollständiger Stellungnahmen, nicht auf ausformulierte "Bekenntnisse" über das Rezeptionsergebnis.

6 Zur Rezeption der 'Emilia Galotti' im Jahre ihres Erscheinens, 1772

Zur Untersuchung der 'Emilia Galotti'-Rezeption werden fünfzehn Kritiken herangezogen [1] und zehn Erwähnungen der 'Emilia' in privaten Briefen, beides aus dem Jahr der Uraufführung, 1772 [2].

Produktive Wirkung ist sowohl durch Briefe als auch durch Kritiken möglich. Briefe haben zwar nur den Adressaten, eventuell einige gemeinsame Freunde, zu Rezipienten, ihre Wirkung ist aber möglicherweise umso intensiver, weil der Schreiber den Empfänger mit vertrauten Argumenten oder durch persönliche Autorität überzeugen kann. Andererseits wird vom Briefschreiber nicht erwartet, daß er ein umfassendes und begründetes Urteil abgibt; er kann einen Eindruck hervorheben, kann eine Meinung unbegründet lassen. So wird in den vorliegenden Briefen die geäußerte Meinung meist nicht argumentativ vertreten. Deshalb können die Briefe höchstens tendenziell darüber Auskunft geben, ob Anspielungen und Zusammenhänge mit der Realität, die in den Kritiken eventuell mit Rücksicht auf die Zensur nicht hergestellt werden, prinzipiell erkennbar sind.

Die Möglichkeit, in den Zeitungen Erkenntnisse auszuformulieren, wie Lessing sie nahelegte, war zwar dadurch eingeschränkt, daß die Zeitungen zensiert wurden, aber auch Lessing schrieb für eine Bühne, die der Zensur unterlag. Wirkliches Verständnis, wirkliche Aufnahme seiner Intentionen, kann sich eben in der klugen, interpretierenden Weitergabe zeigen, im Hervorheben von Szenen, in der Formulierung veranlaßter Überlegungen, die damit weitergegeben werden, in der Schilderung von Details, die für das eigene Rezeptionserlebnis relevant waren, und es so auch für andere werden können.

Es geben nicht nur solche Kritiker Intentionen weiter, die eine vollständige Interpretation liefern, sondern auch die, die eine charakteristische Auswahl treffen [3].

Untersucht werden soll der Umfang der Realisierung von Lessing angebotener Erkenntnismöglichkeiten über die Wirklichkeit, wie sie in der Analyse des Trauerspiels erschlossen wurden. Folglich wird hier gefragt, ob die Existenz antagonistischer Gruppen und ihre konträren Interessen und Verhaltensweisen erkannt **sind**, ob die Moral als ein klassenspezifischer Wertmaßstab angesehen wird, und ob der prinzipielle und unvermeidbare Charakter der Auseinandersetzung nachvollzogen wird.

Die in den individuellen Rezeptionen vernachlässigten Informationen und die Hinzufügungen der Rezipienten, die keine Basis im Text haben, führen auf verschiedene Weise weg von dem in der Interpretation erschlossenen Maximalwert der möglichen Wirkung. Auslassungen und Ergänzungen ergeben zusammen mit der Argumentation der Kritik Hinweise auf das Vorverständnis sowohl des einzelnen Rezipienten als auch in ihrer Gesamtheit auf die historische Erkennbarkeit der Wirklichkeit in ihrer realistischen Darstellung. Welche Rolle die 'Emilia' unter den zeitgenössischen gesellschaftlichen und ideologischen Bedingungen spielte, gilt es herauszufinden.[4)]

Die Berichte über gefühlsmäßige Reaktionen und direkte Gefühlsäußerungen in den Briefen und Kritiken geben einen Einblick, wie stark das emotionale Engagement war, in das Lessing seine Zeitgenossen versetzen konnte. [5)]

Da aber unbewußt bleibende Gefühle nur transitorischen Charakter haben, muß rationale Erkenntnis hinzukommen, damit sich wirklich ereignen kann, was Nicolai anläßlich der Berliner Aufführung der 'Emilia' zu beobachten meinte: "Es ist, als wenn sich in Spieler und Zuschauer ein neues Leben ergösse" [6)].

Eine Rationalisierung der Gefühle geschieht in den Kritiken natürlich umfangreicher als bei Rezipienten, die nicht zur Formulierung eines Rezeptionsergebnisses gezwungen sind. Insofern werden die Kritiken zur Rationalisierung der Rezeptionsergebnisse anderer herangezogen, ihre Bedeutung wird dadurch vervielfacht.

6.1 Realisierung von Erkenntnismöglichkeiten

6.1.1 Die Galottis

Dem Fürsten und seinem Höfling wird in allen Kritiken die Familie Galotti gemeinsam gegenübergestellt. Die Angehörigen des Adels und des Bürgertums stehen schon dramaturgisch in einem "antagonistischen" Verhältnis als Verfolger und Verfolgte, so daß ihre Gegenüberstellung sowohl bei der Nacherzählung des Handlungsablaufs als auch bei der Aufreihung von Charakterbeschreibungen erhalten bleiben muß. Auch wenn die inhaltliche Relevanz der Frontstellung geleugnet wird, wie bei Mauvillon, bleibt sie bei der Erwähnung des Inhalts erhalten, hier als Gegenüberstellung des Prinzen und Marinellis gegen die Untergeordneten und die 'noch weiter Untergeordneten' [7].

Appiani und die Gräfin Orsina werden nicht eindeutig einer der Gruppen zugeordnet: Zwar gehört Appiani moralisch zu den "Guten", er unterscheidet sich aber von ihnen durch seine soziale Stellung. Er ist "kein Unterthan des Prinzen, sondern freywillig an seinen Hof gekommen" [8] und er ist ökonomisch unabhängig [9]. Der Gräfin Orsina werden zwar bürgerliche Eigenschaften zugesprochen - sie habe Geist und Mut, meint Claudius [10] und Wessely setzt voraus, daß sie das Bewußtsein ihrer verlorenen Tugend besitze [11] - sie kann aber, weil moralisches Versagen zur sozialen Differenz hinzukommt, nicht als Verbündete der Bürgerlichen von den bürgerlichen Rezipienten akzeptiert werden. In ihrer komplizierten Zwischenstellung wird die Gräfin wieder am konsequentesten von Mauvillon negiert: Er erklärt sie für nicht einzuordnen und also für völlig überflüssig [12].

Die von Lessing übernommenen Gruppierungen werden moralisch definiert; fast immer werden die Galottis "gut" oder "moralisch" genannt. Mit der Beschreibung besonderer Tugenden der einzelnen Familienmitglieder sind Überlegungen zu den Begriffen Ehre, Tugend und Unschuld verbunden.

Die Galottis seien "alle gut", stellt der Kritiker der 'Neuen Zeitung' vom 8.4. fest, er findet "überall einfließende ungesuchte Moral" und "erhabene Empfindungen" [13], ohne sie jedoch genauer zu definieren. Da er zugleich den Prinzen als einen freundlichen jungen Mann schildert, übergeht er den Klassencharakter der 'einfliessenden Moral'.

Ramler führt seine Feststellung, Lessing habe in den Galottis "wahre Charaktere" geschildert, nämlich nicht solche, die keine Andeutung eines Fehlers haben, nicht weiter inhaltlich aus. Er hält sich bei der Charakterisierung der Personen fast wörtlich an die von Lessing selbst im Trauerspiel gegebenen Beschreibungen, so daß die Entdeckung von "Fehlern" nur auf die formale Definition des gemischten Charakters zurückzuführen ist. Ramler bleibt indifferent gegenüber der Handlung, von deren Inhalt er in seiner langen Kritik nichts erzählt, deren "Hauptendzweck" er beschreibt mit dem lateinischen Zitat "Et nunc reges intelligite! erudimini, qui iudicatis terram!" [14]. Ihm selbst vermittelte das Trauerspiel keine Erkenntnis, die er in seiner Wirklichkeit anwenden könnte, und er gibt auch keine an seine Leser weiter.

Die Bewertungen "gut" und "moralisch" erfolgen hier im Sinne gängiger Floskeln und enthalten, beziehungsweise veranlassen, keine neuen Erkenntnisse. Die Möglichkeit, die Bedeutung der Termini anhand der 'Emilia' zu überprüfen, wird nicht realisiert.

Von anderen wird der Versuch gemacht, einzelne Tugenden genauer zu definieren und als vorbildlich und nachahmenswert hinzustellen. Dabei wird die Ehre geschlechtsspezifisch definiert; bei Frauen wird sie geknüpft an die Unschuld und ist gleichbedeutend mit "Tugend". So heißt es, Odoardo ersteche Emilia "besorgt für die E h r e seiner Tochter" [15], Christian Bock läßt Odoardo in seinem für die Hamburger Erstaufführung geschriebenen Epilog sagen: "Hab' ich ein Räthsel Euch beschworen?- / Ein Wort - und Unschuld heißt's - dieß eine Wort verbirgt's; / Und nur die geht, wird einmal nur verloren!-" [16]. Bei Wessely heißt es, Odoardo versichere sich Emilias "annoch unbefleckter Unschuld" [17].

Die Gräfin Orsina hat, laut Wessely, die Pfade der Tugend, auf denen Emilia wandelt, verlassen; als sie die Liebe des Prinzen verloren hat, ist sie "aufgebracht, weil sie keinen Neid mehr erregt und ihrer Meinung nach der Verachtung und der Schadenfreude überlassen ist. Sie kann die begangenen Fehler, die mit ihren früheren Lehren von Religion und Tugend so sehr stritten, nicht vergessen und sich durchs nicht Wiederthun mit sich selbst aussöhnen, und es damit gut seyn lassen, das kann sie nicht" [18]. Als sie die Mätresse des Prinzen wurde, habe die Gräfin sowohl dem Tugendbegriff der Bürgerlichen als auch ihrem eigenen zuwider gehandelt.

Wessely setzt einen gesellschaftlichen Konsens voraus, während Lessing gerade das Fehlen moralischer Kriterien bei Hof zeigt und die Überlegenheit der Bürger aufgrund der Existenz ihres Tugendbegriffs. Der Anspruch auf grundsätzliche Geltung der bürgerlichen Moral bezieht sich zunächst auf ihre Normen, die für alle grundsätzlich gleiche sein sollen. Das wird gefordert im Bewußtsein ihrer tatsächlichen Ungleichheit.

Wessely nutzt die bei Lessing gegebenen Möglichkeiten nicht, mit Hilfe moralischer Kriterien Antagonismen in der Gesellschaft aufzuzeigen. Er sieht nur eine Verirrung, wo Lessing einen bewußt abzulehnenden Lebensstil vorführt.

Dem Vorwurf, aus Odoardos (und Tellheims) Tugend entsprängen nur Schwachheiten, ihre relative Größe beruhe auf "Stolz" und "Unbiegsamkeit" [19] fügt Wessely die Überlegung an, ob das mit ihrem Beruf, dem des Soldaten, zusammenhinge und ob Lessing wohl nur noch den Soldaten überhaupt "Größe" zutraue. Er überlegt, ob er sich anwerben lassen müsse, um so zu werden, wie es nach Lessings Meinung die Männer bestenfalls können [20]. Dann aber erklärt er, Lessing habe den Stand des Soldaten gewählt als den, "von dem allgemein geglaubt wird, daß er die strengsten Begriffe von Ehre und Rechtschaffenheit habe" [21]; indem er dies Vorurteil nütze, verkörpere der Soldat Odoardo den Bürger Odoardo vollkommen, so daß, "wenn auch die Fabel ... eine würkliche bürgerliche Geschichte wäre, von der der Dichter alle Umstände treulich bey behalten können, nur daß er den Bürger Odoardo in den Soldaten Odoardo umgeschaffen hätte; so würde er nichts anders gethan haben, als was er hat thun müssen, um das daraus zu machen, was es ist" [22].

Das heißt: Auch die Bürger sind stolz, rauh und unbiegsam, sie achten auf ihre Ehre wie die Soldaten auf die ihre. So wird auch die Handlung zu einer Prüfung und Demonstration: "Herr L. wollte sehen, wie sich ein Mann von Ehre und Gewissen aus einer Handlung wickelt, wo er bedroht ist, äusserst beschimpft zu werden, ohne sich von seinem Gegner nach den Gesetzen der Ehre selbst Genugtuung verschaffen zu dürfen" [23]. Der "Beleidiger" ist der Prinz, gerettet werden muß "die Ehre des Hauses Galotti", dabei sind die Ehre des Soldaten und die des Vaters Galotti identisch [24]. Den 'beschimpfenden Handel' endet der Obrist, der den noch zögernden Vater besiegt und die Tochter tötet. Damit nimmt er dem Prinzen die Möglichkeit, ihn weiter zu beschimpfen und rettet so seine Ehre und die der Tochter.

Die 'Gesetze der Ehre' sind definiert nach dem Ehrenkodex des adeligen Offiziers. Eine entsprechende militärische Definition trägt Wessely ins Bürgertum hinein. Die Zugehörigkeit des Bürgertums zur Hierarchie wird mit einer Schwächung seiner Position erkauft, nämlich mit der Eingliederung als standesmäßig unterlegener Partner. Das nimmt den Bürgerlichen per definitionem die Möglichkeit, sich gegen Unrecht zu wehren.

Das eingeschränkte Verständnis des progressiven, kämpferischen bürgerlichen Tugendbegriffs und das Bild der Unterlegenheit weisen hin auf den Rückzug in passive Moralvorstellungen.

Es bleibt ein Rest Unzufriedenheit Wesselys mit diesen Männern: "ich mag nicht daran denken, wenn es wahr wäre, daß die Männer n u r so sind, wie sie dieser Herzenentfalter in seinen zwey letzten Meisterstücken fürs Theater gebildet hat" [25].

Die Zweifel gegenüber den menschlichen Qualitäten des männlichen Geschlechts kulminieren in Wesselys völliger Ablehnung Appianis. Er schließt aus seiner Jugend auf Unfertigkeit, hält die ungünstigste Einschätzung, die sich noch auf den Text berufen kann - Claudias Frage: "sollte es sie reuen, Herr Graf, daß es das Ziel ihrer Wünsche gewesen?" - für gerade zutreffend und fürchtet, was Odoardos gutes Urteil über ihn angeht, meist erfüllten solche Jünglinge die Erwartungen nicht, die "man" in sie setzt. Noch sind sie ein "Mischmasch von Menschen", sind 'unfertig, gut und böse, stark und schwach, kühn und feig, weichlich, eitel, stolz' [26]. Die Nachdrücklichkeit, mit der Wessely Appiani Charakter abspricht, ist inhaltlich nicht gerechtfertigt [27].

Der entscheidende Vorzug der Frauen geht jedoch erst aus einem Vergleich des besten Mannes mit der besten Frau hervor. Wessely zeigt ihn am Beispiel eines Dialogs zwischen Appiani und Emilia: "Appiani strömt vom Lobe Odoardos über, und nun sagt die liebenswürdige Tochter ... 'Und er wollte mich nicht erwarten!'" [28]. Odoardo erscheint hier als lediglich "rauh" und Emilia als empfindsam.

Emilia hat ihre moralischen Maßstäbe von Odoardo übernommen, sie ist so stolz und tugendhaft wie Odoardo stolz und ehrenvoll. Zugleich aber ist sie eine leidende Frau, ist gutherzig und zartfühlend. Diese Vereinigung männlicher und weiblicher Charakteristika macht aus Emilia "Das Muster aller m e n s c h l i c h e n Tugend" [29]

Matthias Claudius hebt im ersten Teil seiner im ganzen wesentlich kürzeren Kritik den Stolz der Bürger indirekt als eine besonders positive Eigenschaft hervor. Er zählt 14 Episoden beziehungsweise Details auf, die ihm "sonderlich" gefallen haben, darunter sechs, in denen sich "Unbiegsamkeit" gegenüber dem Hofadel artikuliert [30].

Eschenburg lobt die realistische Darstellung der Familie Galotti und hebt ihre Charakteristika nachvollziehend hervor: Obwohl Claudia ein wenig eitel sei und einen weicheren Charakter habe als Odoardo, bekomme sie in der Szene mit Marinelli Gelegenheit, ihren Verstand, ihren Mut und ihre wirkliche Tugendhaftigkeit zu beweisen [31]. Odoardo wird als tätig und besorgt um seine Familie dargestellt; seine heftig geäußerten Ansichten über "Stadtleben und Hofglück" sind von dieser Sorge bestimmt. Sein Unglück - das Unglück seiner Familie - trifft ihn tief; er tritt dem Fürsten entschlossen und mutig gegenüber und verläßt ihn mit einer Drohung [32].

Als Ehepaar sind Claudia und Odoardo eine "feinere Mischung und Schattierung solcher Charactere, die eigentlich durch einerley Trieb und allgemeine Denkungsart regiert werden, aber durch die Verschiedenheit des Geschlechts, der Lebensart, des Temperaments u.s.f. auch verschiedentlich modificirt sind" [33].

Eschenburg beschreibt hier sehr genau den nichtantagonistischen Widerspruch, den Lessing darstellt. Er formuliert seine Beobachtung mit Hilfe individuell-psychologischer Begriffe und wendet so die prinzipiellen Einsichten in das Wesen der untergehenden feudalistischen Gesellschaft, die Lessings Trauerspiel ermöglicht, auf das menschliche Zusammenleben an. Dabei spricht er aus, daß nichtantagonistische Widersprüche - des Charakters, der Meinung - keinen grundsätzlichen Wertunterschied enthalten müssen und kein Hinderungsgrund für gemeinsames Vorgehen sind.

In Emilia vereinigen sich, nach Eschenburg, die guten Eigenschaften ihrer Eltern: Ihre Bescheidenheit und der durch Religion und Erziehung in ihr gefestigte Gehorsam gegenüber den Eltern machen sie zu einem idealen Familienmitglied; jugendlich und weiblich, sanft und voller Liebreiz, wird sie eine würdige Gattin des 'würdigen Mannes' Appiani sein, der "liebenswürdig" und "voller Ehre" ist. Bei der Beschreibung Appianis nimmt Eschenburg eine interessante kleine Ergänzung vor: Er sagt, Appiani krieche nicht bei Hofe, um endlich ein Glück zu machen, dessen er "bey seinem Reichthume" [34] nicht bedarf - so steht es zwar nicht bei Lessing, aber hier wird eine Voraussetzung, die Lessing stillschweigend macht, ausformuliert. Damit wird die Erkenntnis nahegelegt, daß nicht jeder frei wählen kann, ob er dem Fürsten dienen will oder nicht, sondern daß die Möglichkeit der Wahl finanzielle Unabhängigkeit voraussetzt.

Trotz seiner Begeisterung über die Familie Galotti äußert Eschenburg leise Bedenken an Odoardo: Über seine "männliche Tugend" - die zwar bewundert werden müsse - könne der "Gutgesinnte von sanfterm Gefühle" doch auch mit Claudia ausrufen "O der rauhen Tugend". Und Odoardo habe zwar "Grundsätze genug, s o s t r e n g e s i e a u c h ü b r i g e n s s i n d , um seiner Hitze Einhalt thun zu wollen; aber [er läßt sich] immer von den ersten Eindrücken und von seinem Zorne dahin reissen" [35].

Eschenburg mahnt den Bürger Odoardo, sein Temperament seiner Einsicht unterzuordnen, um seine guten Ziele desto sicherer zu erreichen.

Von einer völlig anderen Einschätzung aus kommt Mauvillon zu seiner negativen Beurteilung der Galottis und des Grafen Appiani. Der Disput des Grafen mit dem Marquese Marinelli ist für ihn eine "Zänkerei", "die sich auch ohne Geliebte angesponnen haben könnte", weil Appiani den Marquese "so nicht leiden kann" [36]. Mauvillon kann kein Verständnis für Appianis Situation zwischen den Klassen aufbringen, und diese Situation ist es, die Appiani besonders empfindlich auf Marinellis Frechheiten reagieren läßt. So wird Appiani in dieser Beschreibung fast zum Schuldigen am Streit mit Marinelli; vermutlich neigt Mauvillon dazu, Marinellis Bemerkungen über die Vermählung zuzustimmen.

Weiter stellt Mauvillon bei sich Desinteresse für die Galottis fest und sucht nach einem formalen Fehler Lessings. Er meint, "man" erfahre zu wenig über diese Menschen, über ihre Denkweise, über ihre Empfindungen. Das Wenige, das Mauvillon von ihnen erfährt, macht sie ihm nicht sympathischer: Emilia leide offenbar an übergroßer Schüchternheit, die auf einen Mangel an Kenntnissen zurückzuführen sei. Wenn sich dieser Mangel erst durch Lebenserfahrung gelegt habe, werde sie über ihre jetzige Situation ganz anders urteilen, als sie es jetzt tue; die Situation sei also untragisch [37]. Das unausgesprochene Resümee ist: Nur u n e r f a h r e n e Bürgermädchen wehren sich dagegen, die Mätresse ihres Fürsten zu werden.

Mauvillon urteilt aus der Sicht der "großen Welt"; er kann die Beschreibung der Bürgerlichen nicht in der angegebenen Richtung durch Einsetzen eigener Erfahrungen ergänzen und beurteilt den Emanzipationsversuch des Bürgertums aus einer konservativen Haltung heraus ablehnend.

6.1.2 Fürst und Höfling

Die tugendhafte Familie Galotti muß sich im Verlauf der Handlung mit einem Prinzen und seinem Kammerherren auseinandersetzen. Daß zumindest ein Teil der Schuld am tödlichen Ausgang der Konfrontation das regierende Haus trifft, wird nicht bestritten. Aber ob diese Schuld mehr den Prinzen oder mehr Marinelli trifft, ist für die Kritiker eine heikle Frage. Von den 15 Kritikern sprechen sechs mindestens in der Inhaltsangabe das Thema an [38)], aber nur einer, nämlich Eschenburg, beschreibt wie Lessing ein gegenseitiges Abhängigkeitsverhältnis. Von zehn Briefen gehen zwei detailliert und drei pauschal auf das Thema ein [39)], und alle verstehen, daß der Hauptangriff dem Fürsten gilt.

Nicolai schreibt an Lessing, die Charakterisierung des Prinzen habe ihm gefallen "aus einem geheimen antidespotischen Grolle gegen schlechte Prinzen" [40)]. Im Verhältnis des Prinzen zu Marinelli hat er Marinelli als den Handlanger erkannt, der auch deshalb nicht bestraft wird, weil er nur das tut, von dem der Prinz möchte, daß es getan wird. So handeln diese Prinzen: "Wenn sie sich von ihren Günstlingen, die ihren Wollüsten frönen, Schritt für Schritt verführen lassen, die größten Gewaltthätigkeiten und Schandthaten durch Zulassung zu begehen: so bestrafen sie den Günstling mit einer Verweisung auf seine Güter, und nehmen einen andern" [41)].

Karl Lessing hebt besonders hervor, daß die Tugend des Prinzen einer Prüfung unterzogen und als nicht den Anforderungen gewachsen dargestellt wird. Zwar nehme sich der Prinz der Regierung an, zwar sei er "ein Liebhaber von Wissenschaft und Künsten", sei er "fein" und habe "allen Anschein eines würdigen Prinzen" - damit habe Lessing aber nur die Wahrheit seiner Darstellung erhöht, nämlich "gezeigt, wie heut zu Tage Prinzen von guter Erziehung, welche die Natur nicht ganz unbegabt gelassen, seyn können". Denn das alles läßt noch Zweifel an seiner "moralischen Güte" zu und um die geht es in dem Trauerspiel: "seine Tugend soll in seiner ungerechten Liebe gegen Emilia mit dem Marinelli geprüft werden, und da hält sie nicht die Probe" [42]. Damit ist die Voraussetzung formuliert, dem Fürsten die moralische Legitimation zum Herrscher abzusprechen.

Herder schreibt an Christian Gottlob Heyne: "Das Stück ist in Braunschweig eine von den Lessingschen Kühnheiten", "insonderheit die Rolle der großen Herren" sei "zeitmäßig" erfaßt [43]. An Caroline Flachsland schreibt er etwas genauer, was denn in einem kleinen Fürstentum auszusprechen so 'kühn' ist: "in keinem Stück habe ich mehr das traurige Notwendige gefühlt, zu sündigen, wenn man gesündigt hat, das elende Schwache, ein Prinz zu sein" [44]. Für Herder ist Marinelli hier ganz uninteressant, es ist der Prinz, der gesündigt hat. Als bedauernswerter Gefangener der eigenen Schwächen, als moralisch-menschlich Elender, hat er keinen Anspruch auf eine exponierte Stellung in der Gesellschaft - geschweige denn darauf, dieser Gesellschaft als Vorbild und Richter vorzustehen.

Herder beeinflußte mit seiner Einschätzung Caroline Flachslands Rezeption; sie las das Trauerspiel erst im Juni [45] und wiederholt dann in einem Brief an Herder dessen Einschätzung des Prinzen; sie vermutet, Lessing habe nicht Emilias Liebe, sondern "die schwachen, elenden Leute, die Prinzen, schildern wollen" und er müsse, fügt sie hinzu, "ein ganzer Mann sein, das Ding für den Hof zu geben" [46] - sie hat also zumindest ein Gefühl für die politische Brisanz der 'Emilia'.

Anders als in den Briefen wird in den Kritiken die Rolle des Prinzen innerhalb der Ereignisse vernachlässigt. Der Inhaltsangabe im 'Hamburger Correspondenten' zufolge, hat sich der Prinz in Emilia "äußerst verliebt", erteilt auf Veranlassung Marinellis Appiani den Auftrag, nach Massa zu reisen - und bekommt dann von Odoardo Emilia "in ihrem Blute" gezeigt [47]; es bleibt offen, womit er das eigentlich verdient hat. Die Kritik in der 'Neuen Zeitung' meint, der Prinz sei "wie es viele gibt": "gutherzig aber wollüstig". Er schätze Marinelli selbst nicht, dieser aber beherrsche ihn, mißbrauche sein Vertrauen und "veranlaßt die ganze Verwicklung" [48].

Mauvillon beschönigt nicht nur den Charakter des Prinzen, sondern auch Marinellis: Ein 'junger, sonst edelmütiger Prinz' erliege der Gefahr der Schmeichler und der Leidenschaften [49]. Er lehnt das "gehässige Licht", das auf den Prinzen und Marinelli fällt, entschieden ab.

Der Wiener Kritiker der 'Realzeitung' akzeptiert ohne weiteres Odoardos Meinung, daß der Prinz bestraft werden müsse. Über Marinelli und seinen Anteil an der Handlung reflektiert er gar nicht. Trotzdem unterschätzt er die Tragweite der Entschlüsse des Prinzen. Das zeigt sich z. B. daran, wie er einen Einwand, der gegen die Camillo Rota-Szene gemacht worden war, diskutiert: Gegen das "Recht gern" des Prinzen als Reaktion auf seine erforderliche Unterschrift unter ein Todesurteil hatte sich Widerspruch erhoben. Der Kritiker erklärt die Antwort aus der Verfassung des Prinzen: "Alles, was nicht Emilia ist, ist ihm Qual, er will Alles herzlich gerne thun, um sich ganz den Gedanken an sie überlassen zu können. Da hat der Mann Rota Geschäfte. Alles recht gern um fertig zu werden" [50]. Der Rezipient wirbt mit psychologischen Argumenten um Verständnis für den Prinzen. Psychologie wird hier harmonisierend eingesetzt, Verständnis im Sinne von "wir sind alle nur Menschen" erzeugt. Die Frage der Macht, die die Haltung des Prinzen erst verhängnisvoll für andere werden läßt, wird nicht diskutiert. Hier könnte aus dem Widerspruch gegen Lessings Satz ein Widerspruch gegen den Prinzen werden; das Unbehagen, das sich in formalen Bedenken äußert, müßte überführt werden in die Erkenntnis einer Bedrohung der eigenen Existenz,aus der heraus der Widerspruch produktiv werden kann.

Moses Wessely bietet eine Entschuldigung für den Prinzen und eine Aussicht auf künftige Besserung der Zustände an, indem er die Meinung seines fiktiven Briefpartners in seine Veröffentlichung aufnimmt, schon bei des Prinzen Erziehung durch "Pfaffen, Dichter, practische Künstler, Sophisten und alte Betschwestern" sei vieles in seinem Charakter verdorben worden; wenn ihn Lessings Geschöpfe ("Odoardos, Tellheims nebst Contis, und ihresgleichen") erzogen hätten - welch ein "Muster von einem Prinzen" wäre er geworden. So aber könne Marinelli "mit seinem armen Herzen machen [...], was er will" [51]. Die eigene Meinung hält Wessely zurück. Aber im letzten Satz des für den 'Postreuter' hinzugefügten Briefes regt er eine Überlegung in Bezug auf Marinelli an: "Wenn die Monde-Besitzer, die unaufhörlich schreyen, unsre Dichter haben nicht Welt genug, uns dadurch diesen Mangel beym Hr. L. beweisen wollen, indem sie bewiesen, daß ein Cammerherr kein Marinelli, und ein Marinelli, kein Cammerherr seyn kann, so würde man freylich es einräumen müssen, und es sollte mir sehr lieb seyn" [52]. Wessely verweist auf die zeitgenössische Realität, fordert zu einer Konfrontation auf in der Hoffnung, der Vergleichende werde dann selbst merken, daß Lessing die Kammerherren in Marinelli treffend geschildert hat. Über die Prinzen formuliert Wessely, der ein vorsichtiger Mann war, keine eigene Meinung.

Eschenburg untersucht den Charakter des Prinzen genauer als alle anderen. In seiner Kritik in der 'Neuen Braunschweigischen Zeitung' vertritt er, ähnlich wie Karl Lessing in seinem Brief an den Bruder, die Meinung, der Charakter des Prinzen gewinne an Wahrheit, da der Dichter ihm "den Anstrich einer feinen Erziehung und einer gelegentlichen Aeußerung gebildeter Sitten und Gesinnungen" und außerdem "Nuancen der Gutherzigkeit" [53] gegeben habe. Eschenburg trägt alle von Lessing gegebenen Hinweise zusammen: des Prinzen Entscheidung im Falle der Emilia Bruneschi, die Art der Entlohnung des Malers Conti, den Umgang mit Marinelli, die Camillo Rota-Szene; daß alle Geschäfte liegen bleiben, wenn der Prinz Emilia in der Messe aufsuchen will. Er folgert daraus, daß den Prinzen Sinnlichkeit und Wollust beherrschen, daß Verstand, Überlegungen und Entschlüsse "seiner Leidenschaft untergeordnet" [54] sind. Marinelli ist dabei das "Werkzeug seiner Absichten und Leidenschaften", der aber seinerseits kriechend beleidigende Worte einsteckt und das Interesse des Prinzen mit seiner eigenen Rachgier vereint [55]. Eschenburg verweist auf die auch in der Wirklichkeit bestehende gegenseitige Bedingtheit von schlechten Fürsten und ihren verwerflichen Handlangern: Marinelli ist ein "hassenswürdigster und niedrigster Charakter, wie er in der menschlichen Gesellschaft überhaupt, viel weniger an Höfen, nicht geduldet werden sollte, wie ihn aber beyde, vornehmlich da, wo der Fürst selbst verderbt ist, leider ! sehr oft aufzuweisen haben" [56].

6.1.3 Emilias Tod

Die Konfrontation des Fürsten mit den tugendhaften Bürgerlichen endet mit dem Tod der tugendhaftesten Bürgerin. Ob diese Lösung von den bürgerlichen Rezipienten akzeptiert werden kann, soll im folgenden untersucht werden.

In einigen Kritiken wird mit verschiedenen Argumenten verneint, daß es sich überhaupt um eine prinzipielle Auseinandersetzung handelt: Der Rezensent der 'Neuen Zeitung' vom 8. April wertet in seiner Inhaltsangabe die Ermordung Emilias durch Odoardo als eine "schreckliche Uebereilung" [57]. Der Prinz wird von ihm kaum erwähnt, die Art seines Verbrechens bleibt im Dunkeln und Odoardos Tat erscheint nicht mehr als dessen Folge. Die Beschäftigung mit der Problematik lehnt er ab, und Odoardo muß mit der Möglichkeit des Verständnisses auch die Sympathie des Lesers verlieren.

Mauvillon sucht die Erklärung für das Ende nur bei der Familie Galotti, findet sie aber eigentlich auch dort nicht: Das Betragen Emilias lasse darauf schließen, daß sie selbst mit ein bißchen mehr Erfahrung ganz anders gedacht hätte. Dieser Gedanke verhindere die Teilnahme des Zuschauers an ihrem Schicksal - das Mauvillon nicht schildert. Der eigentlich Bedauernswerte ist der Prinz als das Opfer seiner Leidenschaft [58].

Der ferne Schauplatz wird mehrfach als Möglichkeit genutzt, sich von der Betroffenheit durch Lessings Darstellung zu distanzieren. Die Betonung liegt dann auf der 'italienischen Eigentümlichkeit' [59] der Handlung, für die Lessing Sprache, Temperament und Charaktere entsprechend ausgewählt habe [60].

Bei Ramler wirkt außerdem das formale Lob inhaltlich distanzierend: "Die letzte Entwicklung ist mit ungeheurer K u n s t vorbereitet und wird unsern Augen bis ans Ende glücklich [!] entzogen" [61].

Die Konfrontation von Adel und Bürgertum wird für vermeidbar gehalten. Und zwar in der historischen Perspektive durch Fürstenerziehung. So schreibt Ramler: "Et nunc reges intelligite! erudimini, qui judicatis terram!" [62], Wessely referiert eine entsprechende Meinung seines fingierten Briefpartners. In der Gegenwart sollte der 'brave' Mann, gemäß Odoardos Konzept, die Residenzstadt meiden.

Dazu wünscht Wessely ihm die "Tapferkeit [...], seiner Frau zu widerstehen, wenn sie je mit der Tochter zur lastervollen Residenz des Prinzen ziehen will" 63). Wessely übersieht alle Warnungen Lessings, daß es keinen gesellschaftlichen Freiraum gibt und daß die Flucht in einen vermeintlichen Freiraum für Auseinandersetzungen untauglich macht.

Unter den 'wichtigsten Vorwürfen' gegen die 'Emilia',die J. F. Heynatz referiert, ist der, "daß der Vater ganz ohne Noth die Ermordung seiner Tochter vornehme". Heynatz findet den Vorwurf nicht gerechtfertigt und bietet als Erklärung an: "Grade als wenn der Schriftsteller seinen Held allemal vollkommen rechtfertigen wollte. Und rechtfertigt ihn die Versicherung der Tochter, daß sie für nichts stehe, nicht sehr stark?" Heynatz genügt die von Emilia selbst befürchtete Gefährdung ihrer Unschuld durch ihre Sinne, um Odoardos Handlungsweise zu rechtfertigen. Emilia muß sterben, damit ihre Unschuld erhalten bleibt. Daß er diese rigorose Auslegung bejaht, weist ihn als frühen Vertreter der restriktiven Komponente der bürgerlichen Moral aus 64).

Ebenso argumentiert Christian Bock in seinem Epilog zur Hamburger Aufführung der 'Emilia' 65).

Eschenburg läßt den Bezug von Emilias Tod zur "Lebensart" des Hofes erkennen: Lessing veranlasse den Betrachter, den Standpunkt zu beziehen, "aus welchem wir nach der Absicht des Dichters eine Aufführung anzusehen haben, die man gemeiniglich mit dem mildernden Namen der Galanterie zu benennen, und für verzeihlicher zu halten pflegt, als sie es ihrer wahren Beschaffenheit, und ihren traurigen Folgen nach, würklich ist" 66). Lessing stelle dieses höfische Verhalten in seiner Tragweite vor, dazu gehörten das Schicksal der Orsina und Emilias "Märtyrertod" 67).

Eschenburg nimmt die Begründung für Emilias Tod in die Beschreibung ihres und Odoardos Charakters auf: Emilias "ganzes Verhalten, wenn sie nun in den Händen des Prinzen ist, entspricht ihrer [...] Gemütsart völlig, und die grausame Bitte an ihren Vater, ihr den Tod zu geben, wird die ganze siebente Szene des letzten Aufzugs hindurch, auch von ihrer Seite meisterhaft vorbereitet. [...] Und in dieser Fassung, wie natürlich, daß sie beim Anblicke eines Dolchs, ihn als das geschwindeste Mittel ansieht, aller Verführung auszuweichen, deren Gewalt sie sich itzt aufs lebhafteste vorstellt, und dabey das Gefühl der Natur, und ihres warmen [...] Bluts in ihre Seele zurückrufe!" [68].

Odoardo befinde sich nach dem Gespräch mit dem Fürsten in einer 'fürchterlichen Wildheit', so daß er, wenn im Gespräch mit Emilia die väterlichen Gefühle hinzukommen, die "Gefahr noch für größer, für unvermeidlicher ansehen" muß [69] - als sie ist, lautet die von Eschenburg nicht ausgeführte Folgerung - und sich von ihr bewegen läßt, ihr den Tod zu geben.

Das Ende folgt aus dem Verhalten dieser individuellen Charaktere in einer Situation, in die sie der Fürst durch seine Machtposition und ihren Mißbrauch bringt. Das tödliche Ende erscheint nicht als unausweichlich notwendig, denn Eschenburgs Kritik an Odoardos Charakter kann durchaus als Kritik an seiner Tat verstanden werden. Auch hier hat Odoardo nicht überlegt, sondern von seinem Temperament 'hingerissen' gehandelt.

Außer der Unmöglichkeit, vom Prinzen Genugtuung zu fordern, ist es die unlösbare Verstrickung der rechtlichen Lage, die, so Wessely, Odoardos Handlungsweise als die einzig mögliche erscheinen läßt. Einerseits verletzt der Prinz geltendes Recht, andererseits kann Odoardo "nicht einmal die Gesetze gegen seinen Beleidiger zu Hülfe zu haben" hoffen, weil dieser der Souverän und als solcher "das Gesetz selber" [70] ist. Wessely läßt erkennen: Zwar hat Odoardo nach dem Gesetz strafbar gehandelt, als er seine Tochter tötete, ihm blieb aber nichts anderes übrig, da der, "der Richter im Lande ist, und Recht und Gerechtigkeit ausüben soll", Unrecht tut. Da sich Odoardo, nachdem er den Rahmen der Gesetze verlassen hatte, wieder in ihn einfügt, fordert er den Prinzen auf, das gleiche zu tun. Er nimmt demonstrativ die Situation vorweg, die den Prinzen erwartet, wenn auch für ihn Gesetze gelten werden, nämlich "vor dem Richter unser aller".

Wessely verlangt die Einhaltung des gegebenen Rechts durch die Fürsten, ohne nach der gesellschaftlichen Legitimation der Gesetze zu fragen, nach der Verknüpfung von Recht und Machtverhältnissen über diesen einen Fall hinaus.

In dieser Hinsicht geht die für den 'Postreuter' anläßlich der Hamburger Aufführung geschriebene Besprechung weiter: Sie knüpft an die Camillo Rota-Szene allgemeine Überlegungen zur Rechtspraxis an und es wird versucht, ein Bewußtsein dafür beim Leserkreis zu entwickeln, das der Rezensent bei den Zuschauern im Theater vermißte. Der Kritiker bedauert, daß zwar fast jedem Schauspieler, nicht aber den Dichtern applaudiert werde. Da nun der Darsteller des Camillo Rota schlecht gespielt habe, habe die Szene nicht nur weniger ergreifend gewirkt, sondern es sei noch nicht einmal dem Schauspieler applaudiert worden. Aber "Wer kann die Rede, welche Leßing dem guten Camillo in den Mund legt, anhören, ohne äußerst gerührt zu werden: 'Recht gern?- Ein Todesurtheil recht gern?- Ich hätt' es ihn in diesem Augenblik nicht mögen unterschreiben lassen, und wenn es den Mörder meines einzigen Sohnes betroffen hätte.- Recht gern! recht gern!- Es geht mir durch die Seele dieses gräßliche Recht gern!' Wer kann bey dieser Rede kalt, wer kann ungerührt bleiben? Wahrhaftig, das römische Parterre würde seinen Beyfall dem Dichter auf alle Weise zu erkennen gegeben haben; aber das hamburgische blieb kalt.- Zum Heil des menschlichen Geschlechts wünschte ich, daß diese Scene für alle Gerichtssääle von den berühmtesten Meistern gemahlt, und die Worte darzu geschrieben würden. Vielleicht würde mancher Richter alsdann in seinen Urtheilen behutsamer seyn" [71].

Dieser Rezensent hat, wie aus seinen letzten Worten hervorgeht, ganz bewußt die Szene "veröffentlicht", um ihr zu nachdrücklicherer Wirkung und zu größerer Bekanntheit zu verhelfen.

Der Kritiker plädiert für eine Befragung des Rechtsgefühls, er stellt die Frage der Auslegung des Rechts in den Vordergrund gegenüber dem normativen Recht. Damit bringt er den Wunsch zum Ausdruck, bürgerliche Richter möchten das Recht im bürgerlichen Sinn auslegen (als Übergangslösung bis zur Rechtsprechung nach bürgerlichen Gesetzen), andererseits enthält diese Forderung für das bürgerliche Hamburg eine Ermahnung an die patrizischen Richter. (Es läßt sich nun darüber spekulieren, ob die angekündigte Fortsetzung der Kritik aus technischen Gründen nicht erschienen ist oder aus Gründen der Zensur.)

Die Möglichkeit, den Konflikt mit einem Fürstenmord zu lösen, wird von drei Kritikern erwähnt. Die Tatsache, daß sie damit Aufmerksamkeit auf die letzte Konsequenz der Handlungsführung lenken, ist positiv zu bewerten.

Murr hält den Fürstenmord für eine Temperamentsfrage und so müsse man sich, "wenn man die Denkungsart der W ä l s c h e n kennt, wundern, daß Hr. Lessing nicht lieber den Prinzen oder doch wenigstens den Schelmen Marinelli sterben lassen" [72].

Mauvillon leitet die Folgerichtigkeit einer Ermordung des Prinzen aus der dramatischen Konstruktion ab - deren Qualität auf diese Weise geleugnet werden soll. Als Anhänger der französischen Dramaturgie kritisiert Mauvillon besonders die Handlungsführung und ihre dramaturgische Logik. Was soll der Zuschauer nach Appianis Tod noch fürchten? "Am natürlichsten wol, daß der Vater den Prinzen, wenn er den Tod des Appiani erfährt, ermorden wird" [73]. Die Unmöglichkeit, eine solche Konsequenz wirklich zu ziehen, liegt für Mauvillon auf der Hand, so daß er seinen Protest nicht einmal ausformuliert. So deutlich folgert nur der, der nicht merkt, daß er eine gefährliche Wahrheit ausspricht; so kann es bei der Zensur durchgehen als eine Bemerkung zur Form in einer negativen Kritik mit konservativem Tenor.

Wessely nimmt seine Erkenntnis, kaum hat er sie vorsichtig geäußert, wieder zurück: 'Wir sind beide beleidiget', sagt die Orsina. "Wozu bedarf es dieses? W e r w e i ß n i c h t , daß obgleich verschiedne Ursachen zur Rache da sind, dennoch, da diejenigen, an denen sie ausgeübt werden soll, nicht verschieden sind, dieß ihr Interesse gemeinschaftlich machen kann" [74]. Die Formulierung scheint verhindern zu sollen, daß irgendjemand versteht, was Wessely sagt - daß sowohl die Gräfin Orsina als auch Odoardo Gründe haben, den Prinzen aus Rache zu ermorden. Aber Odoardo ist an die Gesetze des Ehrenkodex gebunden, die zwar den Mord im Duell kennen, es ihm aber verbieten den Fürsten herauszufordern. So bleibt der Fürstenmord "Rache des Lasters", die Tugend kann nur so vorgehen, wie Lessing es hier vorführt.

Zwei logisch falsch gelesene Textstellen unterstützen Wessely in seiner Meinung, Emilias Tod sei die einzige Lösung des Konflikts, die angeboten werde.

Wessely deutet das Fazit, das Odoardo in seinem letzten Monolog zieht [75] als den vom Himmel bestätigten Entschluß, Emilia zu töten: "Die Ehre des Obristen sieht sie [Emilia, R] als vom Himmel ihm zugeführt, um diesen beschimpfenden Handel zu endigen" [76].

Genauso bezieht er die Frage Odoardos, ob Emilia "verdient, was er für sie thun will" [77]. Die folgende Unterredung ist dann nur noch eine Prüfung Emilias und ein schließlicher Sieg des Soldaten Odoardo über den noch zögernden Vater. Odoardos Überlegungen, den Fürsten zu töten, werden nicht erkannt und nicht weitergegeben.

Der Kritiker der 'Wiener Realzeitung' findet eine andere Begründung für die Ansicht, der Konflikt könne nur so enden, wie es hier vorgeführt wird: "Der Prinz konnte nicht peinlicher bestraft werden, als das er die Frucht der Verbrechen nicht genießen kann bei dem höchsten Grade der Leidenschaft, bei der Schande der Welt, die seiner wartet. Die Katastrophe konnte und durfte nicht anders sein, wenn diese Wirkung hervorgebracht werden sollte; und sie und keine andere mußte und durfte bei dieser Anlage hervorgebracht werden" [78].

Der Kritiker hat Odoardos Ausflucht, mit Emilias Tod werde der Prinz empfindlicher gestraft als mit dem eigenen, für eine definitive Aussage Lessings genommen. Er begegnet mit seiner Überlegung Meinungen, die er referiert: "Warum muß Emilia sterben, von der Hand ihres Vaters sterben? Gerade die tugendhaften Personen entreißt uns der Dichter und die Bösewichter leben, leben ungestraft?" [79] Ein Widerspruch, der produktiv hätte werden können, wird harmonisiert; um Zustimmung zu erreichen, wird der Zuschauer noch dazu intellektuell unter Druck gesetzt: "Der aufmerksame Zuschauer konnte keinen anderen Ausgang erwarten, da er den Vater in verschiedenen Szenen davon reden hört" [80]. Da ist diesem 'aufmerksamen Zuschauer' wahrscheinlich die gleiche Setzung unterlaufen wie Wessely.

Für die Leser dieser Kritiken werden von Lessing angelegte Zusammenhänge undeutlich. Verhaltensweisen, die kritisch eingeschätzt werden müßten, werden gerechtfertigt. Da aber andererseits die allgemeine Diskussion auf solche Einwürfe hin nicht endet, sondern neue Argumente sucht, kann mit dem Hinweis auf die Möglichkeit des Fürstenmordes die Diskussion auch in diese Richtung erweitert werden.

Die Proteste gegen den Schluß der 'Emilia', die Ermordung der Tochter durch den Vater, verstummten trotz der Rechtfertigungen und Erklärungen nicht: "die Auflösung revoltiert Jedermann" schrieb Weiße an Uz [81]. In verschiedenen Kritiken wurden die Proteste referiert: in der 'Wiener Realzeitung', von Heynatz, und Nicolai berichtet aus Berlin an Lessing: "Viele haben es nicht begreifen können, und halten es für unnatürlich, daß der Vater seine geliebte Tochter blos aus B e s o r g n i ß d e r V e r f ü h r u n g e r s t e c h e n könne" [82]. Auch Nicolai selbst hätte es für besser gehalten, wenn wenigstens die Wahrscheinlichkeit der Verführung in einer entsprechenden Szene deutlich geworden wäre.

Außer Murrs, im Rahmen der zeitgenössischen Kritik zu widerlegendem Bedenken gegen den Tochtermord, ist Matthias Claudius der einzige Kritiker im Erscheinungsjahr, der seinen eigenen Protest formuliert: Er argumentiert psychologisch, wenn er sich wundert, wie Emilia "so zu sagen bei der Leiche ihres Appiani an die Verführung eines anderen und dabey an ihr warmes Blut denken konnte" [83]. Verwunderung und Unbehagen über den Schluß sind hier noch nicht wegrationalisiert oder psychologisch überinterpretiert, sie sind jedoch auch nicht auf ihre gesellschaftliche Wahrheit überprüft worden.

Wie stark der Widerstand gegen den Schluß werden konnte, läßt ein Brief Karl Lessings an seinen Bruder erkennen, in dem er aus Berlin berichtet, gleich nach den ersten Aufführungen sei das Gerücht entstanden, Lessing habe den Schluß der Tragödie verändert. Lessing antwortet: "Wer Dir gesagt hat, daß ich den Schluß meiner Tragödie geändert, der hat gelogen.- Was will man denn, das ich daran ändern soll?" [84].

Lessing interessiert sich nicht nur dafür, in welche Richtung sich der Protest bewegte und welche Folgerungen gezogen wurden, sondern er provoziert den Bruder, eine Alternative zu formulieren und sie auf ihre Logik und auf ihren Rückhalt im Text zu untersuchen.

6.2 Auslassungen

Die Verschiedenheit der Interpretationen läßt sich zurückführen auf die unterschiedliche beziehungsweise unterlassene Aufnahme der vom Autor gegebenen Verständnishilfen. Zumindest teilweise kann die Differenz in den 'Emilia'-Auslegungen mit der Negation beziehungsweise dem abweichenden Verständnis zweier wesentlicher Verständnishilfen Lessings erklärt werden.

Die Funktion des Prinzen, die Tragweite des Konflikts, in dem Odoardo steht, der prinzipielle Charakter der Auseinandersetzung werden bei Lessing erfaßt durch das ständige Eingreifen der Vorsehung in die Handlung und durch die von ihm berufene Parallele zur Virginia-Erzählung des Livius. In den 25 Rezeptionen werden beide Verständnishilfen nur von jeweils zwei Rezipienten überhaupt angesprochen.

Daß die 'Virginia' weder als Argument Emilias in der Diskussion mit ihrem Vater, noch als vorsichtig die Handlung deutendes Moment des Trauerspiels erkannt und für wesentlich gehalten wurde, geht zum Beispiel daraus hervor, daß in der 'Neuen Zeitung' ein Zitat aus der vorletzten Szene (beginnend mit Emilias "Ich allein in seinen Händen?"), mit Odoardos Ablehnung, ihr den Dolch zu geben endet, noch vor dem Virginia-Vergleich, der doch an dieser Stelle nicht nur zu Überlegungen in Bezug auf die Deutung des Trauerspiels veranlassen könnte, sondern auch einen Hinweis auf den Ablauf der ganzen Handlung geben würde.

Der Rezensent des 'Hamburgischen Correspondenten' lenkt geradezu ab von der 'Virginia': Er fragt nach einem Vorbild für das Drama in der italienischen Wirklichkeit, erwähnt die Prinzen von Guastalla und eine italienische Familie Galeotti, aber nicht die 'Virginia': "Wir wissen nicht, ob sich der Verfasser die Geschichte des Stücks selbst geschaffen [...]" [85].

In der 'Neuen Zeitung' [86] wird die Erzählung mit einem einzigen Adjektiv gestreift und schon das steht in einem falschen Zusammenhang. Der Kritiker will Lessing gegen den Einwurf verteidigen, warum denn Odoardo Emilia nicht mit Claudia und Orsina in die Stadt schicke (wobei ihm nicht einfällt, daß sie nach Odoardos Wünschen gar nicht mehr dorthin, sondern mit ihm nach Sabionetta soll) und mutmaßt unter anderem: "war hier schon ein virginischer Gedanke in seiner Seele?" [87] Er beschränkt in diesem Zusammenhang den 'virginischen Gedanken' auf den Tochtermord, obwohl für Livius' Erzählung die Idee des Volksaufstands konstitutiv ist. [88]

Wessely versucht im fünften Brief über die Emilia zu erklären, warum Lessing die Livius-Erzählung in die Gegenwart versetzt hat. Das Trauerspiel soll eine warnende Lehre sein, die aber nur "Menschen unserer Zeit" geben können, sonst bleiben Ausflüchte möglich wie: "daß solche Leidenschaften und ihre unglücklichen Wirkungen nur bei jenen [zeitlich fernen, R] Nationen möglich waren; denn was läßt unsre Eigenliebe uns nicht alles von uns glauben". 'Emilia' ist aber "ein Stück für unsre Zeit. Die Menschenhetze, die es vorstellt [...] ist aus lauter Menschen unsrer Zeit zusammen gesetzt, die durch Instrumente unsrer Zeit dahin geblasen werden, wohin sie gebracht werden sollen" [89]. Deshalb gefällt Wessely das Stück besonders gut, aber deshalb, meint er, gefällt es auch wieder vielen nicht. Diese Überlegung will er auf sich beruhen lassen, denn es sei gut, daß die Größe von Lessings Genie "für gewisse andere Augen so groß ist, daß es deswegen leider unaufgedeckt bleiben muß" [90]. Wessely könnte damit für Lessing und für sich auf die Zensur hinweisen wollen und gleichzeitig der Hoffnung Ausdruck geben, daß das Trauerspiel von den "Richtigen" richtig verstanden wird.

Die Frage, ob die anderen Kritiker aus ähnlichen Gründen die Virginia-Erzählung gar nicht erwähnen, kann, außer für Eschenburg, verneint werden. In die Interpretationen der Kritiker sind Erkenntnisse, wie sie sich aus dem Vergleich mit der 'Virginia' ergeben könnten, nicht integrierbar.

Auf ein Wirken der Vorsehung in dem Trauerspiel wird nicht geachtet. Den Szenen, in denen sich das Eingreifen der Vorsehung ereignet, wird von mehreren Kritikern der Vorwurf des Episodischen gemacht, und auch in der Verteidigung dieser Szenen argumentiert niemand mit dem Hinweis auf die Vorsehung.

Mauvillon vertritt den Vorwurf extrem: "in dem ganzen ersten Aufzug [wird] zur Handlung nicht ein Schritt gethan" [91]; die Orsina sei dramaturgisch "ein Werk des Zufals" [92], denn den Dolch hätte Odoardo auf eine andere Weise bekommen oder notfalls selbst mitbringen können. Mauvillon weigert sich konsequent, Lessings Text zu verstehen und zu vermitteln. Er trifft in der Ablehnung immer wieder genau die Punkte, an denen Verständnis ansetzen könnte

Von zwei Rezipienten wird ein vom Dichter in die Konzeption des Dramas aufgenommenes Wirken der Vorsehung angesprochen.

Wessely schreibt: "Ich [...] finde von dem Prinzen und Marinelli noch zu sagen, daß sie wie Haken und Spaden vom Dichter gebraucht werden, um das Haus Odoardo zu zerstören" [93].

Wesselys Interpretation ist so bestimmt von seiner Annahme der Wehrlosigkeit des Hauses Galotti, daß er nicht sehen kann, wie auch die Galottis als Werkzeug in der Hand der Vorsehung gedacht sind, die Position des Prinzen und Marinellis anzugreifen. Bei Wessely wird das Wirken der Vorsehung in ihr genaues Gegenteil verkehrt: Die Fürsten vernichten schicksalhaft die Bürger, die nur im Untergang ihre Ehre bewahren können.

Karl Lessing schreibt an seinen Bruder, des Prinzen "Tugend soll in seiner ungerechten Liebe gegen Emilia mit dem Marinelli geprüft werden, und da hält sie nicht die Probe" [94]. Karl Lessing erkennt die Bedeutung der mangelnden Tugendhaftigkeit des Prinzen und daß eine Prüfung und ein Nichtgenügen besonders geeignet sind, diesen Mangel ins allgemeine Bewußtsein zu heben. Er übergeht, daß auch die Tugenden der Galottis in der Auseinandersetzung mit dem Fürsten geprüft werden.

In der 'Emilia' werden von den dramatis personae verschiedene Haltungen zur gesellschaftlichen Wirklichkeit, in der sie leben, eingenommen und in Gesprächen vertreten. Da sie versuchen, die Ansichten in Handlungen umzusetzen, können ihre Realisierbarkeit und ihr gesellschaftlicher Effekt mit Hilfe des Handlungsverlaufs im Trauerspiel geprüft werden; dabei werden einige Haltungen verworfen und es ergeben sich aus den Negationen zum Teil nicht ausformulierte Positionen.

Die Tatsache, daß angebotene Haltungen und vorgeschlagene Lösungen wieder verworfen werden, wird nun aber von den Rezipienten verschieden realisiert: Sie greifen die Lösung auf, die ihrem Vorverständnis entspricht, so daß die Interpretationen entsprechend den Vorverständnissen der Rezipienten voneinander und von der Rezeptionsvorlage abweichen. Dabei finden einige Rezipienten die eigene Weltanschauung so weitgehend wieder, daß sie uneingeschränkt auf die 'Emilia' als adäquate Darstellung der Zeit und ihrer Charaktere verweisen können [95]. Andere Rezipienten stimmen Lessing nur zum Teil zu, manchmal nur, insofern sie das Trauerspiel für sich umdeuten können [96]. Ablehnung beruht meist darauf, daß eine Umdeutung - die sich ja immer noch auf Voraussetzungen des Umgedeuteten einläßt - nicht mehr möglich ist. Im Fall Mauvillons heißt das, daß die bürgerlichen Voraussetzungen genau erkannt und abgelehnt werden.

Zustimmung und Ablehnung erfolgen von antagonistischen gesellschaftlichen Standpunkten aus.

6.3 Wertung nach formalen Kriterien

In die Diskussion um die formale Gestaltung greifen nur zwei Kritiken gar nicht ein: Der Rezensent des 'Postreuters' [97] bespricht nur die Camillo Rota-Szene und Fragen der Aufführung der "Emilia' in Hamburg und Matthias Claudius erklärt sich für in dieser Hinsicht inkompetent - "Freilich wenn ich wüßte, was zu einem guten Trauerspiel gehörte, da könnte ich weitläufig sagen so und so, und warum dies und das gut ist, so aber -" [98] - so aber sagt er, was ihm inhaltlich gefallen hat. Beide Kritiker stehen dem Inhalt grundsätzlich positiv gegenüber.

Für die Beurteilung der formalen Qualitäten des Trauerspiels werden Kriterien gewählt, die den Anspruch größerer Objektivität gegenüber der Meinung zum Inhalt erheben. Tatsächlich lassen sich die antagonistischen Standpunkte aber hier wiederfinden, verbunden entweder mit formalen Vorstellungen, die von der Entwicklung des bürgerlichen Schauspiels überholt waren, oder mit künstlerischen Vorstellungen, die zur Entwicklung der formalen Bestandteile des bürgerlichen Dramas gehören.

Zustimmung zum dramaturgischen Konzept der 'Emilia' beruht auf einer grundsätzlich positiven Haltung zu Lessings "shakespearescher" Dramaturgie; bei der Begründung von negativer Kritik wird entweder argumentiert, Lessing habe in einigen Fällen seine eigenen Grundsätze "übertrieben" oder diese Grundsätze seien falsch. Beides beklagt mangelnde Regelmäßigkeit im Sinne der klassischen französischen Dramaturgie. "alles suchte man hervor, um zu zeigen, daß der Deutsche kein Franzose sei. Denn so weit schien man nur in der Vergleichung gehen zu wollen, und an den Shakespeare [...], an den dachte man nicht" [99]. Aber da hat Heynatz nur den einen Teil der Rezeptionen erfaßt - andere finden es "schön", daß Lessing in der Shakespeare-Nachfolge steht [100]. Es bedeutet, daß er Charaktere "schattiren" kann [101], daß er "wahr" schreibt [102]; es zu sagen, bedeutet für einige das höchste mögliche Lob: "o Shakespear-Lessing" ruft Ebert aus [103]. Es bringt Lessing aber auch den Vorwurf 'geflissentlicher' [104] oder 'studierter' [105] Nachahmung ein. Marinellis 'englischer' Fluch "Tod und Verdammnis" [106] und die Haarnadel [107] werden als Anglizismen verworfen. Kurz zuvor wurde allerdings in derselben Besprechung noch zu bedenken gegeben, ob nicht für den italienischen Schauplatz die Sprache zu d e u t s c h sei [108].

Gegen den Vorwurf der Nachahmung macht Heynatz geltend, daß Lessing Shakespeare "nicht nachgeahmt, sondern vielmehr mit ihm gewetteifert hat" [109]. Heynatz nimmt eine ausführliche Analyse der Sprache in der 'Emilia' vor, deren Fazit er vorweg formuliert: "Ich habe die Emilia Galotti in dieser Rücksicht [in Bezug auf den schöpferischen sprachlichen Ausdruck, R] mehr als einmal gelesen und aufführen gesehen, und bin immer überzeugt geblieben, daß der Verfasser um seines Trauerspiels willen den Dank und die Hochachtung seiner Landsleute verdienen würde, wenn man auch auf weiter nichts Rücksicht nehmen wollte, als auf Sprache und Ausdruck" [110].

Die Kriterien, nach denen gewertet wird, werden in 'Neue Zeitungen von Gelehrten Sachen auf das Jahr 1772' genannt: In der 'Dramaturgie' habe Lessing "unsern Trauerspieldichtern Natur, Studium des Herzens und Shakspear empfohlen [111]!

Als "natürlich" werden besonders hervorgehoben: die Charaktere [112] die ganze Begebenheit [113], die Szenen [114], die Sprache [115], die Sprache wird aber auch als z u natürlich kritisiert. Zwar: "In der Natur ist der Dialog kurz, abgebrochen [...] Dies hat Hr. Lessing wol beachtet, und hat seinen jetzigen Dialog darnach gemodelt. Aber [...] das Theater heischt zuweilen eine zusammenhangende, nicht kurze Rede [...], weil sich in diesen Tiraden die geheimen Gesinnungen, [...] die Züge des Characters einer Person allein entwickeln können" [116].

Mauvillon lehnt den Grundsatz der Natürlichkeit als unwesentlich ab: "Nichts ist im ganzen Stücke, das nicht so zuginge, wie es in der Wahrheit sich zugetragen hätte. [...] Ja, es ist kein einziges Wort, das wegen des Zuschauers gesagt zu werden schiene" - aber: "Es m ü s s e n gar viele Dinge des Zuschauers wegen gesagt [...] werden" [117].

Schließlich wird auch der Vorwurf der Unnatur erhoben: "'Eine Rose gepflückt, ehe' etc., unmöglich ist dies Gleichniß an seinem rechten Ort; so stirbt Niemand" [118]. Die 'Schöngeister', die solche Vorwürfe vertreten, beschreibt ein Kritiker: "Knäbchen, Stutzerchen, Mäcenate, Jüngferchen und geschmackvolle Damen versichern aus ihren Handbüchelchen über die schönen Wissenschaften, daß weder der Grundsatz der Nachahmung der schönen Natur, noch die Würde des Trauerspiels erlaube, daß eine verlassene gräfliche Schöne eines Prinzen Schnickschnack und dergleichen niedrige Worte im Munde führe, noch ein Graf einen Kammerherren einen Affen schimpfe" [119].

Die Kernstücke der französischen Dramentheorie sind die Forderung nach Einhaltung der Einheiten des Ortes, der Zeit und der Handlung und die Ständeklausel. Daß das bürgerliche Trauerspiel die Ständeklausel negiert, ist nicht neu, es äußert sich auch kaum Widerspruch. Nur Mauvillon verneint die Tragik der Ereignisse. Er begründet das aber - zumindest vordergründig - damit, daß Emilia kein notwendiges Schicksal erleide [120].

Auf die Einhaltung der Einheiten wird die 'Emilia' von mehreren Rezensenten überprüft: Ein Verstoß gegen die Einheit der Zeit wird nicht moniert - die Toleranz ging bis zu vierundzwanzig Stunden, die Handlung der 'Emilia' dauert nur etwa neun Stunden (vom frühen Morgen bis zum Nachmittag).

Mauvillon vermißt die Einheit des Ortes [121] und auch Ramler stellt diese Frage zur Diskussion: "Wir vermuthen nicht, daß irgend einer, der von der dramatischen Kunst wichtigere Theile kennt, als die Beobachtung der Einheit des Orts [...] das beste Stück Beaumarchais, oder Falbaire, oder Mercier [...] lieber gemacht haben möchte als die Emilia Galotti" [122]. Die 'Emilia Galotti' repräsentiere "Eine Art von Schönheit" - die Einheit des Ortes eine andere, so läßt er durchblicken [123].

Die Feststellung des 'Episodierens', vertreten von Mauvillon, referiert von Eschenburg und Wessely [124], enthält den Vorwurf, die Einheit der Handlung sei nicht eingehalten.

Hinter diesem Vorwurf steht bei Mauvillon die Auffassung, das Interesse des Zuschauers müsse sich auf e i n e n Helden konzentrieren können - und zwar natürlich auf einen fürstlichen Helden.

Die Verteidiger Lessings definieren die Einheit der Handlung anders: Sie wird nicht durch die Konzentration auf einen Charakter erreicht, sondern durch die Logik der Handlungsführung. Dazu gehört die Auseinandersetzung zwischen differenzierten Charakteren, deren Schilderung, so wird argumentiert, genau die Szenen dienen, in denen Lessing zu 'episodieren' scheint [125].

Im Aufbau solcher Kritiken, die nicht in erster Linie den Ablauf der Handlung beschreiben, zeigt sich das besondere Interesse gerade der fortschrittlichsten Interpreten für die Psychologie der einzelnen Personen, für die individuellen Handlungsmotivationen und Bewältigungen der gesellschaftlichen Umwelt. Dabei wird versucht, die Charaktere entsprechend der eigenen Lebens- und Leseerfahrung einzuordnen und zu beurteilen; das wird besonders deutlich zum Beispiel an der Einschätzung Appianis durch Wessely und an seinem Vergleich, Odoardo und Claudia handelten wie Tellheim und Minna unter den gleichen Umständen handeln würden [126]; das Verhältnis Odoardos zu Angelo vergleicht er mit dem Tellheims zu Just, um Angelos mögliche Entwicklung zu überlegen: "Hätte er statt unter dem Odoardo bey demselben gedient, so wie Just beym Tellheim, er wäre, wo nicht besser, so wenigstens so gut, als dieser, der zu nicht geringern Bosheiten alle Anlage hat" [127].

Bei diesen Kritikern ist Wahrheit definiert als Übereinstimmung mit der Realität, zum Beispiel des menschlichen Fühlens - für andere ist Wahrheit die formal herzustellende Illusion der vierten Wand. Dies Illusionsbedürfnis wird empfindlich gestört durch Hinweise auf die Situation im Theater durch die von Odoardo gebrauchten Worte "Possenspiel" und 'Tragödie' [128]. Der Effekt wird so beschrieben: "Wir waren in Dosalo, und auf einmal steht das ganze Theater für uns da, mit Lichtputzer und Soufleur" [129].

Eine desillusionierende Wirkung hatte die Dialogstelle: "Kind, es ist keine Haarnadel." - "So werde die Haarnadel zum Dolche!" [130]. Fast übereinstimmend wird berichtet, daß im Publikum an dieser Stelle gelacht wurde [131].

Es wird aber nicht eine neue Rezeptionsform, die Einfühlung, verteidigt gegen den Versuch, sie mit verfremdenden Effekten wieder aufzuheben, sondern die formale Kritik ersetzt die inhaltliche Auseinandersetzung. So fühlen sich auch die Kritiker, die sich völlig auf den Inhalt einlassen, durch diese Worte nicht an der Einfühlung gehindert.

Eine "Hintertür" bei der Formulierung von Bedenken und Zustimmung lassen sich, wie Ramler, die meisten Kritiker offen. Selbst die "vernichtende" Kritik eines Mauvillon kommt nicht ohne positive Formulierungen aus: Er wolle den Wert des Stückes untersuchen und seine Mängel aufzeigen, "da die Schönheiten leicht in die Augen fallen und von andern genugsam werden ins Licht gesetzet werden" [132].

Auch andere wagen Kritik nur im Mantel der Zustimmung zu äußern. Der Rezensent der 'Neuen Zeitungen von Gelehrten Sachen [...] ' schließt seine fast ausschließlich negative Kritik mit den Worten: "Da Dichter und Philosoph, Kenner des Menschen und Kenner des Genies aller Zeiten nur selten so genau verbunden zu sein pflegen, als sie es in Hrn. Lessing sind, so möchte in Rührung und Unterricht, in Reichtum und Wahrheit, in Neuheit und Korrektheit so bald kein Trauerspiel der 'Galotti' gleichen, wenn er nicht selbst uns noch mehrere schenken sollte" [133].

Am deutlichsten wird es bei Mauvillon, daß er sowohl den Inhalt als auch die Form ablehnt: Wenn er die nicht eingehaltene Einheit der Handlung kritisiert, so kritisiert er eigentlich die Handlung selbst, in der die Hofleute als so schlecht dargestellt sind, daß keiner sich für sie interessieren könne - als ob "man" sich für schlechte Höflinge nicht interessieren könnte -, in der die Bürgerlichen für seinen Geschmack zu wenig weltmännisch, zu fade, zu wenig höfisch sind. Der Vorwurf des Episodischen gilt den Szenen, deren Funktion er aus seiner ideologischen Haltung heraus ablehnt.

Ein anderer Kritiker ('Neue Zeitung' vom 8.4.72) prüft nach den gleichen Kriterien wie später Mauvillon, aber er lobt: Er lobt, daß das Interesse zwar auf alle Personen falle, am meisten aber doch auf die Hauptperson, lobt die Natürlichkeit der Charaktere, die angemessene Sprache, daß "keine einzige Empfindung in französische Tiraden verwandelt sei" - aber dann gibt er zu bedenken, ob nicht "einige Reden zu scharfsinnig, oder zu witzig, oder sonst so" seien. Der Einwand ist völlig unbestimmt und wird unsicher vorgebracht. In ihm äußert sich ein Rest Unbehagen, der nur zurückhaltend formuliert wird. Sogar das, was der Kritiker vorbringt, meint er "vielleicht auf Kosten unsers Credits" zu sagen [134].

Die Ähnlichkeit dieser Haltung mit Mauvillons Meinung legt die Vermutung nahe, daß auch die gelobte "Moral" des Trauerspiels, diese sei "selbst nicht ohne Satyre gegen die Höflinge", nicht eigentlich den Beifall des Kritikers findet, der alle Schuld an den Ereignissen eindeutig bei Marinelli sucht.

In der Diskussion um die formalen und inhaltlichen Qualitäten des Trauerspiels werden besonders Wert und Eigenständigkeit der 'Emilia' als ein "deutsches Original" hervorgehoben [135]. "das wir zuversichtlich der besten englischen und französischen Tragödie an die Seite setzen können" [136]. Boie wünscht sogar, "daß mir nur niemand ein deutsches oder ein ausländisches Stück mit Emilia Galotti vergleiche!". Dieses Verdienst der 'Emilia' wird auch da hervorgehoben, wo die Bereitschaft Kritik anzumelden vorhanden ist - hier zeigt sich ein beginnender literarischer Nationalstolz, in dem auch die Hoffnung auf die integrierende Kraft der Literatur und des Schauspiels enthalten sein mag [137].

Die Diskussion über die Art und die Qualität der formalen Gestaltung der 'Emilia Galotti' bringt gegenüber der Einschätzung des Inhalts keine neuen Aspekte, sondern ergänzt nur die bereits dargestellten einzelnen Positionen: Ablehnung und begeisterte Zustimmung sind meist sowohl formal als auch inhaltlich begründet. Bei zwiespältigen Einschätzungen werden mit Hilfe des scheinbar objektiveren Kriteriums der Form Bedenken gegen das Trauerspiel formuliert, die sich auch gegen den Inhalt richten.

6.4 Zusammenfassung

In der Analyse der 'Emilia Galotti' wurde gezeigt, daß das Trauerspiel die gesellschaftliche Realität der Zeit erfaßt und Themen aufgreift, die allgemein diskutiert wurden - daß die 'Emilia' also geeignet war, in die Diskussion meinungsbildend einzugreifen. Anhand der jetzt zitierten Briefe und Kritiken konnte gezeigt werden, daß ihre Wirkung tatsächlich genau darin bestand, aktuelle gesellschaftliche und philosophische Probleme der Diskussion zugänglich zu machen anhand einer Geschichte, mit Hilfe der Beschreibung menschlicher Schicksale.

Die fortschrittlichen Positionen, die Lessing innerhalb der zeitgenössischen Diskussion bezog, wurden unterschiedlich weitgehend verstanden, von anderen Voraussetzungen ausgehend umformuliert oder negiert. Immer werden wieder Positionen bezogen und zur Überprüfung angeboten.

Der Wert der 'Emilia' als Diskussionsgrundlage wurde einigen Zeitgenossen durchaus bewußt. Die zweite Veröffentlichung der Wessely-'Briefe über Emilia Galotti' wird damit begründet, daß "von Emilia Galotti nicht oft genug geredet werden kann" [138], es geht also darum, diesen Wert der 'Emilia' zu erhöhen. Boie schreibt an Knebel: "Selbst der Streit über dies Stück, der hier und da sich regt, ist mir sehr, sehr lieb. Er ist ein Beweis, daß uns die schönen Wissenschaften nicht mehr so gleichgültig sind, wie vor zehn Jahren. Minna erregte wenigen Widerspruch; Sara gar keinen" [139].

Was im Allgemeinen über die Herkunft der Zuschauer abgeleitet werden konnte, bestätigt sich im Einzelnen. Die Kritiker und Kommentatoren, die im Jahr der Uraufführung über die 'Emilia' schrieben, gehörten, soweit sie namentlich bekannt sind, zur bürgerlichen Intelligenz und übten einen bürgerlichen Beruf aus. Nicolai war Buchhändler, Herausgeber von Literaturzeitschriften und Verleger, Ramler und Eschenburg waren Professoren, Heynatz Rektor, Herder Hauptprediger und Konsistorialrat in Bückeburg, Karl Lessing Münzdirektorialassistent in Berlin, Murr war Reichsstädtischer Waag- und Zollamtmann in Nürnberg, Christian Weiße Leipziger Kreissteuereinnehmer und Moses Wessely war Bankier [140].

Murr reflektiert in seiner Kritik der 'Emilia' über die finanzielle Lage der bürgerlichen Intelligenz und gibt dabei einen Einblick in seinen Versuch, diese Lage zu bewältigen. Für den Satz 'Dies Leben ist alles, was die Lasterhaften haben' würde er Lessing gern mit Geld belohnen, aber - wer so wie Lessing denkt, dem bedeutet Geld nichts. Die Reichen dagegen sind die 'Elenden', die Reichtum s t a t t geistig-moralischer Qualitäten besitzen ("wenn ich nicht zu stolz wäre, mir die Reichthümer der Elenden zu wünschen, die sie selbst am wenigsten besitzen, und deren Anschauen alles ist, was sie in diesem Leben haben" [141]). Der eigene Status wird heroisiert durch ein Negativschema (arm und moralisch o d e r reich und lasterhaft); die sich abzeichnende Trennung von bürgerlichem Ideal und bürgerlicher Wirklichkeit ist erfaßt, wird aber idealistisch umschrieben.

Ramler entzieht sich der Diskussion über die inhaltlichen Aspekte der 'Emilia', er fühlt sich nur für die Beurteilung der Form zuständig [142] - für Verbesserungen in der Politik sind aber seiner Meinung nach die Fürsten zuständig und ihnen reicht er das Trauerspiel zur Einsicht weiter.

Zwischen Lessing und seinem Bruder Karl, Nicolai, Herder und Eschenburg besteht in den angesprochenen Problemen eine einheitliche Diskussionsgrundlage.

Gemeinsame gesellschaftliche Erfahrungen mit dem preußischen Staat verbinden Lessing mit seinen Berliner Freunden; Eschenburg war in Braunschweig seit 1769 als Hofmeister (der seit 1770 auch Vorlesungen hielt) am Carolineum tätig und er war mit Lessing befreundet. Beide haben Erfahrungen mit dem Hof in Braunschweig und den politischen Verhältnissen in diesem deutschen Duodezfürstentum gemacht.

Die Reaktionen dieser Freunde zeigen, wie sehr die 'Emilia' im antidespotischen Sinn verstanden werden konnte, wenn die Rezipienten, wie Lessing, ihre gesellschaftlichen und literarischen Erfahrungen auf der Höhe der fortschrittlichen Erkenntnisse ihrer Zeit verarbeitet haben.

Der einzige, der offen als Kontrahent auftritt, ist Mauvillon; er negiert die Relevanz des Themas, verweigert inhaltliche Stellungnahmen. Sein Vorurteil verkehrt negative und positive Vorzeichen bei der Bewertung der Charaktere und der Handlungsweisen. Dabei zeigt seine Kritik, daß er dem Trauerspiel nicht verständnislos gegenübersteht, sondern sehr genau erkannt hat, was er ablehnt. Mauvillon ist nicht nur Parteigänger der klassischen französischen Dramaturgie, sondern auch des Adels und wendet sich gegen eine Emanzipation des Bürgertums - sei es auch nur in der dramatischen Literatur.

Die Diskussion fand also nicht nur unter Gleichgesinnten statt, sondern sie half auch Fronten zu klären, da sie die Differenz von Standpunkten enthüllte.

In den Stellungnahmen sind Meinungen enthalten zu Wert und Unwert von in der Gesellschaft bestehenden und noch zu schaffenden Normen.

Kritik an den juristischen Vollmachten des Herrschers wird, dem Thema entsprechend, insofern geäußert, wie diese zu Übergriffen in die Privatsphäre genutzt werden. Der Wunsch, der Herrscher möge die Unverletzlichkeit einer bürgerlichen Privatsphäre respektieren, weist hin auf den Wunsch nach juristischer Fixierung - und Einhaltung dieser Fixierung - der Rechte des Herrschers und der Untertanen. Bezeichnenderweise spricht gerade der Bankier Wessely dieses Thema an.

Der Hinweis darauf, daß der Fürst, da er dem Ideal göttlicher Gerechtigkeit nicht entspricht, die Legitimation zur Herrschaft verliert, wird nicht ausgewertet, er bleibt bestenfalls implizit stehen: in Eschenburgs Formulierung, Emilia sterbe einen 'Märtyrertod' (der aus dem Prinzen einen Verfolger des Glaubens macht) [143], in Wesselys Übernahme von Odoardos Verweis auf den göttlichen Richter, von dem der Prinz gerichtet werden werde [144] und, stärker, in Karl Lessings Brief [145].

Das Interesse für das menschliche Individuum zeigt sich besonders in solchen Kritiken, die die psychologische Wahrheit der Charaktere untersuchen. Weder die bloße Wiedergabe der Handlung noch ein Lehrsatz wie Ramler ihn anbietet, genügen diesen Interpreten zum Verständnis des Trauerspiels. Die psychologische Wahrheit ermöglicht Identifikation mit Ähnlichen und Erkenntnis der Fürsten und der abzulehnenden Motive ihres Handelns.

Für den eigenen Umgang mit den Fürsten wird aus der Ablehnung ihres Verhaltens der Wunsch entwickelt, sich nicht mit ihnen einlassen zu müssen, wird statt der Auseinandersetzung Distanz gesucht. Die Konfrontation von Adel und Bürgertum wird nicht konsequent als antagonistisch erkannt; das zeigte sich zum Beispiel an Wesselys Rezeption und daran, daß das vorhandene Mißtrauen gegen die "Herrschenden" sich häufig nur bis zu den Höflingen vorwagt. Diese Begrenzung der Erkenntnis ist nicht auf die individuelle Unfähigkeit der Rezipienten oder auf mangelnden guten Willen zurückzuführen, sondern auf die verzögerte gesellschaftliche Entwicklung in Deutschland.

Die 'Emilia' wurde zur Zeit ihres Erscheinens als das rezipiert, was sie historisch war: eine Diskussionsgrundlage, Anregung zur Selbstverständigung der citoyens - nicht Aufruf zur tätlichen Auseinandersetzung oder gar zu Aufstand und Fürstenmord. Es zeigt den Grad der Antizipation in Lessings realistischer Darstellung, in seinen Lösungsvorschlägen und Warnungen, daß die Entwicklung des Antagonismus zwischen Adel und Bürgertum an der 'Emilia' mit heutigem historischen Wissen abzulesen ist. So war die 'Emilia' tatsächlich "ein Rock, auf den Zuwachs gemacht, in den das Publicum noch hinein wachsen muß" [146].

7 Dürrenmatts Bearbeitung der 'Minna von Barnhelm'

7.1 Dürrenmatts Konzept in der Konfrontation mit Lessings Konzept

In der Bearbeitung bleibt der Konflikt Tellheims mit dem König und der Militärbehörde als Handlungsgerüst erhalten. Aber Tellheims Verhalten in Sachsen und der Vorwurf, der ihm daraus gemacht wird, sind nicht weniger undeutlich als bei Lessing, dessen Publikum die historischen Zusammenhänge wesentlich besser kannte. Die einzige Verdeutlichung, die Dürrenmatt macht, ist irreführend: Tellheim spricht, als er Minna den Vorwurf der Militärbehörde erklärt, statt von 'zu ratihabierenden Schulden' [1] von "Schulden, welche die Reichskriegskasse zu übernehmen hat" [2] - nun muß aber sicher keine preußische Staatskasse für die sächsischen Kriegsschulden aufkommen. Tellheims finanzielle Transaktionen bleiben im Dunkeln, Verständnis für Tellheims Situation wird erschwert.

Die Erklärung seiner Situation erfolgt auch nicht mehr, wie bei Lessing, von der Auflösung am Ende aus: Der Brief Friedrichs II. an Tellheim ist in französischer Sprache abgefaßt, so erfährt das Publikum nur noch durch die Reaktionen, die er bei den dramatis personae hervorruft, von Tellheims Rehabilitation; die Begründung erhält es nicht. Zwar werden auf die Frage, warum der König Tellheim rehabilitiert, jetzt sogar zwei Antworten angeboten, nämlich, er tue es, wie Riccaut unwidersprochen meint, obwohl Tellheim schuldig ist, oder, wie der König selbst schreibt, weil Tellheims Unschuld sich herausgestellt hat - aber beide Möglichkeiten werden in französischer Sprache angeboten, das macht sie in der Aussage einander gleich bedeutungslos.

Es geht bei Dürrenmatt nicht mehr um die Rehabilitation des Königs in der Affäre - schon die Frage, ob der Vorwurf, der Tellheim gemacht wird, vom König oder von der Behörde ausgeht, wird nicht mehr diskutiert [3]. Die Auseinandersetzung zwischen Tellheim und dem König weist nicht mehr über den Einzelfall hinaus. Die Bedeutung des Königs als moralische Instanz und die entsprechende Argumentation im Stück auf ideologischer und formaler Ebene wird von Dürrenmatt aufgehoben.

Tellheims Vorstellung von "Ehre" kann sich also nicht mehr auf den König beziehen, sie muß neu definiert werden. Der Versuch, seinen Ehrbegriff zu beschreiben, besagt folgerichtig etwas anderes als bei Lessing: "Die Ehre ist nicht n u r die Stimme unsers Gewissens, nicht n u r das Zeugnis weniger Rechtschaffenen" [4] – während Tellheim bei Lessing die Definition seiner Ehre nicht mehr ausspricht, weil er sich ihrer nicht mehr sicher ist, sie aber in der Negation noch deutlich bleibt, ist Dürrenmatts "sowohl als auch" weniger abgegrenzt: Die Ehre ist a u c h abhängig von der Stimme des Gewissens, a u c h vom Zeugnis weniger Rechtschaffenen, sie ist zusätzlich abhängig von der Ehre des Landes, das hier aus einem bürgerlichen Staatsverständnis heraus an die Stelle des Königs tritt: "Meine Ehre ist auch die Ehre meines Landes" [5] und von seinem Verhalten gegenüber Frauen "es ist ein nichtswürdiger Mann, der sich nicht schämt, sein ganzes Glück einem Frauenzimmer zu verdanken, dessen blinde Zärtlichkeit –" [6].

Tellheims Ehrgefühl hat also mehrere private Komponenten und eine nationale, seine Ehre ist Teil der Ehre seines Landes. Sein nationales Ehrgefühl identifiziert sich aber nicht mit den Erfolgen Friedrichs II., sondern setzt wieder ein subjektives Ehrgefühl als maßgebend ein: "es ist ein nichtswürdiges Land, das kein Bedenken trägt, seinen Bürger der Verachtung auszusetzen" [7] – und zwar dadurch der Verachtung auszusetzen, daß man ihm 'das Seinige' (seine Anerkennung, sein Geld) "so schimpflich vorenthält" [8]. Die nationale Komponente seines Ehrgefühls veranlaßte Tellheim, in den Krieg einzutreten [9], in Sachsen hat er seinen Staat so ehrenhaft vertreten, wie er als Privatmann gehandelt hätte. Diese Handlungsweise hat er als eine in seinen Augen richtige bestätigt durch seine Handlung gegenüber der Witwe Marloff.

Die Ablehnung einer ehrenhaften Haltung zu einem späteren Zeitpunkt fällt als 'Nichtswürdigkeit' auf das Land zurück. Inkonsequenterweise bleibt in der Formulierung von Tellheims Einsicht "Die Dienste der Großen sind gefährlich und lohnen der Mühe, des Zwanges, der Erniedrigung nicht, die sie kosten" [10] der alte Bezug zum König erhalten. Dabei wird der eigentliche Irrtum Tellheims, wie er sich aus Dürrenmatts Darstellung der historischen Vorgänge ergibt, gar nicht thematisiert: Tellheim erkennt nicht, daß er gar nicht für sein Land gekämpft hat, sondern die privaten Streitigkeiten des Königs austragen mußte [11].

Dem privaten Ehrgefühl Tellheims widerspricht es seinen Diener zu behalten, wenn er ihn nicht mehr bezahlen kann, von Werner, seinem ehemaligen Wachtmeister, Geld zu leihen, ohne zu wissen, wie er es zurückzahlen wird, und sein Glück der 'blinden' Zärtlichkeit einer Frau zu verdanken. In seinen Weigerungen ist das Moment hierarchischen Denkens strukturell noch enthalten. Da aber Tellheims Auffassung der Ehre nicht mehr per definitionem an den König und die feudale Gesellschaftsordnung gebunden ist, fehlt ihm die persönliche Erfahrung hierarchischen Denkens, die er daher auch nicht mehr anderen unterstellen kann. Einer Forderung nach Gleichheit auf der Ebene der praktischen Vernunft fehlt so auch das Negativschema, vor dem sie sich artikulieren könnte.

Tellheims Weigerung, Geld von seinen Freunden anzunehmen oder seine finanziellen Probleme durch eine Heirat mit Minna zu lösen, bedarf also einer neuen Begründung. Eine solche Begründung wird explizit nicht gegeben; sie könnte erschlossen werden aus Tellheims Beziehung zu den anderen Personen oder aus seiner Vorstellung von Ehre. Nun ist diese Ehre aber nicht einheitlich definiert: Die Definition ist nur in einigen Punkten gegeben, in anderen nicht: Das liegt daran, daß jeder dieser Punkte für sich steht und eine individuelle Setzung ist. Für den neuen Tellheim gilt Hegels Definition der Ehre: Die "Vorstellung von sich selbst [...] macht den eigentlichen Inhalt der Ehre aus, so daß sie in dem aeußerlichen und Vorhandenen das Ihrige und sich darin ihrer ganzen Subjektivität nach vorstellt. Die Ehre ist somit die in sich reflektirte Selbständigkeit, welche nur diese Reflexion zu ihrem Wesen hat, und es schlechthin zufällig läßt, ob ihr Inhalt das in sich Sittliche und Nothwendige oder das Zufällige und Bedeutungslose ist." [12]. Die Existenz einer objektiven Kategorie "Ehre", die in Hegels Definition in den Maßstäben "das Sittliche" und "das Notwendige" enthalten ist, ist in Dürrenmatts 'Minna' nicht mitgedacht: Tellheims Ehrgefühl ist subjektiv und zufällig, denn es bezieht sich nicht auf eine einheitliche Weltanschauung, sondern auf detaillierte Vorstellungen, die keine andere Verbindung als die subjektive haben. Deshalb sind Tellheims Handlungen nicht mehr in sich konsequent und deshalb sind sie nicht mehr zu durchschauen. Da keine objektiven Kriterien mehr gegeben werden, wird Tellheims Problem zu einem individuellen - und Minna hat recht, dieses Gefühl "Stolz" zu nennen [13], denn das sich selbst setzende und bestätigende Ehrgefühl ist Stolz.

Tellheim verwendet den Begriff der Vorsehung nicht mehr. Seine Ausbrüche gegen den König ·Von diesem Augenblicke an will ich dem Unrechte, das mir hier widerfährt, nichts als Verachtung entgegensetzen. Ist dieses Land die Welt [..] ?" [14] und "Die Dienste der Großen sind gefährlich und lohnen der Mühe, des Zwanges, der Erniedrigung nicht, die sie kosten" [15] treffen zusammen mit dem neuen Satz "Es ist ein nichtswürdiges Land, das kein Bedenken trägt, seinen Bürger der Verachtung auszusetzen" [16] - beziehen sich eindeutig auf ein Staatsoberhaupt, das als moralisch und politisch schlecht geschildert wird, das aber unbegreiflicherweise an Tellheim trotzdem gut handelt. Eine andere als eine moralische Erklärung für die Handlung des Königs gibt es nicht, denn seinen Interessen läuft sie zuwider.

Aber weder die gute Handlung des Königs noch die schlechte Beurteilung, die er explizit erhält, haben irgendeine Relevanz für Tellheim: Da er nicht mehr in den Kategorien eines auf die Feudalgesellschaft bezogenen Theodizeemodells denkt, kann die Erkenntnis von Moral oder Unmoral des Königs keinen Einfluß auf sein Weltbild mehr ausüben. Tellheims Äußerungen und Entschlüsse am Ende der Komödie entspringen nicht mehr einer modifizierten Weltanschauung, sondern sind eine überraschende Meinungsänderung Tellheims.

Die Spontaneität wird bestätigt durch eine Auslassung im Text, die entscheidende Auswirkungen auf die Makrostruktur hat: Aus den Worten des Feldjägers geht nicht mehr hervor, daß der Brief des Königs schon vor circa 24 Stunden hätte eintreffen sollen [17]. Der Brief erscheint jetzt als deus ex machina; nicht mehr als Beweis einer planenden, guten Weltordnung.

Die Anlage der Komödie nach dem Schema der Theodizee ist ganz aufgegeben.

Nur Minna spricht noch von ihrem Glauben an die Vorsehung: "Wenn Sie an Tugend und Vorsicht glauben, Tellheim, so lachen Sie so nicht!" [18] und: "Die Vorsicht hält den ehrlichen Mann immer schadlos; und öfters schon im voraus" [19]. Sie schildert das Wirken der

Vorsehung, wie es sich ihr darstellt: Ihre Liebe ist die Belohnung seiner guten Tat. Aber wenn es eine funktionierende Vorsehung nicht mehr gibt, wenn so eine Vorsehung nicht mehr für die Anlage der Komödie maßgebend ist, kann auch Minna ihre Intrige nicht mehr durchführen, um den Plänen der Vorsehung zum Gelingen zu verhelfen. Die Intrige ist wirklich nur ein "Streich" [20], den Minna vollständig beschreibt, wenn sie sagt, sie wolle Tellheims Stolz "mit ähnlichem Stolze ein wenig [...] martern" [21].

Da die Intrige für keinen der Beteiligten einen Erkenntniswert hat, kann sie auch nicht Tellheims Bekehrung zur Folge haben, ihr einziges Ergebnis ist die Parodie.

Eine Entwicklung ist hier in keiner Weise angelegt, ein Einfluß von außen ist unbedingt nötig, um die Komödie zu einem guten Ende zu führen.

Während Tellheims Vorstellung von Ehre bei Lessing ursprünglich an den König gebunden war, bestand die Ehre der anderen Personen, im Gegensatz dazu, im Handeln nach den Gesetzen der praktischen Vernunft, das gut und einander gleich macht. Mit der unbedingten Moralität dieser Personen ist auch die Gleichheit ihrer Handlungsweisen und Ziele aufgegeben.

Denn nicht nur die Protagonistin der Verschwörergruppe verfolgt ihr persönliches Ziel, auch im Handeln von Werner, Just und Franziska sind egoistische Züge zu entdecken und so zerbricht die Gruppe. Der Gedanke der Gleichheit ist weder als Forderung noch praktisch verwirklicht in der neuen 'Minna' enthalten.

Franziska wehrt sich höchstens noch mit einer Geste, Geld von Minna anzunehmen. Minnas Reaktion auf diese Geste "Nun, so nimm doch" [22] genügt ihr dann aber, das Geld doch anzunehmen. Die 10 Friedrichsdor, die Minna an Riccaut verschenkt, entlocken Franziska nur noch einen lauen Protest: "Er muß es Ihnen wiedergeben" [23] nicht mehr die Bereitschaft, sich selbst einzusetzen. In diesem veränderten Kontext ist dann auch ihr Bemühen, dem Wirt nicht zu viel Geld für den Ring zu überlassen, nicht mehr so sehr Fürsorge für Minna als Beteiligung am allgemeinen Feilschen um den Ring.

Ein bedeutendes Indiz für die Gleichstellung von Minna und Franziska, nämlich der Hinweis auf eine gemeinsame Erziehung, ist gestrichen; auch Werner vergleicht sich am Ende nicht mehr mit Tellheim. Die Haltung aus der heraus er bei Lessing sagen konnte "Herr Major! [...] Nun habe ich wenigstens ein ebenso gutes Mädchen, und einen ebenso redlichen Freund, als Sie" [24], ist verwandelt in eine Opposition. Den Seufzern Franziskas "Ich hab' genug von meinem störrischen Fräulein" und Werners "Und ich von meinem störrischen Major" [25] stehen in einem parallel konstruierten Szenenanfang die ironischen Ausrufe Minnas "Meine treue Kammerzofe!" und Tellheims "Mein treuer Wachtmeister!" [26] gegenüber.

So eindeutig wie bei Lessing setzt Werner sich nicht mehr für Tellheim ein; seine Fürsorge hat den Zug der Selbstlosigkeit verloren. Er gibt nicht mehr vor, Tellheim das Geld, das er ihm geben will, im Auftrag der Witwe Marloff zu überbringen (das hätte für ihn bedeutet, daß er es ihm schenkt), sondern er bietet Tellheim nur noch an, ihm das Geld zu leihen. Werners Geschäftstüchtigkeit wird bestätigt, als er später das Angebot Tellheims, fünf Prozent Zinsen auf das Geld zu zahlen, annimmt, und daß er es für sich behält, als Tellheim es nicht mehr braucht. Von dieser Position aus betrachtet fragt sich, warum Werner beleidigt ist, weil Tellheim sein Geld nicht will - als Geschäftsmann kann er es schließlich jemand anderem leihen.

Die Frage, warum Tellheim die Hilfe, die man ihm anbietet, nicht annehmen will, könnte jetzt beantwortet werden: weil eine altruistische Handlung nicht der allgemeinen Haltung entspricht. Von einem Geschäftsmann, wie Werner es ist, leiht Tellheim zu recht kein Geld, wenn er nicht weiß, wie er es zurückgeben soll. Deshalb will er erst dann von Werner Geld leihen, als er auch entschlossen ist, wieder Dienste zu nehmen, also das Geliehene zurückzahlen könnte. Und er will das Geld nicht umsonst, sondern er bietet Werner fünf Prozent Zinsen. Dem widerspricht aber sein eigener Kommentar: "Ich habe den guten Willen, dir es mit fünf Prozent wiederzugeben, aber wenn und wie? Das weiß Gott!" [27]

Obwohl dieser Werner so genau auf sein Geld zu achten scheint, handelt er letztlich unökonomischer als Lessings Werner, wenn er Tellheim nicht als seinen Rentmeister einsetzt, der ihm sein Geld für sein Alter oder für seine Frau sicher anlegen und vermehren könnte, sondern es mitnimmt nach Persien auf die Aussicht hin, "mehr als Wachtmeister" [28] zu werden oder zu sterben.

Ganz neue Motivationen scheinen Justs Handlungen zu bestimmen. Während er bei Lessing sagt, er könne, "wenn das Schlimmste zum Schlimmen kömmt" [29], für seinen Herrn betteln und stehlen gehen, stiehlt er bei Dürrenmatt wirklich, aber er stiehlt für sich und er bestiehlt seinen Herrn.

Tellheim beauftragt Just, seinen Verlobungsring zu versetzen. 80 Friedrichsdor will er vom Wirt auf den Ring geliehen haben. Davon soll der Wirt 30 Friedrichsdor einbehalten für die Rechnung, die Tellheim noch bei ihm zu bezahlen hat, und 50 Friedrichsdor in bar an Just auszahlen. Just fordert vom Wirt zunächst einen Leihbetrag von 120 Friedrichsdor, sie einigen sich auf 100, und in einer weiteren 'Runde' feilschen sie um die Aufteilung des Betrages: 40 bestimmt der Wirt schließlich als seine Rechnung und zahlt Just 60 Friedrichsdor aus. Just gibt Tellheim nur 40 Friedrichsdor und behauptet, er habe 80 Friedrichsdor auf den Ring geliehen [30].

So bereichert sich nicht nur der Wirt an Tellheim, sondern auch Just: Der Wirt schlägt 10 Friedrichsdor Gewinn aus der überhöhten Rechnung (später zieht er aus der Weitergabe des Pfandrechtes an Minna einen Profit von 30 Friedrichsdor) und Just unterschlägt 20 Friedrichsdor.

Die Unterschlagung müßte entdeckt werden, wenn der Ring eingelöst wird. Tellheim würde nur 80 Friedrichsdor bieten - der Wirt müßte aber 100 Friedrichsdor fordern. Daß es nicht dazu kommt, ist einem Rechenfehler zu verdanken: Der Wirt fordert nur das an Just geliehene Bargeld zurück und denkt nicht an die noch ausstehende Rechnung, die mit dem Ring bezahlt werden sollte. Der Fehler wird in der Komödie nicht entdeckt und kommentiert, es ist also kein vom Autor beabsichtigter Irrtum des Wirtes, der ihn als einen sich selbst täuschenden Gauner hinstellt.

Dürrenmatt ist hier ungenau in einem Detail, das er selbst hinzufügt. Er stimmt seine Ergänzungen nur ungenau (oder gar nicht) mit dem von Lessing übernommenen Text ab, so daß Eindrücke und Aussagen sich gegenseitig aufheben. So ist - zum Beispiel - Just nicht einfach als betrügerisch einzuordnen, denn er betrügt zwar seinen Herrn um 20 Friedrichsdor, ist aber nach wie vor bereit, ohne Entlohnung für ihn zu arbeiten. Statt den verarmten Herrn zu verlassen in dem Bewußtsein, doch noch ganz vorteilhaft davongekommen zu sein - wie sich aus der von ihm aufgestellten Rechnung ergibt -, weint er bei dem Gedanken an seine Entlassung und erzählt seine rührende Pudelgeschichte. Ohne Plan ist Just treulos und treu, schenkt er Tellheim Geld und betrügt ihn.

Während sich das Verhältnis von Franziska, Werner und Just zum Geld entscheidend gegenüber der Vorlage geändert hat, ist Tellheims und Minnas nonchalante Beziehung zum Geld stärker an die Vorlage angelehnt. Für Minna ist Geld kein Thema, weil sie es hat, für Tellheim ist es kein Thema, obwohl er es nicht mehr hat.

Minna besitzt genug Geld, um davon verschenken zu können: an Franziska, an den "ersten blessierten armen Soldaten" [31], an Riccaut, an ihren Onkel, und um sich kaufen zu können, was sie haben will, zum Beispiel das Pfandrecht an Tellheims Ring.

Diese Minna ist ganz selbständig. Sie ist nicht mehr nur Erbin eines Vermögens, sondern besitzt es bereits. Und sie kennt andere Menschen als Lessings Minna: einen anderen Grafen, eine andere Franziska. Beide handeln ihr gegenüber nicht fürsorglich, sondern sie muß für sich selbst sorgen, sich durchsetzen.

So erlaubt sie sich nicht mehr, im Überschwang der Gefühle, ihren ganzen Besitz für Tellheims Schulden anzubieten. Sie öffnet ihre Schatulle nur noch, um den Ring einzulösen. Minna setzt ihr Geld überlegt und ihren Erfahrungen entsprechend ein - das macht aber ihr Verhalten gegenüber Riccaut umso unverständlicher: Obwohl sie weiß, daß er ein regelmäßiges Einkommen hat und daß er gerade 20 000 Livres im Spiel verloren hat, schenkt sie ihm 10 Friedrichsdor und hofft, daß er nun "hingehen und seine kleinen Schulden bezahlen" [32] wird. Ihre Hoffnung ist irreal und mit ihrer gewandelten Menschenkenntnis nicht zu vereinbaren.

Ein anderer Gedanke Minnas paßt, so wie er sich im neuen Kontext darstellt, schon eher hierher, nämlich ihr Rat an Tellheim, sich über den Verlust der 2 000 Friedrichsdor zu trösten, die er den sächsischen Ständen geliehen hat. "Bilden Sie sich ein, Tellheim, Sie hätten die zweitausend Friedrichsdor an einem wilden Abende verloren. Der König wäre eine unglückliche Karte für Sie: die Dame (auf sich weisend) - wird Ihnen desto günstiger sein.-" [33] Ohne die Einbettung dieses Gedankens in das Theodizeemodell reduziert sich der Rat darauf, sich mit dem Verlust, wenn er nun einmal geschehen ist, abzufinden und sich mit Minna zu trösten.

Tellheim wird konfrontiert mit Menschen, die egoistisch und habgierig sind: Da Just und der Wirt gemeinsame Sache machen, da Franziska und Werner den Wert des Geldes hoch einschätzen, entfällt die Spaltung des Personals in schlechte geldgierige und gute selbstlose Menschen. Die Geschäftstüchtigkeit des Wirtes und die Skrupellosigkeit des Falschspielers Riccaut sind keine Ausnahmen mehr; beide Männer teilen den Wunsch nach Bereicherung mit fast allen. Sogar der Graf von Bruchsall tritt nur auf, um in diese Gruppe integriert zu werden: Seine einzige Aktion auf der Bühne ist, daß er "Geld heischend" [34] die Hand ausstreckt.

Tellheims Einstellung zum Geld hat sich, gegenüber der Vorlage, nicht geändert. Im Vergleich mit den anderen dramatis personae bei Dürrenmatt ist er aber zum einzigen uneigennützigen Charakter geworden. Das läßt ihn als sentimental erscheinen: er nimmt angebotenes Geld wegen ideologischer Vorbehalte nicht an, er läßt sich von Justs Pudelgeschichte rühren, und er ist bereit Minna zu heiraten, als er hört, daß sie kein Geld hat. In einer Gesellschaft, deren Streben auf materiellen Besitz ausgerichtet ist, hält er an einer abstrakten Vorstellung von Ehre fest. Das macht seine Haltung unrealistisch. Sie scheint an anachronistischen Verhaltensmustern orientiert und ist deshalb lächerlich.

Das Bemühen der ehemaligen Verschwörergruppe um Tellheim bekommt so gesehen eine neue Bedeutung: Sie arbeiten, zwar nicht mehr gemeinsam, aber doch jeder für sich daran, Tellheim von seinem Prinzip des altruistischen Denkens herabzuziehen auf ihre Ebene egoistischen Denkens. Tellheims Haltung ist also eigentlich nur lächerlich in der bestehenden Gesellschaft schlechter Menschen; in einer besseren Gesellschaft wäre sie selbstverständlich.

Ausdruck der von Dürrenmatt dargestellten schlechten, vom Geld regierten Welt ist die neue Funktion des Requisits, das bei Lessing Symbol einer harmonischen Ordnung war, des Ringes. Der Ring ist ein Objekt des Schacherns geworden. Läßt sich hier der Versuch einer

Konfrontation der Aussagen erkennen, so ist doch nicht allen Details, aus denen Lessings Aussagen sich zusammensetzen, eine eindeutige Behandlung widerfahren: teils werden sie in ihr Gegenteil verkehrt, teils werden sie übernommen; neue Bedeutungen ergeben sich, ohne daß sie aufgenommen würden, alte Handlungsstränge werden sinnlos.

7.2 Widerspiegelung der Konzeptionslosigkeit in der Mikrostruktur

Dürrenmatt hat sowohl Textpassagen gestrichen als auch selbst Text hinzugefügt. Mit seinen Streichungen hat er in die dramaturgische Substanz eingegriffen, z. B. indem er alle Textpassagen, die sich auf den Grafen von Bruchsall, Minnas Oheim und Vormund, beziehen, eliminiert hat. Eine Vorgeschichte, in der Minna und Tellheim "das stärkste Hindernis unsrer Verbindung von seiner Seite" [35] fürchteten, gibt es nicht mehr; Minna erwartet in Berlin nicht seine Ankunft. Am Schluß der Komödie trifft zwar auch hier ein Oheim ein, dieser Graf von Bruchsall hat aber im Stück keine Funktion gehabt, die Namensgleichheit mit Minnas Oheim bei Lessing ist eher zufällig.

Der Umgang Dürrenmatts mit den dramaturgischen und stilistischen Konsequenzen dieses Eingriffs soll im Folgenden untersucht werden.

Bei Lessing wird der Graf von Bruchsall zuerst erwähnt, als Minna sich weigert, dem Wirt genauere Auskunft über die "eigenen Angelegenheiten" [36] zu geben, in denen sie in Berlin ist. Sie sagt: "Ich dächte, Sie ließen die ganze Schreiberey bis auf die Ankunft meines Oheims." [37] Bei Dürrenmatt muß Minna dem Wirt selbst Antwort geben - und sagt ihm kurz, sie sei gekommen "um zu heiraten"[38], obwohl sie nicht wissen kann, daß Tellheim in Berlin ist. Sie hat selbst gesagt, sie vermute ihn in einer 'entlegnen Provinz', bei einem "andern Regimente" [39].

Da Minna die Frage nach dem Zweck ihrer Reise nicht mit einem Hinweis auf ihren Oheim beantwortet und diesen Oheim auch gar nicht erwartet, kann sie nicht fragen, ob die Zimmer für ihn bereit sind, der Wirt antwortet nicht "bis auf das eine", Franziska kann ihm nicht ins Wort fallen "aus dem Sie vielleicht auch noch einen ehrlichen Mann vertreiben müssen" - die Verbindung zum Gespräch über die abgedankten Männer, über den Ring und über Tellheim ist nicht mehr gegeben [40].

Die Stichworte folgen einander ohne den alten gedanklichen Zusammenhang, ein neuer Zusammenhang wird nicht hergestellt. Die ungezwungene Unterhaltung, die bei Lessing die Aufmerksamkeit des Zuschauers führt, wird hölzern, sprunghaft, unüberschaubar.

Der Graf von Bruchsall ist bei Lessing Vertreter der sächsischen Stände, sowohl in den Ansichten, die er vertritt, als auch in seiner Funktion als ihr Unterhändler: Er soll Tellheim die vorgeschossenen Gelder überbringen. Da sich an der Frage der Rückzahlung dieser Gelder der entscheidende Streit zwischen Minna und Tellheim entzündet, muß die Frage auf die eine oder andere Art in das Gespräch eingeführt werden. Dürrenmatt überträgt Minna die Aufgabe, sie sagt nicht mehr "Wenn Ihnen auch nichts übrig geblieben ist, als was mein Oheim für Sie mitbringt", sondern sie sagt: "Wenn Ihnen auch nichts übrig geblieben ist, als was ich für Sie mitbringe" [41]. Minna hat sich also auch zur Vertreterin der Stände emanzipiert. Wenn sie diese Rolle tatsächlich ausfüllte, müßte sie aber besser verstehen, warum Tellheim das Geld der Stände nicht annehmen kann: Sie darf es ihm gar nicht geben, weil er ihr den Wechsel nicht zurück geben kann.

Aber Tellheim begreift die Situation offenbar gar nicht. Bei Lessing sagte er: "Ihr Oheim, gnädiges Fräulein, wird für mich nichts mitbringen." [42] Das heißt: Der Oheim wird am Nachmittag mit dem Geld der Stände eintreffen, er wird es Tellheim nicht geben dürfen - er wird es also nicht für Tellheim mitgebracht haben, sondern für die Generalkriegskasse. Bei Dürrenmatt sagt Tellheim: "Sie, gnädiges Fräulein, werden für mich nichts mitbringen." [43] Minna ist aber doch schon da und sie hat, so sagt sie, Geld für Tellheim mitgebracht - das er aber nicht annehmen kann. Tellheim widerspricht nicht einem zukünftigen, sondern einem schon eingetretenen Ereignis, wählt dafür aber das falsche Tempus. So, wie der Satz jetzt lautet, steht er im Widerspruch zur Situation und ist nur zu erklären durch den Blick auf das Original [44].

In der Intrige muß Minna die Figur des strengen Vormunds erfinden. Sie kann sich nicht mehr auf einen Onkel und Vormund beziehen, der Tellheim dem Namen nach bekannt ist. "Wer ist Graf Bruchsall?" fragt Tellheim, Franziska muß es ihm erklären. Die Intrige ist jedoch wesentlich weniger glaubwürdig, wenn Minna sich nicht auf vorhandene Zweifel an der Zustimmung ihres Vormunds zu ihrem Verlobten berufen kann.

Schließlich fehlt die Gestalt des Grafen für die Motivation der Versöhnung zwischen Minna und Tellheim. Die Ankündigung seines Erscheinens ist es bei Lessing, die Tellheim wieder auf Minnas Seite stellt, und sei es nur, um sie vor dem grausamen Oheim zu beschützen - eine Haltung, die es Minna ermöglicht, ihn über das Spiel aufzuklären. Bei Dürrenmatt dagegen gesteht sie die Intrige ohne äußere Notwendigkeit ein, und Tellheim ist ebenso unmotiviert bereit Minna zuzuhören.

Schon durch die beschriebene Änderung sind die Folgerichtigkeit der Ereignisse und der beziehungsvolle Ablauf der Gespräche völlig aufgehoben. Dürrenmatt zerstört die dramaturgische Anlage im Kleinen wie im Großen. An die Stelle von Konsequenz treten Zufall und unkontrollierbare Assoziationen. Da auch die dramatis personae ihre Handlungen manchmal nicht durchschauen und widersprüchlich kommentieren, werden die Zusammenhänge für den Zuschauer undurchsichtig und die Ereignisse beliebig. So muß der Eindruck entstehen, dem Gezeigten liege kein Plan zugrunde.

Die historische und die kommunikative Situation, in der sich die Versöhnungsszene bei Dürrenmatt abspielt, ist anders als bei Lessing. Die Veränderung soll untersucht werden in ihrer Auswirkung auf die sprachliche Gestaltung der Szene bei Dürrenmatt.

Der Text ist nicht einheitlich im Sinne des heutigen Sprachgebrauchs geändert: Dürrenmatt verwendet "sich betrügen" in der Bedeutung von "sich irren" [45)] und das unübliche Lessingsche "einen Verdacht fassen" [46)]. Andererseits vermeidet er aber auch Worte und Formen, die heute nicht mehr üblich sind, wie "schreckhaft" [47)] und die Perfektkonstruktion mit ausgelassenem Hilfsverb "den ich in den Händen des Wirths nicht lassen wollen" - Minna spricht jetzt von dem Ring, den sie "in den Händen des Wirtes nicht lassen wollte" [48)]. Dürrenmatt setzt die historische Komponente der Sprache nicht planvoll ein, da er sie weder archaisierend noch für einen charakteristischen Kontrast nutzt [49)].

Die Versöhnung zwischen Minna und Tellheim wird nicht durch die angekündigte Ankunft des Grafen von Bruchsall initiiert, sondern Minna und Tellheim treffen sich, nachdem sie sich im Streit getrennt hatten, auf der Suche nach Kammermädchen bzw. Wachtmeister wieder. Franziska und Werner sind jedoch auf dem Weg nach Persien. Minna und Tellheim stimmen überein in ihrer Entrüstung über die Untreue der beiden. - Und ganz plötzlich klärt Minna Tellheim darüber auf, daß sie ihm einen Streich gespielt hat, allerdings ohne jetzt oder später den Sinn der Intrige ihm gegenüber zu begründen.

Die Szene beginnt mit einem von Dürrenmatt ergänzten Dialog. Minna: "Meine treue Kammerzofe!" - Tellheim: "Mein treuer Wachtmeister!" [50]. Der Inhalt des Parallelismus ist durch die Verbindung von ironischem Kommentar (das lobende Adjektiv "treu" meint das Gegenteil des Gesagten) mit der Form einer Ellipse so verkürzt formuliert, daß nur durch Tonfall und Gestik die gedankliche Verbindung der Worte mit dem Vorhergehenden deutlich werden kann.

Der zweite Parallelismus, Frage und Gegenfrage, folgt ohne weiteren Bezug. Minna: "Was haben wir getan, Major von Tellheim?" - Tellheim: "Was haben Sie mir angetan, Fräulein von Barnhelm?" [51]. Die zweite Hälfte variiert und korrigiert die erste. Die rhetorische Form, in der die Fragen gestellt und aufeinander bezogen sind, sondert sie ab als einen Auftakt, der mit seinem gewichtigen Ton die Szene vorstrukturiert. Aber weder werden die Fragen in der folgenden Unterredung aufgegriffen, noch wird die Unterredung im angeschlagenen Ton fortgeführt, noch wird dieser Ton als unangemessen entlarvt. Das Fragenpaar steht für sich und ist verwirrend, weil gleichzeitig gewichtig und nichtssagend.

Im unvermittelten Gegensatz zum heutigen normalsprachlichen Wortschatz, den Dürrenmatt bisher verwendete, stehen die ungewöhnlichen Wendungen in Minnas Reaktion auf Tellheims Frage: "Tellheim, Sie betrügen sich. Ich mit Ihnen brechen wollen? Können Sie einen solchen Verdacht fassen?" [52]. Die Sätze haben zu Tellheims Fragestellung keinen grammatischen und nur einen vagen inhaltlichen Bezug. Sie erwecken den Eindruck, eilig und improvisiert zu sein und widersprechen dem gemessenen Anfang.

Bei Lessing spricht Minna die Worte, als Tellheim gerade seine Zweifel an ihrer Treue geäußert hat; sie will den Irrtum so schnell wie möglich aufklären. Sie ruft, richtet Fragen an Tellheim, unterbricht sich selbst, wartet auf eine Reaktion, findet neue Argumente. Die Spannungsbögen ihrer Sätze sträuben sich dagegen, in einen zusammenhängenden Text integriert zu werden, genau das versucht Dürrenmatt aber.

Die stilistische Differenz zwischen Dürrenmatts Ergänzungen und seiner Verwendung von Lessings Text beruht auf der Tatsache, daß Dürrenmatt nicht nur historische Faktoren unberücksichtigt läßt, sondern auch das Verhältnis von Rede und Situation der Sprecher vernachlässigt. Die aus dem Zusammenhang gerissenen Textstellen verlieren ihre alte Wertigkeit und erhalten keine neue. Die rhetorischen Elemente fügen sich nicht in Lessings Text ein, weil sie auf eine förmliche Auseinandersetzung verweisen, die zwar Dürrenmatts Personen führen könnten, die aber bei Lessing nicht angelegt ist, da die entsprechende Situation eindeutig bestimmt war durch die Ankunft des Onkels und die dadurch gebotene Eile. Bei Lessing beginnt Minna die Intrige zu erklären, weil sie Tellheim so schnell wie möglich über diesen Oheim informieren muß. Dürrenmatt beläßt die kurzen Satzglieder, Ausklammerungen und Vorwegnahmen, und erweckt so den Eindruck des eiligen Sprechens, zu dem in Minnas neuer Lage kein Anlaß mehr besteht.

Dürrenmatt verzichtet in dieser Szene fast völlig auf die Darstellung emotionalen Engagements; er streicht deutliche Reaktionen auf die Sprechbeiträge der Partner und Unterbrechungen durch ins-Wort-Fallen. Tellheims Beiträge zum Dialog reduziert er auf zwei sachliche Fragen - "Aber der Ring?" - "Sie nehmen ihn wieder?" und die erleichterte Feststellung: "So erwacht man aus einem schrecklichen Traum." 53). Ist bei Tellheim die Emotion bis zum Desinteresse zurückgenommen, wird Minnas Charakter zwiespältig. Da sie die Unterhaltung führt, ist sie in besonderem Maße von der Uneinheitlichkeit des Textes betroffen. Sie spricht förmlich, heftig und überheblich. Wenn Minna und Tellheim sich der gleichen sprachlichen Formeln bedienen, so geschieht das nicht, um geäußerte Ansichten in ein neues Licht zu rücken, wie bei Lessing, sondern um gleiche Haltungen auszudrücken, Ironie gegenüber der Untreue und Distanz gegenüber dem eigenen Schicksal. Damit wird aber der einzelne Charakter seiner unverwechselbaren Individualität beraubt.

Die uneinheitliche Schilderung der Situation zieht eine widersprüchliche Beschreibung der Charaktere nach sich: Sie sind in ihren Handlungsmotivationen, ihren Temperamentsäußerungen und in ihren Beziehungen zu den Mitmenschen zugleich in sich zwiespältig und gegen den Partner austauschbar geworden.

7.3 Ideologische Hintergründe der Konzeptionslosigkeit

Lessing schrieb ein Zeitstück. Er beobachtete die Wirklichkeit, erfaßte die relevanten Ereignisse und schilderte sie in seiner Komödie. Die Zuschauer konnten ihre Wirklichkeit wiedererkennen, und Lessing half ihnen bei der Interpretation dieser Wirklichkeit.

Der Literarhistoriker kann aus einzelnen Verweisen das Bild rekonstruieren, das Lessing von seiner Welt erstellte - dem heutigen Zuschauer sind jedoch viele Aussagen Lessings über seine Zeit unverständlich, da sie nicht mehr in ihrer Bedeutung als Aussagen über eine (historische) Aktualität eingeordnet werden können.

Die Untersuchung von Dürrenmatts Bearbeitung steht darum hauptsächlich unter der Fragestellung, was Dürrenmatt mit der historischen Aktualität des Dramas macht, ob er sie als solche verständlich macht oder ob er sie ersetzt durch eine neue Aktualität. Die Frage wird zunächst am Umgang mit historischen Details untersucht.

Das Problem der vagabundierenden verabschiedeten Offiziere wird zwar noch angesprochen [54)], es wird aber weniger konsequent vorgeführt, da Riccaut nicht mehr als stellungsloser Söldner die moralischen Folgen der Verelendung vorführt. Auch auf die Witwen, die der Krieg zurückgelassen hat, verweist Dürrenmatt weniger eindringlich, als Lessing es tat. Die Witwe Marloff war Tellheim bisher nicht persönlich bekannt, er erschrickt nicht über ihre äußerliche Veränderung durch ihr schweres Schicksal, und er weiß nichts von einem Kind des Rittmeisters. Da auch die Witwe sich nicht auf ihr Kind beruft, als sie das Geld annimmt, werden die Waisen gar nicht angesprochen. Das ganz persönliche Schicksal der Witwe Marloff machte sie gleichzeitig zu einem Individuum und zur Vertreterin vieler Frauen; jetzt fällt der Blick nicht mehr auf diesen Teil der Bevölkerung.

Ohne diese Hinweise auf ein allgemeines Elend der Bevölkerung in der Nachkriegszeit ist der 'König von Spanien' nicht mehr ein durch den Krieg und seine Folgen heruntergekommener Gasthof, sondern einfach schlecht geführt. Ohne historischen Kommentar bleibt auch die Neugier des Wirtes private Neugier und ist nicht kenntlich als das Bemühen eines Spitzels um Informationen.

Nicht nur die Nachkriegsprobleme der preußischen Bevölkerung sind kaum noch berücksichtigt, auch das aus dem Krieg resultierende gespannte Verhältnis der Sachsen zu den Preußen spielt keine Rolle mehr: Das Treffen bei Katzenberg, das Sachsen als Kriegsschauplatz anspricht, wird nicht mehr erwähnt, und der Vertreter der Sachsen, der Graf von Bruchsall, tritt nicht auf [55].

Es scheint sogar so etwas wie eine Identifikation der Sächsinnen mit den preußischen Erfolgen gegeben zu haben - wie könnte sich sonst Franziska beschweren, die Zeit werde ihr gewaltig lang, da es so wenig "Siegesmeldungen" gebe [56].

Gezeigt werden die Auswirkungen des Krieges auf das Militär. Dürrenmatt begnügt sich hier nicht mit der von Lessing dargestellten Verwundung Justs, dem Tod des Rittmeisters Marloff und Tellheims gelähmtem Arm, sondern Tellheim befindet sich in einer Gesellschaft von Krüppeln: Just hat ein Bein verloren und Werner verlor im Kampf gegen die Franzosen ein Auge.

Die Verletzungen sind aber bei Dürrenmatt die einzigen wesentlichen Folgen des Krieges, und das bedeutet eine Reduktion gegenüber Lessings umfassenderer Darstellung der Kriegsfolgen, andererseits ist die Verwundung jetzt für den einzelnen weniger charakteristisch: Der Anblick so vieler Krüppel verhindert sogar die Glaubwürdigkeit von Tellheims Klage in diesem Punkt, er ist nicht mehr gegenüber den anderen benachteiligt.

Dürrenmatt rekonstruiert die zeitgenössischen Umstände nicht so detailliert und umfassend, wie sie sich bei Lessing spiegelten. Er macht aber zusätzlich eine Aussage zu der Zeit, in der die 'Minna von Barnhelm' spielt, die in ihrer Konkretheit über Lessing hinausgeht. Er läßt Just in einem Monolog die Situation kommentieren: "Erstens werden wir Preußen von einem König regiert, der nur französisch redet und bloß deutsch flucht [...]" [57].

Auf die Überfremdung Berlins weist er auch sonst mit aller Deutlichkeit hin: Dürrenmatt läßt den Brief des Königs an Tellheim auf französisch verlesen und Riccaut spricht ausschließlich französisch. Wer ihn versteht erfährt, daß Riccaut nicht mehr ein abgedankter Söldner ist, sondern Sekretär des Kriegsministers. Er spielt nicht mehr, weil er kein Einkommen hat, sondern weil sein Einkommen so klein ist.

Der Franzose ist ein Falschspieler und ein Gauner. Durch seine Person wird die Einstellung von Franzosen als preußische Staatsbeamte kritisiert - aber gleichzeitig kritisiert Riccaut, und das offenbar zu recht, das Einkommen der preußischen Beamten als zu niedrig. Hier macht eine Aussage die andere unglaubwürdig, ja hebt sie auf. Franziskas Empörung "und sowas ist Sekretär des Kriegsministers" [58] ist zu verstehen als Ablehnung des verwerflichen Menschen und des Franzosen, der aber trägt nicht die Schuld an seiner Situation, weil er sich durch seine Arbeit nicht genug Geld verschaffen kann. Dafür, daß Riccaut überhaupt in Preußen bleiben konnte, trägt Friedrich II. die Verantwortung; in diesem Sinn sagt Minna "Der Hof Friedrichs des Großen ist nun einmal französisch" [59].

Die Widersprüche werden nicht gelöst, und der Aspekt der Überfremdung Berlins wird zwar ausführlich besprochen, aber nicht dramaturgisch genutzt.

Außer Friedrichs Vorliebe für die französische Sprache erwähnt Just in seinem Kommentar anklagend dessen Kriegsschuld: "zweitens hat dieser König einige Länder zusammengestohlen; (schenkt sich ein) drittens hat er zwei Kaiserinnen und eine Königin beleidigt; (schenkt sich ein) viertens mußten sich einander Preußen, Sachsen, Österreicher, Franzosen und Russen sieben Jahre deswegen umbringen" [60].

Die Frage, ob diese Darstellung der geschichtlichen Ereignisse so ernst gemeint ist, wie sie hier genommen wird, läßt sich schwer beantworten: Just, der die Einschätzung abgibt, wird gleichzeitig als Dieb und Trinker geschildert: Er stiehlt dem Wirt den Danziger, mit dem er sich während der Rede, laut die Gläser zählend, betrinkt. Ob die Vorstellung vom Ablauf der Ereignisse seinem eingeschränkten Blickwinkel entspringt, oder ob er durch persönliches Leid hellsichtig geworden ist und Zusammenhänge durchschaut, die andere nicht sehen - das läßt sich der Form der Rede nicht entnehmen. Ihre Stellung innerhalb der Komödie gibt ihr allerdings ein besonderes Gewicht. Als einziger Monolog im Drama - alle Monologe Lessings, die das Publikum an Gefühlsregungen teilnehmen lassen, sind gestrichen - wirkt er wie eine Wendung an den Zuschauer, die geschieht, um ihm die Zusammenhänge zu erklären.

Der Kommentar leitet die Wertung des historischen Aspekts durch den Betrachter, sowohl was die Information angeht, als auch in Bezug auf die Auffassung vom Ablauf der Geschichte überhaupt.

Der Einblick in die geschichtlichen Ereignisse, der hier gegeben wird, ist in mehrfacher Hinsicht falsch: Bis 1763 hatte Friedrich nicht "einige Länder" erobert, sondern nur Schlesien. Nach dem Ersten Schlesischen Krieg wurde es ihm im Frieden zu Breslau 1742 zugesprochen, im Zweiten Schlesischen und im Siebenjährigen Krieg hat er die Eroberung verteidigen müssen. In seiner ganzen Regierungszeit hat Friedrich außer Schlesien nur Westpreußen (außer Danzig und Thorn) für Preußen erworben, nämlich durch die Erste Polnische Teilung.

Hat aber immerhin die Eroberung Schlesiens zum Ausbruch des Siebenjährigen Krieges beigetragen, so ist die Behauptung, der Krieg sei ausgebrochen, weil Friedrich "zwei Kaiserinnen und eine Königin" beleidigt habe, gegenüber den Fakten auch als Vereinfachung nicht aufrecht zu erhalten. Es ist noch nicht einmal offensichtlich, welche Damen Dürrenmatt meint. Die Berichte von zwei Kränkungen, die Friedrich hochgestellten Damen zugefügt hat, gehen durch die anekdotische Geschichtsschreibung: Die Zarin Elisabeth soll durch Voltaire von zynischen Bemerkungen Friedrichs über ihr Privatleben erfahren haben und deshalb nicht bereit gewesen sein, sich mit Preußen zu verbinden, sondern habe einen Vertrag mit Österreich abgeschlossen.[61]. Und: Spottgedichte Friedrichs auf Madame Pompadour und ein unerwiderter Gruß haben diese bewogen, ihren Einfluß auf Ludwig XV. geltend zu machen und dieser habe daraufhin 1756 seinen Vertrag mit Preußen nicht verlängert und sich statt dessen mit Österreich verbündet [62].

Die Gründe für den Ausbruch des Siebenjährigen Krieges und für die vorhergegangenen Vertragsabschlüsse sind jedoch nicht bei beleidigten Frauen zu suchen, wer auch immer sie sein mögen - und auch nicht bei Friedrich als dem Beleidiger.

Im Frühjahr 1756 kamen Vertragsverhandlungen zwischen Rußland und Österreich zum Abschluß - und zwar nicht, weil die Herrscherinnen Kränkungen rächen wollten, sondern weil Österreich die reiche Provinz Schlesien zurückerobern wollte [63] und weil Rußland eine Einflußzone im europäischen Raum suchte. Bereits im Mai 1756 marschierten russische Truppen gegen Preußen auf. Österreich mußte sie auffordern, "bis zum Frühjahr des nächsten Jahres zu warten, um besser gerüstet und namentlich mit Frankreich enger verbunden zu sein" [64]. Friedrich nutzte seinen einzigen wesentlichen Vorteil vor den Gegnern, seine bessere Kriegsrüstung und seine schnellere Kriegsbereitschaft, und begann den Krieg sofort [65].

Seine falsche historische Einschätzung führt Dürrenmatt zu dem Ergebnis, daß Friedrich II. ein schlechter Herrscher war, der durch seine französische Hofhaltung und durch seine Kriege das Leben seiner Untertanen negativ beeinflußt hat. Dabei wendet sich Dürrenmatt gegen jene Historiker, die aus dem Ablauf der Geschichte schließen, daß Friedrich die für Preußen richtigen Entscheidungen gefällt hat, weil er ein guter Herrscher und Mensch war. Tatsächlich aber hat Friedrich, nach Maßgabe seiner persönlichen Klugheit, gehandelt als ein Despot im Zeitalter des Absolutismus, näher bestimmt durch die Verhältnisse in Preußen.

Hinter den beiden anderen Wertungen steht übereinstimmend die Vorstellung, daß es die individuellen Eigenschaften Friedrichs gewesen sind, die über den Verlauf der Geschichte entschieden haben - also der Gedanke, daß einzelne aus ihrer persönlichen Veranlagung heraus Geschichte "machen".

Die Verurteilung des Königs erhält bei Dürrenmatt thematisch Eigengewicht. Ein Bedeutungszusammenhang zwischen dieser historischen Beschreibung des Königs und der Problematik, die die Komödie anspricht, besteht nicht, denn die prinzipielle Haltung, die Dürrenmatt darstellt, das Verlangen des Menschen nach Geld, hat er beobachtet an der heutigen kapitalistischen Gesellschaft. In dieser Gesellschaft sind die Beziehungen der Menschen über ihr Erwerbsdenken vermittelt. Die Kombination der Darstellung mit der Kritik an einem König kann, sogar wenn dieser König stellvertretend für die monarchistische Staatsform stünde, nicht helfen, das Problem historisch-gesellschaftlich einzuordnen. Das persönliche Verhalten des Königs, sein Versagen wie seine Größe, ist bedeutungslos für die menschlichen Beziehungen unter ganz anderen gesellschaftlichen Bedingungen.

Daß Dürrenmatt hier überhaupt die Frage nach der moralischen Qualität des Königs stellt, obwohl er sie aus dem Handlungsablauf herausgenommen hat, verweist auf die Vorlage: Just gibt einen Kommentar auf eine Frage, die nur für Lessings Konzept von Bedeutung war, nämlich, ob der König, als höchste moralische Instanz, gut oder schlecht handelt. Dabei ging es mehr um die Auseinandersetzung mit der Instanz als um ihre Verkörperung in Friedrich II., der auch bei Lessing gar nicht namentlich erwähnt zu werden braucht.

In seiner Antwort übersieht Dürrenmatt, daß auch Lessing schon eine Antwort gegeben hat. Er vereinfacht die differenzierte Fragestellung und beantwortet nur die Frage nach einem bestimmten König und seiner historischen Rolle. So wird auch nicht mehr die ideologische Rolle des Königs auf der inhaltlichen Ebene des Stückes diskutiert, sondern es werden praktische Auswirkungen seiner Regentschaft gezeigt.

Wenn Dürrenmatt meint, die Gegendarstellung zu Lessings Bild von Friedrich II. sei ein schlechter König, so hat er sowohl den Bezug der Aussage Lessings als auch die Aussage selbst mißverstanden.

Über die handfesten Aussagen hinaus rekonstruiert Dürrenmatt nicht die in das Geschehen einbezogenen Verweise und die charakteristisch-lebendige Sprache, insofern sie für Lessing und seine Zeitgenossen eine Widerspiegelung der realen Verhältnisse waren. Das weist darauf hin, daß keine Aussage gemacht wird über den Zusammenhang zwischen den realen Lebensbedingungen und den menschlichen Haltungen, die unter diesen Bedingungen entstanden sind.

Auf der Ebene der Beherrschten schildert Dürrenmatt das Verlangen "des" Menschen nach Geld. Aus dieser am Phänotypus der heutigen Gesellschaft gemachten Beobachtung könnte die allgemeine Erkenntnis gewonnen werden, daß Menschen ihre Handlungen an ihren materiellen Interessen orientieren. Mit dieser Erkenntnis wäre der Ansatz gegeben, das Personal der 'Minna' zu befragen, welche konkreten Interessen sich hinter ihren ideologischen Äußerungen verbergen. Da die Komödie in einer vergangenen Zeit spielt, müßten die Personen in ihren vergangenen Umständen gezeigt werden, um sie als Vertreter von ökonomischen Interessen kenntlich zu machen. Lessings Bezug auf reale Vorgänge müßte für den heutigen Zuschauer zum Hinweis auf die Konkretheit des Vergangenen werden, und die Verbindung zwischen Handlungen und Interessen könnte über Lessing hinausgehend deutlich gemacht werden, indem der Blick auf das soziale Gefüge in die Komödie aufgenommen wird und die Personen als Vertreter ihrer Interessengruppen analysiert werden - sei es, um deutlich zu machen, wie sich bei Lessing ihre Handlungen zu ihren Interessen verhalten, oder um ihre Handlungen zu verändern und konsequent ihren Interessen folgen zu lassen.

So könnte zum Beispiel Tellheims Ehrproblem dargestellt werden in der Frage nach dem Zusammenhang mit dem Geldproblem; es könnte gefragt werden, wie er überhaupt in seine finanzielle Situation kommen konnte. Statt dessen werden die Angaben zu Tellheims finanziellen Resourcen in ihrer ganzen Widersprüchlichkeit übernommen.

Dürrenmatt zieht diese Konsequenzen aus seinem eigenen Ansatz nicht. Er nimmt den Personen die individuelle und historische Konkretheit, die sie bei Lessing hatten. Die Transposition einer Beobachtung an der heutigen Gesellschaft in eine Komödie, die in der Vergangenheit spielt, zusammen mit einer Entlassung der dramatis personae aus ihrer historischen Gebundenheit, ergibt aber nicht die Schilderung eines allgemeinen Problems mit Personen, die die menschlichen Geschlechter aller Zeiten vertreten. Das Gegenteil wäre möglich: "Wenn nun eine Person historisiert, der Epoche entsprechend antwortet und anders antworten würde in andern Epochen, ist sie da nicht 'jedermann schlechthin'? Je nach den Zeitläuften oder der Klasse antwortet hier jemand verschieden; lebte er zu anderer Zeit ..., so antwortete er unfehlbar anders, aber wieder ebenso bestimmt und wie jedermann antworten würde in dieser Lage und zu dieser Zeit" 66).

Dürrenmatt schildert isolierte Menschen in einer historisch nicht genau definierten Epoche. Sein Interesse beschränkt sich auf die Beantwortung der Frage nach ihrem Verhältnis zum Geld - und zwar: ob sie Geld haben oder nicht und, wenn nicht, ob sie es haben wollen

Diese Fragen erscheinen bei Dürrenmatt als Fragen nach einer allgemeinen Gesetzmäßigkeit. Seine Antwort lautet: Der Mensch, sofern er realistisch denkt, strebt nach Geld. Nun ist eine solche Gesetzmäßigkeit bei Lessing nicht angelegt.- es genügte also nicht, die Personen nur zu befragen und dann das Allgemeine als Zusammenfassung aller objektiven Merkmale zu schildern, sondern sie mußten im Sinne der gedachten Antwort verändert werden. Dürrenmatt hat nicht mit Hilfe von Lessings Komödie eine Gesetzmäßigkeit, die er in der heutigen Gesellschaft zu erkennen meint, in der alten Gesellschaft wiedergefunden und als noch existent vorgeführt, sondern er hat erst die Aussage der Komödie umkehren müssen, um sie zu der seinen zu machen. Dafür nahm er den Personen ihre historische und individuelle Gebundenheit - als schränke diese ihre Tauglichkeit, gesetzmäßige Erscheinungen zu beweisen, ein - und erstellte für die Demonstration des Problems ein abstraktes Personal, dessen Verhalten nur noch in Bezug auf e i n e Frage interessiert.

Die Aussage" der Mensch ist geldgierig" verweist nur auf die Erscheinung - nicht auf die Ursache der Erscheinung und das heißt: nicht auf irgendeine Realität. Die Aussage schildert den Menschen als in seinem Kern irrational, von ewigen und unveränderlichen "Urtrieben" bestimmt.

Dürrenmatt hebt die Differenzen zwischen der Vergangenheit und der Gegenwart auf und erweckt damit den Eindruck, daß die Menschen und ihre Probleme schon immer die gleichen waren - also auch immer die gleichen bleiben werden. Dürrenmatt kann nicht im Menschenbild das Bild einer neuen Gesellschaft entwerfen. Das verurteilt ihn zur Resignation.

Entsprechend dem statischen Menschenbild werden die geschichtlichen Mächte geschildert: Sie sind zwar vom Menschen (von ganz bestimmten, dazu auserwählten) geschaffen, aber von den anderen Menschen sind sie nicht beeinflußbar. Individuum und Gesellschaft stehen einander metaphysisch gegenüber.

Dürrenmatt beobachtet scheinbar materielle Interessen und orientiert Handlungsmotivationen an diesen. Daß er dieses Vorgehen nicht methodisch durchführt, zeigt sich nicht nur an seinem Umgang mit der Historizität der Komödie, sondern auch in seiner Stellungnahme zum konkreten historischen Problem: Die Ursache des Krieges sucht er nicht in materiellen Interessen, sondern er gibt dafür eine ideologische Begründung. Der Widerspruch in Dürrenmatts Umgang mit der Vorlage offenbart sich schon darin, daß sein Menschenbild, das den

Anspruch stellt, für alle Zeiten gültig zu sein, für keine Zeit gilt: Das einzige Mal, als er seine "Methode" auf reale historische Vorgänge anwenden müßte, verzichtet er ganz auf sie.

Auch in seiner Anwendung auf die Geschichte ist Dürrenmatts Geschichtsbild ahistorisch. Durch die doppelte Ahistorizität - des Dramenpersonals und der "historischen" Aussage - und durch den Widerspruch im Vorgehen wird dem Zuschauer der Einblick in die Geschichte als einer von Menschen gemachten und veränderbaren verwehrt.

7.4 Verhältnis der ideologischen Positionen von Original und Bearbeitung

Oberflächlich betrachtet, könnte Dürrenmatts Bearbeitung als Versuch einer Antithese zu Lessing aufgefaßt werden. Aber die Möglichkeiten des Vergleichs sind schon deshalb begrenzt, weil Dürrenmatt Lessings Aussagen nicht in ihrer Bedeutung für seine Zeit erkennt, weil er nicht die Frage stellt, inwiefern diese Aussagen für uns noch von Bedeutung sind und auch nicht mit einer Erkenntnis antwortet, die entsprechend relevant für unsere Zeit ist. Dürrenmatt kann diese Zusammenhänge nicht erkennen, weil er in einem völlig anderen Verhältnis zur Realität steht als Lessing.

In Lessings Komödie spiegelte sich seine Realität. Im Detail und in der Sprache wurden reale Vorgänge und Charaktere erfaßt, dramaturgisch war die Komödie angelegt entsprechend dem theodizeeren Gedanken, in der Personenkonstellation und im zentralen Konflikt wurde der Aufbruch aus der alten Ideologie in ein neues bürgerliches Weltbild vollzogen. Mit dieser Darstellung reflektierte Lessing die ideologische Widerspiegelung der materiellen Auseinandersetzungen in seiner Zeit. Dabei vertrat er das Bürgertum in seinem progressiven, humanistischen Anspruch.

Reste von Lessings Konzept und Durchführung sind in Dürrenmatts Bearbeitung auch da erhalten, wo er diesem Konzept tendenziell widerspricht: im Verhalten der dramatis personae, in dramaturgischen und inhaltlichen Bezügen und in der sprachlichen Gestaltung. Da sich die Aspekte nicht auf ein einheitliches Konzept zurückführen lassen, erscheinen die neuen Verhaltensweisen als willkürlich zugeordnet. Dürrenmatts Verzicht auf die Darstellung ideologischer Auseinandersetzung und sein Versuch, das Streben nach Geld als die einzige materiell treibende Kraft im Handeln "des" Menschen darzustellen, verhindern die Widerspiegelung der Realität und ergeben nur noch die Widerspiegelung seiner Ideologie.

Tellheim setzt seine moralischen Maßstäbe selbst. Bei Lessing gerät er dadurch in einen Konflikt mit dem König, und seine Integration in die Gemeinschaft wird eingeleitet. Bei Dürrenmatt tritt der Konflikt mit dem König zurück gegenüber den Schwierigkeiten, in die Tellheim die anderen und sich selbst in seinem Verhältnis zu ihnen bringt, da er sich ihrem Erwerbsdenken nicht anpaßt. Tellheim steht einer Allgemeinheit gegenüber, die zwar schlecht, aber normal handelt. Da die Verhältnisse unveränderlich gegeben sind, besteht eine objektive Notwendigkeit sich anzupassen.

Hier gibt Dürrenmatt Lessings progressive Haltung grundsätzlich auf: Lessing propagierte Freiheit und Würde des Individuums und seine Verantwortung im gesellschaftlichen Leben; er richtete an jeden einzelnen die Aufforderung, sich nach den objektiv existierenden moralischen Maßstäben zu verhalten und versuchte, die Möglichkeit eines entsprechenden Handelns zu beweisen. Dürrenmatt, der in einem spätkapitalistischen System lebt, greift nicht auf die Philosophie Kants, die in Lessings Werk vorweggenommen wird, zurück, sondern ersetzt diese Ideen durch solche Ideen aus dem System Hegels, die in einem deutlicheren apologetischen Verhältnis zur kapitalistischen Gesellschaft steht.

In Hegelschen Termini beschrieben, verhält Tellheim sich wie der Heros, der die Maßstäbe seines Handelns selbst setzt (er orientiert sich nicht an den objektiven Kriterien eines einheitlichen Prinzips, wie die Analyse seines Ehrbegriffs zeigte). Das Kriterium dafür, daß die subjektiven Maßstäbe seines Handelns tatsächlich mit den Kategorien des objektiven Prinzips übereinstimmen, wäre sein Durchsetzungsvermögen gegenüber seinen Mitmenschen. Tellheim setzt sich aber nicht durch.

Nun wäre aber, laut Hegel, der Heros sowieso in der institutionalisierten Gesellschaft eine anachronistische Figur (Tellheims

Verhalten kann jetzt als eindeutig atavistisch eingeordnet werden), denn in dieser Gesellschaft ist das objektive Prinzip bereits in der Lebensweise der Allgemeinheit verkörpert, und der einzelne soll sich dieser Allgemeinheit unterordnen. Es gibt nur die Möglichkeit der aktiven oder passiven Anpassung oder, bei dauernder Nichtanpassung, den Untergang des Individuums [67].

Hegel ist der Meinung, dieses Prinzip, verkörpert im preußischen Staat, sei das objektiv Sittliche - Dürrenmatt meint, es sei ein amoralisches gewesen. Hinter dieser scheinbaren Polarität steht eine einzige Konsequenz, nämlich die Aufforderung zur Anpassung an den Staat. Sie wird bei dem einen willig, beim anderen unwillig geleistet - das affirmative Verhalten zu den bestehenden Verhältnissen ist das gleiche. Ebenso wie in der Wertung der geschichtlichen Ereignisse bietet Dürrenmatt nur eine scheinbare Alternative zu bürgerlichen Vorstellungen.

Dürrenmatt entwickelt Lessings Thesen nicht weiter, und zwar weder als lineare Ergänzung noch in Form einer Antithese, denn die scheinbaren Antithesen in seiner Bearbeitung erweisen sich als unfruchtbare Widersprüche.

Es gibt aber nicht nur keine Weiterentwicklung, sondern sogar Rückschritte: Die Vorstellung von den unveränderlichen Eigenschaften "des" Menschen führt Dürrenmatt zum historischen Fatalismus und ruft den einzelnen zur sozialen Anpassung auf. Aus der rückschrittlichsten Gestalt Lessings ist ein schwacher, positiver Held geworden, der die rückwärtsgewandte Utopie verkörpert, die Dürrenmatt aus Lessings vorwärtsgewandter Utopie gemacht hat.

8 Kortners Bearbeitung der "Emilia Galotti"

8.1 Neue Verknüpfung der Handlungsstränge

Der Prinz von Guastalla ist ein melancholischer junger Mann; er spielt wehmütige Melodien auf dem Cembalo, ist geistig etwas abwesend; das Öffnen der morgendlichen Post erledigt er zwischen zwei Gängen zum Cembalo, den Bittstellern gegenüber ist er völlig ratlos. Er weiß auch noch nicht einmal, welche Tageszeit es ist - der Diener verweist ihm die Frage nach den "Räten im Vorzimmer" [1], indem er auf die Uhr zeigt. Er hat vor diesem Prinzen keinen Respekt: Er schüttelt mehrfach den Kopf über seinen Herrn, weil dieser bei der Arbeit singt, weil er schon wieder zum Cembalo geht; er korrigiert ihn, wenn der Prinz eine falsche Frage stellt und überprüft den Inhalt seines Papierkorbs.

Seine Gedanken und Gefühle sind diesem sensiblen Prinzen sofort anzusehen. Er ist auch gar nicht darauf bedacht, seine Gefühle für Emilia zu verbergen; er macht Conti gegenüber nicht, wie Lessings Prinz, den Versuch, sein Interesse für Emilia als Interesse für die weibliche Schonheit darzustellen oder Begründungen dafür zu geben, daß er das Bild der Gräfin Orsina fortgibt, "einen Rahmen darum zu bestellen", Emilias Porträt aber bei sich behält, "Mit einem Studio macht man so viel Umstände nicht" [2].

Der Prinz liebt Emilia und diese Liebe ist die erste in seinem Leben. Für die Gräfin Orsina hat er nie Liebe empfunden, so daß er nicht mehr zugeben muß: "Nun ja, ich habe sie zu lieben geglaubt! Was glaubt man nicht alles? Kann seyn, ich habe sie auch wirklich geliebt" und "vielleicht find' ich in dem Bilde wieder, was ich in der Person nicht mehr erblicke" [3]. Auf andere Beziehungen des Prinzen zu Frauen wird nicht mehr angespielt: Die Orsina hat ihn nicht mit einer anderen Frau in Verdacht gehabt [4] und sie spricht, auch als sie den Prinzen anklagt, nicht mehr von dem "Heer der Verlassenen" [5], von den Frauen, denen der Prinz sein Herz versprach und es keiner gab.

Die Liebe des Prinzen zu Emilia ist zunächst nur ein Traum, der Prinz träumt von einem Mädchenbild. Er wünscht sich nicht den Besitz Emilias: Weder bezahlt er Conti "was Sie wollen. Soviel Sie wollen" 6) und gibt ihm also auch keinen Anlaß zu seinem Verdacht "daß Sie so, noch etwas anders belohnen wollen, als die Kunst" 7), noch überlegt er, daß er Emilia von ihren Eltern oder von ihr selbst "kaufen" 8) möchte - das Bild, Emilias Anblick, nimmt ihn gefangen. Er liegt vor dem Porträt fast auf dem Boden, spricht nur noch die Worte "Dieser Mund! und wenn er sich zum Reden öffnet! wenn er lächelt! Dieser Mund!" und küßt das Bild.

Da tritt der Diener ein und tadelt kopfschüttelnd den Träumer als Unvernünftigen, meldet dann Marinelli und bringt den Brief der Gräfin Orsina. Auch darüber, daß dieser Brief dann hin- und hergeworfen wird und er ihn wenige Minuten später ungeöffnet im Papierkorb findet, kann er nur wieder und wieder den Kopf schütteln. Noch einmal den Prinzen korrigierend, nimmt er den Brief aus dem Papierkorb und legt ihn wieder auf den Schreibtisch.

Als der Prinz dann von Marinelli erfährt, daß Emilia Galotti sich noch am selben Tag mit dem Grafen Appiani vermählen wird, reagiert er weniger heftig, sondern mehr wie einer, der mühsam aus seinen Träumen erwacht; er reagiert zwar mit Vorwürfen gegenüber Marinelli, aber doch mehr mit Seufzern und Schmerz. Dieser unvernünftige naive Träumer ist völlig überrascht und vorbehaltlos entzückt üb Marinellis Anerbieten, ihm bei diesem privaten Problem zu helfen. Hier wird einmal nach seinen persönlichen Wünschen gehandelt werden, und er muß sich nicht dem Staatsinteresse unterordnen.

Gerade in diesem Augenblick kommt der Rat Camillo Rota 9) und will ihn wieder mit Staatsgeschäften aufhalten und langweilen. Da hört er kaum hin, da überdenkt er die von Marinelli angedeutete Aktion. Als Rota endlich gegangen ist, spricht er aus, was ihn bewegt hat; sein Monolog beginnt jetzt mit den Worten "Und wenn nun doch alles verloren wäre? Wenn Marinelli nichts ausrichtete?- Warum will ich mich auch auf ihn allein verlassen? Es fällt mir ein, - im diese Stunde [...] pflegt das fromme Mädchen alle Morgen bei den Dominikanern die Messe zu hören".

Seine Liebe hat ihn gegenüber Marinellis falscher Taktik ebenso blind gemacht, wie sie ihn hilflos macht, seine Sache selbst zu vertreten. So naiv und freudig, wie er Marinellis Hilfe angenommen hat, als dieser sich erbot, Emilias Hochzeit zu verhindern, geht er auch noch auf die Hilfestellung ein, die Marinelli ihm bietet, als Emilia ihm entzogen werden soll, nämlich auf Marinellis Einwände gegen Emilias Unterbringung in Guastalla oder in einem Kloster. Diese Einwände kommen in der Bearbeitung spontan, sind nicht vorher zwischen Marinelli und dem Prinzen abgesprochen [10]. Dieser Prinz plant nicht voraus, er wird immer von den Ereignissen überrascht.

Kortner gibt dem Prinzen die Gelegenheit, einen Augenblick mit Emilia allein zu sein: Als der Prinz und Emilia sich sprechen, verläßt Marinelli - anders als bei Lessing - beide für einen Moment, und der Prinz erhält die Möglichkeit frei um Emilia zu werben. Was er ihr jetzt sagt, seine Reue, sein Glück, seine Beteuerung "Nur zweifeln Sie keinen Augenblick an der unumschränktesten Gewalt, die Sie über mich haben" - ist alles "wahr", ist nicht "Sprache der Galanterie", sondern Ausdruck seines Gefühls. Emilia erkennt das Gefühl und will es erwidern, will die sprachlose Spannung, in der beide für einen Augenblick verharrten, lösen: Hinter dem Prinzen stehend, hebt sie die Hand, um sein Haar zu streicheln. Aber da tritt Marinelli wieder ein, der Augenblick ist vorüber, ohne daß der Prinz Emilias zarte Geste hätte sehen oder empfinden können.

Später wirbt der Prinz noch einmal um einen Menschen, nämlich um Odoardo Galotti. Nach Odoardos Bitte, ihm die Tochter herauszuschicken, geht Marinelli ab, um Emilia zu holen, und der Prinz ist mit Odoardo allein - da bittet er ihn leise, fast vertrauensvoll "O Galotti, wenn Sie mein Freund, mein Führer, mein Vater sein wollten!". Die Zeit ist zu kurz, um den Sinn dieser Bitte ausführlicher zu formulieren, und Odoardo versteht den zaghaften Versuch einer Annäherung nicht oder will ihn nicht verstehen.

Marinelli bietet dem Prinzen seine Hilfe an, weil er seine Überlegenheit genießt und weil er gern gefällig ist. Der Prinz und Marinelli verhalten sich zueinander wie ein Hilfloser zu einem erfahrenen Routinier. Marinelli handelt, ohne menschliche Empfindungen in sein Kalkül einzubeziehen (und daran scheitert er), er selbst allerdings ist schnell gekränkt oder spielt den Beleidigten: Er kokettiert mit der Rückgabe seiner Kammerherrenwürde an den Prinzen, indem er ihm mehrfach seine Ordenskette anbietet und sie auch wirklich zurückgibt; auch vermeidet er es möglichst, sich in eine Verteidigungshaltung zu begeben, stattdessen greift er gleich selbst an. Als der Prinz ihm Vorwürfe macht wegen Appianis Tod und sarkastisch bemerkt: "Wahrlich; er [der Graf Appiani, als er angegriffen wurde, R] hätte sollen Spaß verstehen" - geht Marinelli, ohne noch weitere Drohungen abzuwarten, zum Angriff über: "Daß Angelo sodann in Wut kam und den Tod seines Gefährten rächte - zwar ward es voraus bedungen [...], daß keiner der Unglücksfälle, die sich dabei ereignen könnten, mir zu Schulden kommen sollen". Ebenso pariert er des Prinzen Vorwurf, es läge nur an Marinellis "weisen, wunderbaren Anstalten", daß jeder ihnen das Verbrechen anlasten werde, ohne weitere Umstände mit den Worten "Was läge an meinen Anstalten? daß den Prinzen bei diesem Unfalle ein so sichtbarer Verdacht trifft? - An dem Meisterstreiche liegt das, den er selbst [...]".

Marinelli ist aber auch nicht mehr der kaltblütige Mörder und Intrigant der Vorlage. Der Mord an Appiani ist nicht mehr von ihm geplant und angeordnet: Die Handlanger Angelo und Pirro treten nicht mehr auf, kein Mörder kommt, um seinem Auftraggeber von der Ausführung des Verbrechens zu berichten, und Marinelli sagt nicht mehr eindeutig, daß er den Tod des Grafen wünscht. So läßt höchstens noch der Satz "Der Graf stürzte; und wenn er noch lebendig zurück in die Kutsche kam: so steh' ich dafür, daß er nicht lebendig wieder heraus kommt"[11] darauf schließen, daß Marinelli den Tod des Grafen freudig beobachtet, aber er läßt kaum auf einen Mordplan schließen.

Marinellis Intrige führt die Liebenden zwar zusammen, seine Hilfe ist aber nicht mehr "das einzige Glück" [12], das dem Prinzen in seiner Liebe helfen kann - wenn er Zeit hätte, sich Emilia gegenüber auszusprechen, wenn Marinelli ihm dazu Zeit ließe, dann wäre ein glückliches Ende möglich. Aber wie Marinelli schon die erste Meditation des Prinzen über Emilias Bild stört, stört er auch ihr erstes (und einziges) Gespräch unter vier Augen. Nur wenn Marinelli nicht dabei ist, kann der Prinz sich menschlich und weich geben. Marinelli hilft zwar in der Bearbeitung den "Guten" und hilft mit relativ "gutem" Willen - aber er hilft mit den falschen Mitteln und vereitelt dadurch den Erfolg.

Odoardo Galotti betritt sein Haus als ein Gebieter: Herrisch ruft er nach Emilia und schreitet auf der Suche nach ihr mit Riesenschritten durch den Raum. Jede freundliche Wendung an seine Frau, jede Begrüßung der Ehegatten entfällt bei seinem ersten Auftritt - nur der Ruf nach Emilia ertönt. Als er bei dieser Suche endlich seine Frau trifft, fragt er sie kurz angebunden: "Wo ist Emilia? Unstreitig beschäftigt mit dem Putze?". Da die freundliche Einleitung der Frage weggefallen ist und diese nicht mehr dadurch motiviert ist, daß Odoardo ja eigentlich nach Hause kommt, weil ihn "Das Glück des heutigen Tages" 13) drängt, wirkt die Frage als herrsc süchtiger und grämlicher Auftakt zu einer Reihe von Tadeln, die folgen: "Ganz allein?" - "Einer ist genug zu einem Fehltritt!" - "Sie sollte nicht allein gegangen sein".

In seiner Unterhaltung mit Claudia 14) ist Odoardos Fürsorge für seine Familie jeder zärtliche Ton genommen. Nicht, daß er Emilia "in den Armen der Liebe" 15) weiß, nicht, daß er meint, Emilia und Appiani seien "Füreinander bestimmt" 16) - daß seine Wahl eines Gatten für Emilia auf Appiani gefallen ist, ist nur noch mit seiner eigenen Übereinstimmung mit dem Grafen erklärt, mit einer ähnlichen Art zu denken. Auch müssen beide Frauen so leben, wie Odoardo es schon immer für richtig hielt, wenn er Emilia erst einmal mit Appiani verheiratet hat.

Odoardos Formulierung, man könne auf dem Lande - in Sabionetta, in Piemont - "sich selbst leben", kann nicht mehr bedeuten, daß er einen Weg zur Selbstverwirklichung aller guten und tugendhaften Menschen gefunden zu haben glaubt, weil es die Idee einer entsprechenden Gemeinschaft nicht mehr gibt. Appiani und er mißachten nur noch die andersgeartete Individualität ihrer Frauen, wenn sie ihren persönlichen Vorstellungen entsprechend leben wollen 17).

Die Szene wird beendet durch eine brüske Reaktion Odoardos: Da er vorher nicht den Wunsch ausgesprochen hat, Appiani noch zu besuchen, erfolgt sein Aufbruch unvermittelt auf die Aussage Claudias hin, daß der Prinz Emilia gesehen habe und von ihrer 'Munterkeit', ihrem Witz und ihrer Schönheit bezaubert gewesen sei. Er verabschiedet sich mit harten Worten und reitet - wie es scheint entgegen dem ursprünglichen Plan - zum Grafen Appiani 18).

Der Schrecken, den er verbreitet hat, liegt noch nach seinem Abschied über der Szene. Er äußert sich in Claudias Seufzer, wenn sie zu Emilia sagt: "O gesegnet sei die Ungeduld deines Vaters, der eben hier war und dich nicht erwarten konnte" [19], in ihrer Erzählung von des Vaters "Wut" und "Zorn" [20] und auch in ihrer wissenden Ermahnung, daß "aus dem Liebhaber oi. ein ganz anderes Geschöpf" wird, wenn er erst verheiratet ist.

Odoardo herrscht in seinem Haus: über seine Frau, die ihn fürchtet, im Widerspruch zu seiner Lebensauffassung steht und ihre Auffassung doch immer wieder durchsetzt, und über Emilia, die er in eine Ehe mit einem ungeliebten Mann zwingen will. Obwohl auch Emilia gegensätzlich zu ihrem Vater empfindet, beherrscht er ihre Vorstellungswelt. Sie verarbeitet ihre Erlebnisse häufig mit Hilfe der Denkweise ihres Vaters. Odoardos Denkweise und sein Tonfall sind wiederzuerkennen in Emilias Formulierungen "Und sündigen wollen [ist dem Himmel, R] auch sündigen" und "Aber daß fremdes Laster uns, wider unsern Willen, zu Mitschuldigen machen kann!".

Odoardo ist kaum zu einem freundlichen, beruhigenden Wort fähig: Als er Claudia nach allen Unglücksfällen wiedertrifft und sie verzweifelt findet, sagt er nicht "Gut, gut. Sey nur ruhig, nur ruhig -" [21], sondern spricht sie wieder an, ohne auf ihre Situation einzugehen, ohne persönliche Anrede. Er fragt nur "Ist der Graf tot?". Claudias Versuch, eine Erklärung zu geben "wenn Du wüßtest, welchen Schreck es ihr verursacht; in welcher Bestürzung sie nach Hause kam -", wird von Odoardo mit der barschen Frage "Weiß es Emilia, daß Appiani tot ist?" unterbrochen - nicht mehr von der Gräfin Orsina. Auch findet kein Gespräch mehr zwischen Claudia und Odoardo statt - Claudia berichtet nicht mehr von Emilias tapferer Haltung, von der "Entfernung", in der sie den Prinzen "hält", sondern bittet nur noch "Mache nur, Odoardo, daß wir wegkommen" [22].

Gegen Emilias Wunsch zu sterben, findet Odoardo keine einzige der noch so schwachen Widerreden mehr, mit denen er in der Vorlage argumentiert: Er ist nicht bereit zu versuchen, Emilias Tod - den er nach dem Geständnis ihrer Schwäche für notwendig hält - aus Liebe zu seiner Tochter zu verhindern.

Mit der durch die Kürzungen im Text erzeugten emotionalen Kälte Odoardos stimmt überein, daß der Darsteller des Odoardo "noch in die vorbehaltlosesten, von sich überzeugtesten Ausbrüche eine Spur von trocken-harter Rechthaberei" [23] bringt.

Dieser Odoardo empfindet weniger als Lessings Odoardo - und ihm wird weniger Empfindung entgegengebracht: Seine Frau liebt ihn nicht und vertraut ihm wenig, Emilia fürchtet ihn mehr, als sie ihn liebt, und Appiani schwärmt weniger für Odoardo. Das heißt einerseits, daß Odoardo weniger bewundernswert ist, andererseits, daß auch Appiani gefühlskälter ist. Das wird in seiner Beziehung zu Emilia sehr deutlich: Für Emilias Schönheit hat dieser Appiani gar keinen Blick mehr, sein schon bescheidener Ausdruck der Bewunderung "Wer kann Sie sehen, Emilia, und gleichzeitig auch auf Ihren Putz achten?" ist gestrichen. Er lobt ihr Brautkleid nicht mehr: "Vortrefflich!", das einzige Lob, das er ihr ausspricht, ist: "Ich werde eine fromme Frau an Ihnen haben", ein Lob, das Emilia zusammenzukken läßt. Das bedeutet: Sie empfindet, anders als bei Lessing, Mängel in ihrer Beziehung zu Appiani.

Appiani ist nicht mehr der Mann, von dem der Prinz sagen kann, er sei immer schnell bereit sich zu schlagen. Er ist mittelgroß, schmal und blaß. Sein Mut, Marinelli, der ihn um Haupteslänge überragt, zu fordern, hat komische Züge: Der kleine, schmale Appiani steht dabei dicht unter der Nase des Riesen Marinelli, und als der Marquese gegangen ist, hat Appiani Kopfschmerzen von der Anstrengung, die ihn der Auftritt gekostet hat.

Zwischen Appiani und Emilia herrschen "Verlegenheit und ohnmächtige Kälte" [24]. Schon vor ihrer Begegnung hat Emilia sich nicht auf sein Kommen gefreut, es nicht vorher gehört [25]; weder Claudia noch Odoardo sprechen mehr von der Liebe und dem Glück Emilias [26].

"Füreinander bestimmt" sind diese Emilia und dieser Appiani sicher nicht - Emilias Zuneigung gilt dem Prinzen. Schon die Schilderung ihres Erlebnisses in der Kirche bekommt ganz andere Akzente - der Prinz ist für sie nicht von vornherein 'das Laster' [27] - erst als sie mit ihrem Geständnis "Und sündigen wollen [ist dem Himmel, R] auch sündigen" sich schon fast zu weit vorgewagt hat und die Aussage doch nicht widerrufen mag [28], - nimmt sie, ablenkend, ihre Zuflucht zu einer Formulierung, die sie vermutlich von ihrem Vater aus dessen Argumentation zur Wahl des Wohnsitzes kennt: "Aber daß fremdes Laster uns, wider unsern Willen, zu Mitschuldigen machen kann!".

Emilia setzt sich auch nicht mehr bedingungslos dafür ein, ihr Erlebnis Appiani mitzuteilen. Zwar überlegt sie "Der Graf muß das wissen. Ihm muß ich es sagen" und "Aber, wenn er es von einem andern erführe, daß der Prinz mich heute gesprochen?" - aber es ist ihr kein Bedürfnis, vor Appiani "nichts auf dem Herzen" zu behalten. Auch unterwirft sie sich nicht gegen die eigene Einsicht dem Willen ihrer Mutter, sondern die Argumentation Claudias kommt ihren eigenen Wünschen entgegen [29].

Verborgene Empfindung und Schrecken über das halbe Eingeständnis klingen mit in Emilias Bericht darüber, wer es war, der sie in der Kirche anzusprechen wagte. Ihr dreimaliger Versuch sich auszudrücken, bedeutet eine gefühlsmäßige Steigerung, die verbunden ist mit Angst vor der Reaktion ihrer Mutter und vor dem eigenen Gefühl: "da ich i h n erblickte", " I h n selbst", "Den Prinzen".

In der Szene zwischen dem Prinzen und Emilia sind beide Personen völlig aufeinander bezogen, im Zuhören und aufeinander Eingehen ist gegenseitiges Verständnis, ist fast schon erotische Spannung enthalten. Emilias Versuch, dem Prinzen übers Haar zu streichen, macht deutlich, daß sie seine Gefühle erwidern möchte. Da Marinelli die Szene unterbricht, bevor Emilia sich dem Prinzen verständlich machen konnte, kann eine klärende Aussprache nicht stattfinden.

Zu einer Aussprache zwischen den beiden kommt es auch nicht, während Claudia von Battista und Marinelli empfangen wird. Die Zeit ist auch hier nur kurz, (die Szenen sind um die Hälfte gekürzt) und die Ereignisse verbreiten Unruhe. Auch stören Marinelli und Claudia die Liebenden wieder. Aber weder der Prinz noch Claudia können mehr berichten, Emilia sei ihrer Mutter "ohnmächtig in die Arme" gestürzt [30], sie halte den Prinzen "in einer Entfernung", spreche mit ihm "in einem Tone -" [31].

Dann hindert das Erscheinen der Gräfin Orsina den Prinzen daran, sich mit Emilia zu beschäftigen, später kommt Odoardo. Bis Emilia zu Odoardo herausgerufen wird, hat noch kein klärendes Gespräch zwischen ihr und dem Prinzen stattgefunden, ist Emilia immer noch allein mit ihrer Angst, vor sich und den anderen ihr Gefühl einzugestehen.

"Alles verloren" ist für diese Emilia, weil sie in keinem Fall mehr glücklich werden kann: Gibt sie ihrer Angst nach, steht sie allein, denn der vom Vater gewählte Bräutigam ist tot; gibt sie ihrem Gefühl für den Prinzen nach, wird sie vom Vater geächtet und verstößt gegen die ihr anerzogenen moralischen Grundsätze.

Den Widerspruch zwischen dem vom Vater anerzogenen Moralempfinden und den eigenen Wünschen überspielt Emilia zunächst, sie gibt sich stark und sicher. Sie erweckt den Eindruck, sie wolle sich wehren [32]. Erst die Drohung des Vaters, den Prinzen zu töten, entreißt ihr das Geständnis ihrer Fehlbarkeit. Sie weiß, daß sie ebenso schuldig ist wie der Prinz, und es ist ihr Wunsch, sein Leben zu schützen und ihr Leben dafür zu geben: "Mir, mein Vater, mir geben Sie diesen Dolch". Um dem Vater ihren Wunsch zu sterben zu erklären und um seine Hilfe zu gewinnen, nennt sie den Prinzen einen 'Lasterhaften', erwähnt ihre 'Sinne', ihr 'Blut', die Möglichkeit einer Verführung. Ihre nicht unterbrochene Rede gipfelt in dem Satz "Verführung ist die wahre Gewalt" - obwohl sie eigentlich die Verführung nicht fürchtet. Sie benutzt hier additiv Formeln, die ihr auf die "lasterhafte" Seite ihres Gefühls für den Prinzen anwendbar erscheinen müssen. Die Ablehnung von Gefühl als "Laster" hat Odoardo formuliert und gefühlskalt vorgelebt; mit der gehäuften Verwendung von Begriffen, die für Odoardo Reizwörter sein müssen, treibt Emilia ihn in eine Entscheidung. Es zeigt sich deutlich der Überredungscharakter ihrer Rede. Das kommt auch in einem weiteren Strich zum Ausdruck: Nicht Emilia sagt von sich, Odoardo habe "eine Rose gebrochen, ehe der Sturm sie entblättert", denn sie fürchtet keinen Sturm - nur Odoardo fürchtet ihn, und er spricht die Worte.

Emilia stirbt, um den Prinzen zu retten und weil für sie "alles verloren" ist: Die Enge der bürgerlichen Moral und der Zwang einer Ehe mit einem ungeliebten Mann, den ihr der Vater auswählt, müssen ihr unerträglich erscheinen, nachdem sie eine Ahnung von gegenseitiger Liebe erhalten hat. Eben diese Liebe kann aber nicht verwirklicht werden, weil Odoardo ein Ausbrechen aus dem Zirkel der bürgerlichen Moral verhindert.

Die Verschwörung zwischen dem starr-strengen Vater und der rachsüchtigen früheren Geliebten des Prinzen, die Emilia ein Glück nicht gönnt, das ihr selbst nicht zugänglich ist, ermöglicht es Odoardo, zum Richter zu werden und zwingt Emilia, sich - in der Erkenntnis der Hoffnungslosigkeit der Situation und ihres eigenen Anteils an der Schuld - zu opfern.

8.2 Ansätze zu einer Konfrontation der Wertsysteme von aufsteigendem und herrschendem Bürgertum

Die neue Sicht auf die Charaktere und die neue Darstellung ihrer Denk- und Fühlweisen, wie sie eben beschrieben worden sind, beruhen auf dem Text Lessings, der nicht verändert und dem nichts hinzugefügt wurde. Das heißt nicht, daß hier festgestellt wird, Lessings Text impliziere diese Interpretation, vielmehr sind die Kürzungen und das hinzugefügte stumme Spiel genauso entscheidende und verändernde Eingriffe, wie eine Textänderung. Aber der unveränderte gesprochene Text bringt eine historische Komponente ein.

Einerseits gelingt es Kortner, mit seinen Kürzungen die Stimmung einer Szene so zu verändern, daß sie sich einfügt in sein neues Gesamtkonzept. Odoardos "Strenge" zum Beispiel spiegelt sich jetzt in allen seinen Auftritten und besonders in seinem Umgang mit Claudia.

Andererseits intensiviert Kortner die bei Lessing in einer Szene angelegte Stimmung, so zum Beispiel in der Unterhaltung zwischen Emilia, Claudia und Appiani über den Brautschmuck. Emilia weigert sich, das Geschmeide, das der Graf ihr geschenkt hat, anzulegen; es ist ihr zu prächtig, und außerdem hat ihr dreimal geträumt: "Als ob ich es trüge, und als ob plötzlich sich jeder Stein in eine Perle verwandle. Perlen aber, meine Mutter -" und hier fällt ihr in der Bearbeitung Appiani ins Wort: "Bedeuten Tränen, bedeuten Tränen!" Emilias Verwunderung "Wie? Ihnen fällt das auf? Ihnen?" ist umso größer, da Appiani nicht ihre eigenen Gedanken, die auch aus dem unterbrochenen Satz noch hervorgehen, wiederholt, sondern selbst die Beobachtung macht - seine 'zu traurigen Bildern gestimmte Einbildungskraft' wird dadurch besonders deutlich.

Außerdem eliminiert Kortner verzögernde Argumentationen "für sich" Gesprochenes. So ist typisch, daß Odoardo in seinem Gespräch mit der Orsina der Gräfin nicht mehr den Vorwurf zu machen braucht, er habe schon keinen Verstand mehr, "noch ehe Sie mir dieses Wort sagen, wenn Sie es mir nicht bald sagen - " [33], denn sie hat ihn vorher viel weniger mit Andeutungen hingehalten. Auch Odoardo zögert seine Informationen nicht durch Bedenklichkeiten heraus, er überlegt nicht mehr: "Oder es ist nicht wahr [...], daß Sie von jener guten, unsers Mitleids so würdigen Gattung der Wahnwitzigen sind

Sie sind eine gemeine Törin. Sie haben nicht, was Sie nie hatten"[34].

Kortner bewahrt den eigentümlichen Klang der Lessingschen Sprache. Er modernisiert dort, wo eine Wortform inzwischen durch eine andere abgelöst ist [35] und vermeidet dadurch, daß die Sprache auf eine künstliche Ebene entgleitet. Er läßt aber den dramatis personae ihre charakteristische Ausdrucksweise auch in Wendungen, die dem gegenwärtigen Sprachgebrauch fremd sind, etwa wenn der Prinz vom "Anzüglichsten der Schönheit" spricht oder wenn Claudia erwähnt, daß der Prinz Emilia "nicht ohne Mißfallen" gesehen habe.

Die Sprache im Drama bleibt jedenfalls auf die Entstehungszeit bezogen, aber Kortner vermittelt zwischen dem vergangenen Sprachgebrauch und dem gegenwärtigen Sprachempfinden, indem er Lessings Sprache für seine Charakterisierung der Personen nutzt. Appianis gewählte Ausdrucksweise zum Beispiel - "ich war mir Sie [...] nicht vermutend" und "meine gnädige Frau! - nun bald mir mit einem innigern Namen zu verehrende!" wirkt studiert, lebensfremd. Das wird in Übereinstimmung gebracht mit seiner äußeren Erscheinung, mit der psychologischen Beschreibung seiner Person und mit seiner Rolle in dem Konflikt.

Die durch Kürzungen gewonnene Zeit nutzt Kortner, um durch langsames Sprechen und durch deutliche Reaktionen, durch umfangreiche Passagen stummen Spiels innere Vorgänge deutlich werden zu lassen.

Kortner stellt uns die Akteure als seelische Verwandte vor, indem er ihre Gefühle in die heute gängigen psychologischen Vorstellungen überträgt. Seine Betrachtung des Vergangenen erfolgt von seinen Erfahrungen in der Gegenwart aus: Er betrachtet die alten Verhaltensweisen und Lebensumstände, den vergangenen Alltag, und vermittelt das Beobachtete in der Gefühlswelt und mit den Ausdrucksformen der Gegenwart. Dabei ergibt sich auch eine Auseinandersetzung mit den ideologischen Ansprüchen der Vergangenheit, beziehungsweise mit deren heutigen Formen.

Aus dem vergleichenden Ansatz, dessen Methode der Interpretation der menschlichen und gesellschaftlichen Bezüge die Psychologie ist, entwickelt Kortner ein neues Konzept der Vorgänge in Lessings Trauerspiel.

Lessings Hinweise auf eine mögliche unterdrückte sexuelle Neigung Emilias zum Prinzen sind eindeutig interpretiert als Liebe -

dazu kommen Emilias Ausdrücke des Schreckens, die jetzt den Klang freudigen Schreckens und liebender Angst annehmen. Eine Priorität des "sittlich geknüpften Bandes" 36) vor der Sexualität gibt es nicht mehr.

In einem Trauerspiel, in dem es nicht mehr darum geht, daß Emilia nach einer kurzen Zeit am Hof entehrt und verlassen wäre - auch die Gräfin Orsina vermutet das nicht mehr 37) - sondern in dem alles darauf hinweist, daß der Prinz und Emilia sich lieben, muß Odoardos "strenge Tugend" als Intoleranz erscheinen. Seine objektive Rolle kann nicht mehr die des Moralisten sein. Odoardos veränderte Funktion ermöglicht eine neue Betrachtung der Moralvorstellungen, auf die das Bürgertum sich beruft.

Die Wertvorstellungen, die bei Lessing von allen Bürgern vertreten wurden, werden jetzt - nur noch verbal - von Odoardo und von Appiani vertreten. Aber die Inhalte, die mit den Begriffen der "Ehre", der "Tugend" und der Religiosität verknüpft sind, haben sich verändert.

Die beiden Sätze, in denen Odoardo die Ehre, wie sie am Hof verstanden wird, ironisierte, gleichsam in Anführungszeichen sprach, "O des gnädigen Prinzen! O der ganz besondern Ehre!" und "Die Tochter wenigstens würde diese Ehre haben verbitten müssen" 38) sind gestrichen; die Definition der bürgerlichen Ehre als 'Ehre, Odoardos Sohn zu heißen' 39) - also Bestätigung der Ehrenhaftigkeit durch das Urteil der Tugendhaften - entfällt. Es gibt keinen Konsens der Tugendhaften mehr - noch gibt es eine bürgerliche "Tugend", an die der bürgerliche Ehrbegriff geknüpft sein könnte. Eine positive Darstellung des bürgerlichen Ehrbegriffs ist also ebensowenig möglich wie überhaupt eine Gegenüberstellung von bürgerlichem und höfischem Ehrbegriff.

Der Terminus "Tugend" hat, immer wenn er gebraucht wird, einen negativen Klang oder erlaubt eine negative Assoziation: Marinelli spricht wegwerfend von "vielem Prunke von Tugend" - der Prinz greift den negativen Aspekt nicht auf, sondern spricht von "Unschuld und Schönheit". Claudia erwähnt die "Strenge Tugend" Odoardos, der die Nähe des Hofes verhaßt ist, durchaus vorwurfsvoll - und dem muß der Zuschauer sich anschließen, weil der Hof nicht generell verwerflich ist.

Einmal erscheint das Wort "Tugend" in einem positiven Kontext, nämlich, wenn Appiani Odoardo als "Das Muster aller männlichen Tugend" rühmt. Da dieser Satz Appianis aber allein steht - er ist der einzige, der von der langen Lobrede Appianis auf Odoardo übriggeblieben ist - , wirkt er wie eine Phrase, außerdem gesprochen von einem schmächtigen, blassen Mann, für den die Härte und Strenge, mit der Odoardo seine Tugendauffassung durchsetzt, bewunderns- und nachahmenswert ist. Ihn selbst kostet es große Mühe, tapfer und selbstbewußt aufzutreten. Der Akzent liegt hier weniger auf der Bewunderung von Odoardos Moralität als auf der Bewunderung seiner physischen und psychischen Stärke.

Die Religion ist manipulierbar geworden: Hier ist es Odoardo, der mit Hilfe der Religion herrscht. Er achtet mit alttestamentarischer Strenge auf die Einhaltung der Gebote - in dem Sinne, in dem er sie interpretiert. Während zum Beispiel Claudia auf den verzeihenden Gott hinweist - "Dem Himmel ist beten wollen auch beten" - hat Emilia den rächenden Gott ihres Vaters vor Augen: "Und sündigen wollen auch sündigen" ergänzt sie. Sie kennt und fürchtet den Gott ihres Vaters als den "Richter unser aller".

Als sie hört, wie auch Appiani sich auf die Religion, nämlich auf ihre Frömmigkeit, beruft, zuckt sie zusammen: Sie ahnt, daß ihr Leben nach den gleichen Unterdrückungsmechanismen weiterlaufen wird wie bisher.

Es kommt Odoardo gar nicht mehr in den Sinn zu erwarten, daß Gott ihm ein Zeichen geben könnte, daß Gott, auf den er sich beruft, auch Forderungen an ihn stellt. So kann er nicht mehr erkennen, daß Gott seine Hand will, um Emilia aus dem "Abgrund" zu ziehen. Zwar gibt es diesen Abgrund nur noch in Odoardos Vorstellung, der Prinz ist nicht wirklich vernichtenswert, und es geht nicht mehr darum, Emilia und damit die bürgerliche Ehre vor seinem Zugriff zu schützen, aber vor allem folgt aus dieser Einstellung Odoardos, daß die Religion nicht mehr eine selbständige Kraft ist, die Normen setzt, sondern daß sie nur noch benutzt wird nach den Bedürfnissen des Unterdrückers. Denen, die sie beherrschen, ist die Religion auch Trost und Zuflucht im Scheitern: Odoardos Hinweis auf den "Richter unser aller", vor dem er den Prinzen erwartet, ist eine selbstgerechte Drohung. Die Haltung, aus der heraus er sie ausspricht, hindert ihn, Zusammenhänge und seine eigene Position zu erkennen und verschleiert andern gegenüber diese Position.

Selbstgerecht dominiert er die Frau und die Tochter. Seine Frau versucht, sich trotzdem soweit wie möglich das Leben nach ihren Vorstellungen einzurichten, ihrem Mann nur scheinbar zu gehorchen. Emilia ist in ihren Wünschen von ihrer Mutter beeinflußt, die ursprünglich mit Stolz gesehen hat, daß der Prinz an Emilia Interesse zeigte und die auch sein die Vorstellung von Tugend verletzendes Benehmen in der Kirche noch in Schutz nahm, indem sie es relativierte. So hat sie die Neigung Emilias zum Prinzen positiv beeinflußt. Die Bedingungslosigkeit, mit der sie sich im vermeintlichen Unglück hinter Emilia stellt, und ihre Liebe zu Emilia lassen vermuten, daß sie Verständnis für das Gefühl ihrer Tochter hätte - wenn sie nur wüßte, daß hinter den Anschlägen Marinellis nicht ein verbrecherischer Wollüstling, sondern wahre und gegenseitige Liebe steht.

Obwohl Emilia durch ihre Liebe begonnen hat, den Normen ihres Vaters widersprechend zu fühlen, hat sie diese Normen schon so sehr verinnerlicht, daß sie sich im entscheidenden Augenblick nicht von ihnen lösen kann. Aber der Tod erscheint ihr als einzige Möglichkeit, an diesen Normen festzuhalten. Hier findet durch internalisierte Normen und das durch sie produzierte Gefühl der moralischen Unzulänglichkeit Unterdrückung statt.

Der Unterdrücker ist Odoardo. An ihn wendet sich die Forderung nach Freiheit in der Wahl des Partners und weitergehend die Forderung nach freier Entfaltung der Persönlichkeit.

Odoardo legitimiert seine Herrschaft, indem er sich auf seine moralische Vorbildhaftigkeit beruft. Aber das tut er zu unrecht, denn seine Handlungen erscheinen nicht mehr als moralisch gerechtfertigt. Sie sind nicht in einem gültigen moralischen System verankert, und jede für sich wird als unmoralisch abqualifiziert.

Eine moralische Legitimation im Sinne der Theodizee ist bei Kortner nicht mehr möglich, denn dieses Denkmodell wird nicht aufrecht erhalten. Hier greift keine Vorsehung ein und versucht, das Schicksal im Sinne der guten Menschen zu beeinflussen: Wenn es noch eine Vorsehung gäbe, hätte sie zwar Emilia und den Prinzen zusammen geführt, dann aber ein glückliches Ende verhindert - denn so funktioniert jetzt die Folge von Auftritten im dritten und vierten Akt und die Übergabe des Dolches an Odoardo durch die Gräfin Orsina. Das widerspricht dem Vorhandensein eines Prinzips, das letztlich dazu da ist, das Gute zu belohnen und das Schlechte zu bestrafen.

Als unmoralische Handlungen werden bewertet, daß Odoardo seine Tochter mit einem ungeliebten Mann verheiraten wollte, daß er den Prinzen aus subjektiven Gründen haßt und ohne einsichtigen Grund die Verbindung Emilias mit dem Prinzen verhindert. Da die Gräfin Orsina nicht mehr das Werkzeug der Vorsehung ist, ist sie nur noch eine Frau, deren Moral Odoardo ablehnen müßte. Trotzdem läßt er sich mit ihr in ein Bündnis zum gegenseitigen Nutzen ein; das kennzeichnet seine Skrupellosigkeit und die Tatsache, daß seine moralische Argumentation vorgeschoben ist.

Odoardo ermordet Emilia - also ist ihm die Erhaltung des (un-)moralischen Prinzips, das die Grundlage seiner Herrschaft ist und das angezweifelt werden würde, wenn seine Tochter sich darüber hinwegsetzte, wichtiger als Emilias Leben.

Kortner gibt in seiner Charakterisierung Odoardos die Beobachtungen wieder, die er am Bürgertum der Gegenwart gemacht hat. Aus seiner Darstellung des Odoardo Galotti läßt sich herauslesen, daß Inhalt und Funktion der moralischen Normen, die vom Bürgertum im Laufe seiner Emanzipation entwickelt worden sind, sich verändert haben.

Der Inhalt des bürgerlichen Tugendbegriffs und seiner Komponenten ist bestimmt gewesen durch die Empörung des Bürgertums gegen seine Unterdrückung im Feudalismus. Die Funktion der moralischen Forderungen war es, durch das Anprangern der moralischen und sittlichen Verkommenheit der Fürstenhöfe den Angriff gegen den Feudalismus zu motivieren und gleichzeitig zu gegenseitiger Anerkennung und Hilfe, zur Solidarität im Kampf aufzurufen.

Da die Forderungen die gleichen blieben, während die bürgerliche Wirklichkeit sich änderte, entfernten sie sich von der Realität. Das Bürgertum hat als herrschende Klasse den Versuch zur praktischen Verwirklichung der Moralvorstellungen aus der Zeit seines Aufstiegs nicht unternommen, sie aber als Forderungskatalog verbal aufrecht erhalten. Die bestehen gebliebenen Forderungen verschleiern die Tatsache, daß die Wirklichkeit sich inzwischen verändert hat, verschleiern das veränderte Interesse der zur Herrschaft gelangten Klasse und helfen durch die Rechtfertigung des Herrschaftsanspruches diese zu stabilisieren, moralische Barrieren zu errichten und Druck auszuüben. Die vorgebliche moralische Integrität der Bürger dient nun der Abqualifizierung und Unterdrückung derer, die andere Moralvorstellungen vertreten, auch wenn diese zunächst nicht an bestimmte gesellschaftliche Interessen gebunden erscheinen, sondern als "allgemein-menschlich" geschildert werden.

Wenn bei Kortner von Tugend gesprochen wird, ist nicht die Klassenmoral des aufsteigenden Bürgertums gemeint; für Kortner ist die bürgerliche Tugend ein dogmatisiertes Verhaltensschema, das eingesetzt wird zur ideologischen und praktischen Unterdrückung.

Den Unterdrückten fehlt das Bewußtsein ihres Unterdrücktseins; das ist kennzeichnend dafür, daß die Unterdrückung durch internalisierte Normen erfolgt. So wird das Entstehen einer Gemeinschaft der Unterdrückten verhindert.

Aber nicht nur aus diesem Grund können sie sich nicht wehren, sondern auch deshalb, weil ihnen die moralischen und die staatlichen Instanzen fehlen, an die sie sich wenden könnten.

Die Unterdrückten können sich nicht an Gott wenden, denn es gibt keinen Gott, der ihre Geschicke leitet; die Instanz "Gott" hat Odoardo sich angeeignet. Sie können sich nicht an einen Herrscher wenden, denn der Fürst ist ein Privatmann, der selbst daran gehindert wird, seine persönlichen Wünsche durchzusetzen, der selbst moralisch-psychisch unterdrückt wird. Da das Problem nicht mit der Frage nach der realen Macht verknüpft wird, fungiert er in dem hier dargestellten Konflikt nicht als Herrscher. Und schließlich ist die Vaterfigur, im Sinne der Theodizee ebenfalls eine Instanz, von der die Verwirklichung des sittlichen Prinzips zu erwarten ist, der Unterdrücker selbst. Wie eine Instanz aussehen müßte, die den Unterdrückten Recht gewährt, geht aus der Darstellung nicht hervor.

In dem moralischen "Herrscher" Odoardo spiegeln sich die Charakteristika des Bürgertums als einer herrschenden Klasse, ihr Moralbegriff und die Mechanismen seiner Durchsetzung. Odoardo vertritt aber weder eine Instanz innerhalb eines intakten moralischen Systems, noch vertritt er das herrschende Bürgertum innerhalb eines konkret dargestellten staatlich-gesellschaftlichen Systems. Er verhält sich typisch innerhalb einer privaten Auseinandersetzung, in einem Familienkonflikt um Ehe und Liebe zwischen Vater, Mutter und Tochter.

Da es nicht mehr darum geht, daß moralische Normen, die absolute Gültigkeit haben, verletzt werden und verteidigt werden müssen, ist der Konflikt nicht mehr als unausweichlich tragisch gekennzeichnet. Odoardos angemaßte Macht könnte, ohne daß moralische und staatliche Gesetze gebrochen werden müßten, überwunden werden oder Odoardo könnte einsichtig werden.

So ist das Drama inhaltlich nicht mehr eindeutig als Trauerspiel angelegt. Die Tendenz zu einem Ende, an dem eine Versöhnung der Parteien und eine Verbindung der Liebenden steht, wird von Kortner im Detail und in der Makrostruktur betont. Eine Reihe von Situationen werden als komisch vorgeführt: Die Gräfin Orsina bestäubt Marinellis Gesicht mit einer Puderquaste; Marinelli versucht, die Gräfin zum Fortgehen zu überreden, indem er ihr in immer neuen Positionen ihren Mantel hinhält. Der kleine Graf Appiani wirkt komisch, wenn er den bedrohlich großen Marinelli herausfordert - und davon Kopfschmerzen bekommt.

Durch die Reihe der Auftritte im 3. und 4. Akt wird mit mechanischer Genauigkeit ein Gespräch zwischen Emilia und dem Prinzen verhindert. Marinelli, Claudia, die Gräfin Orsina und Odoardo treten ganz genau in Augenblicken auf, in denen sie jeweils nicht auftreten dürften - es sei denn, die Verwirrung soll sich zuspitzen. Die sich steigernde Verwirrung erreicht durchaus komische Wirkungen, für die besonders Marinelli sorgt, der - ganz gegen seine zur Schau getragene Routine - gar nicht Herr der Lage ist. Außerdem ist Marinelli selbst der erste, der ein Gespräch des Prinzen mit Emilia unterbricht - der Routinier erweist sich als der unfähige Helfer, als der Tölpel aus der Commedia dell' Arte. Die Auftritte beschwören aber nicht nur komische Situationen herauf, sondern verhindern alle zusammen immer wieder die Liebesszene, auf die der Zuschauer vorbereitet ist, und lösen dadurch eine Frustration bei ihm aus, die sich im Lachen ein Ventil schafft.

Die Komödienelemente verstärken die Hoffnung des Zuschauers auf einen versöhnlichen Ausgang - der auch durch die neue Rollenverteilung gegenüber der Vorlage bei Kortner wahrscheinlicher wird:

Da Appiani nicht mehr der Liebhaber, sondern ein vom Vater protegierter ungeliebter Bewerber ist, leitet sein Tod nicht mehr logisch den tragischen Schluß ein, sondern er bedeutet, daß der Nebenbuhler unschädlich gemacht ist und daß nun eine Liebesgeschichte, die nach tragischen und komischen Ereignissen einen glücklichen Ausgang findet, erzählt werden könnte.

Aber das Ende der Liebesgeschichte wird nicht von den Liebenden selbst bestimmt, sondern von Odoardo Galotti. Seine geplante Aktion gegen den Prinzen erzwingt Emilias Reaktion. Sie wird vor die Alternative gestellt, den Tod des Prinzen zuzulassen oder selbst zu sterben. Die physische und psychische Gewalt Odoardos führt den tragischen Schluß herbei. Ob ein Problem in die Katastrophe führt oder vernünftig gelöst wird, ist hier dargestellt als Frage nach der individuellen Qualität des Herrschenden.

Mit seiner Tendenz, einen möglichen positiven Ausgang der Beziehung zwischen Emilia und dem Prinzen anzudeuten, entfernt Kortner sich zwar inhaltlich von Lessing, für den eine Verbindung zwischen beiden in jedem Fall nur einem Trauerspiel entsprechend enden konnte, denn eine solche Verbindung hätte unter andern Vorzeichen stattgefunden, hätte Anwendung feudaler Gewalt oder bürgerliches Versagen bedeutet [40] - aber im Formalen entfernt Kortner sich nicht so sehr von Lessing: Schon Lessings Trauerspiel hat lustspielhafte Züge [41].

8.3 Die Insuffizienz moralischer Kategorien bei der Erfassung der Wirklichkeit

Für Lessing wurde gezeigt, daß er den Klassengegensatz zwischen Adel und Bürgertum darstellt, indem er den moralischen Gegensatz beschreibt. Mit seiner Stellungnahme für die bürgerliche Tugendvorstellung bezieht er den Standpunkt des Bürgertums. Dabei beschreibt er auch Unstimmigkeiten und Schwächen im Bürgertum und zeigt, daß sie überwindbar sind und daß es sie zu überwinden gilt.

Kortner läßt dem Text die sprachliche Historizität. Auch die soziale Hierarchie im Drama behält er formal bei; die dadurch bei

Lessing gegebenen gesellschaftlichen Bezüge zwischen den dramatis personae hebt er auf. In seiner neuen Deutung der Personenkonstellation und der einzelnen Charaktere erfaßt er die eigene historische Situation. Kortner beschreibt das Bürgertum von der Warte dessen, der die Entwicklung bis zur institutionalisierten bürgerlichen Gesellschaft überblicken kann, er beschreibt das Bürgertum von heute. Dafür muß er die Aussage des Lessingschen Dramas ändern. Er greift dabei die von Lessing angedeuteten Schwächen der Bürger auf: Ihre Uneinigkeit weitet er aus zu einer Spaltung der Vertreter des Bürgertums in Unterdrücker und Unterdrückte. Das mangelnde Selbstvertrauen, das Lessing allen Bürgern vorwarf, wird zu einem Wesenszug der Unterdrückten, Strenge und Mißtrauen in Odoardos Charakter sind zu Instrumenten seiner Herrschaft geworden.

Aber nicht die Fehler, vor denen Lessing das um seine politische Macht kämpfende Bürgertum warnte, sind es, auf die Kortner hinweisen will, sondern die Fehler, die er sieht, liegen in der Anwendung der Moral - dem ideologisch konstituierenden Faktor der bürgerlichen Gesellschaft.

Bei seinem Versuch, die Art der Anwendung dieser Moralvorstellungen in der heutigen Gesellschaft zu zeigen, bleibt Kortner angewiesen auf das Personal des Lessingschen Trauerspiels. Lessing schilderte eine relativ fortschrittliche Klasse mit ihren eigenen Ansprüchen - Ansprüche, die objektiv nicht nur dazu da waren, den gegenwärtigen Feind anzuklagen, sondern auch dazu, sich gegen den zukünftigen Feind zu verteidigen. Dabei hat Lessing in der Darstellung die, gegen die sich die Unterdrückung des Bürgertums richten wird, ausgeklammert. Kortner muß die historischen Rollen neu verteilen.

Freunde und Gegner finden sich bei ihm nicht mehr aus gemeinsamen beziehungsweise konträren Klasseninteressen, definiert durch die Einstellung zur bürgerlichen Tugend, sondern Partner ergeben sich aus einer Art charakterlichen Übereinstimmung. Hinter den Prinzipien, vertreten durch die einzelnen Personen, stehen in der Bearbeitung keine gesellschaftlichen Notwendigkeiten mehr, sondern individuelle Haltungen zu bestimmten Fragen. Die Übereinstimmung der gesellschaftlichen Stellung des einzelnen mit den von ihm vertretenen Prinzipien ist aufgegeben zugunsten von Charaktereigenschaften, die für gesellschaftliche Haltungen stehen: Odoardos Selbstgerechtigkeit und Selbstbezogenheit, seine angemaßte Überlegenheit stehen für "bourgeois", andere Bürger, wie Claudia und Emilia, sind zurückhaltend, ängstlich, gehetzt, unterdrückt.

Der Protagonist des aufsteigenden Bürgertums bei Lessing, Odoardo, wird - phänotypisch - zu einem Vertreter des herrschenden Bürgertums, und die Unterdrücker von einst werden, zusammen mit einigen Bürgerlichen, zu den von Odoardo Unterdrückten. Eine Gruppe aus Adligen und Bürgerlichen übernimmt also in der Bearbeitung - ohne daß ihre historische und soziologische Definiertheit als Bürger beziehungsweise Adlige aufgegeben wird - die Rolle der vom Bürgertum unterdrückten Klasse.

Die Einteilung in Unterdrücker und Unterdrückte geschieht nicht nach der Klassenzugehörigkeit, deswegen ergibt sich aus Odoardos Rolle als Unterdrücker nicht eine Anklage des Bürgertums als herrschender Klasse.

In der Struktur von Lessings Drama - die Kortner unangetastet läßt - spiegelt sich ein gesellschaftliches System, nämlich der Feudalismus. Diesem System entspricht das von Lessing dargestellte zeitgenössische bürgerliche Bewußtsein. Kortner verändert Odoardos Bewußtsein entsprechend dem bürgerlichen Bewußtsein, das dem gegenwärtigen Kapitalismus entspricht; er kann aber nicht die historische Entwicklung einbringen, die nötig gewesen ist, um das Bewußtsein eines Bürgers auf eine solche Weise zu verändern.

Kortner hat die Veränderung der historischen Situation erkannt und konsequent dargestellt anhand des in Lessings Drama aufgerollten Problemkreises der bürgerlichen Moral. Hier ist die vergangene Wirklichkeit als Vorstufe der gegenwärtigen erkennbar.

Aus der Verknüpfung von vergangener Wirklichkeit und gegenwärtiger Problematik ergeben sich aber nicht unbedingt produktive Einsichten. Bei der Projektion vergangener und gegenwärtiger gesellschaftlicher Wirklichkeiten in die Dimension des Dramas verlieren beide an Substanz. Der gesellschaftliche Überbau, der sich in der Vorlage widerspiegelt, wird bedeutungslos. Er wird auf ideologischem Gebiet durch Überbaufunktionen der heutigen Gesellschaft ersetzt, die keiner sozio-ökonomischen Basis zugeordnet sind. Beide Situationen werden also nur unvollständig interpretiert.

Dadurch ist die Einsicht in die Ursachen der Veränderungen weitgehend versperrt. Das schließt eine produktive Beziehung von der Vergangenheit über die Gegenwart zur Zukunft aus. Der Moralbegriff der herrschenden Klasse wird vorgeführt, aber nicht auf seine historisch-gesellschaftlichen Ursachen zurückgeführt. So können nur einzelne Mitglieder der Gesellschaft, hier Odoardo, angegriffen werden, die Gesamtstruktur der Gesellschaft wird nicht in Frage gestellt. Es bleibt offen, ob die historische Entwicklung der Gesellschaft insgesamt beeinflußt werden kann.

Der Komplex "Unterdrückung" wird für keine historische Situation an Fragen ökonomischer und gesellschaftlicher Macht - der Klassenstruktur - konkretisiert und bleibt so ein allgemein-menschliches Problem. Die Erkenntnis der Diskrepanz zwischen moralischer Norm und Lebensrealität in der entwickelten bürgerlichen Gesellschaft kann so nicht erreicht werden.

Dadurch, daß er den Aspekt der sozio-ökonomischen Struktur nicht berücksichtigt, geht Kortner im Grundsätzlichen wie Lessing vor: Er behandelt Unterdrückung nur als ethisches Problem. Über die Funktion der gegenwärtigen bürgerlichen Moral ist Kortner moralisch empört.

Er schildert Odoardo als einen Mann, der die Rechtfertigung für seine Handlungen aus der Überzeugung bezieht, seine Machtausübung richte sich nach moralischen Kategorien, der aber im Lauf der Ereignisse als unmoralisch bewertet wird. Kortners Ablehnung Odoardos beruft sich auf die Begriffe "Unterdrückung" und "Freiheit" - ohne diese Begriffe abzuleiten aus einer Analyse der gegenwärtigen Gesellschaft und ihrer antagonistischen Widersprüche.

Der "Zorn, in den das Mitleid mit den Unterdrückten [...] sich verwandeln kann" wird nicht "nützlich" [42] - das Problem bleibt auf die Darstellung auf dem Theater beschränkt, für die Nutzanwendung in der Gegenwart fehlt der Aspekt des historisch Vorwärtsweisenden: Die Geschichte der bürgerlichen Klasse wird richtig erfaßt als ein moralischer Niedergang - es fehlt der Hinweis auf eine Zukunft, in der moralische Forderungen gesamtgesellschaftlich gestellt und erfüllt werden können, getragen von anderen gesellschaftlichen Voraussetzungen.

Der Subjektivismus, der in Kortners ausschließlich moralischer Definition von Unterdrückung und Macht liegt, beinhaltet die Tendenz einer generellen Ablehnung von Herrschaft, gleich, unter welchen gesellschaftlichen Bedingungen. Seine abstrakten Begriffe "Freiheit" und "Unterdrückung" tragen andererseits den Verzicht auf eine Umsetzung des 'Zorns' in gesellschaftliche Aktion in sich - sie können sich höchstens beziehen auf eine geistig-moralische Welt, in der die moralische Erneuerung des Bürgertums auf der Grundlage der Einsicht der Bürger denkbar wäre.

Kortner bezieht sich dabei auf ein scheinbar allgemeingültiges Sittengesetz - wie Lessing. Bei Lessing war die Moral aber immerhin gebunden an die Bürger, die sie programmatisch vertraten. Wenn Kortner die von Lessing als positiv propagierte Moral ablehnt, weil er ihre heute ausschließliche Funktion als Unterdrückungsmechanismus ablehnt, so stellt sich die Frage, auf wen er die Hoffnung zur Verwirklichung seiner moralischen Forderungen setzt. Diese Frage wird von ihm nicht beantwortet - er läßt den Zuschauer bei der Anwendung seiner Erkenntnisse allein.

Wie ein scheinbar allgemeingültiges Sittengesetz unter den durch die kapitalistische Wirtschaftsform gegebenen gesellschaftlichen Verhältnissen pervertiert wird, hätte Kortner erkennen können, wenn er in seiner auf ideologischer Ebene exakt durchgeführten Analyse der Entwicklung von Lessing bis heute ökonomische Bezüge berücksichtigt hätte - wenn er hier nach dem jeweiligen Verhältnis des Bürgertums zur realen Macht gefragt hätte.

Das in dieser Hinsicht einseitige Vorgehen Kortners läßt ihn verbleiben in der bürgerlichen Vorstellungswelt und läßt ihn als einen verspäteten Verwandten Lessings erscheinen. Kortners Ansatz, die Situation, die er vorführt, zu ändern, ist dazu ebenso wenig geeignet, wie derselbe Ansatz geeignet war, dem Bürgertum seine Entwicklung vorzuschreiben.

9 Rezeption der 'Emilia'-Bearbeitung Kortners im Jahr 1970 und Weiterwirken der Inszenierung

9.1 Vorwort

Der Vergleich der Lessing-Rezeption mit der Kortner-Rezeption ist durch bestimmte, für das Verhältnis von Original und Bearbeitung allgemein typische Veränderungen erschwert: Bei Lessing war die Buchausgabe die wesentliche Grundlage für alle Besprechungen, deshalb war eine detaillierte Auseinandersetzung mit dem Text viel leichter möglich als bei Kortners 'Emilia', dort beziehen sich die Kritiker auf eine ein- oder höchstens zweimal gesehene Aufführung, während der sie die Textveränderungen und die Umstellungen und die szenischen Verständnishilfen zumindest registrieren mußten.

Lessings Text war der eines bekannten und anerkannten zeitgenössischen Autors, mit Spannung erwartet, neu, zu verschiedenen Untersuchungen herausfordernd. Obwohl auch Kortners Inszenierung mit Spannung erwartet wurde, wird doch Lessings Text als bis zum Überdruß bekannt eingestuft, der Erkenntnis der neuen Deutung und Verknüpfung von Handlungssträngen stehen Rezeptionsgewohnheiten entgegen - und das ist umso weniger aufhebbar, wenn der Text nicht wirklich bekannt ist.

Im 18. Jahrhundert spiegelte Lessings Text einen Teil der Wirklichkeit wider und wurde auch so verstanden - für Kortners Rezipienten ist die vergangene Realität der 'Emilia' nicht präsent, die Kritiker bieten jedoch verschiedene Möglichkeiten an die 'Emilia' zu aktualisieren.

Der quantitative Wirkungsgrad dieser Kortner-Inszenierung war sehr groß: Auf 44 Aufführungen im 'Theater in der Josefstadt' [1)] - die meisten davon zur Zeit der Wiener Festwochen - folgte eine Tournee durch die Bundesrepublik, während der in 46 Städten 69 Aufführungen stattfanden [2)]. Die Tournee gastierte auch drei Tage bei den (West-) Berliner Festwochen. Da Kortner vor der Tournee gestorben war [3)], mobilisierte diese Aufführung in jeder Stadt das gesamte primär motivierte Theaterpublikum.

Dem Interesse des Publikums entsprach die Beachtung, die die Inszenierung bei der Kritik fand. Schon die hier analysierten sechzehn Kritiken (ein Anspruch auf Vollständigkeit in der Aufzählung der Kritiken wird nicht erhoben) in überregionalen Zeitungen und Fachzeitschriften stellen ein ganz ungewöhnliches Echo dar, auch für den von der Presse stets viel beachteten Kortner.

Die Kritiken wurden zur Wiener Premiere der Inszenierung geschrieben [4] und während der Tournee im September und Oktober erschienen dann anläßlich der Gastspiele noch einmal Kritiken in den jeweils "betroffenen" Zeitungen [5]. Zwischen diesen beiden Gruppen von Kritiken besteht neben grundsätzlichen inhaltlichen Übereinstimmungen eine besondere Differenz: Während die Premierenkritiker keine Hemmungen hatten, diese Inszenierung trotz Kortners "Größe" [6] negativ zu beurteilen, waren die Kritiker, die eine der Tourneeaufführungen besprachen, bereit, Kortners "Größe" auch in dieser Inszenierung zu finden, da sie zu seiner letzten geworden war [7]. Einen wesentlichen Einfluß auf die ideologische Position der Kritiker - und auf deren Ausdruck in der Rezension - hat diese Differenz natürlich nicht.

Eine der ersten zur Premiere erschienenen Kritiken war Ivan Nagels Kritik in der 'Süddeutschen Zeitung' [8].

Es ist notwendig, Nagels Interpretation genau vorzuführen, weil sie die Rezeption der Kortnerschen 'Emilia' in verschiedener Weise beeinflußt hat; den Tourneekritikern diente sie als ein Repertoire von Argumenten. Dabei werden nur Fragmente seines Rezeptionsergebnisses akzeptiert, die nicht neu verknüpft werden. Nagels Kriterien, seine Interpretation der Wirklichkeit und sein Deutungsvorschlag für die 'Emilia', in dem das neue Verhältnis zur gegenwärtigen Realität überprüft wird, wird von den anderen Kritikern nicht übernommen.

Von den Tourneekritikern ist es nur Karasek, der Kortner/Nagels Ergebnisse und Fragen diskutiert. Beide Kritiken sind auf einer ganz anderen Argumentationsebene zu untersuchen als die anderen Interpretationsversuche, die sich schon fast auf dem Weg der Darstellung disqualifizieren und die nur in der Addition, als "Spektrum", interessant sind.

Nagel hat auch einen entscheidenden Anteil daran, daß diese Inszenierung über die Zeit der Aufführungen hinaus im Bewußtsein einiger Theaterkritiker und Literaturwissenschaftler geblieben ist als eine bedeutende Neuinterpretation beziehungsweise Neudeutung Lessings für unsere Zeit.

Es werden zunächst die Interpretationen Nagels und Karaseks kritisch vorgestellt. Sie stehen, wie gezeigt werden wird, am Anfang einer neuen Rezeptionstradition. Die übrigen zur Premiere und zur Tournee erschienenen Kritiken werden gemeinsam untersucht auf die Rezeptionserwartungen der Kritiker (soweit sie in den Kritiken sichtbar werden) und den von diesen Erwartungen - unter anderem - bestimmten Umfang, in dem die von Kortner gegebenen Verständnishilfen und die neuen Aussagen als Umdeutungen realisiert oder als "Fehler" moniert werden. Daraus ergeben sich schließlich die Konzepte, die sich die Kritiker aus Kortners Inszenierung machen.

Ein Vergleich des sich aus den Kritiken ergebenden Bildes von der gegenwärtigen kommunikativen Situation mit der zu Lessings Zeit deutet hin auf einen wesentlichen Unterschied in der ideologischen Situation und Diskussion, der dazu herangezogen werden kann, die Differenz zwischen aufsteigendem und herrschendem Bürgertum zu beschreiben.

9.2 Nagel und die Folgen

Ivan Nagel hat zur 'Emilia' Kortners zwei Kritiken veröffentlicht, eine in der 'Süddeutschen Zeitung' und eine in der Zeitschrift 'Theater heute' [9].

Interpretationsvoraussetzungen und -ergebnisse sind in beiden Kritiken die gleichen; in der 'Theater heute'-Kritik ist die Möglichkeit zu einer ausführlicheren Beweisführung sowohl im Zusammenhang mit Kortners übrigem Werk als auch durch Beschreibung einzelner Auftritte und Nachvollzug der psychologischen Glaubhaftigkeit der Charaktere und Beschreibung dessen, wofür sie im gesellschaftlichen Kontext stehen, so ausführlich genutzt, daß zwischen den beiden Kritiken nicht nur ein quantitativer Unterschied besteht. Die 'Theater heute'-Kritik hat eine deskriptive Qualität, die die Zeitungskritik nicht haben konnte, da Nagel hier aus Platzgründen auf alle Szenenbeschreibungen bis auf eine (die der Anfangsszene) verzichtete; eine Möglichkeit, sein Fazit durch eine in der Kritik gegebene Aufführungsbeschreibung zu überprüfen, besteht hier nicht.

Vor den anderen Kritiken hat diese den Vorzug einheitlicher Kriterien gegenüber Regieintention und Schauspielerführung, den Vorzug, daß die Auswertung der von Kortner gemachten Änderungen in ihrer Differenz zu Lessing von einem kritischen gegenwärtigen Standpunkt aus geschieht und auf die Gegenwart bezogen wird, den Vorzug, daß Nagel aus einer profunden Kenntnis des Regisseurs Kortner schöpft [10].

Da es hier um die Möglichkeiten geht, die Kortnerschen Intentionen zu verstehen und weiterzugeben, und zum anderen um die dabei deutlich werdenden ideologischen Positionen der Gegenwart, genügt es, die 'Theater heute'-Kritik Nagels zu besprechen.

Nagel vollzieht Kortners 'Emilia'-Inszenierung beschreibend nach. Besonders für die ersten beiden Akte erzählt er die Geschichte, die Kortner gezeigt hat. Er beschreibt die Szenerie, die Personen anhand ihrer Aktionen und Reaktionen. Er läßt sich Zeit zum Sehen und Beschreiben, wie Kortner sich Zeit gelassen hat, läßt sich mit ihm ein auf Entdeckungen.

So erfaßt er die Stimmung des ersten Bildes, den prunklosen Palast und den lässigen Umgangston bei Hof, schildert den schwermütigen, liebenswert jungen Prinzen, seine Liebe zu Emilia: Er beschreibt Kortners szenische Umsetzung der Faszination, die Emilias Bild im Prinzen auslöst und die 'unschuldige Liebeshoffnung', die Marinellis Vorschläge im Prinzen erwecken.

Diese Beobachtungen werden zusammen mit der Umstellung der Camillo Rota-Szene gewertet als demonstrativer Beweis dafür, daß Kortner "nicht das absolutistische System anklagt, sondern ... den liebenden Privatmann verständlich macht. In die Erinnerung prägt sich fürs Folgende nicht die pathetisch-entsetzte Frage Rotas ein: 'Ein Todesurteil recht gern?' - sondern die tastend-hoffnungsvolle Frage des Prinzen: 'Wie wenn ich sie da zu sprechen suchte?' ... Selbst wer für Kortners Sprache der dramatischen Bedeutung schwerhörig ist, muß spätestens bei diesem umgedrehten Aktschluß begreifen: Der Fortfall von antifeudaler Analyse und Attacke in der gesamten Exposition konnte kein Zufall [...] sein" [11].

Marinellis Einfälle werden geschildert als seiner Routine, seiner Überlegenheit entspringend - das ließ sich daran zeigen, wie er sie anbot; eine weitere Aufwertung von Marinellis Charakter geschieht durch den Wegfall der Angelo-Pirro-Szenen: Dadurch wird die Absicht Marinellis, Appiani zu töten, aufgehoben, und Marinelli ist nicht mehr der feige Schmeichler, der hinterhältig nur seine eigenen Interessen durchsetzt. Die Kürzung wertet Nagel jedoch nicht aus, er kommentiert: "der Wegfall der Angelo-Pirro-Szene ist nur Ökonomie" [12].

Nagel beschreibt Odoardo als "starr-patriarchalisch", als einen Mann, der "noch in die vorbehaltlosesten, von sich überzeugtesten Ausbrüche eine Spur trocken-harter Rechthaberei" bringt, konstatiert seine "Pedanterie" [13]. Er erklärt Odoardos Ankunft zu Hause als eine der Demonstrationen seiner Herrschsucht und die Auswirkungen seines 'moralischen Rigorismus' auf die Lebensführung der von ihm Abhängigen.

In Nagels Beschreibung der Szenen und ihre Deutung können Teilbeobachtungen aus anderen Kritiken eingeordnet werden: zum Beispiel der von Rismondo geschilderte achtlose Umgang des Prinzen mit den Akten, die von Lange angebotene Deutung des Wegfalls der Angelo-Pirro-Szenen, die bemängelten Lustspielelemente wie Puderquaste und Mantel [14]. So können negative Wertungen korrigiert werden wie die 'unfreiwillige Lächerlichkeit' (Kahl) einiger Szenen; das 'Suchspiel' (Kahl) erhält erstmals einen Sinn als "polternd-besitzergreifende Ankunft des Hauptmanns Galotti" [15].

Nicht erst anhand der Deutung, schon anhand der Beschreibung, die Nagel gibt, läßt sich eine Einordnung und Korrektur der Urteile anderer Rezensenten vornehmen. Diesen Wert besitzt die Kritik auch für private Rezipienten.

Zu den exakten Beschreibungen bietet Nagel Erklärungen an; die Aussage darüber, was Kortner darstellen läßt, wird durch die Schilderung, wie er es darstellen läßt, überprüfbar. Das macht diese Kritik so vielfach brauchbar. Sie ist - auch - eine Dokumentation der Aufführung, die es ermöglicht andere Schlüsse zu ziehen, die Erinnerung und Überprüfung des Urteils herausfordert. In dieser Hinsicht kann die Kritik eine kommunikative Funktion erfüllen.

Nagels Beschreibung hat Kortners 'mimische und körperliche Ausdruckssprache' [16] so festgehalten, daß sie der Textanalyse anhand des Regiebuchs zur Seite gestellt werden kann. So können die szenischen Aussagen mit dem Ergebnis der Textkürzungen und Umstellungen verglichen werden. So wie Nagel sie beschreibt, stimmen die (mehr) psychologischen und (weniger) sozialen Aussagen, die im Bühnenbild, im stummen Spiel, in den Reaktionen der dramatis personae aufeinander, im Spiel mit den Gegenständen ihres täglichen Lebens gemacht werden, überein mit den in der Analyse des Textes gewonnenen Erkenntnissen.

Bevor er die Aufführung beschreibt, stellt Nagel in seiner Einleitung diese Inszenierung in Beziehung zu anderen früheren Kortner-Inszenierungen von bürgerlichen Trauerspielen, zu 'Kabale und Liebe', 'Clavigo', 'Maria Magdalena'. Er beschreibt inhaltliche Parallelen zwischen den Dramen aus einer Perspektive, die durch vorhergehende Inszenierungen Kortners nahegelegt wurde [17]. Diese Parallelen faßt er selbst zusammen: Kortner "stellt das Bürgertum vor das Gericht seines eigenen Dramas." Über die Aufgabe des bürgerlichen Dramas zu seiner Entstehungszeit sagt er, "es wurde geschaffen als das Tribunal, vor das die Bürger, zweihundert Jahre ist es her, den Adel luden" [18].

Gleichzeitig mit seiner Interpretation der Kortnerschen Intentionen werden Nagels eigene an Kortner scheinbar objektivierte Interpretationsvoraussetzungen deutlich.

Nagel und Kortner empfinden die Notwendigkeit, das gegenwärtige Bürgertum vor ein "Gericht" zu stellen; wenn das als Selbstkonfrontation mit Hilfe des bürgerlichen Trauerspiels geschehen soll, kann dessen antifeudale Wendung aufgehoben werden - ja, sie muß aufgehoben werden, um dem etablierten bürgerlichen Publikum die Möglichkeit zu nehmen, daß es sich "mit der revoltierenden bürgerlichen Öffentlichkeit von einst identifiziert": Die "Verdammung eines nicht mehr existierenden Zwingherren" könnte nur noch "ein ruhiges Gewissen für eigene Zwangsusancen" schaffen [19]. Nagel wendet sich (mit Kortner) gegen das mit der Aufführung des Lessingschen Trauerspiels mögliche Ablenkungsmanöver, von Zwangsusancen auf frühe Freiheitsforderungen, und gegen die Apologie der etablierten bürgerlichen Gesellschaft durch den Verweis auf ihren revolutionären Anfang.

Zugleich schließt er aus diesen beiden Funktionen gegenwärtiger Wirkung auf die Wirkung des Trauerspiels in der Vergangenheit: Schon als das bürgerliche Trauerspiel den Hof anklagte, habe es 'aggressive Selbstgerechtigkeit' entwickelt und als 'ideologisches Ablenkungsmanöver', als 'Selbstentschuldigung' [20] gewirkt

Beides sei von Lessing in der 'Emilia Galotti' sowohl im Inhalt als auch in der Form festgemacht: Es werde gezeigt, wie 'höfische Verderbtheit bürgerliche Unschuld zerstört'. Aus der Wendung gegen die "genußfreudige Unordnung" - statt gegen "grausame Ordnung" - und gegen den "Mangel an erotischer Selbstbeherrschung" - statt gegen den "Bestand von politischer Herrschaft" [21] - sprechen Prüderie und "moralischer Rigorismus" [22], die sich nach der Machteroberung des Bürgertums (der Vorgang wird durch den Begriff 'nouveau régime' auf einen bloßen Machtwechsel reduziert) als 'moralischer Druck' statt des 'institutionellen Druckes' fortsetzten [23].

Das heißt: Wenn bei Lessing an Emilias Tod letztlich der schuld ist, der sie schänden will, dann ist bei Kortner - ist laut Nagel - an Emilias Tod vor allem der schuld, und war es schon immer, der sie für geschändet hält: War vorher der Prinz der Unterdrücker und als solcher der Angeklagte, so ist es jetzt Odoardo.

In Bezug auf die formale Gestaltung findet Nagel den Ansatz für Kortners Kritik bei der "Lessingschen 'Intrige'" [24]: Die Tatsache, daß bei Lessing Marinelli über die zum Tode Emilias führenden Ereignisse herrsche, denunziere die Herrschenden - bei Kortner herrscht Marinelli nicht, er ist der betrogene Betrüger. Gleichzeitig 'entzaubere' Kortner die Intrige durch die Komödienelemente und widerlege damit die Denunziation.

Bei Lessing werden die Zuschauer manipuliert durch den "Präzisionsmechanismus der ... Dramaturgie". Als eine 'perfekte Gleichung' aus 'kaltem Kalkül der Form und mitreißender Affektivität des Inhalts' werden in den letzten drei Akten Furcht und Mitleid der Zuschauer manipuliert - ein Vorgehen, mit dem "das aufsteigende deutsche Bürgertum von seiner absoluten Güte, Tugend, Unfehlbarkeit sich selbst überzeugen konnte" [25].

Die Selbstgewißheit in der Vergangenheit sei ein Fehler gewesen, der bis heute psychologisch-intellektuell fortwirke.

Aber Lessing war weder so einseitig in seiner Thematik, noch war seine Parteinahme gegen den Adel und für die Bürger so uneingeschränkt und bedingungslos, wie Nagel sie darstellt. Lessing nahm die Gräfin Orsina ein wenig und den Grafen Appiani ganz von der Demonstration der adligen Schlechtigkeit aus, und die Bürger, die er vorführt, sind bei weitem nicht so ideal, wie Nagel sie im nachhinein versteht; schuld an Emilias Tod war auch die Zaghaftigkeit und Isolation der Bürgerlichen. Schließlich herrschte auch bei Lessing Marinelli nicht über die Handlung, auch im Original schlägt jede seiner 'Anstalten' fehl. Nagel nimmt die rezeptionsgeschichtlich erfolgten Simplifikationen für die Aussage des Originals.

Bei Lessing geschieht die Denunziation, wie gezeigt wurde, auf eine viel genialere weil viel umfassendere Weise, nämlich durch das Eingreifen der Vorsehung, durch das deutlich wird, wie sehr die Fürsten - aber auch die Bürgerlichen! - von den Plänen der höheren Vernunft abweichen.

Damit erhält Nagels Bedenken gegenüber der Manipulation der Empfindung von Furcht und Mitleid bei den Zuschauern scheinbar eine umso größere Berechtigung. Aber der Beobachtung kann, was die mögliche Wirkung der "Manipulation" auf Lessings Zeitgenossen angeht, durch die Reflexion der objektiven Realität die negative Wertung genommen werden. Das Bürgertum hatte als Vertreter objektiv fortschrittlicher Interessen das Recht, gegen den Adel zu kämpfen und auch, im ideologischen Kampf moralische Argumente zu gebrauchen. Nagel übersieht, daß der Moralkodex als "Rückgrat" einer Klassenerhebung einen positiven Wert darstellte. Daß die Bürger n u r moralisch argumentierten und daß das letztlich ineffektiv bleiben muß, zeigt Lessings Trauerspiel durchaus und zwar ebenfalls mit dem Verweis auf die Vorsehung.

Wenn das später immer anders gelesen wurde, lag es nicht an Lessing, auch nicht an einer sonst durch Ideologen vorgegebenen Entwicklung, sondern die Veränderungen der "Verkehrsform der Gesellschaft" nach der Übernahme der Herrschaft durch das Bürgertum veränderte auch dessen Haltung gegenüber den eigenen Anfängen.

Gerade deshalb trifft Nagels Argument, daß eine Identifikation des gegenwärtigen Bürgertums mit den Lessingschen Bürgern verhindert werden muß. Das Bürgertum hat heute das Recht verloren, sich mit den von Lessing vorgegebenen Argumenten moralisch zu rechtfertigen. Wenn es das trotzdem tut, mißbraucht es Lessing zur Apologie.

Kortners Versuch die Apologie zu verhindern, nämlich das Bürgertum in der Rolle des Unterdrückers zu zeigen, wird von Nagel ausschließlich am Thema der Sexualmoral nachvollzogen; das schränkt seine Aussagen da wieder ein, wo sie allgemeiner zu sein schienen:

Das "Ablenkungsmanöver" des Bürgertums bezieht er nur noch darauf, daß das Bürgertum "Tugend" sagt und "Prüderie" meint. Darüberhinaus: Selbst eine von vornherein implizierte moralische Unterdrückung kann nicht als Selbstzweck gedacht gewesen sein. Folgt also die Frage, wer die Odoardos in der Gegenwart sind, und inwiefern sich ihre Macht näher definieren läßt.

Die Sexualmoral ist schließlich nicht der einzige Programmpunkt des Bürgertums, ist es auch nicht in Lessings 'Emilia'. Das Programm des Bürgertums war bedeutend umfassender, es ist also auch wesentlich vielseitiger n i c h t verwirklicht. Wenn Nagel feststellt, das Bürgertum habe an die Stelle des 'institutionellen Druckes' den 'moralischen Druck' gesetzt - scheint er zu implizieren, es habe den institutionellen Druck aufgehoben. Die Problematik der Unterdrückung qua Sexualmoral - und nur die ist hier angesprochen - ist gegenwärtig sogar eher untypisch. Trotzdem untersucht Nagel nicht, ob andere moralische Normen in der Realität zur Unterdrückung eingesetzt werden, und ob Unterdrückung in der gegenwärtigen Gesellschaft überhaupt im wesentlichen durch moralische Normen erfolgt.

Er geht auch nicht darauf ein, daß Kortner selbst noch einen Unterdrückungsmechanismus vorführt, nämlich die Unterdrückung durch die Religion. Nagel selbst beschreibt eine Szene, in der Kortner seine Erkenntnis umsetzte - Emilias Reaktion auf Appianis 'Ich werde eine fromme Frau haben [...]' [26], wertet seine Beobachtung aber nicht in diesem Sinne aus [27].

Die Antworten auf die Fragen nach dem Verhältnis zwischen Moral und Unterdrückung weisen hin auf die Differenz zwischen der heutigen und der vergangenen Wirklichkeit. Aber aus der erwähnten Eroberung der Herrschaft durch das Bürgertum zieht Nagel keine Konsequenzen; die Veränderung der ökonomischen Herrschaftsbedingungen bezieht er in seine Überlegungen nicht mit ein, die Eroberung ist ein geistiger, allenfalls ein verwaltungsmäßiger Akt.

So wird die Differenz bei Nagel nur in der Auswirkung der geistigen Haltung gesehen, die sich aus dem früh angelegten Fehler bis auf den heutigen Tag entwickelt hat - aus der Tendenz zum Gebrauch der Macht entstand das Establishment, das per definitionem "bürgerlich" ist. Heute erfolgt (bei Kortner) die nachträgliche Entlarvung der frühen Bürger. Nagel hat eine "Klasse" [28] vor Augen, die sich, da sie ihre Anschauungen und Ansprüche nicht geändert hat, gleich geblieben ist.

Nagel setzt voraus, daß von der Vergangenheit bis in die Gegenwart geistige Haltungen die Entwicklung bestimmt haben und daß eine Veränderung der Haltungen durch kollektive Einsicht eine Aufhebung der Unterdrückung innerhalb der zwischenmenschlichen Beziehungen zur Folge haben könnte.

Die Möglichkeit zur Einsicht bieten Kortner und Nagel an, wenn sie das bürgerliche Trauerspiel beschreiben mit der Absicht der "Desillusionierung der Gattung' [29] (damit wenden sie sich allerdings nicht, wie Nagel meint, gegen die Entstehungs-, sondern gegen die Rezeptionsgeschichte). Die Desillusionierung erfolgt literarisch: durch das Aufzeigen der ideologischen Parallelen zwischen 'Emilia Galotti' und 'Maria Magdalena' von Hebbel. Was in der 'Emilia' als Prinzip eingeführt und verteidigt wird, sei in der 'Maria Magdalena' nur noch enges Vorurteil. Also, so folgern Nagel und Kortner, müsse das Prinzip die Entwicklung zum Vorurteil schon in nuce in sich getragen haben. Nagel berücksichtigt nicht die historisch trennenden Faktoren, sondern stellt nur überzeitliche Zusammenhänge fest wie Herrschaft, Unterdrückung und Moral. Aus der Beobachtung eines Abstiegs wird gefolgert, daß die Qualität des Anfanges diesen Abstieg schuldhaft verursacht habe. Die vorgeführte Desillusionierung der Gattung des bürgerlichen Trauerspiels könnte als ein Parallelfall zu einer möglichen Desillusionierung der gegenwärtigen Wirklichkeit (als bürgerliches Trauerspiel) durch entlarvende Konfrontation aufgefaßt werden.

Desillusionierung ohne zusätzliche Orientierung läßt zunächst von progressiven bis zu reaktionären Haltungen alle Möglichkeiten offen. Nun nimmt Nagel aber Kortners fortschrittliche Ideen auf: Er spricht von einem Gericht für die Bürger, von der Gefahr der Apologie, die er dadurch vermeiden will, daß er die Identifikation der etablierten mit den frühen Bürgern zu verhindern sucht, und er vollzieht die Beschreibung der unterdrückenden Bürger (wenn auch nicht ganz vollständig) für den Leser nach. Die begriffliche Festlegung dieser Komponenten in der Kritik bietet jedoch weniger Möglichkeiten zu einer ergänzenden Interpretation oder Fragestellung als die Theateraufführung - eine Erkenntnis, die allgemein zutreffend sein dürfte für Fälle, in denen sich das Vorverständnis des

Autors, das in die Rezeptionsvorlage eingegangen ist, und das Vorverständnis des zeitgenössischen Rezipienten in etwa decken.

Nagel sagt deutlich, wer ohne Illusion betrachtet werden soll. Trotzdem kann die Desillusionierung nur ein Schritt sein, ein Anfang, dessen Entwicklung bei ihrer Anlage mitzudenken wäre. Da das bei Kortner und Nagel nicht der Fall ist, bleiben sie hinter möglichen Erkenntnissen zurück und leisten nicht das für unsere Zeit, was Lessing für seine Zeit leistete.

Die aus der gegenwärtigen Wirklichkeit und aus der Rezeptionsgeschichte abgeleitete Skepsis gegenüber den Bürgern im allgemeinen ist an die Stelle der Zuversicht der bürgerlichen Aufklärer in die eigenen Möglichkeiten getreten. So charakterisiert Nagels Fazit "Einem Stück der Aufklärung wurde ein Stück Aufklärung abgewonnen"[30] eine Verengung der historischen Aufklärung auf einen geistesgeschichtlichen Prozeß und die Vernachlässigung ihres programmatischen Auftretens: Der "Sinn der Aufklärung" bliebe nur erhalten durch Negation ihrer inhaltlichen Bedeutung.

Der einzige Fall einer partiellen inhaltlichen Kontinuität innerhalb der Kritiken zu Kortner liegt vor, wenn auch ohne ausdrücklichen Bezug, im Verhältnis der Kritik Hellmuth Karaseks zur Kritik Nagels.

Karasek geht ebenfalls von den vorangegangenen Kortner-Inszenierungen deutscher Trauerspiele aus und für die Beschreibung der Inszenierung zum Teil von gleichen Beobachtungen (besonders des Prinzen), zum Teil von ergänzenden; er beschreibt mehrere entscheidende Szenen, indem er sich jeweils die charakteristischen Details herausgreift und bietet so von allen Zeitungskritiken das genaueste Bild der Aufführung. Vor allem aber versucht Karasek, für einige bei Nagel offengebliebene Fragen Antworten zu finden: Zwar wiederholt er den von Nagel geführten Nachweis stattfindender Unterdrükkung nicht, er untersucht jedoch die Art der Unterdrückung und die Frage, wer die Unterdrücker sind und wen sie unterdrücken. Dabei denkt er sozialpsychologische Auswirkungen bis heute mit.

Anders als Nagel konstatiert Karasek nicht einen Widerspruch zwischen Lessings Intentionen und Kortners Interpretation, sondern er meint, Kortner habe das Maximum dessen verwirklicht, was Lessings Trauerspiel uns zu bieten hat.

Kortner inszeniere Lessing zwar gegen die Gewohnheit, aber nicht gegen Lessing. Dabei werden Kortners Entdeckungen zurückgeführt auf eine Interpretation Lessings im Sinne Richardsons: "die Verführer sind deshalb besonders böse, weil sie das Verführbare in der Seele aufspüren". Die Bestrafung muß dann als Selbstbestrafung erfolgen.

Karasek fügt zu Richardson das Postulat der Triebbefreiung hinzu, wie es in den zwanziger Jahren unseres Jahrhunderts von der Schule Wilhelm Reichs entwickelt wurde: Kortner helfe so Lessing zeigen, wie die "Gegensätze gesellschaftlicher Art [...] in moralische Opferhandlungen überführt" werden. Angewendet auf das Bürgertum in der 'Emilia Galotti' heißt das, es werde der Dolchstoß vorgeführt, den das Bürgertum gegen sich selbst dadurch führe, daß es "Konflikte stolz verinnerlicht" und daß es Triebabtötung betreibe, die gerade zum vorgeblich bekämpften Untertanentum prädestiniere.

Die Verantwortung für die Tragödie liege nicht mehr allein bei den Fürsten, sondern die Tragödie erwachse auch "aus der moralischen Unbedingtheit des Bürgerhauses": Emilia ist Opfer des Prinzen und ihrer Erziehung; deutlicher: "Die Töchter zahlen nicht (nur) für den Übermut der Fürsten, sondern (auch) für den Starrsinn der ihnen oktroyierten Vorstellungen". Ihre Erziehung erfolgte durch den Vater. Dieser ist ein Repräsentant des Bürgertums - moralisch-selbstgerecht (verwirft mit moralischer Begründung die Teilnahme am Staatsleben), vermeintlich unabhängig (tatsächlich flüchtet er sich in 'innere Rechte' und in eine "scheinbare Freiheit vom Hofe"), betreibt Triebabtötung - und das alles auf Kosten der Familie; dort haben die Frauen "abzubüßen", "was als bürgerliche Unabhängigkeit vor den Thronen nicht auf Rechte aus ist, sondern auf Triebunterdrückung [...]", dort ertrotzt "man" (= Mann), "was man den Fürsten abzutrotzen vermeint". Um der Möglichkeit der moralischen Überhebung willen, um des sicheren Besitzes "der inneren Rechte" willen, wird Triebunterdrückung betrieben, die tatsächlich nur scheinbare Freiheit gewährt, aber zu wirklicher Unterdrückung führt: "Die Bürgerwelt wird als ihre eigene Gefangene vorgeführt" und die wirklichen underdogs sind die Frauen, in denen Leichtsinn, Unverstand und Sexualität bekämpft werden.

Die Gewohnheit sah in Lessings Trauerspiel nur einen "Fanfarenstoß des unterdrückten Bürgertums gegen den verbuhlten Absolutismus" und Kortner zeige nun, daß nicht nur das Bürgertum, sondern auch der Absolutismus ganz anders waren: "Die Schlagworte von bürgerlicher Erhebung gegen absolutistische Willkür hielten der peinlich genauen Befragung des Lessingschen Textes nicht stand" 31). An Lessings Text zeige sich vielmehr, "daß die absolutistische Welt so absolutistisch nicht mehr ist, wie sie das vor ihr erzitternde Bürgertum wahrhaben wollte". Nun gibt es heute zwar gar keine absolutistische Welt mehr, aber Karasek meint wohl auch eigentlich, daß die absolutistische Welt n i e so absolutistisch war, wie sie vom Bürgertum zur Rechtfertigung seiner Passivität dargestellt wurde, und daß sie es auch in Lessings Schilderung nicht ist, denn aus ihr bezieht Karasek seine Erkenntnis, der Text widerlege die Schlagworte von bürgerlicher Erhebung. Damit fehlt Karasek aber zugleich die Grundlage für seine Folgerung.

Die an Kortners 'Emilia' entwickelte Theorie Karaseks, bei Lessing werde die Notwendigkeit der Triebbefreiung gezeigt, soll am Trauerspiel durchgespielt werden:

Emilia übt Triebbefreiung, Claudia und Odoardo haben nichts dagegen, daß sie sich mit dem Prinzen einläßt. Es gibt zwei Möglichkeiten, wie die Affäre sich entwickeln kann. Entweder heiratet der Prinz Emilia wider alle Wahrscheinlichkeit. Dann werden ihre Familie und sie mit Sicherheit geadelt und die Triebbefreiung hat dem Bürgertum nichts genützt. Oder der Prinz amüsiert sich, Emilia amüsiert sich auch und nach einem halben Jahr ist der Prinz ihrer überdrüssig und auch das hat dem Bürgertum nichts genützt, im Gegenteil, es hat sich dem Untertanentum bedingungslos ausgeliefert.

Dieses "Durchspielen" ist natürlich nur unter der Voraussetzung auch auf Kortner/Karasek anwendbar, daß "absolutistisch" und "bürgerlich" gesellschaftlich definierte Begriffe sind. Sie werden aber von Karasek nur zur Definition von Verhaltensweisen benutzt: Der Prinz ist gar nicht so "absolutistisch" bei Kortner, beobachtet Karasek: "er verbreitet um sich keine Aura aus Schrecken und Pracht", "seine Launen sind nicht wirklich zu fürchten", er spielt seine Macht nicht aus - entscheidend ist aber doch, daß er die Macht h a t !

Im Absolutismus regiert der Monarch uneingeschränkt, indem er die Stände ausschaltet, er vereinigt in seiner Person die oberste

Legislative, Exekutive und Judikative [32]- dieser Definition entspricht der Prinz von Guastalla nach wie vor und sie ist nicht aufhebbar durch die persönliche Einstellung des Herrschers zum Besitz der Macht oder durch den positiven oder negativen Gebrauch dieser Macht. Wenn Karasek nun meint, Kortner könne in sein-r positiven Schilderung des Prinzen auf Lessing zurückgreifen, dann negiert er wesentliche Inhalte des Lessingschen Stückes, recourriert auf die von Lessing aufgehobenen "Hintertürchen". Deshalb vernachlässigt er auch den inhaltlichen Schwerpunkt der Rota-Szene: Sie zeige "den absolutistischen Leichtsinn im Umgang mit einem Todesurteil" - daß dieser Leichtsinn nicht auf Fürsten beschränkt war, ließ sich an der Lessing-Rezeption zeigen - und führe "rätliche Redlichkeit vor Herrscherthronen um ihrer selbst willen als 'Einlage'" vor, die Szene sei 'pathetischer Abschluß eines Aktes'. Mit spätbürgerlicher Überheblichkeit und Gleichgültigkeit geht Karasek über Willkür und Menschenverachtung im Absolutismus hinweg, wenn sie sich subjektiv freundlich präsentieren.

Auch das Bürgertum wird durch ein bestimmtes Verhalten definiert, das beschrieben wird als selbstgerecht, moralinsauer, feige nach oben und unterdrückend nach unten, nämlich gegenüber den Frauen. Die Bürger sind noch dazu nur um eingebildeter Vorteile willen "moralisch": um ihre Überheblichkeit zu rechtfertigen und um den Schein ihrer Unabhängigkeit (vor sich selbst?) zu wahren. Ihre Moral ist dann nicht mehr eine zu einem bestimmten Zeitpunkt denkbar gewesene Vorstellung vom Leben, sondern sie ist nur und ist immer nur gewesen: Vorwand, Fassade. Karasek substituiert den heutigen eingeengten und mißbrauchten Moralbegriff für den frühen, der eine zeitlang durchaus positiv, als eine konkrete Utopie, aktivierend und einigend wirken konnte, und er führt die "Bürgerwelt" als Gefangene sinnloser Moralvorstellungen vor.

Historische Abläufe werden außer acht gelassen, wenn davon ausgegangen wird, daß das Bürgertum zu Lessings Zeit für immer und ganz auf die Macht verzichtet habe, daß die Bürger immer Untertanen geblieben seien; das Bürgertum hat die Macht schließlich doch übernommen. Auch Karaseks Argument vom psychologischen Untertanen ist so nicht mehr zutreffend - er wird nicht behaupten wollen, das Bürgertum betreibe immer noch sexuelle Triebunterdrückung. Ist die

Bourgeoisie, wenn sie sich von der Triebunterdrückung befreit hat, aber schon keine mehr?

Da nicht gesellschaftliche Positionen, sondern individuelle Haltungen angegriffen werden scheint es möglich zu sein, durch Änderungen der individuellen Haltungen auch die Position in der Gesellschaft zu verändern: So wie der Prinz "so absolutistisch nicht mehr ist", könnten auch die Bürger weniger 'bürgerlich' werden. Sie könnten typische Verhaltensweisen ablegen und sich so von der selbstverschuldeten Unterdrückung befreien. Das Trauerspiel wäre dann Beispiel und Aufforderung dazu - aber am ausgeführten Beispiel des Prinzen erwies sich schon, daß sich durch die Änderung der individuellen Haltung an den grundsätzlichen Positionen und ihrem Verhältnis zueinander eben doch nichts ändert.

Diese Utopie werde (vorläufig?) dadurch verhindert, daß Bürger und Fürsten sich als "zwei unvereinbare fremde Welten" gegenüberstehen, die "nur ihre eigenen Mechanismen erfüllen" - eine "Freiheit der Wahl" gebe es für die in die Handlung verwickelten Personen nicht. Nur die Zuschauer könnten aus dem Gezeigten lernen; aber lernen sie dann nicht auch gleich, daß es für sie keine Handlungsfreiheit gibt?

Diese fatalistische Beschreibung einer Determination, die mechanisch abläuft, widerspricht der gleichfalls enthaltenen Aufforderung zur Selbstbefreiung von hemmenden Haltungen.

9.3 Die Bearbeitung als Faktor in der Wirkungsgeschichte der 'Emilia'

Die unmittelbare Wirkung der Inszenierung war natürlich an den Zeitabschnitt gebunden, während dessen sie auf dem Theater gespielt wurde. Nun ist die Kortner-Inszenierung aber auch über die Zeit der Aufführungen hinaus im Bewußtsein geblieben. Es wird wiederholt im Zusammenhang anderer 'Emilia'-Inszenierungen oder literaturwissenschaftlicher Untersuchungen auf Kortner verwiesen [33)], dabei berufen sich die Rezipienten auf Nagel [34)], zitieren aus seiner Kritik, oder interpretieren in ähnlicher Weise ohne ihn zu nennen.

Nagels Text war mehrfach gedruckt worden und war besonders in

'Theater heute' leicht zugänglich. Aber seine Thesen wurden sicher nicht nur dieser günstigen publizistischen Umstände wegen allgemein aufgegriffen, sie müssen einem Kritik- oder Erklärungsbedürfnis entgegengekommen sein. Es soll untersucht werden, worin das bestand und was im Laufe der Rezeption mit Nagels Ideen geschah.

Das Trauerspiel wird, mit Nagel, allgemein aufgefaßt als ein "Gericht".

Nagel zeigte, wie Kortner, statt das Gericht des bürgerlichen Dramas über die Fürsten nachzuvollziehen, "das Bürgertum vor das Gericht seines eigenen Dramas stellt", die Klage statt gegen 'adelige Zuchtlosigkeit' gegen "bürgerliche Zucht" wendet. Das Verfahren wird nachvollzogen.

Nach Darstellung der Kritiker wird die Anklage meist von Kortner vertreten [35)], aber auch von dem "Drama" [36)] - niemand sucht nach einer gesellschaftlich möglichen Anklagevertretung.

Angeklagt ist das Bürgertum: Barner bezieht die Anklage ("die Stoßrichtung des Dramas") auf den "ursprünglichen Kläger", also auf Odoardo. Dann verallgemeinert er: "Denn aus historischer Rückschau trägt nicht so sehr der Hof die Schuld [an Emilias Tod], sondern das in seiner Typenideologie erstarrte Bürgertum" [37)]. Und so ist die am meisten verbreitete These zur Inszenierung Nagels Erkenntnis: "Wenn ein geschändetes Bürgermädchen Selbstmord begehen oder sich töten lassen muß, so liegt die Schuld nicht bei dem, der es 'geschändet' hat, sondern bei denen, die es für 'geschändet' halten" [38)].

Nagels Idee des Gerichts wird fast wörtlich aufgegriffen von Iden: "vor dem Gericht, das das Drama abhält, erscheinen die Kläger als Beklagte: der moralische Rigorismus, der den Vater seine Tochter töten läßt, wird kritisiert [...]". Durch die Personifikation der Moral verliert die Kritik ihren eigentlichen Adressaten, das Bürgertum, und es wird eine Haltung "an sich" kritisiert: der Rigorismus.

Für Karasek findet das Gericht so statt: Kortner 'setzte die rechthaberischen Akzente der Bürgerwelt ins pedantisch-dumpfe Unrecht" [39)]. Auch er personifiziert die 'rechthaberischen Akzente' und wendet den Angriff nur gegen den damit definierten Teil der "Bürgerwelt".

Behr: "So wird die Moral mörderisch"; Müller spricht von der

"Tragödie eines problematischen moralischen Rigorismus" und Baumgart entdeckt 'hinter der Fassade' des bürgerlichen Protestes "die genußvolle Ohnmacht schon der allerersten bürgerlichen Emanzipationsversuche" [40].

Die immer wiederkehrende Metapher der Personifikation bedeutet ein Ausweichen bei der Benennung der Schuldigen oder Unsicherheit, wer denn nun wirklich mit dieser Moral zu identifizieren sei. Gleichzeitig mit der Anklage werden die Bürger entschuldigt und die eigentliche Anklage gilt dem "moralischen Rigorismus" [41], dem 'blinden Moralismus' (Schultz) etc.

Wenn Odorado sogar, wie bei Behr, zum "Werkzeug" einer personifizierten Moral wird, ist er schon wieder frei von Schuld, ist er fast ein Opfer wie Emilia [42].

"Moral" wird nur noch als eine Haltung zur Sexualität betrachtet und als solche mit "Prüderie" gleichgesetzt. So wird dem Begriff jede inhaltliche Relevanz genommen und es wird ihm eine pejorative Bedeutung gegeben. Weiter wird davon ausgegangen, daß der strenge Moralkodex, zusammen mit moralischer Heuchelei, eine bürgerliche Haltung per se sei - und daß die genaue Negation dieser Position, die "absolute Sinnlichkeit", auch "antibürgerlich" sein müsse [43].

Tatsächlich entspricht aber das neue Moralkonzept (offiziell: der Verzicht auf "Moral") einer neu hinzugekommenen Komponente der bürgerlichen Freiheitsideologie, der Freiheit zum Konsum. Die "Befreiung" findet dann allenfalls individuell-egoistisch statt.

Kennzeichnend dafür, daß sexuelle Freizügigkeit nicht unbedingt gesellschaftlichen Fortschritt bedeutet, ist, daß schon Mauvillon als Verfechter feudalabsolutistischer Anschauungen Emilia den Rat erteilte sich welterfahrener zu benehmen. Jetzt muß sie sich von Behr vorwerfen lassen, sie sei eine "unemanzipierte Höhere Tochter" [44].

Es ist unvorstellbar, daß die als Negativum empfundene Moral freiwillig akzeptiert und übernommen wird, sie kann nur aufgezwungen oder gegen das eigene Interesse verinnerlicht werden. Deshalb funktioniert "Moral" als Unterdrückungsinstrument.

So argumentiert Iden, und Barner faßt noch einmal Nagels Urteil über die Funktion der "Moral" zusammen, wenn er sagt, Kortner demaskiere das Bürgertum "indem er, was diesem am Adel als bekämpfenswert galt, die institutionalisierte Repression, in ihrer Verinnerlichung als bürgerliches Spezifikum kennzeichnet: als moralische Unterdrückung" [45].

Ebenfalls Nagel zusammenfassend (so sagt er jedenfalls selbst) schreibt Müller: Kortner "gewinnt das Komische aus [...] einer Kritik daran, daß der erlittene politische Zwang zu moralischer Unterdrückung verinnerlicht wird" [46]; was bei Nagel (vorwiegend) als Unterdrückung anderer aufgefaßt wurde, beschreibt Müller als Selbstunterdrückung. Die Position der Bürger erscheint als durch die Moral geschwächt.

Bei Karasek wird dann ganz deutlich, daß die Moral keine Kraft mehr ist, sondern nur noch eine Schwäche: Moral rechtfertigt den Rückzug aus der Politik, prädestiniert zum Untertanentum [47].

Als Schwäche wird die Moral auch von Reinhard Baumgart beschrieben: Hinter der "Fassade des scheinbar heroischen Protestes der Galottis" sei zu erkennen "die genußvolle Ohnmacht schon der allerersten bürgerlichen Emanzipationsversuche".

Die Ablehnung der Moral des aufsteigenden Bürgertums durch das heutige Bürgertum wird damit begründet, daß sie es gewesen sei, die 'eine als unglücklich zu bezeichnende Entwicklung' [48] verschuldet habe - sei es, daß sie Macht verlieh oder sei es, daß sie zur Ohnmacht verurteilte. Ein Anknüpfen an die Vergangenheit erscheint in keinem Fall wünschenswert.

Grundlegende historische Ereignisse, besonders was die Frage der negativen Entwicklung angeht, werden übereinstimmend ignoriert; so herrscht in der Beantwortung der Frage, ob das Bürgertum sich denn nun emanzipiert habe, eine Vielfalt der Meinungen, da die Frage gar nicht als überhaupt am Geschichtsverlauf zu überprüfen aufgefaßt wird. Bei Karasek flüchten die Bürger in Ohnmacht, sie wollen sich nicht emanzipieren; zumindest für einen Teil der Bürger - die, die so sind wie der Oberst Galotti - gilt das auch laut Baumgart. Barner spricht sogar von einem sich "im 19. Jahrhundert [...] vollendenden historischen Prozeß politischer Abdankung des Bürgertums" [49] - laut Iden haben sich die Bürger aber doch emanzipiert.

Die Frage nach der Emanzipation des Bürgertums wird vollends diffus durch die fehlende Übereinstimmung in der Definition dessen, was ein "Bürger" ist. Nagel meint "Establishment", wenn er "Bürgertum" schreibt, Karasek bezeichnet als "Bürgerwelt" den Teil der

Weltbevölkerung, der einer von vielen (klein-) bürgerlichen Denk- und Verhaltensweisen entsprechend lebt. Für Baumgart besteht die Welt aus verschieden zu definierenden Bürgern: Einerseits ist der Prinz als ein "Sturm-und-Drang-Gemüt" ein 'vorweggenommener Bürger', andererseits ist aber auch Galotti ein Bürger. Er illustriert als solcher "die genußvolle Ohnmacht schon der allerersten bürgerlichen Emanzipationsversuche". Es gibt eben solche und solche - Menschen, gleich Bürger.

Nicht nur, daß so die Auseinandersetzung zwischen Adel und Bürgertum im Trauerspiel keine Rolle mehr spielt - sie scheint nie stattgefunden zu haben. Kortners Änderung wird genutzt, um den Konflikt so darzustellen, als spielte er sich auf einer Ebene ab - das sei die Bürgerliche, das sei die einzig mögliche menschliche Ebene. So wird Lessings Text gereinigt von der Idee der Klassenantagonismen [50]; die Frage nach der "Schuld" an den Ereignissen wird jedem Einzelnen von einem Einzelnen gestellt.

Wenn die Kritik an der "Moral" als Kritik am Bürgertum bezeichnet wird, so ist das eigentlich redundant: Kritisiert wird ein Verhalten. Die sich so verhalten sind per definitionem Bürger. Es wird also eigentlich nur ein Verhalten kritisiert, das voluntaristisch als "bürgerlich" bezeichnet worden ist.

Kennzeichnend für diesen Ansatz ist ein Unbehagen gegenüber dem "Bürgerlichen", eine Weigerung, mit dem Begriff positive Werte zu verbinden. Der Widerspruch gegen die Behauptung bürgerlicher Vorbildlichkeit entspricht der Beobachtung gegenwärtiger Realität. Ihr entspräche es aber auch, in Lessings Bürgern einen lebendigen Vorwurf gegenüber dieser Realität zu erkennen; sie als eine historische Utopie aufzufassen, die einen Vergleich mit der Gegenwart herausfordert. Statt dessen werden schon Lessings Bürger verdammt. Das ist die Reaktion eines bürgerlichen Selbstschutzes, mit dem das Unbehagen an einer sich und andere in ihren Entfaltungsmöglichkeiten behindernden bürgerlichen Gesellschaft aufgenommen wird, zugleich aber die Verantwortung für die Gegenwart abgelehnt und den frühen Bürgern Lessings übergeben wird.

Statt mit der Anklage des Absolutismus wird die 'Emilia' jetzt vage mit einer Anklage des Bürgertums identifiziert. Aber so wenig wie vorher überprüft wurde, inwiefern es sich um eine Anklage des absolutistischen Systems handelte und um "Bürgermut", so wenig wird die neue Anklage konkretisiert. Tatsächlich wurde nur ein Topos für den anderen substituiert.

Auf die Kortner-Inszenierung wird zurückgegriffen als auf eine Möglichkeit, sich der als überholt empfundenen Idee vom Bürgermut vor Fürstenthronen zu entledigen - das Schema 'hier bürgerliche Tugend - dort höfisches Laster' ist uns inzwischen "in die Poesiealben abhanden gekommen" 51) - und an ihrer Stelle "moralischen Rigorismus" in dem Trauerspiel dargestellt zu sehen.

Die Aussagen, die sie bei Kortner finden, habe schon Lessing in dem Trauerspiel angelegt, unterstellen die Kritiker (im Gegensatz zu Nagel).

So war es, nach Behr, schon Lessing, der "die letale Kollision zwischen moralischem Bürgertum, das eben durch diese Moral beherrschbar ist, und den amoralischen Herrschenden, die ja guten Gewissens ohne Moral herrschen können [...]" vorführte 52). Dann hätte Lessing den Bürgern Abwendung von der Moral empfehlen müssen. Aber Lessing habe "noch" eine Tragödie darin gesehen, daß die Moral mörderisch wurde; Kortner dagegen sehe "bereits eine tragische Gesellschaftsfarce, Schroeter nur mehr die Mustertragödie" 53). Hier wird die Beschreibung einer kontinuierlichen Entwicklung des Bewußtseins suggeriert: Ein historisch fortschreitendes Bewußtsein habe sich allmählich immer weiter von Lessing entfernt. Wenn Lessings Erkenntnis also "noch" historisch beschränkt ist, Kortner "bereits" relativ fähig zur Erkenntnis, hat Schroeters Inszenierung dann Lessing als nicht mehr brauchbar gezeigt, "nur mehr" als ein veraltetes Kunstwerk? Weil die Veränderung der Wirklichkeit nicht reflektiert ist, täuscht ein Pseudo-Zusammenhang eine Entwicklung vor.

Karasek versucht, Kortners und Schroeters Interpretationen als Entfaltungen von Lessings Möglichkeiten zu verstehen. Kortner "riskierte das reiche 'Schon'" - da er die Bürger ins Unrecht setzte - und Schroeter zeige das "Noch nicht", Lessings Nähe zur französischen Tragödie. Karasek geht jedoch nicht ein auf die damit angesprochene Differenz zwischen dem grundsätzlich gesellschaftsbezogenen Ansatz Kortners und dem ästhetisierenden Ansatz Schroeters, der noch dazu versucht, Lessing eine rückschrittliche Tendenz nachzuweisen und bewußt eine konservative Haltung bezieht.

Die Identifikation von Lessing und Kortner kommt bei Barner sehr deutlich dadurch zum Ausdruck, daß er die Wirkung von L e s s i n g s Trauerspiel fast wörtlich erklärt mit Nagels Beschreibung von K o r t n e r s Unbehagen über die 'perfekte Gleichung', "in die Lessing kaltes Kalkül der Form und mitreißende Affektivität des Inhalts zu bringen vermochte" [54], wenn er nämlich von der "gelungenen Mischung von Kalkül und Affekt" spricht [55], der die Erfolge der ersten 'Emilia'-Aufführungen zuzuschreiben gewesen seien.

Die Aussagen dazu, in welchem inhaltlichen Verhältnis die Bearbeitung zu Lessings Text steht, sind nicht hergeleitet aus der Antwort auf die Frage, in welcher Realität und von welchem Standpunkt aus Lessing sein Trauerspiel schrieb. Dadurch, daß die sich verändernde Realität und das sich mit verändernde Verhältnis zwischen Text und Wirklichkeit nicht in die Deutung des alten Textes und seines Verhältnisses zu der neuen Wirklichkeit eingehen, werden Vergangenheit und Gegenwart verwirrt und erscheinen schließlich als e i n e literarische Wirklichkeit, die verschiedene Deutungen zuläßt.

Der Text "an sich" bietet der Gegenwart dann scheinbar mehrere Assoziationsmöglichkeiten, denn jeder Rezipient setzt sein eigenes Verständnis der Gegenwart absolut. Das geht auch hervor aus der Rezeption von Nagels Kortner-Interpretation: Zwar fanden die Kritiker ihr Unbehagen an der gegenwärtigen Gesellschaft bei ihm artikuliert, aber schon bei der Anwendung (oder bloßen Umformulierung!) seiner Kritik verändert sich der Inhalt durch jeweilige Ersetzungen von Definitionen und Voraussetzungen (zum Beispiel in der unterschiedlichen Beantwortung der Frage, ob Kortner Lessing umdeute oder verwirkliche). Das zeigt, wie klein die Basis nur ist, von der gemeinsam ausgegangen wird: Die Ideen und Termini, die als Anknüpfungspunkte im Bewußtsein der Rezipienten funktionieren, erweisen sich als nicht einheitlich definiert.

Immerhin hat Nagels Kritik, in dem untersuchten und definierten Umfang, die Funktion erfüllt, individuelle Rezeption zu organisieren und dadurch einen bedeutenden Teil dazu beigetragen, ein Weiterwirken der Inszenierung zu ermöglichen.

9.4 Die Rezeption durch die konventionelle Theaterkritik

9.4.1 Rezeptionserwartungen

Die literarischen und ästhetischen Voraussetzungen, unter denen Kortners 'Emilia'-Inszenierung von den Kritikern eingeschätzt wird, ergeben sich aus der Interpretation der Lessingschen 'Emilia' - besonders in Bezug auf das Virginia-Plot und sein Verhältnis zur Wirklichkeit des 18. Jahrhunderts - sowie aus Erwartungen, die an den Regisseur Kortner geknüpft sind.

Das Verhältnis des Inhalts zur vergangenen Wirklichkeit ist relativ übereinstimmend "geklärt" - das Trauerspiel wird als "Anklage" aufgefaßt: "Anklage gegen feudale Willkür" (Beer), "Despotenanklage" (Lossmann), Anklage gegen die Drahtzieher der Intrige (Lange); es ist ein 'politisch-moralisches Trauerspiel' (Santner), ein "Trauerspiel von Bürgern am Fürstenhof" (Wagner), es 'illustriert' den "sich vorbereitenden Aufstand des Bürgers gegen Fürstenwillkür" (Spiel), den Widerstand gegen die Tyrannei (Rismondo), bezieht Stellung "für die bürgerliche Freiheit" (Wagner) und die 'Bürgermoral' in Anführungszeichen (Lossmann).

Diese Erklärungen sind nicht abgedeckt durch entsprechende Interpretationen der 'Emilia Galotti', wie aus den Inhaltszusammenfassungen bei Spiel, Beer und Lossmann hervorgeht.

Hilde Spiel beschreibt den 'Grundgedanken' in der 'Emilia' im Rückgriff auf die 'Virginia': "Virginia, nach römischer Sage die jungfräuliche Tochter des Plebejers Virginius, wurde von ihrem Vater erstochen, als der Dezemvir Appius Claudius ihr nachstellte." Damit beschreibt sie ausschließlich den privaten Aspekt der Handlung und negiert seine für den Vergleich mit Lessings Drama besonders wichtige gesellschaftliche Verknüpfung. Lessings 'Dénouement' mache das Ganze erst recht 'unspielbar' und den fünften Akt 'peinlich': "Emilia, noch nicht einmal verführt, muß um ihre Tugend bangen; ihr eigenes heißes Blut, so fürchtet sie, mag bewirken, daß sie zur Konkubine des Prinzen wird. Sie überredet ihren Vater, sie zu erstechen." (Als besonders empörend wird das Prophylaktische der Handlung empfunden.) Daß Lessing, wie Frau Spiel später sagt, "den sich vorbereitenden Aufstand des Bürgers gegen Fürstenwillkür [...] als eigentliches Demonstrationsobjekt seines Trauerspiels sah", wird aus ihrer Beschreibung der Handlung nicht deutlich. Diesen "Aufstand" hält sie nicht für überholt, sondern begrüßt, daß Kortner ihn herausgearbeitet habe.

Beer erzählt die Handlung so: "Das bürgerliche Trauerspiel von dem Vater, der seine Tochter lieber ersticht, statt sie zur Mätresse des Prinzen werden zu lassen, von der Tochter, die diesen Tod herausfordert und sucht [...]" - dies war einmal "Sprengstoff", "gefährlich" als "Anklage gegen feudale Willkür". Inwiefern es das war, und was es bedeutet, daß das "heute in einer Wald-und Wiesen-Inszenierung nicht mehr glaubhaft zu machen" wäre, darauf geht Beer nicht ein, ebenso wenig begründet er seine Meinung, es gelänge Kortner, gerade das wieder glaubhaft zu machen.

Auf irgendeine vergangene Relevanz des Stückes läßt Blaha sich gar nicht erst ein, seine Haltung ist ganz gegenwärtig ablehnend: "diesem nicht ganz bürgerlichen Trauerspiel, in dem ein Musterbeispiel durchsichtiger Hofintrige mitsamt dilettantisch ausgeführtem Mordkomplott, durch Ungeschicklichkeit verdorben, nicht zum erwünschten Ziele führt, ermangelt es an Logik, ebenso wie an zwingend schicksalhafter Fügung" - für Lessings Beschreibung des Schicksals ist Blaha blind und taub. Einer 'psychologischen Beglaubigung' bedürften folgende "Ungereimtheiten der Handlung": "Emilias Entführung und Verhalten, ihr Tod schließlich durch die Hand des Vaters, der sie quasi prophylaktisch, um ihre Ehre vor dem Zugriff des Landesherren künftighin zu schützen, umbringt".

Wickenburg bezeichnet das Trauerspiel als 'schwer spielbar', Karsch meint, uns heute "erschreckt" das Trauerspiel "oder macht uns lachen" und Joachim Kaiser spricht davon, daß die 'Reinheitsprobleme' "für manchen Heutigen vielleicht antiquiert wirken".

So besteht einerseits ein Konsens darüber, daß der Virginia-Konflikt überholt ist, nicht überholt aber die Illustration der historischen Auseinandersetzung zwischen Adel und Bürgertum (Ausnahme: Wagner). Andererseits wird die Handlung auf die 'antiquierte' Thematik reduziert und es wird von Kortner erwartet, daß er den Zugang zum Virginia-Motiv, das unter dem Gesichtspunkt der Identifikation peinlich geworden ist, qua Identifikation wieder eröffnet, daß er psychologisch rechtfertigt, was als peinlich empfunden wird. An eine gesellschaftliche Beglaubigung der Ereignisse wird weder für die Vergangenheit noch für die Gegenwart gedacht. Die "historischen" Erklärungen haben in ihrer Unverbindlichkeit den Charakter von Topoi.

Die negative Meinung über das Trauerspiel in Bezug auf seine Qualität - Hilde Spiel zitiert Goethe als Kronzeugen dafür, daß es sich hier um einen "mittelmäßigen Klassiker" handelt - und Aktualität trifft auf eine außerordentlich positive Erwartungshaltung in Bezug auf Kortners Fähigkeit, psychologische Begründungen zu finden und Unbegreifliches verständlich zu machen.

So sagt Blaha sofort nach seiner negativen Inhaltsbeschreibung: "Daß Fritz Kortner der Mann solch erhellender Motivationen ist, steht außer Frage"; er verstehe es, "die menschliche Wahrhaftigkeit" der Rollen und die "Substanz des Textes aufzuspüren und auszuloten".

Kortner könne die Zusammenhänge 'mit Geduld und psychologischem Feingefühl ausleuchten' (Spiel), er könne "die psychische Situation des Sprechenden" deutlich machen (Wagner), der 'vertrauten Geste im Außergewöhnlichen nachspüren' (Kahl), "dem heutigen Empfinden nahebringen" (Wickenburg), ein 'erhellendes Licht' für die Personen finden (Seidel); er suche Wahrheit (Lossmann nennt ihn einen "Wahrheitsfanatiker", Blaha spricht von "Wahrheitsbesessenheit") und psychologische Wahrscheinlichkeit (Blaha, Karsch).

Die Psychologie wird als Bestandteil eines nicht näher definierten 'Konzepts' angesehen oder macht es allein aus [56].

Mit Sicherheit wird eine "Überraschung" (Blaha) erwartet - schon weil die Kritiker sich inhaltlich keine konkreten Vorstellungen machen, sondern einfach nur "gespannt" sind ("Man war [...] gespannt, wie er eine 'Emilia Galotti' [...] dem heutigen Empfinden nahebringen würde", Wickenburg) und verwundert: "Irgend etwas aber muß Kortner an diesem Niederschlag einer abgelebten Vorstellungswelt gereizt haben [...]" (Spiel).

Die Frage nach dem "warum" der Stückauswahl stellt sich übrigens nur für die Premierenkritiker; für die Tourneekritiker ist die Inszenierung eine Tatsache (als solche ein "Geschenk" usw.), die eine Frage nach ihrer Daseinsberechtigung nicht mehr zuläßt, obwohl aus den Rezensionen hervorgeht, daß sie noch immer nicht beantwortet werden könnte.

Außer der Herstellung psychologischer Glaubwürdigkeit wird von

Kortner die Anwendung außergewöhnlicher Theatermittel erwartet: Verwirklichung eines 'maximalen künstlerischen Anspruchs' (Blaha), "Niveau" (Rismondo), 'Komposition', "Choreographie", "Intensität", 'Genie' (Beer), "Theaterpranke" (Lossmann), Intelligenz und Willen (Kaiser). Dabei liegen der "Sinn für das Detail" (Kahl) und die "Sucht am Detail" (Seidel) ununterscheidbar nah beieinander [57].

Die Erwartungen, die sich an den Regisseur knüpfen, werden eingeschränkt durch die Arbeitsbedingungen, die Kortner hatte beziehungsweise schuf [58].

Entsprechend wird argumentiert, um die Verantwortung für das vorgebliche Mißlingen der Aufführung gleichermaßen auf das veraltete Drama, auf Kortners Arbeitsstil und auf die Schauspieler verteilen zu können.

Während das Urteil über Lessings 'Emilia' gefällt ist, und zwar negativ, lassen die Erwartungen, die sich an die Person des Regisseurs knüpfen, auf ein bedeutendes Theaterereignis hoffen.

9.4.2 Die Suche nach Kortners Konzept

Daß Kortner ein Konzept haben werde (und noch dazu ein besonderes), gehörte zu den in ihn gesetzten Erwartungen - die Kritiker betrachten es als ihre Aufgabe, es herauszufinden, zu beschreiben und zu prüfen, ob es verwirklicht wurde.

Die Schwierigkeiten, die sie dabei haben, werden zu Vorwürfen gegenüber Kortner und den Schauspielern: Blaha findet, Appiani sei "rätselhaft umdüstert", der Schauspieler habe ihm "nicht vermittelt, was er eigentlich zu spielen hat" - und das sei typisch für die ganze Inszenierung, in der "man allerdings bald nicht mehr (weiß), was Konzept gewesen ist, man kann allenfalls erraten, was Absicht war und nicht erfüllt worden ist." Großes Aufatmen Blahas angesichts des Prinzen: "Klarheit herrscht immerhin [...]", "Da weiß man wenigstens Bescheid".

Wickenburg findet das Thema der 'Emilia' nicht "zeitgemäß", aber "mit diesem - modernen - Widerspruch wurde der Zuschauer [...] allein gelassen". Auch Wagner entschuldigt sich: "Es ist zudem schwer, aus dieser Vermächtnis-Inszenierung Fritz Kortners herauslesen zu wollen, wo er Lessing heute ansiedeln würde". Es wird gar nicht erst versucht, "Dinge zu erklären, die nicht zu verstehen sind" [59].

Die charakterliche Aufwertung des Prinzen findet weitgehende Beachtung; seine Wendung ins menschlich-Verständliche wird bejaht.

Die Umstellung der Rota-Szene trägt wesentlich dazu bei, den Prinzen nicht mehr als Tyrannen, sondern als "liebenden Privatmann" [60] zu sehen. Zwei von dreizehn Kritikern erwähnen, daß die Rota-Szene umgestellt ist und zwei weitere beschreiben die Quintessenz der Änderung (einmal positiv, einmal negativ), ohne die Umstellung zu erwähnen.

Die beiden, die die Umstellung der Rota-Szene referieren, betonen, daß sich damit an ihrer "Signifikanz" nichts ändere, sondern daß damit der 'folgerichtige Ablauf' (Spiel) der Handlung, die 'Logik' der Entwicklung des ersten Aktes (Karsch) hergestellt werde.

Die Haltlosigkeit des Arguments macht aus der Erklärung eine Entschuldigung: Warum soll es logischer sein, wenn der Prinz, gleich nach seiner Erklärung, er wolle jetzt in die Kirche gehen, auch in die Kirche geht, als wenn er vorher noch aufgehalten wird? Die gefundene Entschuldigung bewirkt, daß nach einer wirklichen Erklärung für die Änderung nicht weiter gesucht wird.

Beer beschreibt die Szene übrigens sogar, als hätte sich gar nichts geändert - er sieht nur den "Rat Rota, in dessen Kopf es nicht hineingehen will, daß ein Prinz ein Todesurteil 'mit Vergnügen' unterschreiben will" [61].

Rismondo beschreibt, wie die Szene jetzt den Prinzen charakterisiert: "Verschlampt geht es an diesem Hof zu. Die Staatsakten werden dem Prinzen gerade nur zur Unterschrift hingelegt. Der unterschreibt wahllos, ohne viel hinzusehen - 'recht gern', er weiß gar nicht, daß es ein Todesurteil sein könnte. Dann stopft er die Akten in irgendeine Mappe". Rismondo beschreibt den neuen Sinn der Szene,während Blaha nur den alten vermißt, wenn er empört feststellt: "Todesurteile ist er bereit, in Trance, abwesend von dieser Welt zu unterschreiben, wodurch die Rota-Szene so gut wie flachfällt" - es fällt nur der alte Protest gegen Fürstenwillkür 'flach', dessen rhetorische und emotionale Wirkung Blaha denn auch vermißt. So weit geht seine Bewunderung für Kortner aber dann doch nicht, daß er bereit wäre, in diesem Mangel einen Sinn zu suchen.

Nicht oder nur halbherzig wird die Aufwertung des Prinzen von denen referiert, die meinen, Lessings Protest gegen die Fürstenwillkür sei Gegenstand der Aufführung: Hilde Spiel beschreibt den Prinzen nach wie vor als 'wankelmütigen Wohlleber', "keineswegs grundschlecht, aber dem bösen Ratgeber verfallen". Wickenburg sucht in der ganzen Inszenierung nur Lessings Aussagen und vermißt das 'in tyrannos'. Er findet es aber "schlüssig", wie Kortner den Prinzen deutet: "Karl [sic] Maria Brandauers Prinz, weich und neurasthenisch, wurde als Opfer eines Intriganten zeitweise fast sympathisch".

Kaiser hebt die positive Beschreibung des Prinzen, so wie Kortner sie gibt, wieder auf, indem er den Prinzen als "egozentrisch, gemein und unschuldig" beschreibt. Er findet ihn zwar auch so bewundernswert, aber tatsächlich ist Kortners Prinz eben alles andere als "gemein" - ebensowenig wie "das Erotomanische seines Wesens" der "Grundton bleibt" (Karsch).

Von den Kritikern, die ihren Lesern den sympathischen neuen Prinzen schildern wollen, werden Hinweise in der Darstellung gesucht und geschildert, die ihn anders als bisher charakterisieren:

Rismondo schildert das "Bild [...] von schönster Poesie", wie der Prinz 'auf dem Boden liegend das Bild Emilias innig küßt', er geht ein auf das einzige von Kortner geänderte Wort, das einen entscheidenden Einfluß auf die Charakterisierung des Prinzen hat: Orsina spricht nicht mehr vom 'Heer der Verlassenen' (Frauen), sondern von den 'Beleidigten', womit sie dann im wesentlichen Odoardo Galotti meint, den sie als Komplizen gewinnen will. Zusammen mit der Einschätzung der Rota-Szene beweist Rismondo so, daß Kortner den Prinzen als Liebenden zeigt.

Auch Lange gibt zwei Beispiele, wie Kortner bewirkt, daß der Prinz dem Zuschauer sympathisch wird. "Wenn der Vorhang sich öffnet, sitzt der Prinz [...] am Cembalo: Kein Herrscher, kein Despot (auch das Bühnenbild [...] stellt absolutistische Pracht in Frage), sondern eher ein melancholischer, verträumter Jüngling, der zufälligerweise ein regierender Fürst ist." Und: Die Zuneigung des Prinzen zu Emilia ist "eine schwärmerische, zunächst nicht auf Verwirklichung bedachte Liebe. Auf die Idee, daß Emilia einen anderen heiraten könnte, scheint er nie gekommen. Die Erkenntnis überrascht ihn ungemein."

Das Cembalo wird noch mehrfach zum Beweis der Melancholie und Träumerei des Prinzen herangezogen: von Beer, Wagner und von Rismondo.

Das Charakterbild des Prinzen, das so entsteht, ist relativ übereinstimmend: Dieser Prinz ist (sehr) jung (Rismondo, Wickenburg, Seidel, Lange), kein Wollüstling (Kahl, Lossmann, Seidel), melancholisch (Blaha, Lange), elegisch (Beer), verträumt (Beer, Kaiser), schwärmerisch (Seidel), emphatisch-sanftmütig (Blaha), romantisch (Kahl), ein (feudaler!) Romeo (Kahl, Lossmann), ein Hamlet (Spiel, Lossmann, Wagner).

Mit dem Prinzen wurde Marinelli menschlich-verständlich gemacht. Diese Änderung wird viel weniger akzeptiert, denn Marinellis Schlechtigkeit wird sogar mehr als bisher gebraucht, um den sympathischen Prinzen zu entlasten.

Daß Kortner die Pirro-Angelo-Szenen gestrichen hat, wird öfter erwähnt - schon wegen des auffallenden Umstandes, daß die so gekürzte 'Emilia' etwa eine halbe Stunde länger dauerte als üblicherweise eine Vorstellung mit ungekürztem Text. "Kortner [...] hat [...] die beiden Mordgesellen Angelo und Pirro gestrichen und sozusagen das Stück von seinen ursprünglichen zweieinhalb Stunden auf drei Stunden gekürzt" (Beer); "Kortners 'Emilia Galotti' ist wohl die längste in der bald zweihundertjährigen Bühnengeschichte des Werkes - und das, obwohl die mörderischen Handlanger Marinellis gar nicht auftreten" (Kahl). Daß der Wegfall dieser Szenen auf die Schilderung von Marinellis Charakter Einfluß hat, fällt ihnen so wenig auf wie Spiel, die immerhin die dramaturgische Konsequenz feststellt, nämlich daß damit die Ankündigung des Meuchelmordes wegfällt. Trotzdem bleibt nach ihrer Auffassung Marinelli auch bei Kortner ein "Teufel".

Karsch stellt fest, dadurch, daß Pirro und Angelo gestrichen seien, werde der Überfall auf Appianis Wagen "lediglich andeutend vorbereitet" - "wir erleben ihn sozusagen in der Retrospektive". Beides ist falsch, wir erleben ihn als Mauerschau.

Bleibt Lange, die sehr richtig und ganz einfach festhält: "Marinelli [...] ist nun auch nicht mehr der abgefeimte Bösewicht und Intrigant, sondern ein Mann, der gern gefällig ist [...] . Indem Kortner die Angelo-Szene im zweiten Akt und das Gespräch zwischen Marinelli und Angelo im dritten Aufzug strich, eliminierte er die

Absicht Marinellis, Appiani zu töten. Der Tod des Grafen erscheint jetzt vielmehr als ein Kunstfehler".

Die anderen szenischen Informationen über Marinelli werden nur als Beispiele für Kortners 'manierierten'Inszenierungsstil gewertet [62].

Diejenigen Kritiker, die weiter nach dem alten Interpretationsschema Marinelli die Schuld am Ablauf der Ereignisse geben, um den Prinzen zu entlasten, sehen in Marinelli weiter einen 'rücksichtslos beherrschenden, gefährlichen' (Rismondo), bösen Ratgeber, einen "Teufel", der "Tausend Tücken" beherrscht (Spiel), einen Zyniker (Beer) und Mephisto (Beer, Lossmann), der allein "das Böse an diesem menschenfresserischen Herrschaftssystem" (Beer) verkörpert; Repräsentant einer "Kamarilla", deren Werkzeug der Prinz ist (Rismondo, Lossmann).

Ganz anders bei den Tourneekritikern, die übereinstimmend feststellen, daß Marinelli kein 'Schurke' mehr ist (Wagner), kein "Bösewicht und Intrigant" (Lange), sondern 'welterfahren' (Wagner), ein 'freundlicher, ehrerbietiger Mann' (Karsch), "gern gefällig" (Lange), "ein kameradschaftlicher Untergebener" (Kaiser).

Während die Darstellung der höfischen Welt wenigstens teilweise übereinstimmend gedeutet wird, hat Kortners Inszenierung die Einschätzung der Familie Galotti völlig desorientiert. In den Kritiken zur Premiere wurde für die Charakterisierung Odoardos auch nicht zweimal die gleiche Vokabel gewählt.

Die einen sehen, was e schon immer sahen: einen "ehrlichen, fast hilflos liebenden Vater" (Lossmann); einen Odoardo, der "redlich und mißtrauisch durch die Intrige geht" (Kahl), der, wenn auch "zurückgenommen", "gedämpft", immer noch ein "Standbild aufrechter Bürgermoral" (Spiel) ist. Was nach Lessing zu erwarten war, wird auch gesehen, beziehungsweise als gesehen beschrieben.

Andere begreifen, daß Kortner diese Erwartungen nicht erfüllt, sie beschreiben Odoardo vorwiegend in Negationen: Er ist k e i n "stolzer Bürger", k e i n "rabiater Spießer", sondern "nervös, verschüchtert", "dumpf" (Blaha), er wird n i c h t 'gegen die Prinzenwirtschaft aufbegehrend' gezeigt, sondern 'gedrückt' und 'besorgt bürgerlich' (Rismondo).

Die Enttäuschung darüber, daß nichts mehr "stimmt", spricht aus Wickenburgs Kritik: Hier sei n i c h t "ehrbare Redlichkeit", "n i c h t s von letzter Verzweiflung eines grundanständigen und bis aufs Blut gequälten Mannes". Odoardo sei ein "Berserker, ein Wütender". Bei aller Empörung sieht Wickenburg, was Kortner zeigt und schildert es, wenn auch ohne eine Deutung zu versuchen, ja ohne einen Sinn zu vermuten.

Wie die "Details" negiert werden, in denen Odoardo beschrieben wird, zeigt das Beispiel seiner Ankunft zu Hause. Für Karsch ist die Szene eine 'Skurrilität', für Beer "ein umständliches Suchspiel". Kahl hat keine Zeit für das "Zehnminutenspiel; Emilias Vater und ihre Mutter spielen buchstäblich Verstecken, mit beredtem Mienenspiel wird abwechselnd aufgetreten und abgegangen, bis die beiden einander endlich begegnen und der Dialog beginnt" - der bekannte Dialog läßt aufatmen.

Bis zur Tournee hat sich die Haltung auch gegenüber Odoardo vereinheitlicht. Von sechs Kritikern gehen drei auf seine Rolle ein und konstatieren "privatistische Strenge" (Kaiser), "Spießertorheit" (Karsch), "kleinbürgerliche Enge" und daß die Tugend sein "selbstgerechtes Maß" sei (Lange).

Die 'erhellenden Motivationen', die Schilderung der Charaktere und Situationen, die von Kortner erwartet wurden und die er anbietet, werden nicht als Informationen zum Thema aufeinander bezogen, sondern isoliert betrachtet und dann wird Kortner vorgeworfen, er verliere sich in Details, betreibe 'Detailmalerei' (Kahl, Lossmann, Santner), erliege (manchmal) einer "Sucht am Detail" (Seidel), zeige "Manierismus" (Blaha, Rismondo, Kahl, Lange). Die originelleren Formulierungen lauten: "Solonummern" (Beer), 'Zeitlupe' und 'Stummfilmgebaren' (Kahl); wenn der negative Eindruck plötzlich ins Positive gewendet wird - de mortuis ... - dann heißt es plötzlich "Präzisionstechnik" und "pausendurchsetzter Inszenierungsstil" (Wagner), dann sind die Zeremonien "bedeutungsvolle Füller bedeutungsvoller Pausen" (Karsch - Pause oder nicht?) oder die "Riesenpausen" sind gut, denn es sind "Kortners Pausen" (Kaiser).

Solche Wertung des ästhetischen Aspekts der Darstellung "an sich", ohne Zusammenhang mit einer inhaltlichen Bedeutung, überwiegt in den Kritiken.

Kortners Umdeutung der 'Emilia' geschieht sowohl durch seine Bearbeitung des Textes als auch durch szenische Informationen; deshalb erfaßt Spiel nur die Hälfte der Wahrheit, wenn sie meint: "Am besten destilliert man", was Kortner an der 'Emilia' gereizt haben mag, "wenn man seinen Strichen und Umdeutungen nachgeht". Für die Kritiker, denen der Text ja nicht zum Vergleich vorliegt, wäre es sogar sinnvoller, bei ihrem Deutungsversuch von den szenischen Informationen auszugehen. Aber sie verweigern gerade das Zusehen und das Sicheinlassen auf Kortners ästhetische Demonstration inhaltlicher Bedeutungen, auf die Reaktionen der Personen aufeinander, ihre Wünsche, Ablehnung, die verfehlten Möglichkeiten. Die Pausen, die die Menschen auf der Bühne brauchen, um Situationen und Informationen zu erfassen, empfinden die Kritiker als überflüssig und langweilig, aus Pausen zum Denken werden Denkpausen.

Dabei führt die Unfähigkeit, die Bedeutung von Handlungselementen zu registrieren beziehungsweise aufeinander zu beziehen, ihnen einen anderen Sinn als den ästhetischer Spielerei, Skurrilität, beizumessen, zu einer Enttäuschung über Kortners Inszenierung. Ausgehend von dieser Enttäuschung wird eine Fehlerquelle gesucht, die alle Beteiligten "entlastet". Sie wird gefunden im Verhältnis Kortners zu den Schauspielern. Ein Teil der Kritiker nimmt als sicher an, daß Kortner die Schauspieler nicht genug unter sein Konzept gezwungen habe, der andere, daß Kortner sie zu sehr 'dressiert' habe, jedenfalls verliere das Konzept auf dem Wege seiner Verwirklichung[63]: Die Schauspieler "tragen ihre Rollen, von Unterordnung und Auflehnung hin- und hergerissen, wie ein fremdes, härenes Gewand. Da tritt an Stelle der angestrebten Natürlichkeit Verkrampfung ein [...]" - das wird von Blaha für jeden einzelnen Schauspieler mit Ausnahme Brandauers ausgeführt. Auch der sonst positiv eingestellte Rismondo meint: "die Darstellung ist dem fesselnden, weil überraschenden Konzept Kortners nicht in allem gewachsen"; Lossmann meint, das Ensemble sei nicht in der Lage, "Kortners Intentionen in glaubwürdige Selbstverständlichkeit zu übersetzen". "Ein großartiges Konzept also, das lange nicht so großartig realisiert wurde", weil "die Schauspieler durchaus nicht durchweg ihre Rollen durchhalten" (Karsch).

Kortner habe die Schauspieler zwar nicht dazu gebracht, sein Konzept zu verwirklichen, er habe sie aber in völlig unzulässiger Weise dressiert [64].

In den Kritiken zur Tournee werden sowohl Odoardo als auch Marinelli übereinstimmend beurteilt; Marinelli sei kein 'Schurke' (Wagner) mehr, Odoardo wird als (Klein-) Bürger beschrieben - die Klagen über die Schauspieler werden unbestimmter. Durch die Mitteilung von Beobachtungen werden solche neuen Erkenntnisse nur bei Lange gestützt, ihre Beschreibung Marinellis geht sogar über die Nagels hinaus. Sie entdeckt, wie Nagel, wenn er die Position des Prinzen und Marinellis in der Intrige beschreibt, daß "Marinelli und der Prinz als Leute dastehen, die erstaunt und erschreckt feststellen müssen, daß die Konsequenzen ihres Tuns ihre Absichten ständig überholen" [65] und sie beschreibt den Beginn des I. Aktes so, wie Nagel ihn beschrieben hat [66].

Wenn Seidel Emilias Stellung definiert, sie schwanke zwischen "Gefühlen, die doch heimlich beglücken" und "der Pflicht zur Neigung, die nicht aus dem Herzen kommt", ohne in diesem Zusammenhang auch ihren Tod zu sehen und ohne die Haltung des Vaters zu untersuchen, der sie schließlich immer noch tötet - dann fällt auf, daß diese Kritiker zwar alle keine anderen Kriterien besitzen als die Premierenkritiker, sondern weiterhin individuelle Haltungen, ausgehend von den alten Begründungen, auf ihre psychologische Glaubwürdigkeit prüfen, daß aber jetzt doch Beobachtungen möglich sind, die vorher nicht gemacht wurden.

Das kann nicht allein auf den guten Willen zurückgeführt werden, der mit Kortners Tod zweifellos an die Stelle der sonst von Kortner hervorgerufenen Streitbarkeit trat. Ivan Nagels im Juni in der Zeitschrift 'Theater heute' erschienene Kritik und der Auszug seiner Kritik aus der 'Süddeutschen Zeitung', der im Programmheft der Tournee veröffentlicht wurde, haben die Funktion übernommen, die Aufmerksamkeit zu lenken, zumindest teilweise Verständnis zu erwecken. Die von ihm angebotenen Möglichkeiten zu Erkenntnissen wurden genutzt, als es darum ging, ein wenigstens überwiegend positives Urteil über Kortners Inszenierung zu begründen.

Trotzdem übernimmt keiner der Kritiker die gesellschaftlichen Bezüge, die Nagel darstellt (Kaiser lehnt sie ausdrücklich ab, ohne Nagel zu nennen) oder stellt selbst einen entsprechenden Bezug her. Das liegt einerseits am Streben der Kritiker nach Originalität, andererseits aber daran, daß Nagels Kritik an der gegenwärtigen Wirklichkeit nicht akzeptiert wird. Deswegen werden zwar die (individuell gesehenen) Ergebnisse der Rezeption Nagels übernommen, nicht aber die Kriterien, die die Verknüpfung der Beobachtungen ermöglichten.

Das Ausweichen der Kritiker zeigt sich, wie schon bei der Rezeption von Lessings Text, daran, wie Emilias Tod aufgenommen wird: Wenn er nicht ignoriert wird (wie bei Beer, Kahl, Lossmann und Wagner) oder eine Stellungnahme verweigert wird mit dem Hinweis, hier herrsche Unklarheit (Rismondo, Wickenburg, Lange), dann wird er zum Selbstmord erklärt - und welche subjektive Motivation für einen Selbstmord wäre nicht akzeptabel, wenn sie nur irgendwie mit Liebe zusammenhängt. Und das bedeutet, daß Odoardos Charakter, auch wenn er mit den "richtigen" Worten beschrieben ist, nicht als Funktion seiner gesellschaftlichen Position gesehen wird, daß keine Bezüge hergestellt werden zwischen diesem Charakter (und der durch ihn beschriebenen Position) und den Haltungen und Handlungen der anderen dramatis personae, besonders aber seiner Familie. So ist es erstaunlich und nicht in den eigenen Kriterien begründet, daß die Bezeichnung "bürgerlich" auch bei Lange einen negativen Akzent bekommt - wenn auch nur unter dem Aspekt des 'Kleinbürgerlichen', den auch Karsch aufnimmt, wenn er Odoardo "Spießertorheit" attestiert.

Kortners Konzept setzt sich nur in Einzelheiten durch gegen Rezeptionsgewohnheiten, gesellschaftliche Vorurteile, entsprechende Verweigerungen.

Bei entsprechender Vorkenntnis lassen sich durch geschickte Auswahl und Kombination der mitgeteilten Beobachtungen und aus einem kleinen Teil der Auswertungen Hinweise auf das tatsächliche Konzept Kortners finden. Die Angebote sind aber so konträr, daß das ohne Vorkenntnis nicht möglich ist. Ein Beispiel: Spiel hört am Ende eine "Glocke, die immer weiter hallt, immer leiser klingt, schließlich zum Totenglöckchen wird." Beer hingegen: "der Glockenton schwillt an zu Sturmglocken".

Die Verknüpfung der Informationen wird von den Premierenkritikern - mit Ausnahme von Rismondo und Spiel - wohl deshalb nicht versucht, weil sie, als sie merkten, daß sich ihre positiven Erwartungen nicht in der Art erfüllten, wie sie es erhofft hatten, nur noch nach der Bestätigung ihrer negativen Erwartungen suchten. Die Tourneekritiker sehen sich zwar zu positiven Formulierungen veranlaßt, haben aber die gleichen ästhetischen Vorbehalte gegenüber der Inszenierung - wie sich noch am Lob zeigen ließ. Die von Kortner beschriebenen Ereignisse und Verhaltensweisen können auch sie nicht in ihre Vorstellung von diesem Lessingschen Trauerspiel integrieren.

Die für die Verknüpfung aller gegebenen Informationen grundlegende Erkenntnis ist nicht erfolgt, wenn nicht in der Charakterisierung Odoardos und Marinellis ihr Bezug zur Neudeutung des Prinzen gesehen wird und so die neubewertete Opposition zwischen Odoardo und dem Prinzen nachvollzogen wird. Von den Premierenkritikern wird die Neudeutung Odoardos nicht erkannt und von den Tourneekritikern wird sie nicht auf ihre Konsequenzen für die übrigen dramatis personae bezogen [67] und erst recht nicht in einem konkreten Bezug zur gegenwärtigen Wirklichkeit gesehen.

9.4.3 Die Konzepte der Kritiker

Kortners Ansatz ist so weit vom Vorverständnis dieser Kritiker entfernt (von den Rezeptionserwartungen und von ihrer Interpretation der Wirklichkeit), daß sie sich entweder mit Teilergebnissen zufrieden geben müssen oder mehr oder weniger vollständige Ersetzungen vornehmen und ihre eigenen 'Emilia'-Interpretationen als Kortners Konzept anbieten. Die Teilergebnisse und Ersetzungen werden im Folgenden darauf untersucht, welche Bedeutungen des Trauerspiels und der Rolle der Menschen in der Vergangenheit und in der Gegenwart dem Leser der Kritik angeboten werden und wie sich diese Deutungen zueinander - wenn schon nicht zu Kortners 'Emilia' - verhalten.

Blaha, Kahl und Seidel beschränken ihre Untersuchungen auf die Beschreibung der vorgeführten Individuen, im wesentlichen auf die neuentdeckte Menschlichkeit des Prinzen, auch auf seine Liebe zu Emilia. Daß der Prinz eine sympathische Gestalt ist, ist eine 'neue Deutung' in der Art, wie sie von Kortners Psychologisierungskunst erwartet wurde; der Kritiker kann dem Leser eine Interpretation, eine Erkenntnis anbieten - wenn auch die Sensation als nicht groß genug empfunden wurde.

Blaha und Kahl kommen nicht auf die Idee, daß Emilie dan Prinzen auch lieben könnte und können deshalb die Emilia-Darstellung Marianne Nentwichs nicht verstehen: "völlig verquer, ungenügend bleibt alles bei der am Hochzeitstag von der Seite ihres Bräutigams gerissenen Emilia" (Blaha); schon diese Inhaltsangabe zeigt, wie weit die Erwartung des Kritikers von Kortners Interpretation entfernt war. "Marianne Nentwich wankt starren Blicks auf die Szene: Emilia Galotti und deren Gefährdung durch das Gefühl [...] bleibt diese auf einen falschen Ton getrimmte Schlafwandlerin uns schuldig" (Kahl).

Der inhaltliche Zusammenhang, den Blaha herstellt, und Kahls Ansicht, Emilias Gefährdung durch ihr Gefühl könne ihren Tod rechtfertigen, zeigen, daß beide Emilias emotionale Beziehungen noch so sehen und einschätzen, wie sie von Lessing beschrieben wurden (nur um diese dann als überholt abzulehnen). Weil aber Glück und Gefahr für Emilia jetzt von den entgegengesetzten Polen kommt, muß sie Kahl und Blaha als "verquer" und 'auf einen falschen Ton getrimmt' erscheinen.

Seidel stellt und bejaht die Frage, ob Emilia den Prinzen liebe und erklärt auch Emilias Tod aus dieser Liebe, nämlich als Selbstmord: "so wird der Schluß verständlich, der ein Mädchen zeigt, das seinen eigenen Trieben nicht traut und lieber den Tod wählt". Marianne Nentwich zeige "das Hin- und Hergerissensein zwischen Gefühlen, die doch heimlich beglücken, und der Pflicht zur Neigung, die nicht aus dem Herzen kommt." Seidel beschreibt Emilias individuelle Haltung komplex, aber ohne die "Pflicht zur Neigung" näher zu untersuchen. Deshalb kann er auch trotz seiner Beobachtung meinen, Emilias Tod sei ein Selbstmord.

Wickenburg untersucht die dramatis personae im Verhältnis zu Lessing und bemerkt, daß alles nicht so ist, wie er es erwartet hat:

Odoardo ist ein "Berserker", ihm fehlt ganz die "ehrbare Redlichkeit", Marinelli ist "recht männlich", Appiani 'leider' glanzlos (über den Schauspieler) und es war 'nicht einzusehen', was Emilia 'an diesem saftlosen Melancholiker je gefunden haben sollte'. Eben. Emilia ist einerseits 'den Avancen des Prinzen keineswegs ganz abhold', andererseits ist ihr Tod 'heroisch'. Wickenburg beschreibt nicht einmal die Liebe des Prinzen zu Emilia; die Aufwertung des Prinzen formuliert er lediglich: Der Prinz "wurde als Opfer eines Intriganten zeitweise fast sympathisch". Das ist nun überhaupt keine "neue Deutung", sondern die ganz alte. Schon Nicolai und Eschenburg beobachteten, daß Lessing dem Prinzen a u c h positive Eigenschaften zugesteht - um seinen Charakter glaubwürdiger aus seiner Herkunft und Erziehung zu erklären und umso überzeugender als typisch für alle Fürsten (nicht nur für die "schlechten") zu zeigen.

Wickenburg gibt eine Addition von Fehlstellen, wobei ihm das Fehlen von Tyrannei beim Herrscher gefällt und er es als "neue Deutung" akzeptiert, die anderen Fehlstellen weigert er sich als "Deutung" anzuerkennen. Die wirklichen Neuheiten erkennt er nicht als solche an, hier vermißt er nur die Bestätigung seiner an Lessing geknüpften Erwartungen.

Der Versuch zu sagen, was Kortner denn nun eigentlich mache, bleibt eine Addition verschiedener Angebote: Kortner hole das Vergangene näher heran, aber auch: Kortner bewirke, daß das 'Überzeitliche' 'ins Auge springt'. Dabei ergebe sich ein pädagogisches Moment, von dessen 'Erhöhung' Wickenburg aber nicht überzeugt ist [68].

Spiel beschreibt, daß es Kortner einerseits um "die Chemie der menschlichen Beziehungen" geht (von welchem Drama ließe sich das schließlich nicht sagen?), gleichzeitig habe Kortner 'den sich vorbereitenden Aufstand der Bürger gegen Fürstenwillkür' illustriert. Damit hat sie zunächst nur ihre in Lessing und Kortner gesetzten Erwartungen als 'Kortners Konzept' entdeckt.

Sie gibt dem bei Blaha, Kahl und Seidel nur genannten Individuum eine historische Ausdehnung. In den scheinbar gleichen Motivationen, im gleichen Fühlen drückt sich scheinbar ein ewig gleiches Funktionsprinzip menschlicher Beziehungen (vor zweihundert Jahren wie heute) aus, das es erlaubt, historische Ereignisse gegenwärtig-psychologisch zu erklären und zu individualisieren. Oder auch sie mit noch weiter entfernten Ereignissen zu parallelisieren, so wie Spiel Emilias Tod mit dem Selbstmord der Lukretia vergleicht, um ihm die ihrer Meinung nach entsprechende psychologische Erklärung zu geben. Während sie aber meint, für das Denken und Handeln der Menschen vergangener Zeiten eine gegenwärtige psychologische Erklärung nachzuliefern, hebt sie tatsächlich die historischen Definitionen (die gegenwärtige Kortners und die vergangene Lessings) zugunsten einer "überzeitlich-menschlichen" wieder auf, die weder für die eine noch für die andere Zeit w i r k l i c h zutrifft.

Kortner gibt Erklärungen für in der Gegenwart mögliche Ereignisse, er erklärt nicht, was in Lessings Emilia vorgeht.

Auch Beer verweist auf die historische Dimension: "Daß dies einmal Sprengstoff war, Anklage gegen feudale Willkür: das macht Kortner wieder sichtbar. Der Prinz wird dabei ein elegischer Jüngling, der Cembalo spielt[...] Es bleibt dem Zyniker Marinelli überlassen, das Böse an diesem menschenfresserischen Herrschaftssystem zu verkörpern[..]". Es wäre "Sprengstoff" gewesen zu zeigen, daß Marinelli der Bösewicht ist? Das wäre, wenn Kortner es gemacht hätte, und es ist bei Beer - nicht eine Wiederbelebung Lessings, sondern ein Rückgriff auf eine Interpretation zur Ehrenrettung des Prinzen, die Lessing zum Schein als Möglichkeit anbot

Der Verweis auf die Geschichte steht hier statt einer Auseinandersetzung mit Lessingschen oder Kortnerschen Inhalten und ist auch nur ein Interpretationsansatz von denen, die Beer anbietet, wenn auch der am weitesten ausgeführte [69].

Das "menschenfresserische System" (Beer) des Absolutismus verurteilen auch Rismondo und Lossmann. Dem System übertragen sie die eigentliche Verantwortung für die Ereignisse: Es mache aus dem Prinzen wie aus Emilia Gefangene des "Herrschermilieus", der "Prinzenwirtschaft" (Rismondo) und ihre Liebe werde zu einem "Spielball der infamen Hofkamarilla" (Lossmann).

Sie suchen die Schuld nach wie vor da, wo sie laut Lessing zu erwarten ist, beim Hof. Die moralische Entlastung des Prinzen entlastet nicht das System, das als umso mörderischer empfunden wird, als es nicht von einem schlechten Menschen mit bösen Absichten gelenkt wird, sondern von Marinelli, der für den unmenschlichen Apparat steht. Der Apparat erscheint als verselbständigt, denn auch die, die ihn scheinbar lenken, beherrschen ihn nicht.

Es gelingt Rismondo aber nicht, das "System" für Emilias Wunsch zu sterben verantwortlich zu machen. Er konstatiert: "hier ist Unklarheit", "das ist ein Defekt der Inszenierung [...] oder ist es ein Defekt in der Darstellung durch Marianne Nentwich?" Auch er vertritt die Auffassung, Kortner mache uns vergangene Probleme verständlich, zwar nicht so sehr durch den individuellen Bezug zur Gegenwart, sondern dadurch, daß er einen Bezug herstellt zwischen Individuum und (absolutistischem) "System", dem die Individuen als

"Opfer" ausgeliefert sind. Dabei wird der Eindruck erweckt, das gelte für alle "Systeme" - als eine Art Perversion von Herrschaft - und für jede Gegenwart. So ist jeder Mensch, wie hier der Prinz, "ein Gefangener des Herrschermilieus, in das er geboren wurde" (Rismondo).

Lange bringt das Verhältnis zwischen System und Individuum auf den Begriff "Tragödie des Individuums". Sie bestehe darin, daß das Individuum "in seinem Selbstverständnis eingeschränkt und bestimmt ist durch die gesellschaftliche Stellung, in die es hineingeboren wurde". Lange selbst definiert jedoch das Individuum mit Hilfe von Begriffen, die nur seinem eingeschränkten Selbstverständnis entstammen können, zum Beispiel, wenn sie Odoardo charakterisiert mit den Worten, seine "bürgerliche Strenge erweist sich als kleinbürgerliche Enge". Das Individuum erscheint hier als durch sein Verhalten determiniert [70]. Weil die mit der gesellschaftlichen Stellung gegebenen Möglichkeiten des Denkens und Verhaltens den Gedanken an eine Überschreitung ihrer Grenzen nicht zulassen, ist die gesellschaftliche Stellung nicht veränderbar. Das jeweils bestehende System ist so die ewige Tragödie des Individuums - die Aussage ist in sich nicht logisch.

Besonders belastet durch seine 'gesellschaftliche Stellung' sei der Prinz, der "zufälligerweise ein regierender Fürst ist", der aber die Maschinerie der Macht nicht beherrscht - Marinelli beherrsch sie nur wenig besser - und die 'Folgen der Macht' nicht übersieht.

Emilias Todeswunsch und Odoardos Haltung werden aber nicht durch ihre gesellschaftliche Stellung erklärt und deshalb stellt Lange fest: Kortners "Gleichung geht nicht auf". Sie macht den Vorschlag, Emilia an 'pubertär sentimentaler Sterbenssehnsucht' sterben zu lassen. Abgesehen davon, daß diese Idee schon mehrere Bearbeitungen klassischer Tragödien tragen mußte [71] - ergibt auch diese Motivation keine "Tragödie des Individuums", die der Tragödie des Prinzen vergleichbar wäre.

Karsch schlägt als Inhalt der Tragödie vor: Die Verstrickung in Schuld. Obwohl er sich außergewöhnlich oft auf ein 'Konzept' Kortners, auf Logik und Konsequenz beruft [72], stellt er nur in einem einzigen Satz mitten in der Kritik beiläufig fest, worum es seiner Meinung nach geht: "wohl das einzige noch tragbare Motiv für die

Aufführung dieses Lessing" sei "Die exemplarische Verstrickung in Schuld". Diese nun ziehe sich "von allen Seiten so konsequent zusammen, daß ein böses Ende unausweichlich ist". Wer verstrickt sich und worin besteht seine Schuld? Wofür sind die Verstrickung und die Schuld 'exemplarisch'? Für die Sündhaftigkeit d e s Menschen? Und weil sich an dieser fundamentalen menschlich-moralischen Disposition nichts geändert hat und nie etwas ändern wird, ist die 'Emilia' heute noch "tragbar" 73).

Für Wagner dagegen ist mit der Entlastung des Prinzen eine Aufwertung des Systems verbunden. Er stellt fest, daß hier n i c h t eine "Gleichung" für die 'bürgerliche Freiheit' aufgeht: "so einfach" mache Kortner es sich nicht! Ist Wagner gegen die 'bürgerliche Freiheit'? Zunächst einmal ist er - natürlich - nur dagegen, "Menschenschicksale auf eine bloße Klassenkampfsituation des 18. Jahrhunderts - hier Despot, dort Bürger - zurückzuführen", das wäre "heftig", "pathetisch" und eine Vereinfachung. Tatsächlich ist es Wagner, der vereinfacht, wenn er meint, die Klassenkampfsituation sei mit den Worten "hier Despot, dort Bürger" schon hinreichend beschrieben. Warum er den alten Inhalt so ablehnt, wird deutlich an der neuen Aussage, die er findet: Der Prinz ist ein "Zerfahrener, ein Schwieriger, der seine Macht wie ein Ästhet und Zuschauer seiner selbst ausübt. Herrschaft ist nicht brutal und eindeutig, sie ist gebrochen, genauso wie die Fürstendienerei des Marinelli nicht blanke Schurkerei ist, sondern energischer Macchiavellismus, Welterfahrenheit unter Zaudernden, Schärfe dort, wo die anderen weich werden".

Wagner hat die menschliche Aufwertung des Fürsten und seines Dieners als Aufwertung der Machthaber gedeutet. Er nutzt diese Aufwertung um Herrschaft zu rechtfertigen. Von den Ergebnissen des "Macchiavellismus" abstrahierend, gelingt es ihm, Marinellis Gebrauch der Macht in der Intrige positiv zu bewerten: "Welterfahrenheit" und 'Energie' werden noch positiver dadurch, daß sie "Zaudernden" gegenübergestellt werden, "Schärfe dort, wo die anderen weich werden", ist wertvoll als staatserhaltende Tugend. Marinelli vertritt die Staatsräson, er ist der "starke Mann" in diesem Staat - während der Herrscher durch die ästhetische Distanz zu seiner Position gleichzeitig entschuldigt und als erhaben über die schmutzige

Politik gezeigt wird.

In der Formulierung "Herrschaft i s t nicht brutal und eindeutig, sie i s t gebrochen" [74] bezieht Wagner seine Aussage über den Prinzen ganz allgemein auf Fragen der Herrschaft und rechtfertigt vor allem die bürgerliche Machtausübung, auf die sich seine im Präsens gegebene Definition auch beziehen läßt. Wagner beschreibt den Gebrauch von Macht in antagonistischen Klassengesellschaften, dabei setzt er feudalistische und bürgerliche Herrschaft gleich.

So wird deutlich, daß er sich nicht nur wegen der "Vereinfachung" und aus ästhetischen Gründen gegen die Darstellung einer Klassenkampfsituation im 18. Jahrhundert gewandt hat, sondern vor allem, damit nicht in der mit der vergangenen parallelisierten gegenwärtigen gesellschaftlichen Situation wieder ein Klassenantagonismus entdeckt wird: Wagner betrachtet das System vom Standpunkt des Individuums, das das System beherrscht.

Wo Kortner Unterdrückung beschreibt und ablehnt, Wagner eine Apologie eben dieser Unterdrückung schreibt - da entdeckt Kaiser Freiheit: "Eine Mythologie Lessingscher Freiheit" sei diese 'Emilia'-Inszenierung.

Kaiser lehnt zunächst zwei Deutungen ab; die übliche Deutung Lessings, nach der "der Absolutismus wegen allzu [!] weitherziger Libertinage kritisiert" werde (das geschehe zusätzlich), und die von Nagel und Karasek angebotene - wenn auch nicht so forsch formulierte - Deutung, das Bürgertum werde "wegen allzu enger Moralvorstellungen blamiert".

Er findet anstelle dessen "rätselhafte Dimensionen", "Unveräußerliches" und "Mystisches". In "mittleren, gewiß nicht außergewöhnlich heldischen Menschen durfte Unveräußerliches sich geltend machen: das Prinzip des freien, eigenen, die Selbstbestimmung heilig haltenden Willens". Da sich niemand 'arrangiert', werde 'personale Freiheit bekundet'. Die Menschen seien zwar nicht besonders couragiert, klug, gut - aber daß sie sich nicht 'fügen', daß sie zu dem stehen, was ihnen "um ihrer Selbstachtung, um ihres Selbstverständnisses willen wichtig ist" - das ist "Freiheit". Diese Freiheit drückt sich auch in Emilias Tod aus: Er sei die letzte Konsequenz aus der Freiheit des Willens, durch die es möglich wird, daß "plötzlich absolute Prinzipien wichtiger sein können als das Leben selbst".

Der militant-individualistische Freiheitsbegriff ist in dieser Abstraktion mörderisch; welcher Mord und Massenmord ließe sich damit nicht rechtfertigen, wie sich an diesem Beispiel schon zeigt: Emilia begeht ja, wenn überhaupt, einen Selbstmord aus fremdem Willen.

Die "mittleren [...] Menschen" sind gut, weil sie sich zu ihrer Mittelmäßigkeit bekennen - Fehler werden durch Vorzeigen gerechtfertigt; sowohl Lessings als auch Kortners Ansatzpunkte zur Kritik werden zu Qualitäten der Menschen: Unwillen, Unvermögen zur Veränderung, Überheblichkeit werden als individuelle Freiheit gerechtfertigt: Freiheit ist hier definiert als ein auf Kosten der Mitmenschen möglichst weit ausgedehnter Spielraum für die eigene Person. Der Lessingsche Freiheitsbegriff muß Kaiser dann wohl wirklich wie eine "Mythologie" entrückt sein.

Welcher Teil der Kortnerschen Inszenierung nun diese Assoziationen in Kaiser hervorrief, ist nicht ersichtlich. Er beschreibt keine Szenen, Charakterbeschreibungen drängen sich in die Anmerkungen zu den Schauspielern [75].

Je weiter diese Kritiken sich von der Beschreibung und tatsächlichen Analyse der Kortnerschen Inszenierung entfernten, je unkonkreter sie dabei wurden, desto mehr entfernten sie sich auch von Kortners Aussagen, desto mehr wurde die jeweilige Interpretation Ersatz.

Dabei zeigt sich, daß die Klassifikation als zustimmende oder ablehnende Kritik noch nichts darüber aussagt, ob die Kritik etwas über den Inhalt des Besprochenen mitteilt. Blaha informiert trotz seiner völligen Ablehnung mehr über Kortners Inszenierung und Ideen (weil er versucht, seine Wertung zu begründen und sich dabei immer noch auf Kortners Arbeit bezieht) als Kaiser in seiner sinnentstellenden Verehrung, die in keinem Bezug zur Inszenierung, aber im schärfsten Gegensatz zu Kortners Intentionen steht [76].

Die in den Kritiken angebotenen Interpretationen der Gegenwart werden gegeben als Analysen eines allgemein-menschlichen Zustandes: Im Nachvollzug der Beziehungen der dramatis personae zueinander und beim Versuch, einen Bezug zur Vergangenheit herzustellen, ist die psychologische Argumentation genutzt, um ein "So-Sein" des Menschen zu postulieren. Die gleiche Vorstellung liegt dem Versuch zugrunde, in der 'Emilia' die Offenbarung einer ewigen Wahrheit (einer pro Kritiker) zu entdecken.

Die gefundenen "Konzepte" und "Wahrheiten" ergeben, mit Ausnahme des Wagnerschen, eine passive Bilanz: Beim Rückblick in die Geschichte und bei dem Versuch der Einfühlung in die Vergangenheit und in d a s menschliche Schicksal drängt sich als Konsequenz das Bild unausweichlichen Unheils auf, Vorstellungen vom menschlichen Schicksal als 'Tragödie', 'Verstrickung', 'Opfer', Freiheit bestenfalls zum Tode.

Die von Kortner geübte Kritik am Bürgertum wird ignoriert: Das Bürgertum, insofern es durch die Kritiker ideologisch repräsentiert ist, läßt sich nicht vor ein Gericht stellen. Es versucht im Gegenteil mehr oder weniger vollständig, den Angriff doch noch in eine Apologie zu verkehren; ganz konkret in eine Apologie der bestehenden Verhältnisse bei Wagner, von den anderen wird Einsicht in die Notwendigkeit der Unterwerfung unter scheinbar ewige Mächte verlangt.

Anders als ihre Kollegen vor 200 Jahren haben die heutigen Kritiker keine Hoffnung auf eine zukünftige Besserung: Sie erleben den Niedergang der bürgerlichen Geschichtsepoche als Niedergang der Geschichte.

9.5 Kommunikative Funktion der Kritiken

Rismondo äußert in seiner Kritik den Wunsch, es möchte eine Kommunikation über diese Inszenierung stattfinden: "hier ist doch endlich etwas, von dem sich reden läßt, über das sich streiten läßt."

Aber das Verhältnis der erschienenen Kritiken zueinander ist kein Vorbild für Kommunikation: Es findet kein Austausch von Meinungen statt, explizit gehen die Kritiker gar nicht aufeinander ein und auch versteckte Bezugnahmen (zum Beispiel bei Kaiser durch die Aussage, es finde k e i n e Anklage des Bürgertums statt) sind selten - man vergleiche die Rezensenten des Originals! Den heutigen Kritikern geht es um Originalität, auch noch in der sechzehnten Kritik - "die Gefahr des wiederholten [wiederholenden?, R] Nachbetens wird immer größer" wird schon in der zehnten Veröffentlichung festgestellt. So entsteht trotz der großen Anzahl von Kritiken kein Bezugsfeld von Meinungen, sondern die einzelnen Kritiken sollen für sich betrachtet werden, die "Originalität" ist Ausdruck der Konkurrenzsituation der Kritiker. Ein Bewußtsein gemeinsamer Interessen besteht nicht.

Weder bieten die Kritiken Beispiele für Kommunikation, noch tragen sie inhaltlich dazu bei, eine Kommunikation unter den Zuschauern und Lesern anzuregen (auf die Sonderstellung von Nagel und Karasek wurde eingegangen). Es werden im Gegenteil die inhaltlichen und szenischen Ansatzpunkte für eine Diskussion undeutlich gemacht. Wenn überhaupt, werden sie ungenau beschrieben, als formale Spielereien inhaltlich und ästhetisch abgewertet. An die Stelle einer beschreibenden Wiedergabe tritt eine unüberprüfbare Meinung, widersprüchlich formuliert, aber mit dem Anspruch auf absolute Gültigkeit.

Bei Lessing bezogen sich die Rezensenten überwiegend auf den Inhalt des Trauerspiels und sprachen damit gesellschaftlich relevante Themen an, zu denen sie explizit oder durch die Art der Darstellung Stellung nahmen. Der inhaltliche Bezug zur Wirklichkeit wurde auch da übernommen, wo er in Details negiert wurde (wo zum Beispiel die Kritik am Prinzen nicht erkannt, aber die Auseinandersetzung referiert wurde).

Das lag sicher zum einen daran, daß die 'Emilia' eben die zeitgenössische Wirklichkeit der Rezipienten erfaßte, zum anderen aber auch daran, daß zwischen den Kritikern ein Konsens darüber bestand, was wichtige Themen ihrer Wirklichkeit seien und wie sie ideologisch einzuschätzen seien.

Die zu Kortners 'Emilia' vorliegenden Kritiken sind schon deshalb ganz verschieden - zumindest oberflächlich betrachtet -, weil nur selten inhaltlich argumentiert wird; die neuen Szenen, ihre Verknüpfung, die Charaktere werden nicht beschrieben. Die einzige Ausnahme bildet der Charakter des Prinzen. Seine überzeugte Übernahme durch die Kritiker spricht für eine gewisse Erleichterung darüber, daß der sonst vergessene Kampf um den bürgerlichen Aufstieg nun den Gegnern von einst vergeben werden darf.

Die Meinung darüber, was ein wichtiges Thema ist, wird bestimmt durch das Verständnis der gesellschaftlichen Realität. Eine solche Meinung geht jedoch in die vorliegenden Kritiken nur implizit ein, sie wird nicht methodisch reflektiert; ein Bezug zu irgendeiner konkreten Realität wird nicht hergestellt.

Aber nur, wenn zugleich mit der Definition der Charaktere auf ihre sozialen Bezüge hingewiesen wird, kann eingeschätzt werden, was Kortners Inszenierung leistet und was nicht: Da Kortner die alten sozialen Bezüge aufgehoben hat und die neuen nur in der Ausformung der persönlichen Beziehungen erfaßt, ohne daß sie in der Bearbeitung wieder an gegenwärtigen gesellschaftlichen Strukturen festzumachen wären, muß der Zusammenhang von den Rezipienten vollendet werden: Es müssen im Vorverständnis der Rezipienten entsprechende Kenntnisse angesprochen werden können.

Ein Realitätsbezug wird von einer Gruppe von Rezensenten vermutet in der Kritik an (überholten) Moralvorstellungen. Der Moral wird ein wesentlicher Anteil an der historischen (Fehl-) Entwicklung seit Lessing gegeben. Dabei wird die Vorstellung erzeugt, eine Negation der alten Moralvorstellungen könnte gesellschaftliche Entwicklungen aufheben oder ersetzen. Als Aufforderung zu so einer Negation wird Kortners Interpretation vielfach verstanden.

Eine solche Kritik nimmt ihre Kriterien weder aus der Geschichte - die Entwicklung wird nur auf geistige Ursachen untersucht, konkrete historische Erfahrungen werden nicht verwertet - und auch nicht aus der Analyse der gegenwärtigen Wirklichkeit, deren neue, aber unter bestimmten gesellschaftlichen Bedingungen aus den alten entstandene Moralvorstellungen in die Kritik der alten einfließen.

Das assoziative Vorgehen schließt eigentlich von vornherein aus, daß Kortners Inszenierung oder Nagels Kritik im Sinne der Definition produktiv werden: Kriterium der Produktivität ist die motivierende und aktivierende Qualität der Werte, die vermittelt werden. Kortner vermittelt seinen Kritikern, diese ihren Lesern, keine Hoffnung auf Besserung (mit Ausnahme Nagels, der Kortners individualistisches Lösungsangebot optimistisch übernimmt). Emilia und der Prinz haben keine Alternative zum Dulden, sie sind als leidende Menschen positiv bewertet, während Aktivität in Marinellis und Odoardos Handlungen als grob, sinnlos, fehlschlagend gezeigt wird. Dadurch wird insgesamt passives Verhalten positiv bewertet und Handeln negativ. An die Stelle der aktiven wird eine passive Moral gesetzt, die Vorstellung von Freiheit läßt keine Verpflichtung mehr zu.

Die Kritiker vollziehen nach, was ein Teil von ihnen dem Bürgertum vorwarf: Sie bieten eine existenzielle Rechtfertigung für Schwäche an. Menschlichkeit als solche wird gleichgesetzt mit Schwäche und Verführbarkeit [77].

Die kritisierte bürgerliche Haltung wird so zugleich reproduziert.

10 Produktive Rezeption und Tradition

10.1 Vorwort

In der revolutionären Theorie des aufsteigenden Bürgertums wurden Ideale formuliert, humanistische Wertsetzungen geschaffen, die die Befreiung des Menschen aus gesellschaftlichen Zwängen zum Thema haben. Die Ideale gingen über das historisch Machbare weit hinaus; die bürgerliche Gesellschaft nahm allerdings später für sich in Anspruch, sie tatsächlich verwirklicht zu haben. So wurde aus dem "Reich der Vernunft" das "idealisierte Reich der Bourgeoisie", aus der "ewigen Gerechtigkeit" die "Bourgeoisjustiz", aus der "Gleichheit" die "bürgerliche Gleichheit vor dem Gesetz" [1].

Trotzdem behielten die Worte ihren idealen Klang und konnten so benutzt werden, um die bürgerliche Wirklichkeit, ihre Herrschafts- und Produktionsbedingungen, als gut oder wenigstens als das beste Erreichbare darzustellen. Als Forderungen an die gesellschaftliche Praxis wirken sie nicht mehr. Im Gegenteil, es gilt eine solche Wirkung zu verhindern.

In der Literatur des aufsteigenden Bürgertums begegnet der heutige Rezipient den ursprünglichen Wertsetzungen und kann sich bei der (aufbereitenden) Rezeption entweder in die Tradition ihrer apologetischen Wirkungsgeschichte stellen oder in die ihrer aufklärerisch-humanistischen Entstehungsgeschichte.

Im folgenden soll zunächst erklärt werden, inwiefern Tradition als produktive Kraft verstanden werden kann und traditionelle Wertsetzungen heute - noch oder wieder - aufklärend und handlungsanweisend wirken können, und inwiefern die realistische Literatur, in der die Werte zuerst propagiert wurden, geeignet ist, ihre Produktivität zu erneuern.

Ausgegangen wird vom gegenwärtigen gesellschaftlichen Verhältnis zu den überlieferten Werten. Aus dem Spektrum von (Un-) Verständnis und folgender Übernahme oder Ablehnung, wie sie in Bearbeitungen, Kritiken und ideologischer Diskussion angeboten und vorgeführt werden, ergeben sich die heute gesellschaftlich vorwiegend vorhandenen Vorverständnisse, an die aufbereitende Rezeptionen anknüpfen können und müssen.

Zunächst werden die in den Bearbeitungen festgestellten Grenzen der Produktivität zurückgeführt auf (falsche) ideologische Voraussetzungen - auf mangelnde Erkenntnis der vergangenen und der gegenwärtigen Realität, auf die Art der Interpretation des Verhältnisses zwischen Geschichte und Gegenwart, auf die Einschätzung der Rolle von Idealen und menschlichen Qualitäten.

Um die vorliegenden Rezeptionen kritisch zu beschreiben, und unproduktive Ergebnisse, partielles Versagen zu erklären als Abweichung vom notwendigen Umgang mit Tradition, werden die Kriterien für einen wirklich produktiven Umgang vorangestellt. Das geschieht auf der Basis von Robert Weimanns Abhandlungen 'Gegenwart und Vergangenheit in der Literaturgeschichte' und 'Tradition als literargeschichtliche Kategorie' [2).

Dabei wird die Forderung, die Tradition des aufsteigenden Bürgertums für uns hier und heute produktiv zu machen, entwickelt aus Weimanns Definition von Tradition als Vermittlerin zwischen der Vergangenheit und der Gegenwart, die beider Historizität und Aktualität begreifbar macht und aus ihrer Einheit und Widersprüchlichkeit Anweisungen für die Veränderung der Gegenwart ableitet.

Um die Möglichkeiten der Rezeption von Tradition (und den sich ergebenden Anspruch an eine Bearbeitung beziehungsweise Theateraufführung) in der BRD zu formulieren, können Weimanns Überlegungen nicht vollständig auf unsere Gegenwart angewandt werden, es ergeben sich andere Folgerungen: Der Inhalt des Traditionsbegriffes ist, da er an die jeweils gegenwärtige Realität geknüpft ist, nicht ohne weiteres übertragbar auf eine andere Gesellschaftsordnung. Zu übernehmen ist die materialistische Definition des Traditionsbegriffes, sind die Überlegungen, die Weimann zu seiner Definition führen. Es soll versucht werden, aus Weimanns Überlegungen Folgerungen abzuleiten, die es ermöglichen, in unserer Gesellschaft Tradition produktiv einzusetzen.

Wenn sich aus der Verknüpfung des Werkes mit der Gegenwart Erkenntnisse für die Gegenwart ergeben, müssen sie entsprechend dem Bewußtseinsstand der Rezipienten umgesetzt werden.

Der Definition dieses Bewußtseins dient die Zusammenfassung der exemplarischen Rezeptionen unter dem Gesichtspunkt der sie leitenden Vorverständnisse. Aus dem Angebot, das die Werke dem Vorverständnis machen, ergibt sich, was die zu tradierende Literatur des aufsteigenden Bürgertums für die gegenwärtigen Rezipienten in der Bundesrepublik leisten kann.

10.2 Grundlagen des Traditionsbegriffes

Robert Weimann beschreibt Tradition sowohl als eine historische Kategorie als auch als Kategorie des historischen Bewußtseins, im Hinblick auf ihre Bedeutung für die gegenwärtige Realität und im gegenwärtigen Bewußtsein.

Er definiert Tradition als Prozeß, in dem die im Lauf der Geschichte von Menschen geschaffenen Produkte der materiellen, wissenschaftlichen und künstlerischen Tätigkeit in ihrer jeweils gegenwärtigen gesellschaftlichen Vermittlung auf den Menschen einwirken, und die geistig-praktische Tätigkeit des bewußten sich-in-Beziehung-Setzens zu diesem Prozeß.

Vergangene geschichtliche Wirklichkeit kann durch das gegenwärtige geschichtliche Bewußtsein weder in der Form der objektiven Rekonstruktion erfaßt werden, noch ist die Vorstellung vom Ablauf der Geschichte ausschließlich eine Konstruktion der subjektiven Wertsetzung der Gegenwart. Die historisch-ästhetische Wertsetzung der Gegenwart erfolgt vielmehr nach Kategorien, die zwar einerseits stets "Daseinsformen, Existenzbestimmungen, oft nur einige Seiten dieser bestimmten Gesellschaft [der, der sie entstammen - hier: der historisch-fortgeschrittensten, R] , dieses Subjekts ausdrücken" - andererseits bieten diese Kategorien aber (entwickelte oder verkümmerte) 'Einsicht in die Gliederung aller untergegangenen Gesellschaftsformen', da sie der jeweils 'entwickeltsten und mannigfachsten historischen Organisation' entstammen und die "letzte Form die vergangenen als Stufen zu sich selbst betrachtet" 3). Also erfolgt auch die Wertung historischer und ästhetischer Ereignisse nicht einfach nur nach gegenwärtigen Kriterien, sondern die Entstehung dieser Kriterien ist zugleich auf historische und ästhetische Ereignisse und deren Wirkung in die Zukunft zurückzuführen.

Die Schaffung und Aneignung des historischen Objekts durch das historische Subjekt geschieht gesellschaftlich - durch die menschliche Gattung - und individuell: "Der menschliche Sinn wird [...] ausgebildet und erzeugt [...] durch Arbeit und materielle Produktion, wodurch die gesamte von Menschen erzeugte und produzierte Wirklichkeit der Geschichte ein 'menschlicher Gegenstand' und eine Sache wird, die 'ein gegenständliches, menschliches Verhalten zu sich selbst und zum Menschen' erlaubt. Eben darum sind a l l e (und nicht nur die künstlerischen) Verhältnisse zur Welt gesellschaftlich ermöglichte Weisen der Aneignung einer gegenständlichen Wirklichkeit. Das Subjekt kann der Welt nicht als etwas Fremdem und Gegebenem gegenübertreten, wenn diese Welt bereits als menschliche Wirklichkeit, also als Wirklichkeit seiner eigenen Wesenskräfte (durch die Gattung) vorgebildet ist. [...] Der arbeitende Mensch tritt der Natur nicht gegenüber, sondern er i s t eine menschliche Persönlichkeit nur insofern, als er (durch die Gattung) die Bedingungen seiner Existenz vermenschlicht, also (durch sich selbst) die Natur als seinen Gegenstand ergriffen und (als Individuum) sich angeeignet hat. Auch das künstlerische Individuum 'tritt' der Tradition eben nicht 'gegenüber', sondern es i s t eine künstlerische Individualität nur insofern, als es sich an der künstlerischen Überlieferung g e b i l d e t hat" [4].

Die Auswahl dessen, was gesamtgesellschaftlich angeeignet wird, findet statt in der praktischen Tätigkeit der Menschen, in der der Zusammenhang hergestellt wird zwischen theoretischer Erkenntnis und gegenständlicher Tätigkeit. Die vom Menschen in der Geschichte praktisch realisierten, aus dem Angebot der überlieferten Möglichkeiten ausgewählten Weisen, sich in und zur Gesellschaft zu verhalten, bilden den Prozeß der historischen Tradition.

Wie schon das Verhältnis von historischem Objekt und historischem Subjekt einerseits durch Kontinuität, andererseits durch Erneuerung gekennzeichnet ist, ist auch die jeweils aktuelle Bedeutung von Tradition bestimmt durch das Anknüpfen an historische Kenntnis und ihre Aufhebung durch gegenwärtige Erkenntnis.

So ist das Verhältnis von Aktualität vergangener und gegenwärtiger Wirklichkeit und das Bewußtsein von diesen Wirklichkeiten bezogen auf den Schnittpunkt von objektiver Realität und subjektiver Wirkung - auf die historische, gegenwärtige und zukünftige gesellschaftliche Praxis.

Als Kategorie im historischen Denken ermöglicht Traditionsbewußtsein, die Ergebnisse der bisherigen Entwicklung als konstituierende Momente des wertenden Bewußtseins zu erkennen.

Im Bereich der Literaturgeschichte sind die Überlegungen zum Verhältnis von Geschichte und Geschichtsbewußtsein übertragbar auf das Verhältnis von Entstehungsgeschichte und wirkungsgeschichtlichem Bewußtsein, so daß Tradition hier als Kategorie wirkungsgeschichtlichen Denkens angesehen werden kann [5].

Entstehungsgeschichtliche Rekonstruktion und wirkungsgeschichtliche Neudeutung sind entsprechend zwei einander bedingende methodische Forderungen. Die Neudeutung kann an verschiedene Wirkungsweisen des literarischen Werkes anknüpfen: an historische und ästhetische Dimensionen, die sowohl auf mittelbare als auch auf unmittelbare Weise wirken. Wie bereits mit Bezug auf den Zusammenhang von geschichtlichem Ablauf und Geschichtsbewußtsein gezeigt, steht das Werk in einer gesellschafts- und ideengeschichtlichen Bewegung, die zur Voraussetzung des ästhetischen und historischen Wertens geworden ist, da es auf deren Entstehung eingewirkt hat. Darüberhinaus vermag der Gegenstand einen direkten Impuls historisch-ästhetischer Erfahrung abzugeben, weil er zur Auseinandersetzung und damit zur Entfaltung von Subjektivität provoziert: "sinnliche Tätigkeit wird in ebenso hohem Maße vergegenständlicht wie rezipiert"[6].

Inhaltlich spiegelt das literarische Werk Historie nicht nur wieder, sondern hat sie auch wertsetzend mitgeprägt, ihre Folgen sind in die historische Wirklichkeit eingegangen. Dies wertsetzende Moment bleibt dem literarischen Werk prinzipiell erhalten, in seiner Aktivierung besteht eine der Möglichkeiten heutiger produktiver Wirkung. "Wirkung" meint nicht geistesgeschichtliches "Verstehen", sondern praktische Verwirklichung - "Die Literaturgeschichte umschließt das Prinzip der Anwendung des - vom Standpunkt der Gegenwart - als g ü l t i g Erkannten" [7].

So macht der hergestellte Bezug zwischen Entstehungs- und Wirkungsgeschichte beide erst wirklich nach- und neuvollziehbar: Erst aus der Beziehung zur Zukunft (also auch zu ihrer eigenen nachwirkenden Überlieferung) ergibt sich die wirkliche Bedeutung der literarhistorischen Wirkungen in der Zeit. Oder, um die Definition des

Traditionsbegriffes zu präzisieren: "Die historisch produktive Form der Aneignung der Folgewirkung verwirklicht sich durch Tradition" [8].

Der Inhalt dessen, was in der Tradition bewahrt ist und durch sie erneuert werden kann, wird einerseits bestimmt durch die gesellschaftlichen und natürlichen Existenzbedingungen, andererseits durch die Interessen der Bewahrenden.

Aus dem Zusammenhang von Objektivität und Subjektivität - Wirklichkeit und Bewußtsein von der Wirklichkeit -, der Entstehungs- und der Wirkungsgeschichte des Werkes, ergeben sich die objektiven Auswahlkriterien der literarischen Traditionsbildung: Sie liegen in der Einheit von Tätigkeit, Sein und das Sein überschreitender Erkenntnis und Wertung - im R e a l i s m u s der Darstellung. Der Realismus als Widerspiegelung der "menschheitlichen Praxis" ist für die Literatur das, was die "menschheitliche Praxis" für die Geschichte ist: Bezugskontinuum der Tradition.

Realistisch ist Literatur, die Wirklichkeit so abbildet und gleichzeitig wertet, daß sie durch die Abbildung Umbildung organisiert. In der Darstellung werden gleichzeitig die Notwendigkeit der Veränderung gezeigt, Möglichkeiten der Veränderung erfaßt und es wird zum Handeln ermutigt; Wertsetzungen leiten bei der Umbildung an.

Mit diesen verschiedenen, aus der Objektivität der Geschichte und aus der Subjektivität des Darstellenden einfließenden Komponenten trägt solche Literatur dazu bei, die Menschen erkennen zu lassen, daß die Welt von ihnen beherrschbar ist.

Die realistisch abbildende und umbildende Komponente kann einen antizipierenden Charakter haben - wenn sich nämlich die in ihr sichtbar werdende Entwicklung als historisch realisierbar erwiesen hat. Diese Antizipation ist aber nicht entscheidend für die gegenwärtige Erneuerung der Wirkung, denn auch das historisch Antizipierende kann nur eine vergleichsweise kurze Zeitspanne einholen, die inzwischen möglicherweise schon wieder überholt ist; diese Antizipation ist dem Aktualitätsverlust ausgesetzt wie die abbildende Komponente.

Eine andere Möglichkeit der Antizipation liegt in der antizipierenden Wertsetzung: in der Darstellung idealer menschlicher Eigenschaften und gesellschaftlicher Zustände, wie sie noch nicht realisierbar, wohl aber subjektiv denkbar und wünschbar sind.

Lessings 'Minna von Barnhelm' und 'Emilia Galotti' erfüllen diese Bedingungen ideal:

Die aus der Abbildung gewonnenen umbildenden Komponenten sind zum Beispiel der Nachweis, daß die Auseinandersetzung zwischen Adel und Bürgertum notwendig und unausweichlich ist, der Hinweis auf den nichtantagonistischen Charakter der Widersprüche im Bürgertum und die Forderung nach Gewaltenteilung - das ist alles auch antizipierend. Lessing schafft Voraussetzungen für die Umbildung, indem er, entsprechend dem 79. Stück der Hamburgischen Dramaturgie, die Rolle der Vorsehung so anlegt, daß Mut zum Handeln erweckt wird.

Während die Abbildung die Notwendigkeit der Veränderung zeigt, werden in der umbildenden Komponente praktische Voraussetzungen für die Umsetzung der Erkenntnis vorgeführt, es werden Hinweise zur Strategie der Veränderung gegeben.

Wertsetzungen weisen die Berechtigung des Vorgehens nach, sie motivieren psychologisch und moralisch; außerdem ist ihre Verwirklichung das gesellschaftlich-konkrete Ziel der Veränderungen. Lessings Wertsetzungen - Stolz, beruhend auf der Einhaltung der Normen bürgerlicher Tugend und Ehre, Religiosität, Altruismus, Solidarität, Tapferkeit - haben insgesamt antizipierenden Charakter, und zwar heute noch, insofern es sich um die subjektive Wertsetzung handelt. Die objektiven Bedingungen für die Realisierung haben sich verändert und die Entwicklung hat gezeigt, daß die Ideale nicht mit sämtlichen bürgerlichen Implikationen verwirklicht werden können. Darüberhinaus haben die Wertsetzungen grundsätzliche Bedeutung für den Kampf einer aufsteigenden Klasse.

Lessings Warnungen waren auch insofern antizipierend, als sie die gegebenen Möglichkeiten der negativen bürgerlichen Entwicklung schon enthielten - auch wenn diese Entwicklung weder durch Warnungen noch durch Vorbilder und Wertvorstellungen zu ändern war.

Wertsetzungen sind einerseits historisch bedingt, andererseits antizipieren sie das Künftige. Das Ausmaß der Antizipation kann aber niemals die historische Differenz völlig überbrücken, denn die geistige Entwicklung kann nicht ökonomisch wichtige Entwicklungsstufen der Gesellschaft gleichzeitig überspringen und reflektieren.

Die gewordenen Werte beziehen sich auf die originalen Wertsetzungen, sind aber nicht mit ihnen identisch, sondern enthalten Bedeutungen, die die ursprünglichen Wertsetzungen im Lauf der Entwicklung der Gesellschaft bis in die Gegenwart unter ganz bestimmten Herrschaftsverhältnissen angenommen haben. In welchem Maß die heutige Definition des (gewordenen) Wertes aus der Antizipation der Wertsetzung schöpft und welchen Anteil die historische (Um-) Deutung an dessen heutiger Bedeutung hat, muß jeweils im Einzelfall geklärt werden.

Auch über der Entdeckung einer noch bestehenden Antizipation der Wertsetzung darf die Differenz in den Zielvorstellungen nicht vergessen werden, die sich aus den veränderten gesellschaftlichen Voraussetzungen ergeben, zu denen die Ideale in ein Verhältnis treten.

Um zu verhindern, daß die Ideale im gegenwärtigen gesellschaftlichen Kontext als realitätsferne Illusionen betrachtet und zu Phrasen degradiert werden, muß überprüft werden, inwiefern ihr Bezug zur Realität sich verändert hat. Wenn nicht mehr an ihre Realisierung gedacht wird, wenn die Tradition nicht als 'Kontinuität des Fortschritts im Entwicklungsprozeß' in der Gegenwart und im Bewußtsein der Gegenwart wirkt, wenn das objektiv Vorwärtsweisende der Geschichte in der Gegenwart historisch nicht durchgesetzt ist, und, literaturwissenschaftlich, wenn die Aufnahme dieses Vorwärtsweisenden die ästhetische Gestaltung der Gegenwart und die Rezeption der ästhetischen Gestaltung der Vergangenheit als mögliche produktive Größe nicht mitbestimmt - dann muß diese Veränderung des Verhältnisses von Ideal und Wirklichkeit bei einer Rezeption problematisiert werden.

Um die gegenwärtige geistig-praktische Aneignung von Tradition zu untersuchen, werden die in den bisher vorgeführten Rezeptionen Lessings deutlich gewordenen Vorverständnisse einander zugeordnet.

Sie werden betrachtet als heute gesellschaftlich mögliche Vorverständnisse, als typische (auch weil durch Veröffentlichung vervielfachte) Formen der Annäherung an überlieferte Texte. Außerdem werden sie betrachtet als im historisch-gesellschaftlichen Kontext stehend, als Auswirkungen verschiedener Traditions- und Überlieferungszusammenhänge, in denen Werk und Rezipient stehen.

10.3 Lessing-Rezeption in der BRD

10.3.1 Dürrenmatt

Um die eigenen Vorstellungen vom Menschen gegen die Lessings zu setzen, enthistorisiert Dürrenmatt; Lessings Verhältnis zur vergangenen Wirklichkeit und die konkreten gesellschaftlichen Differenzen zur Gegenwart sind keine Themen für ihn. Er zeigt in Ausschnitten aus Lessings Text, in Lessings Schauplatz und mit seinem Personal Menschen unserer Gegenwart, wie er sie sich vorstellt. Er "korrigiert" die Motivationen und zum Teil auch die Handlungen der dramatis personae in Lessings Drama entsprechend einem Prinzip, das er als ein im Laufe der Zeit sichtbar gewordenes Prinzip menschlichen Verhaltens darstellt, als habe Lessing das Problem nur noch nicht erkannt.

Dürrenmatt negiert Lessings Realismus, er geht mit dem Text um, als müsse die realistische Komponente erst durch ihn, den Bearbeiter, eingebracht werden.

Dabei hat Dürrenmatt weder die vergangene Situation erkannt, noch erkennt er die gegenwärtige. Eine Aufarbeitung der Vergangenheit verweigert er und verfehlt gleichzeitig wesentliche Komponenten einer für unsere Zeit realistischen Darstellung. Dürrenmatt verabsolutiert phänotypische Beobachtungen, führt sie nicht auf ihre Ursachen zurück und ordnet sie nicht in den ökonomischen Gesamtzusammenhang ein. So werden objektive soziale Antagonismen zu nur subjektiven Verhaltensweisen. In der Umformung wird Lessings Drama zur Geschichte vom Tanz ums goldene Kalb - das Geld wird dämonisiert durch die alleinige Beschäftigung mit der Verteilungsfrage.

Dürrenmatt zeigt das menschliche Leben als bestimmt durch eine Folge undurchschaubarer Zufälle. Je nach ihrer einmal gegebenen Position in der Gesellschaft werden diese Zufälle über die Menschen verhängt oder sie verhängen sie selbst entsprechend ihren Launen, denen die anderen Menschen wehrlos ausgeliefert sind. Was für Individuen zu bestimmten Zeitpunkten gilt, gilt auch für die Abfolge der Ereignisse allgemein: Ihnen liegt nicht das Verhältnis von Ursache und Wirkung zugrunde, sie folgen einander anarchisch, objektive Gesetze gibt es nicht. Historische Kriterien, die helfen, die eigene Situation zu beurteilen, fehlen bei Dürrenmatt, das Vergangene kann also auch keine Erkenntnisse über die Gegenwart vermitteln - daher erklärt sich Dürrenmatts völlige Vernachlässigung des Lessingschen Textes.

Der vorgeführten Tatsache, daß die Menschen schon immer schlecht waren, kann also keine Hoffnung auf eine zukünftige Besserung der Menschen und der gesellschaftlichen Verhältnisse entgegengesetzt werden. Dürrenmatts Pessimismus ergibt sich daraus, daß er die menschliche Gesellschaft nur nach ihrer gegenwärtigen, kapitalistischen Erscheinungsweise beurteilt, nicht nach den tatsächlich bisher gemachten Fortschritten und den Entwicklungsmöglichkeiten, die in der Gegenwart bestehen. Sein Pessimismus hindert ihn also daran, die Gegenwart wirklich realistisch zu sehen - ohne Illusionen ist schließlich nicht gleichbedeutend mit: negativ.

Die von Dürrenmatt vorgebrachte Kritik ist unvollständig, unhistorisch, nicht durch eine realistische Darstellung untermauert, sie bleibt perspektivlos - eine umbildende Komponente ist in seiner Bearbeitung nicht enthalten.

Seinem Weltbild entsprechend muß Dürrenmatt verneinen, daß die Wertsetzung in Lessings Drama eine Antizipation sein könnte.

Bei Dürrenmatt selbst findet Wertsetzung nicht statt: Die Formulierung von Idealen betrachtet Dürrenmatt überhaupt als auf Illusionen beruhend: Aus seiner Enttäuschung über den bisherigen Verlauf der bürgerlichen Epoche der Geschichte folgert er, es gebe keinen Fortschritt, Ideale seien also immer falsch. Unter diesen Umständen müsse Lessings Text immer als Apologie wirken. Dabei sieht Dürrenmatt die Ideale nur in Bezug auf ihre Funktion in der gegenwärtigen bürgerlichen Gesellschaft, als Möglichkeit zu einer idealistischen Überhöhung einer schlechten Praxis, in ihrer Funktion, reale Konflikte zu verhüllen. Er wirft ihnen fehlenden Realitätsgehalt vor: Vorspiegelung einer nicht existenten Gegenwart und nicht vorhandener zukünftiger Möglichkeiten.

Er zeigt dann gegen die Illusion von Güte, Großzügigkeit und Uneigennützigkeit Eigennutz, Geiz und Berechnung; gegen die Illusion der Gleichheit setzt er - zumindest teilweise - verschiedene Interessen, deutet Konflikte an. Mit der Negation der "idealistischen Phrasen" negiert er aber die Ideale, nämlich, daß es überhaupt

Gleichheit, Güte und Uneigennützigkeit unter Menschen geben kann. Sein Pessimismus wird so zur wirklichen Apologie: Die Feststellung, daß es keine Möglichkeit zur Verbesserung oder grundsätzlichen Veränderung der bestehenden Verhältnisse gibt, dient eben der Erhaltung dieser Verhältnisse. Die empfohlene Haltung ist die, bei der Anpassung an die schlechten Verhältnisse Einsicht in die Vorgänge zu bewahren - Dürrenmatt rät zum Zynismus.

Die völlige Ablehnung der tradierten Wertvorstellungen - die "entlarvende" Benutzung von Lessings Text bei nicht-analytischer Vorgehensweise - haben in ihrer Radikalität und in ihrem Pessimismus Berührungspunkte mit der Ablehnung der Kultur der "bürgerlichen Epoche" als "affirmative Kultur" durch die 'Frankfurter Schule': "Unter affirmativer Kultur sei jene der bürgerlichen Epoche angehörige Kultur verstanden, welche im Laufe ihrer eigenen Entwicklung dazu geführt hat, die geistig-seelische Welt als ein selbständiges Wertreich von der Zivilisation abzulösen und über sie zu erhöhen. Ihr entscheidender Zug ist die Behauptung einer allgemein verpflichtenden, unbedingt zu bejahenden, ewig besseren, wertvolleren Welt, welche von der tatsächlichen Welt des alltäglichen Daseinskampfes wesentlich verschieden ist, die aber jedes Individuum 'von innen her', ohne jene Tatsächlichkeit zu verändern, für sich realisieren kann" [9].

Da Marcuse die "tatsächliche Welt des alltäglichen Daseinskampfes" nicht weiter untersucht und, obwohl er die 'Entwicklung' der bürgerlichen Kultur erwähnt, sie nicht im Zusammenhang sieht mit dem "Daseinskampf", sondern die Entwicklung der Kultur nur als Funktion der Kultur betrachtet, verabsolutiert er die affirmativen Züge, die ein (großer) Teil der klassischen Literatur im Laufe seiner Rezeptionsgeschichte angenommen hat, zum einzigen Charakterzug der heutigen und zukünftigen Wirkungsmöglichkeit der klassischen Literatur.

Zwar behauptet er einen "fortschrittlichen Charakter" der Ideen von 'allgemeiner Menschlichkeit', 'Schönheit der Seele', 'innerer Freiheit' und 'Tugendreich der Pflicht' "zur Zeit des kämpferischen Aufstiegs der neuen Gesellschaft" [...] - "mit der sich stabilisierenden Herrschaft des Bürgertums" treten sie jedoch "in den Dienst der Niederhaltung unzufriedener Massen" [10]. Nun hatten auch diese

Forderungen durchaus keinen so abstrakten Charakter, wie Marcuse hier und an anderer Stelle [11] glauben machen will, sondern konnten durchaus als revolutionäre Forderungen für die konkrete Lebenspraxis wirken - nicht als "innere", sondern als politische Freiheit, nicht als Egoismus contra Pflicht, sondern als Anklage des adeligen Standesdünkels einerseits und Aufforderung zum Altruismus unter den (potentiell) Gleichdenkenden andererseits. Die Befreiung des Individuums wird durchaus im Zusammenhang gesehen mit Solidarität - insofern sind auch Freundschaft und Liebe keine bloß privaten Beziehungen [12], sondern werden verstanden als Ausdruck der allgemeinen Menschenliebe [13].

Die Forderung des aufsteigenden Bürgertums nach "Gleichheit" gegenüber dem Adel wird mit spätbürgerlichem Schrecken angefüllt: Gleichheit wirke sich "vermöge der rationalisierten Arbeitsweisen" als "Eliminierung von Qualitäten" auf die "Erfahrungswelt der Völker" aus [14], hebe Individualität auf [15] zur "Konformität" [16]. Eine 'totale Gesellschaft' [17] übe Zwang aus; das äußere sich in 'zwangshaft gelenkter Kollektivität' [18] und in 'repressiver Egalität' [19]. Erklärt wird das mit der Verteilung der Waren auf dem Markt: "Die Wohltat, daß der Markt nicht nach der Geburt fragt, hat der Tauschende damit bezahlt, daß er seine von Geburt verliehenen Möglichkeiten von der Produktion der Waren, die er auf dem Markte kaufen kann, modellieren läßt. Den Menschen wurde ihr Selbst als ein je eigenes, von allen anderen verschiedenes geschenkt, damit es desto sicherer zum Gleichen werde" [20].

Die fortschrittlich-humanistischen Implikationen der Ideale nicht (mehr) zu verstehen, entsprach den Interessen späterer bürgerlicher Interpreten, die unhistorisch, aber selbstbewußt an die Werke herangingen. Wenn Marcuse hier auch die Werte historisch falsch darstellt, nämlich immer mehr von ihrer späteren Funktion her urteilend als aus ihrer Entstehungssituation, so ist ganz falsch, daß er Funktionen der Tradition in einem bestimmten historisch-gesellschaftlichen Zusammenhang in seiner Theorie ewige Gültigkeit zuspricht.

Mit der daraus resultierenden Ablehnung der Werte und ihrer ästhetischen Vermittlungen wird gleichzeitig die entstehungsgeschichtliche Bedeutung der bürgerlichen Literatur als "affirmativ" abgelehnt. Das "verstößt gegen den Sinn der Entstehungsgeschichte, weil es selbst nur vom ästhetischen Bewußtsein heutiger Rezeption, nicht aber von der geschichtlichen Substanz (und also Wirkungsmöglichkeit) historischer Produktion ausgeht" [21].

Dürrenmatts Geschichtspessimismus entspricht dem der 'Frankfurter Schule'; Geschichte wird nicht als "Entwicklungsakt der menschlichen Gesellschaft" [22] gesehen, der nach objektiven Gesetzen verläuft, sondern als zufällig und so auch zufällig dekadent.

Da Dürrenmatt seine Haltung weniger argumentativ, sondern eher phänotypisch belegt, läßt sich nicht behaupten, seine Bearbeitung entstehe direkt aus der ideologischen Position der 'Frankfurter Schule'. Trotzdem ließ sich in wesentlichen Fragen - Geschichtsbild, Verhältnis zur gegenwärtigen Realität, Verhältnis zur Tradition - Übereinstimmung feststellen.

In der Analyse von Dürrenmatts Bearbeitung wurde gezeigt, daß ihr kein einheitliches Konzept zugrunde lag. Hier wurden nun seine ideologischen Voraussetzungen an einem Vorschlag zur Interpretation des Verhältnisses von Tradition und Gegenwart festgemacht, der die gleichen Defizite aufweist und so die der Bearbeitung als typisches statt als zufälliges Versagen zeigt.

10.3.2 Kortner

In Kortners Bearbeitung bleibt die geschilderte Situation die historische. Psychologische Zusammenhänge werden jedoch so neu angelegt,als seien die Personen gegenwärtig lebende Menschen.

Tatsächlich erklärt Kortner aber nicht vergangene Ereignisse mit Hilfe gegenwärtiger Begriffe, sondern er zeigt gegenwärtige psychisch-soziale Strukturen.

Um Vergangenheit und Gegenwart auf diese Weise verknüpfen zu können, verzichtet er auf die Definition von historischen Zeitpunkten entsprechend der ökonomisch, nach Herrschaftsbedingungen und ideologisch differenzierten Situation und ihrem Einfluß auf die Denk- und Fühlweisen.

Kortners "psychologischer Realismus" birgt die Gefahr, Vergangenheit und Gegenwart gleichzusetzen und Entwicklung zu negieren; birgt die Gefahr der Abstraktion von den konkreten Verhältnissen:

Der gegenwärtige Rezipient empfindet die gezeigten Verhältnisse als "normal" und vollzieht sie per Identifikation nach, weil sie s e i - n e Verhältnisse sind, ohne daß er sich der in der Abfolge historischer Ereignisse geschehenenen Veränderungen bewußt werden könnte.

Wenn der Rezipient die Widerspiegelung der veränderten Voraussetzungen in der Bearbeitung erkennt und auf das Original bezieht, folgt aus der Darstellung, daß weder allgemeine Schlechtigkeit noch nur vergangene, noch nur gegenwärtige von Kortner vorgeführt werden, sondern daß er die Wurzeln der gegenwärtigen Fehler in der Vergangenheit sucht.

Da er die bürgerliche Gegenwart beschreibt, findet Kortner eine Situation in der Vergangenheit, die den entscheidenden Fehler charakteristisch enthielt, da, wo das menschliche Individuum sich zuerst an bürgerlichen Normen orientiert oder, wie Kortner negativ formulieren würde: wo bürgerliche Normen anfangen, die Freiheit des Individuums einzuschränken und zwar so, wie es auch in der gegenwärtigen Gesellschaft geschieht.

Das 'Moralsystem des Müssens und Sollens' 23), wie es das Bürgertum, nachdem es seine Herrschaft errichtet hatte, zur Festigung dieser Herrschaft benutzte, ist "kaum weniger von oben herab gebietend als die objektive Rechtsordnung und sicher bedeutend härter als die objektiven Freiheitsrechte. [...] Viel Unterdrückung hat sich schon in den inwendig aufgenommenen Druck von Moralen hineinbegeben und so tiefer entmannt, auch eingepreßt als allemal äußeres objektives Recht" 24) - genau das führt Kortner vor.

Allgemein wird die Erkenntnis vermittelt, daß Moral als Unterdrückungsmechanismus funktionieren kann. Ein Bürger ist (hier) Beherrscher dieses Mechanismus und in der Erscheinungsform werden solche Deformationen geschildert, wie sie die gegenwärtige Gesellschaft hervorbringt. Es besteht also zumindest die Möglichkeit zu erkennen, daß es sich nicht nur um ein abstraktes Schema von Herrschaft und Unterdrückung handelt, sondern daß es in der Gegenwart das Bürgertum ist, das (mittels moralischer Normen) unterdrückt und vor Gewaltanwendung nicht zurückschreckt. In diesem Widerspruch ist die Diskrepanz zwischen der vom Bürgertum vertretenen Moral und seiner tatsächlichen Handlungsweise enthalten.

Die Erkenntnis, die die Bearbeitung neu gegenüber dem Text Lessings vermittelt, ist geeignet, Aussagen des heutigen Bürgertums über sich selbst als im Widerspruch zu seinen Handlungen stehend auffallen zu lassen. Die Diskrepanz ist realistisch beschrieben.

Die Erkenntnis eines Mangels in den gegenwärtigen Herrschaftsverhältnissen ist verknüpft mit optimistischen Zügen:

Zwar betrachtet Kortner die geschichtliche Entwicklung von den Anfängen des Bürgertums bis heute als eine negative, nicht aber als einen endgültigen Regress. Die Aberration vom gewollten und möglichen Weg der Menschen zum Guten kann rückgängig gemacht werden.

Ein Beitrag zur Lösung der Probleme in der Gegenwart soll sein, sich ihre Wurzeln in der Vergangenheit vor Augen zu führen.

In der 'Emilia'-Bearbeitung drückt sich Kortners Hoffnung auf Veränderung in den Komödienelementen aus: Der traurige Schluß erscheint durch sie nur als eine Folge unglücklicher Zufälle und nicht geschehener Einsichten, die aber möglich gewesen wären.

Zu b e s t i m m t e r Tätigkeit regt Kortners Bearbeitung trotzdem nicht an: Negative wie positive Ereignisse werden bei Kortner immer von isolierten Individuen initiiert. Verbesserung bestehender Verhältnisse geschieht durch Einsicht in die eigenen Fehler und durch Erkenntnis des Richtigen, das immer wieder angeboten werden muß - dabei scheint eine gesellschaftliche Verständigung über Verhaltensweisen aber nicht stattzufinden: Ansätze dazu fehlen in der 'Emilia' Kortners. Es ist also keine Organisation der individuellen Entschlüsse möglich (sie ist auch theoretisch deshalb nicht gestattet, weil sie eine Beschneidung der individuellen Freiheitsrechte nach sich ziehen könnte).

So kann die Veränderung nur durch Einsicht und Umkehr seitens der Unterdrücker stattfinden - und das heißt: Trotz seines Appells stellt sich Kortner hier auf den Standpunkt der Herrschenden, denen die Organisation der Unterdrückten und ihre eigene Interessenvertretung nicht wünschenswert erscheinen kann. Nach seinem Konzept kann die Einsicht der Herrschenden erfolgen oder auch nicht, das ist eine Frage ihrer freien Entscheidung.

Der Fehler entsteht, weil Kortner nicht untersucht, welche Interessen zur Formulierung einer bestimmten Moral führten und führen, und in wessen Interesse sie jeweils genutzt wird, weil er den Klassencharakter der Moral negiert.

Trotzdem ermutigt das von Kortner vermittelte Weltbild insgesamt dazu, nach Wegen zur Verbesserung der gegenwärtigen Situation zu suchen.

Daß Moral zur Unterdrückung eingesetzt werden kann, führt Kortner darauf zurück, daß überhaupt moralische Normen in bestimmte Gebiete des menschlichen Lebens eingreifen und damit die individuelle Freiheit zu denken und zu handeln beschneiden.

Aber Kortner berücksichtigt nicht, daß das Individuum nicht im privaten Kreis durch eigenes Verschulden "schlecht" geworden ist, daß vielmehr der Mensch als Mitglied der Gesellschaft auch in dieser Hinsicht von den herrschenden Verhältnissen bestimmt ist.

Kortner hebt Lessings Wertsetzungen auf und ersetzt sie zum Teil durch neue, die er, als Gegenforderungen, häufig nur ex negativo erkennen läßt. Er wendet sich gegen die Bevormundung durch Religion und gegen die restriktive bürgerliche Sexualethik. Seine Forderung nach Freiheit von Liebenden in der Wahl des Partners meint konkret eine neue Sexualethik, die sich an individuellen Gefühlen orientiert, und sie steht darüberhinaus für den Wunsch nach freier Entscheidung im privaten Bereich.

Die geforderte Freiheit besteht aus vielen individuell definierten Freiheiten. Durch das Negativschema, mit Hilfe dessen sie transportiert wird, ist sie nur definiert als Freiheit v o n etwas. Zusammen mit der Konzentration des Interesses auf das Individuum ist hier ein Teil des bürgerlichen Freiheitsbegriffes wiederholt.

Ausgelassen ist die antifeudalistische Komponente der bürgerlichen Freiheitsforderung: die ökonomische Notwendigkeit bürgerlicher und proletarischer Freiheit, die Rolle, die die Forderung im ideologischen Kampf spielte, und die Bindung der freien Individuen an eine Programmatik, die die bürgerliche Freiheit sichern sollte - der Aufbau einer bürgerlichen Demokratie und die zur Rechtfertigung und Verständigung notwendigen moralischen Forderungen. Ausgelassen sind hier die gesellschaftlichen Bezüge individueller Freiheit.

Kortners Konsequenz, die Ideale müßten aus der Verbindung mit Herrschaft und Unterdrückung befreit werden, wird von Bloch näher beschrieben, der sie aus der "Arbeitsteilung, Öde, Mechanisierung des kapitalistisch perfekten Daseins" [25] befreit sehen will. Übereinstimmend nehmen Kortner und Bloch optimistisch an, daß die Verwirklichung der Ideale entsprechend einem schon immer enthaltenen Sinn noch erfolgen wird.

Der Zeitpunkt, an dem das sein wird, bleibt bei Bloch wie bei Kortner unbestimmt: Bloch definiert ihn als 'Zustand, worin Klassengesellschaft nicht mehr gilt'. Der bourgeois, der den klassengebundenen Inhalt der Menschenrechte vertritt, - bei Kortner wäre das Odoardo - werde dann durch den citoyen - in der 'Emilia' Kortners etwa der Prinz - gerichtet [26]. Der citoyen ist nicht gesellschaftlich, sondern nur ideal definiert, jeder kann durch richtiges Verhalten citoyen werden [27].

Die Veränderung des gegenwärtigen Zustands ist nicht die Konsequenz einer vom citoyen herbeizuführenden Entwicklung, sondern erfolgt spontan, als 'Sprung ins Reich der Freiheit' [28]. Von (bestimmten) Menschen herbeizuführende Voraussetzungen gibt es nicht, es genügt das richtige Verhalten.

So erscheint die Gegenwart als veränderbar durch die Summe vieler geänderter Verhaltensweisen und Kortner braucht entsprechend gar keine Handlungsanweisungen zu geben, sondern es genügt, wenn er eine Haltung empfiehlt, die sich an solchen moralischen Maßstäben orientiert, die im sittlichen Bewußtsein aller Menschen abstrakt existieren.

Der Geschichtsverlauf ist dabei nur warnendes Beispiel: Kortner negiert die Möglichkeit, daß der historische Prozeß die Entstehung oder eine Veränderung moralischer Maßstäbe bedingen könnte.

Trotz seiner marxistischen Terminologie bezieht auch Bloch seinen Optimismus aus der Annahme des permanenten Vorhandenseins humanistischer Ideale - bei allen Menschen und unabhängig von der Gesellschaftsstruktur. Dabei stellt er den wissenschaftlichen Sozialismus als Verwirklichung der Ideen des utopischen Sozialismus dar, enthistorisiert und subjektiviert die Utopie im Sinne zeitloser allgemeinmenschlicher Bestrebungen und Wünsche und entzieht der Gegenwart Grundlagen 'realistischen' Handelns.

Kortners Festhalten an einer abstrakten, überzeitlichen Moral engt sowohl die Möglichkeiten historischer Erkenntnis als auch die Möglichkeiten gegenwärtiger Konkretisierung der angebotenen Werte ein. Die Ideale sind gesellschaftlich unbestimmt; für jeden Einzelfall ist eine neue grundsätzliche Entscheidung notwendig, die auch individuell verständlich und ehrlich, aber gesellschaftlich falsch ausfallen kann [29]. Ihre Umsetzung in die Praxis dürfte aber nur versuchsweise argumentativ verhindert werden. Im Falle der Uneinsichtigkeit des "freien" Individuums bliebe es zum Beispiel bei Unterdrückung. So erweitert die Unbestimmtheit des Freiheitsideals seine Anwendbarkeit in einem nicht wünschbaren Maß.

10.3.3 Lessing-Rezeption per Rezeption der Kortner-Bearbeitung

In der Rezeption der Kortnerschen 'Emilia'-Bearbeitung wird das von Kortner angebotene Weltbild nicht grundsätzlich kritisiert; seine maximale Wirkungsmöglichkeit wird also in keiner der Kritiken überschritten, sondern die ermöglichten Erkenntnisse werden bestenfalls erreicht, meist - unterschiedlich weit - verfehlt.

Nagels Interpretationsansatz läßt sich, wie Kortners, mit Hilfe von Blochs theoretischem Konzept näher beschreiben: So wie Nagel Kortners 'Emilia' gegen Lessing interpretiert, kann er sich auf Blochs Theorie von den interiorisierten moralischen Normen stützen - einer der ersten Beherrscher des so funktionierenden Unterdrükkungsmechanismus wäre dann Lessing, als Propagandist dieser Moral, gewesen.

Auch mit seiner Beschreibung der nur deshalb allgemein akzeptabel formulierten bürgerlichen Moralbegriffe, damit sie als Ablenkungsmanöver von in Wirklichkeit rigoroseren Vorstellungen dienen konnten, unterstellt Nagel den frühen Bürgern absichtliche Irreführung und damit einen sehr weitgehenden Überblick über Entwicklungen und Zusammenhänge. Es scheint nach seiner Darstellung so, als hätten die Menschen zwischen ihrer Entwicklung zum bourgeois oder zum citoyen (Bloch'scher Definition) wählen können und hätten den bourgeois gewählt.

Die Verbindung der bürgerlichen Ideale mit dem Besitz der Macht ist bourgeois, ist fehlerhaft, und muß aufgehoben werden. Daß sie auch aufgehoben werden kann, ist Anlaß zum Optimismus. (Worauf diese Annahme beruht, ist aber letzten Endes unklar.) Die Kenntnis der Vergangenheit kann helfen, eine ähnliche Entwicklung für die Zukunft zu vermeiden. In der begrifflichen Ausformulierung von Kortners Ansatz geht Nagel auf Bloch zu, wenn er die von Kortner individualpsychologisch dargestellten Konflikte als Konflikte in einer bestimmten Gesellschaftsordnung beschreibt. Er sieht diese dann aber, die von Kortner geschilderten psychologischen Strukturen nicht überwindend, nur als hierarchisch strukturierte, nicht als soziale Ordnung. Auch das stimmt überein mit den entsprechenden Einschränkungen der Sehweise bei Bloch.

Karasek deutet die dargestellten individualpsychologischen Konflikte als soziale - und beschreibt diese dann als schichtenspezifische psychologische Probleme; er betrachtet die gesamte geschichtliche Entwicklung unter dem Gesichtspunkt der Psychoanalyse.

Dabei hält er schon Lessing für so weitblickend, als Gefahr für die Entwicklung der bürgerlichen Gesellschaft erkannt zu haben, daß sie ihre Moral als Unterdrückungsmechanismus interiorisieren werde. "Es hieße Kortners Inszenierungsweise verkennen, wollte man meinen, Kortner habe diese Ideen über das Stück verhängt, als äußerliches Konzept, dem sich das Stück anzupassen und einzufügen hatte. Das Gegenteil ist richtig." [30] Karasek sieht in Lessing also auch einen Bürger, der die Entwicklung des Bürgertums vorhersieht, sieht ihn aber nicht als Apologeten dieser Entwicklung. Da er sie kritisiert, hat Lessing also nicht Werte vermittelt, sondern vor den Wirkungen der gängigen Ideale gewarnt.

So wie die Frage der historischen Erkennbarkeit von Problemen, betrachtet Karasek die Vergangenheit überhaupt unhistorisch: Er entdeckt in Denk- und Verhaltensweisen nur allgemeine geistige Strukturen, die er dann auf historisch verschiedene Zeiten parallelisierend überträgt. Das geschieht nach dem Prinzip, das Horkheimer und Adorno in der 'Dialektik der Aufklärung' vorführten, wenn sie Odysseus, Kant, de Sade und Nietzsche zu Vertretern einer von ihnen definierten geistigen Haltung 'Aufklärung' ernannten und sie dann auf diese Haltung hin interpretierten. Wie Horkheimer und Adorno kann auch Karasek nur wenig Entwicklung über die von ihm beschriebene Grundstruktur hinaus feststellen - und keine positive. Da er der so dargestellten negativen Folge von Ereignissen keine Werte entgegenhalten kann, läßt sich insgesamt nur wenig auf eine zukünftige Besserung hoffen; die Hoffnung kann sich nur auf den (kleinen) psychischen Aktionsradius einer sozialen Schicht, nämlich der sich (noch) selbst unterdrückenden bürgerlichen, stützen.

Diese beiden Vorverständnisse, die ähnlich auch zu den beiden Bearbeitungen führten, können in der Auseinandersetzung mit einem Drama, das Realität und Ideale des aufsteigenden Bürgertums vermittelt, zu der Erkenntnis führen, daß die Gegenwart verbesserungsbedürftig ist und sie können "Fehler" der Gegenwart richtig beschreiben. Aus dem Zusammenhang der Fehler mit der historischen Entwicklung Handlungsanweisungen entwickeln können sie nicht. Insofern erklärt sich der Pessimismus und ist der Optimismus nur durch eine idealistische Komponente in der Betrachtung der Realität zu deuten.

Eine andere Gruppe von Kritiker-Rezipienten sieht durch Kortners Inszenierung ein Stück Vergangenheit beschrieben - Kortners Inszenierung wird sogar als Versuch einer historischen Rekonstruktion dargestellt und gelobt - und gleichzeitig allgemein-menschliche Verhaltensweisen so angesprochen, daß eine Identifikation mit den "Menschen" möglich wird.

Einerseits wird also auf den Vergangenheitscharakter verwiesen und er wird beschrieben, andererseits muß er aber wieder aufgehoben werden, damit die Ereignisse verstanden werden können.

Die Historisierung der Vergangenheit scheint hier nur möglich zu sein, wenn die Vergangenheit als Bild erfaßt wird und n i c h t als ein Teil unserer Gegenwart. Die Aktualisierung erfolgt dann als Enthistorisierung der Geschichte.

Auswirkungen dieser Manipulationen sind nicht zu erwarten - weder auf die Einschätzung der Vergangenheit noch auf das Verhalten in der Gegenwart. Scheinbares geistig-psychologisches Verstehen wird angeboten als ein Surrogat wirklichen, nämlich handelnden, verwirklichenden Verstehens.

Diejenigen, die die Qualität einer ("Klassiker"-) Aufführung nach ihrer "Werktreue" beurteilen wollen, beziehen ihre Kriterien überhaupt nicht aus einer Funktion des Dramas und auch nicht, wie sie vorgeben, durch Rückverweis auf die originalen Wertsetzungen.

"Werktreu" in ihrem Sinn bedeutet vor allem: Der Text und seine "Betonung", Bühnenbild und Kostüme widersprechen nicht der konventionellen Vorstellung von Vergangenheit. Deshalb muß Kortners Inszenierung auch gegen seine Feststellung, sie sei eine Bearbeitung, verteidigt werden [31].

Das seit je enthaltene allgemein-Menschliche, die erhabene Empfindung, die ewig unerreichbaren Ideale werden zu einer weiteren Demonstration der intakten überzeitlichen Ordnung erwartet. Daß die im Drama enthaltenen Forderungen und Ideale nicht verwirklicht sind, löst keine Irritation aus, wird nicht einmal problematisiert, es ist ein Teil des "Schicksals", der "Verstrickung in Schuld" [32]. Daß die Ideale trotzdem unverändert beibehalten werden, beweist dann eben gerade ihre ewige Gültigkeit.

Lessing als "Klassiker der alten Bildungstradition" könne "die Leute ins Theater locken" - die Tradition welcher Bildung Wagner meint [33], geht dann aus seiner Interpretation hervor: Er steht in der Interpretationstradition des herrschenden Bürgertums, die er in ein Extrem treibt, indem er eine Rechtfertigung der Gewaltherrschaft aus ihr ableitet. In dieses Extrem folgt ihm Joachim Kaiser, dessen Freiheitsphrasen, das Ideal ins Gegenteil verkehrend, tatsächlich ein Recht des Stärkeren postulieren.

Die Vorstellung, Dramen könnten "vom Blatt" gespielt werden, negiert, daß schon mit dem Lesen das Einbringen gegenwärtiger, subjektiver und objektiver, Kriterien verbunden ist und daß jeder Transport des Textes auf die Bühne - mit notwendigen Strichen, in eine Bühnendekoration, dargestellt und gesprochen von bestimmten Schauspielern in Kostümen (welchen auch immer) - eine Interpretation impliziert.

"Den 'Tasso', der ein für alle Mal unverändert bliebe, gibt es nicht" schreibt Hellmuth Karasek [34] - "Es sei denn, man hätte seit Weimaraner Goethezeiten die Schauspieler als bleibendes perpetuum mobile mumifiziert." Und sogar das geht noch nicht weit genug, denn die Wirkung ist ein Teil des Werkes: Man hätte die Welt anhalten müssen, um die Aufführung unverändert zu erhalten - und hätte auch damit noch dem zukunftsweisenden Moment im Drama widersprochen. Wenn aber das perpetuum mobile heutige Zuschauer fände, wären die möglichen Auswirkungen andere als auf die Zuschauer zu Goethes Zeit. Der Ablauf der Geschichte verändert den historischen Kontext, damit auch die Rezeption und damit auch das Drama. Die veränderte Wirklichkeit spielt mit, gleichgültig, ob sie mitgedacht ist oder nicht. Wer die Wirklichkeit nicht mitdenkt, spricht dem Drama eine wirkende Dimension per definitionem sowohl für die Vergangenheit als auch für die Gegenwart ab.

Nur die Regisseure, die sich bewußt sind, daß "werktreue" Aufführungen nicht identisch sind mit unverändertem Text, historisch getreuem Bühnenbild und "klassischer " Deklamation, entgehen der Gefahr zu verfälschen - das heißt: jeder Realität fernzubleiben; Realität nicht als eine sich verändernde und veränderbare Größe zu betrachten und sie deshalb weder in ihrer historischen noch in ihrer gegenwärtigen Ausprägung zu erfassen. Insofern ist auch eine Stellungnahme zu den verschiedenen Komponenten des Realitätsgehaltes nicht denkbar und das Werk kann nicht als in irgendeinen Gestaltungsprozeß eingreifend betrachtet werden. Sowohl die abbildenden als auch die umbildenden Komponenten des Werkes werden negiert. Der allerdings postulierte Antizipationscharakter der Werke wird als das intuitive (hellsichtig-menschliche) Erfassen abstrakter Ideale und ewiger Wahrheiten über Gefühle, zwischenmenschliche Beziehungen, aber auch über "ewige" Zusammenhänge wie Macht und Herrschaft, Ohnmacht und Unterdrückung dargestellt.

Die wertsetzende Komponente ist nicht eigentlich auf eine menschliche Praxis gerichtet, sondern in ihr äußert sich ein Aufruf, das Gute zu erkennen und ihm individuell nachzustreben, ohne daß gesellschaftliche Auswirkungen geahnt würden.

Das verbal unveränderte Aufgreifen der Wertsetzungen Lessings bekommt in der veränderten Realität - gleich, ob offen ausgesprochen wie bei Wagner, oder nicht - einen reaktionär-apologetischen Inhalt: Es wird die Hoffnung auf eine Verwirklichung der Ideale in der bürgerlichen Gesellschaft erneuert, ideale Bürger werden vorgeführt.

Die Grundlage dieses Vorgehens ist die apologetische Wiederholung dessen, was zur Vergangenheit erklärt worden ist, nämlich nicht die eigentliche Vergangenheit des Dramas, das wäre die Entstehungsgeschichte, sondern desjenigen Teils der Wirkungsgeschichte, der das eigene Vorverständnis geprägt hat (und der von der eigenen Interessenlage akzeptiert werden kann). Da Bereicherung und Korrektur der Tradition ausgeschlossen sind, wird eine Identität von Wirkungsgeschichte und Entstehungsgeschichte hergestellt, die ideologisch von der Wirkungsgeschichte her definiert ist.

Der verabsolutierten reaktionären wirkungsgeschichtlichen Tradition wird der gegenwärtige Mensch dann gegenübergestellt, als sei sie nicht ein Teil der Vorgeschichte unserer Gegenwart. Zum Sinn der Tradition wird es, ein immer schon Vollendetes unverändert weiterzugeben, wie es empfangen wurde. So wird es möglich, reaktionäre bürgerliche Wirkungsgeschichte als Tradition festzuschreiben.

Bei der Rezeption der Kortnerschen 'Emilia' überwogen Vorverständnisse mit einerseits individualpsychologischem, andererseits historisierendem Ansatz, die, Kortners Änderungen zum Teil negierend, Lessing apologetisch rezipierten.

Vorverständnisse, in denen die apologetische Haltung nur noch auf die Verteidigung und Erweiterung des bürgerlichen Machtanspruchs bezogen ist, interpretieren Lessing militant-reaktionär.

Für beide Vorverständnisse ist die Absicht konstituierend, "Lessing selbst" verstehen zu wollen; jede Abweichung vom Vorverständnis des Rezipienten wird als "Verfälschung" abgelehnt.

Die Bearbeitungen dagegen entstanden aus einem grundsätzlich kritischen Ansatz; die Beobachtung einer Differenz zwischen Vorlage und gegenwärtiger Wirklichkeit veranlaßt die Bearbeiter, sich in bewußten Kontrast zur Vorlage zu setzen. Dabei gehen die Meinungen darüber, worin die Differenz besteht und entsprechend, wie ihre Aufhebung erfolgen sollte, weit auseinander.

Trotzdem sind totale Vereinnahmung dessen, was zur Vergangenheit erklärt wird, und totale Ablehnung einer, auch erst entsprechend einseitig definierten, 'affirmativen Kultur' der Vergangenheit sich ähnlich in ihrer Auswirkung bei der Rezeption von Texten: Bei beiden Vorverständnissen unterbleibt die bewußte Auseinandersetzung mit der Vergangenheit; die Erkenntnis der vergangenen Realität in der Vollständigkeit, in der sie schon der Umgang mit dem Text ermöglichen könnte, fehlt ebenso, wie der auf dieser Grundlage kritisch herzustellende Bezug des Textes zur Gegenwart. Die realen Widersprüche in der Entwicklung der bürgerlichen Kultur werden ebensowenig reflektiert wie die Antagonismen in der gegenwärtigen bürgerlichen Gesellschaft.

Das Vorverständnis des Bearbeiters wirkt so nur unbewußt. Er übernimmt die Grenzen seiner Weltanschauung in seine Arbeit und sanktioniert sie historisch, indem er sie dem alten Text aufdrängt.

Eine relativ weitgehende Möglichkeit der Kritik der Gegenwart und des Verständnisses der Gegenwart bieten Kortner und Nagel. Es wird darüber nachzudenken sein, daß ihr Ansatz einerseits als nicht weitgehend genug kritisiert wurde, andererseits aber das Vorverständnis der meisten Rezipienten schon so weit überschritt, daß sie die angebotenen Erkenntnismöglichkeiten nicht mehr verwirklichen konnten.

Allen Ansätzen ist gemeinsam die Negation der wirkenden Komponente der Vergangenheit und entsprechend auch der Verzicht auf eigenes Eingreifen in die Wirklichkeit. So tragen sie dazu bei, den bestehenden Zustand zu erhalten - ob sie nun bewußt darauf gerichtet sind oder nicht -, sind Spielarten der herrschenden bürgerlichen Ideologie. Sie kommen unterschiedlichen Bedürfnissen der gleichfalls bürgerlichen Rezipienten entgegen und integrieren sie: Kritikbedürfnis, Rechtfertigung des Machtanspruches, Bedürfnis, das eigene Versagen zu rechtfertigen und nach Schuldigen dafür zu suchen [35] oder das Versagen zu negieren und die gegenwärtigen Zustände zu idealisieren.

Eine geschichtsbewußte Interpretation und Kritik der Gegenwart, die zugleich Möglichkeiten der gegenwärtigen Entwicklung zeigt, gibt es unter diesen Rezeptionen nicht. So eine Bearbeitung oder Kritik fehlt nicht deshalb, weil sie nicht denkbar ist, sondern weil den Rezipienten die entsprechende Kenntnis der gesellschaftlichen Entwicklung und ihrer eigenen Rolle darin fehlt.

Es sind also mit diesen Rezeptionen nicht alle denkbaren Vorverständnisse erfaßt, wohl aber repräsentative Beispiele der gegenwärtigen bürgerlichen Ideologie.

Die Untersuchungen der Lessing-Rezeptionen und ihr Verhältnis zur gegenwärtigen theoretischen Diskussion haben gezeigt, daß von einer konzeptionell einheitlichen Haltung zum Traditionsproblem für die BRD nicht ausgegangen werden kann, wohl aber von einer ideologisch einheitlichen Haltung. Eine Kontinuität zur frühen bürgerlichen Ideologie besteht heute nur insofern diese schon auf bürgerlichen Machtansprüchen beruhte und eine idealistische Geschichtskonzeption vertrat. Das Produktive in der Literatur der Vergangenheit wirkt dagegen gerade nicht als das in der Gegenwart Bewußtseinsbildende und Handlungsanweisende. Produktive Traditionen sind vereinnahmt von reaktionären wirkungsgeschichtlichen Traditionen und werden von den Rezipienten mit diesen entweder übernommen oder pauschal abgelehnt.

Gleichzeitig ließ sich aber an der 'Emilia' zeigen, daß die apologetische Vereinnahmung des Stoffes nicht funktioniert: Die gezeigten Bürger werden von den heutigen als z u mutig, moralisch, tugendhaft empfunden, als unrealistisch. Die umbildenden und die wertsetzenden Komponenten des Werkes wehren sich gegen ihre Vernachlässigung mit einer Verweigerung des Realitätsgehaltes überhaupt.

Da 'die im Laufe der Geschichte vom Menschen geschaffenen Produkte der [...] künstlerischen Tätigkeit' in ihrer 'gegenwärtigen gesellschaftlichen Vermittlung' auf die Rezipienten n i c h t im Sinne der Kontinuität des Fortschritts einwirken, der sie ihre Entstehung zu verdanken haben, und da kein bewußtes sich-in-Beziehung-Setzen zu diesem Prozeß erfolgt [36], muß die Tradition neu befragt werden, muß die gegenwärtig vermittelte Auswahl aus der historischen Tätigkeit des Menschen und die Art ihrer Vermittlung überprüft werden mit dem Ziel, die Tradition aus dem System ideologischer Herrschaftssicherung auszugliedern.

Das kann nicht durch bloße Negation gelingen, wie Adorno vorschlägt. Abgesehen davon, daß die totale Negation der Vergangenheit mit der Tatsache der eigenen sozialen Existenz nicht in Übereinstimmung zu bringen ist, bedeutet der Verzicht auf kritische Auseinandersetzung mit der Vergangenheit, daß sie genau denen überlassen bleibt, gegen die die Theorie sich wendet - so ist im Theater dieser Verzicht nur denkbar als Verweigerung einzelner Regisseure und kleiner Theater; keines der großen Theater wird seinen Spielplan ohne die bürgerliche Dramatik und deren Klassiker gestalten, und dann bemächtigen sich diejenigen dieser Werke, die sie in ungebrochener bürgerlicher Tradition spielen. Die persönliche Entscheidung einer Negation der Vergangenheit wirkt sich gesellschaftlich nur als relative Erweiterung der Bedeutung des ideologischen Kontrahenten aus.

Nun wird aber die fortschrittliche Kunst der Vergangenheit überhaupt nur dann zum 'ästhetischen Surrogat' [37], wenn diejenigen die Tradition verwalten, die ein Interesse an der Erhaltung des gegenwärtigen Zustands der bürgerlichen Gesellschaft haben; nur ihrem Interesse entspricht die ideologische Haltung, sich 'am Vergangenen zu laben', "damit am Gegenwärtigen nichts sich ändere" [38] - gerade ihnen darf die Tradition also nicht überlassen bleiben.

Es wird behauptet, daß es möglich ist, sowohl den Widerspruch gegen die affirmative Vereinnahmung der Tradition aus dieser selbst zu beziehen, als auch eine aktuelle, agierende Funktion aus ihren konstruktiven Momenten zu entwickeln. Auf sie zu verzichten oder zuzulassen, daß sie unterdrückt werden, wäre Verschwendung von gesellschaftlich geleisteter Arbeit. Deshalb müssen von dem entwickeltsten Bewußtsein der Gegenwart Traditionen ausgewählt beziehungsweise neu gebildet und vermittelt werden, die diese Gegenwart und dies entwickelte Bewußtsein haben bilden helfen, und die geeignet sind, Wirklichkeit und Bewußtsein weiter zu bilden. Ausgewählt wird die Tradition, die die Kontinuität des Fortschritts im Entwicklungsprozeß widerspiegelt und gestaltet.

Wenn es so gelingt, Inhalte, die den objektiven Bedürfnissen der Gegenwart entsprechen, in der tradierten Literatur produktiv zu machen, kann damit auch ein Defizit an gegenwärtig entstehenden progressiven Traditionen teilweise ausgeglichen und tendenziell aufgehoben werden.

10.4 Produktive Wirkung tradierter Literatur

Für die Gegenwart der BRD müssen produktive Traditionen gesucht und fortgeführt werden, die im gegenwärtigen Traditionsangebot wirkungsgeschichtlich "verschüttet" sind. Für die Auswahl und für den produktiven Umgang mit Tradition wurden Kriterien entwickelt, die nun im Hinblick auf die Gegenwart und das gegenwärtige Publikum für die zu tradierende Literatur zu präzisieren sind.

Die aus den überlieferten Werken auszuwählenden und in den Prozeß fortschrittlicher Tradition zu übernehmenden Werke bieten der Gegenwart ihren historischen Realitätsgehalt, ihre wirklichkeitsbildende Potenz, ihre Wertsetzungen an.

Die vom Werk eingebrachte Kenntnis vom Menschen und von der Gesellschaft ist zu erweitern durch den Bezug auf die gegenwärtige Praxis als den Schnittpunkt von vergangener und gegenwärtiger Wirklichkeit und dem Bewußtsein von diesen Wirklichkeiten - ist also zu erweitern durch gegenwärtige Erkenntnis.

Die Kriterien für die Auswahl von Tradition aus dem Überlieferungsgeschehen liegen im objektiven und subjektiven Verhältnis der Gegenwart zur historischen Tradition und zur tradierten Literatur. Im objektiven Verhältnis insofern das objektiv Vorwärtsweisende, das historisch Bewährte, auch das in der Tradition zu Bewahrende ist; im subjektiven Verhältnis, insofern das individuelle Bewußtsein von der gegenwärtigen und der historischen Wirklichkeit, Literatur und ihrer Relevanz angesprochen werden kann und muß als das Bewußtsein der Bewahrenden. Das im Bewußtsein und in der Gegenwart der Rezipienten Bewahrte soll, wenn es nicht auch das Bewährte ist, ersetzt werden durch die Erkenntnis des Bewährten; zur Umsetzung der Erkenntnis in die Realität soll ermutigt werden.

Hier wird schon ersichtlich, daß ein rückbezugliches Verhältnis zwischen der Tradition und dem potentiellen Publikum besteht - der Inhalt der Tradition selbst bedingt die Auswahl der Bewahrenden, also des anzusprechenden Publikums, und gleichzeitig geben gegenwärtige Lebensbedingungen, Vorverständnis und Interesse dieses Publikums Anregungen für die Auswahl aus der Tradition und die Art der wertsetzenden Vermittlung.

Wenn das tradierte Drama seine Wirklichkeit realistisch abgebildet hat, liegt es, wie gezeigt worden ist, in der historischen Dimension der Gegenwart.

Um die historisch-realistische Komponente des Textes beurteilen und in ein kritisches Verhältnis zur Gegenwart setzen zu können, muß der Bearbeiter die Bezüge seiner Vorlage u n d seiner Gegenwart mit der Entstehungszeit korrelieren. Nicht um der historischen Rekonstruktion selbst willen, sondern um das Vorwärtsweisende, das Abbildende, Umbildende, Wertsetzende erkennen zu können. Daß der Bearbeiter sich entsprechende historische Kenntnisse erwirbt, wird als eine gesellschaftliche Verpflichtung verstanden, die sich aus seiner Position ergibt - das Wissen kann er dann durch Verständnishilfen verschiedener Art dem Publikum vermitteln.

Wenn die Beziehungen zwischen dem Text und den gesellschaftlich-ideologischen Auseinandersetzungen der Entstehungszeit erkannt sind in der Funktion der Strukturelemente und Stellungnahmen, wenn die Abbildung der Wirklichkeit von der Wertsetzung des Autors unterschieden und der Grad der Antizipation bestimmt ist - dann können die innerhalb des Werkes und mit Bezug zur vergangenen Wirklichkeit beschriebenen Aktionen und Reaktionen, Gefühle und Gedanken der dramatis personae und die nahegelegten Schlußfolgerungen verdeutlicht, erweitert, aufgehoben werden.

Die alten Motivationen können durch neue ersetzt werden, Stellenwert und inhaltliche Bedeutung von Episoden geändert, Text umgestellt oder verändernd gekürzt, alte Antworten in Frage gestellt, offen gebliebene Fragen beantwortet, neue aufgeworfen, die dramatis personae denunziert oder gegen den Autor verteidigt werden.

Dabei werden Kenntnisse vermittelt, Erkenntnisse ermöglicht, Impulse zu handeln gegeben und wertsetzend Kriterien für den Inhalt des Handelns zur Diskussion gestellt. So kann im Bezugssystem zwischen Bearbeitung, Vorlage und den angesprochenen Wirklichkeiten durch dessen historisch-kritisches Potential eine Aussage entstehen, die stärker ist, als es die Aussage eines neuen Werkes zu einem entsprechenden Thema wäre.

Ansetzend bei der gesellschaftlichen Praxis in der Gegenwart wird alles, was auf die Entwicklung des Bürgertums und der bürgerlichen Gesellschaft, auf ihre Antagonismen und auf vergleichbare Herrschaftsstrukturen und Antagonismen bezogen ist, als Tradition des Kampfes der unterdrückten, arbeitenden und aufstrebenden Klassen um (soziale) Befreiung betrachtet. Die Gegenwart steht geschichtlich in der Kontinuität dieser Konflikte und die gegenwärtigen Rezipienten müssen die Gelegenheit erhalten, aus der Kenntnis der bisherigen Ergebnisse der Konflikte und ihrer historischen Bedingungen - in deren Kontinuität sie nicht mehr stehen - Grenzen und Möglichkeiten zukunftorientierten Handelns einzuschätzen.

Dazu eignen sich besonders solche Werke, die in Zeiten gesellschaftlicher Umstrukturierungen Wirklichkeit realistisch abbildeten und so Umbildung antizipierend erfaßten. Diese Werke besitzen einen hohen Demonstrationswert in Bezug auf die prinzipielle Möglichkeit gesellschaftlicher Veränderung und verweisen auf deren Gesetzmäßigkeit.

Der Vergleich ihrer gegenwärtigen Wirkung mit ihrer historischen läßt Rückschlüsse zu auf die Tradition, in der die Werke in der Gegenwart stehen. Insofern ist der Vergleich der in den Werken im Verhältnis zur vergangenen Wirklichkeit enthaltenen Wirkungsmöglichkeiten (und der Art ihrer historischen Realisierung) mit der Realisierung von Wirkungsmöglichkeiten in der Gegenwart, Überprüfung möglicher Ansätze zu einer Neukonstituierung der Tradition des aufsteigenden Bürgertums für unsere Gegenwart.

10.4.1 Historische und gegenwärtige Aktualität

Wenn sich die gesellschaftlichen Voraussetzungen von der Entstehung des Werkes bis zur Aufführung geändert haben, kann Realismus nicht mehr die Abbildung der aktuellen Wirklichkeit beinhalten. Die mögliche Wirkung liegt nun aber auch nicht in der Ahistorizität bestimmter Teile der Werke, wie zum Beispiel Ernst Bloch meint, wenn er schreibt: "jedes klassisch große Drama zeigt an diesen seinen Konflikten und Lösungen ein gleichsam überholendes, das Temporäre übergreifendes Anliegen. Ja selbst die in der Gegenwart verfaßten Stücke besitzen nur dann dramatisch aktuelle Bedeutung (im Sinne von Hinweis wie Erhellung), wenn sie sich auf solch übergreifendes Anliegen verstehen" [39] - das 'übergreifende Anliegen [...] im Sinne von [...] Erhellung' bleibt, als antizipierende Umbildung, eben nicht dauernd aktuell, denn das würde bedeuten: immer unerreichbar und dann hätte die Erhellung gar keinen Zweck; das 'übergreifende Anliegen [...] im Sinne von Hinweis', etwa der antizipierenden Wertsetzung entsprechend, antizipiert zukünftige Entwicklung in der subjektiven Idealität dieses Anliegens, aber nicht in seinen objektiven Bestimmungen. Deshalb liegt das Traditionsbildende nicht im 'das Temporäre übergreifenden Anliegen', sondern in der das Temporäre begreifenden Darstellung und dem verändernden Impetus.

Obwohl also geradezu ein Widerspruch besteht zwischen der Historizität tradierter Werke (ihrer vergangenen Aktualität) und ihrer gegenwärtigen Aktualität, ist eine produktive Wirkung auf die gegenwärtige Realität möglich: Der Widerspruch muß reflektiert werden im Umgang mit allen Komponenten der traditionsbildenden Literatur und im Verhältnis zu den Rezipienten.

Den Aktualitätsverlust der Abbildung kann eine genaue historische Rekonstruktion nicht rückgängig machen, denn sie kann das Erlebnis der Identifikation beim Zuschauer nicht mitliefern. So ist auch die Möglichkeit verloren gegangen, den umbildenden Faktor direkt aus der Abbildung der Wirklichkeit zu beziehen. (Das muß im Umgang mit den sprachlichen und szenischen Details des Textes und mit den Anspielungen auf aktuelle Ereignisse usw. beachtet werden.) Die wertsetzende Komponente kann nicht in der unreflektierten Wiederholung der alten Forderungen und der alten Ideale bestehen, da sich das Verhältnis von Ideal und Wirklichkeit geändert hat.

Die erhaltenen Komponenten ergeben jedoch zusammen mit neu hinzugekommenen Aspekten ein neues Bezugssystem:

Das Werk hat im Lauf der Zeit nicht nur einen Aktualitätsverlust durchgemacht, sondern es hat auch eine historische Dimension gewonnen; die Erfahrungen des zwischen der Vergangenheit und der Gegenwart liegenden Zeitraums sind durch einen Teil der Wirkungsgeschichte vom Werk geschaffen, sie spiegeln sich in seiner Rezeptionsgeschichte. Die Möglichkeit der Erweiterung des gegenwärtigen Horizonts um den historischen Aspekt und die bewußte Erweiterung des Verständnisses vom Menschen, von der Gesellschaft um diese Erfahrungen, können als ein Gewinn an diachronischer Realität betrachtet werden, der an die Stelle synchroner Aktualität getreten ist.

In dieser umfassenden historischen Dimension sind dann auch die ehemaligen Abbildungsfunktionen des Realismus aufgehoben und erneuert: Die historische Betrachtungsweise kann die Erkenntnis von den realistischen Voraussetzungen des eigenen Handelns und von der Notwendigkeit der gesellschaftlichen Erneuerung fördern.

10.4.2 Erneuerung der umbildenden und der wertsetzenden Komponenten

Das Theater kann Kritik nur dann sowohl herausfordern als auch organisieren, wenn es 'praktikable Abbildungen' [40] des menschlichen Zusammenlebens zeigt, wenn es die Welt als erkennbar, beherrschbar, veränderbar vorführt, Wege zur Veränderung erkennen läßt und so die emotionalen und die geistigen Voraussetzungen zum Handeln, die es in der Wirklichkeit gibt, darstellt und, indem es sie bewußt macht, schafft.

Wenn der Inhalt des tradierten Werkes die vergangene Wirklichkeit ist, bezieht sich die Forderung nach praktikabler Darstellung der Wirklichkeit zunächst auf die zu vermittelnde Auffassung vom Geschichtsablauf. Sie ergibt sich in der Bearbeitung aus dem Umgang mit dem Realismus der Vorlage und aus der Reflexion des zwischen der Entstehungszeit und der Wirkungszeit liegenden Zeitraums - der sich verändernden und der veränderten Wirklichkeit.

Die Darstellung des Geschichtsablaufs muß Einblick zulassen in den nach objektiven Gesetzmäßigkeiten ablaufenden und vom Menschen beeinflußbaren Entwicklungsprozeß der Gesellschaft; sie muß also den Geschichtsprozeß als dynamisch, die Situationen als von Menschen gemacht zeigen.

Konkret auf unsere Gesellschaft bezogen bedeutet das: Der Mut zum Handeln, der von Lessing aus dem Verweis auf die Vorsehung gezogen wurde, kann sich jetzt aus der Darstellung des Geschichtsablaufes als einer fortschreitenden Entwicklung ergeben. Dazu ist es nötig die Erkenntnis zu vermitteln, daß die Entwicklung der bürgerlichen Gesellschaft nicht typisch ist für den Geschichtsverlauf insgesamt, daß nämlich die Entwicklung des Kapitalismus einen moralischen und ideologischen Niedergang der bürgerlichen Klasse beinhaltet, nicht aber ein historischer Regress ist. Vielmehr sind die materiellen Voraussetzungen, die Entwicklung der Produktivkräfte und die Beherrschung der Natur durch den Menschen, für eine Verwirklichung des Ideals einer humanistischen Gesellschaft besser geworden, als sie es zu Lessings Zeit waren.

Die Tatsache und die Art des eigenen und des gesellschaftlich-typischen engagiert-Seins muß ins Bewußtsein gehoben werden, damit ihm Handeln und Verhalten entsprechen können.

Realistische Kunst ist also auch Kunst, die 'realistische' Verhaltensweisen in der Wirklichkeit fördert - und zwar in Vergangenheit und Gegenwart.

Als der Teil der künstlerischen Tätigkeit, in dem "durch die rationalen, emotionalen und ethischen Momente [...] Entdeckungen gemacht und Erkenntnisse errungen werden, die durch andere Weisen der Weltaneignung nicht oder erst später zu gewinnen sind" ermöglicht Wertsetzung "Entdeckungen und Erkenntnisse, die den Menschen nicht nur das vorführen, was sie sind, sondern auch das, was sie sein könnten oder sein sollten" [41].

Das geschah in besonderem Maße in der Literatur des aufsteigenden Bürgertums, in der das abstrakt gedachte neue Wesen "Mensch" als konkretes Individuum in bestimmten Situationen vorgestellt wird, in denen es - unter tatsächlichen oder unter idealisierten Bedingungen - versucht, eine neue, wahrhaft humanistische Gesellschaft zu vertreten. So wurden wertsetzend "Möglichkeiten, zu handeln und zu denken, zu fühlen und zu wollen" vorgeführt, "die ohne die Kunst im Verborgenen geblieben wären" [42], da sie über die historischen Möglichkeiten der Zeit weit hinausgingen.

Die decouvrierende Konfrontation der Praxis des gegenwärtigen Bürgertums mit diesen Wertsetzungen ist der Beginn einer heutigen kritischen Auseinandersetzung mit dem vom herrschenden Bürgertum erhobenen Anspruch moralischer, ideologischer und kultureller Führung.

Durch die Konfrontation der gegenwärtigen Wirklichkeit mit den Idealen des aufsteigenden Bürgertums kann die Tradition der Nicht-Verwirklichung humanistischer Ideale, gesamtgesellschaftlicher sozialer Möglichkeiten, der Behinderung individueller Fähigkeiten und die Aufhebbarkeit dieser Traditionen beschrieben werden.

Der Vergleich alter und heutiger moralischer Wertsetzungen und Werte mit der gesellschaftlichen Wirklichkeit, die sie hervorgebracht hat, und den daraus resultierenden Haltungen gewährt darüberhinaus Einblick in Entstehung, fortschrittlichen und konservativen Sinn gesellschaftlicher Übereinkünfte überhaupt. In der Auseinandersetzung mit eigenen Erfahrungen kann die historische Tendenz des vorgeführten Geschehens nicht nur in ihrer gegenwärtigen tatsächlichen Auswirkung, sondern auch in möglichen anderen Konsequenzen erkannt werden.

Nun ist die positive Darstellung von Idealen in einer antagonistischen Gesellschaft immer mit der Gefahr der Apologie verbunden; die Ideale könnten für die Realität genommen werden oder als Traum ohne Bezug zur Wirklichkeit betrachtet werden. Da es sich hier um die Darstellung vergangener Ideale und Wirklichkeiten handelt, ist es umso eher möglich, das Ideal für die Abbildung auszugeben, auf die bessere Vergangenheit zurückzuverweisen mit dem Ziel, das "Image" der Werte in ihrem gegenwärtigen Gebrauch zu verbessern und ihre bürgerlichen Protagonisten aufzuwerten. Der Abfall vom Ideal erschiene dann als eine unabänderliche Destruktion durch die Zeit.

Um sowohl anachronistisches Idealisieren der Absichten und Möglichkeiten der Vergangenheit als auch eine Identifikation von Ideal und gegenwärtiger Wirklichkeit zu verhindern, muß das (notwendig) Spekulative der historischen Wertsetzung aufgehoben werden. Ausgehend von gegenwärtigen historischen und gesellschaftlichen Erkenntnissen werden alte Wertsetzungen negiert oder modifiziert - neu formuliert entsprechend den Bedürfnissen unserer Zeit. Diese neuen Wertsetzungen unterscheiden sich insofern qualitativ von den alten, als sie ihre Entstehung und die gesellschaftlichen Bedingungen ihrer Realisierung mitreflektieren.

Unter diesem Aspekt kann das Zitat gesellschaftlich-konkreter Ideale, die gedankliche und emotionale Vorwegnahme menschlicher Lebensmöglichkeiten und ihr vergleichender Bezug in zwei gegebenen Realitäten, gegenwärtige Gedanken und Emotionen initiieren, die den Erhalt des Bestehenden in Frage stellen.

Eine Verbindung von erneuerter Wertsetzung und Umbildung erfolgt durch Verweis auf den "Zwiespalt zwischen Traum und Wirklichkeit" und den "Berührungspunkt zwischen Traum und Leben" und durch die Aufforderung an den Träumenden, "gewissenhaft an der Realisierung des Traumgebildes" zu arbeiten [43]. Der aus der Geschichte bezogene Verweis darauf, daß durch den historischen Fortschritt sich der humanistische Traum des aufsteigenden Bürgertums und die Voraussetzungen zur Realisierung des Traumes auf einer größeren Fläche berühren als je zuvor, kann die Arbeit an seiner Verwirklichung noch intensivieren.

Apologetische Wirkung kann in einer antagonistischen Gesellschaft trotzdem nicht prinzipiell verhindert werden. Welche Wirkungsmöglichkeit jeweils realisiert wird, ist eine Frage des Publikums, wobei die apologetische Aufnahme durch einen Teil des Publikums in Kauf genommen werden muß, wenn die Wahrscheinlichkeit besteht, daß ein anderer Teil im fortschrittlichen Sinn rezipiert.

Eine Bearbeitung ist geeignet als besondere Methode, durchlaufene Geschichte und ihre Wertsetzungen als ideelle Vorwegnahme eines künftigen besseren Zustandes in der vorhandenen Gegenwart zu spiegeln; aus ihrem Verhältnis zu dem alten Traum ihren neuen Traum zu entwikkeln. So kann aus dem Nach-Spiel von Wirklichkeit auf dem Theater ein Vorspiel von Wirklichkeit in der Erkenntnis und für die Praxis der Zuschauer werden.

10.4.3 Die Rezeption als Funktion der Bearbeitung und umgekehrt

Das Spektrum der Vorverständnisse ließ sich am Beispiel der Rezeption einer einzigen Theateraufführung vorführen. Es ist also deutlich, daß Wirkung nicht allein, in einigen Fällen nicht einmal vorwiegend, vom Werk ausgeht, sondern daß verschiedene Möglichkeiten des (Miß-) Verständnisses verwirklicht werden. Es wurde von solchen Rezipienten nur das eigene Vorverständnis wiederholt, deren Vorverständnis von Kortners Ansatz so weit überschritten worden war, daß anknüpfendes Verstehen ausgeschlossen war.

Von anderen Rezipienten wurde an verschiedene Verständnishilfen angeknüpft, diese wurden unterschiedlich weitgehend zusammengefügt zu verschiedenen Aussagen über Lessing und seine Bedeutung für die Gegenwart. [44)]

Denkt man sich Kortners Publikum wie es von den Kritikern repräsentiert wird, nämlich als ein bürgerliches, dessen Rezeptionsergebnisse in die herrschende Ideologie integriert sind - dann läßt sich einerseits feststellen, daß Kortners Entlarvung von Idealen als (Beitrag zur) Unterdrückung, sein Appell an die Einsicht der Herrschenden, sein Versuch der Motivation zur Güte die Möglichkeiten ausschöpfen, die das tatsächlich im Theater anzutreffende Publikum bietet. Es ist also nicht nur so, daß Kortner ein Höchstmaß dessen umsetzt, was bei seinem generellen Ansatz möglich ist, sondern er hat auch eine auf sein Publikum zutreffende Bearbeitung geschrieben und inszeniert.

Und doch läßt sich zweierlei aus den Rezeptionsergebnissen schließen: Die Anforderungen der Bearbeitung an das literarische und historische Vorverständnis der Rezipienten waren zu hoch, die Konfrontation wurde verweigert. Kortner wandte sich an ein Publikum, das kein Interesse an ermöglichten Einsichten in die eigenen (nicht nur: moralischen) Fehler hat und das ihre öffentliche Diskussion für gefährlich halten muß, weil deren Konsequenzen auch grundsätzlicher gesellschaftlicher Art sein könnten.

Da Kortners mögliche Wirkung ganz auf das gegenwärtige Publikum berechnet ist, enthält seine Bearbeitung nicht die Möglichkeit einer sich aus dem Interesse am vermittelten Inhalt ableitenden Erweiterung des Publikums. Über Rezeptionsergebnisse erfolgt keine

Verständigung; als Rezeptionsvorlagen schlossen die Kritiken weitgehend ein Verständnis der Inszenierung aus [45], der Kreis der primären Rezipienten wurde nicht erweitert, Verständnis wurde nicht verbreitet und konnte weder über primäre noch über sekundäre Rezipienten aktiv werden.

Noch extremer ist die Verweigerung von Rezeption und Weitergabe der Inszenierung bei Dürrenmatts 'Minna'-Bearbeitung: Es erschien keine überregionale Kritik und die Bearbeitung wurde kein zweites Mal inszeniert - obwohl der Text gedruckt vorliegt - noch später erwähnt. Das wird hier aber nicht als ein Beweis gelungener Schockwirkung gewertet, sondern als ein Beweis dafür, daß am Bewußtsein der Zuschauer vorbei inszeniert und gar nichts bewirkt wurde.

Da die historische Aktualität der Werke in einer gegenwärtigen erneuert werden kann, muß auch ihre nachgewiesene Fähigkeit, die Diskussion über Handeln und Verhalten, über zeitgenössische Zustände und Denkweisen zu ermöglichen und zu strukturieren, erhalten geblieben sein. Daß diese Potenz der Werke gegenwärtig nicht realisiert werden kann, liegt daran, daß die gesellschaftlichen Rezeptionsweisen und -bedingungen, die Tradition und Rezipienten ausgewählt haben und noch auswählen, nicht ihrer wirklichkeitsbildenden Fähigkeit entsprechen. Im Verhältnis von Werk und Vermittlung sowie von Werk und Rezipient werden das mögliche Verständnis und der mögliche gesellschaftliche Aktionsradius des Werkes gehemmt.

Aus der bei der Kortner-Rezeption zutage getretenen Verschiedenheit der Vorverständnisse geht hervor, daß es nicht möglich ist, in e i n e r Arbeit für das Theater an alle Vorverständnisse anzuknüpfen. Es kommt hinzu, daß es unter dem Gesichtspunkt möglicher Wirkung - der Bereitschaft zur Diskussion, zu Erkenntnis, des Interesses an Veränderung - auch gar nicht effektiv ist, bestimmte Teile des Publikums anzusprechen.

Wenn die Kriterien für eine positive Auswahl der Rezipienten, durch Ansprechen ihres bestimmten Vorverständnisses, deren gesellschaftliche Erfahrungen und die Möglichkeit und Art aktiver Tätigkeit sind, werden die angesprochen, deren gesellschaftliche Erfahrungen es erlauben, Tradition als fortschrittliche Kraft zu verstehen und, da es sich um eine aktive Form von Wirkung handelt, diejenigen, die erneuerte Wirkungsmöglichkeit tradierter Literatur verwirklichen können, das heißt, die die gesellschaftlichen Konsequenzen aus Erkenntnissen vollziehen können.

Beide Kriterien ergeben sich aus der Tradition, die das objektiv Vorwärtsweisende bewahrt hat: Sie hat das fortschrittliche Bewußtsein bilden helfen und aus ihr sind Impulse zu beziehen, die auf Verwirklichung abzielen.

Da ausgegangen werden muß von dem bestehenden Publikum und dessen bestehenden Vorverständnissen, ist damit auch ein Maximum an erweitertem Vorverständnis vorgegeben: Das Eingehen auf das im gegenwärtigen Bewußtsein der tatsächlichen und der potentiellen Zuschauer zufällig Bewahrte und das im Lauf seiner Rezeptionsgeschichte zur Apologie Gebrauchte muß in Kauf nehmen, daß sich der anhand des Textes erschlossene theoretische Maximalwert der möglichen Wirkung relativ zum Vorverständnis des Publikums zunächst verringert, beziehungsweise zu einem erst anzustrebenden Wert möglicher Wirkung wird. Das Publikum, das den theoretischen Maximalwert realisieren könnte, muß sich erst in einem dialektischen Prozeß mit den im Theater angebotenen Inhalten entwickeln. Das ist gleichzeitig eine Entwicklung von der Bearbeitung weg zum Originalwerk - der "Genuß an den Originalwerken" wird "in nicht allzu ferner Zukunft [...] infolge der Schulung des historischen Sinns und des ästhetischen Geschmacks auch den breiten Massen der Bevölkerung zugänglich sein"[46].

Es wird davon ausgegangen, daß durch Veränderung der Vermittlungsformen und durch Konzentration auf entsprechende Inhalte ein Prozeß initiiert werden kann, der beiträgt zu einer Veränderung des Bewußtseins des jeweiligen Theaterpublikums und der gleichzeitig zu einer schrittweisen gesellschaftlichen Erweiterung des Publikums führt. Damit das möglich wird, muß auch die historisch gewordene Auswahl aus den potentiellen Rezipienten durch die Rezeptionsbedingungen aufgehoben werden.

Da diese Auswahl nicht allein durch das Theater erfolgt, kann sie auch nicht allein im Theater aufgehoben werden. Deshalb gelten der Nachweis möglicher Änderung und die Vorschläge für die Art der Änderung auch für die anderen gesellschaftlichen Rezeptionsbedingungen wie Lehrpläne und Schulunterricht, Verlage, Bibliotheken, Zeitungen, Radio und Fernsehen [47].

Auch mit Bezug auf das Theater wird nicht angenommen, daß eine

Änderung des Publikums allein durch eine Veränderung der inhaltlichen Bedeutung der aufgeführten Dramen erreicht werden kann: Weder ist dem Angebot an Dramen eine solche Änderung zu entnehmen, noch würde über diese Veränderung entsprechend in den Massenmedien berichtet, denn es kämen die dieser Vermittlungsform eigenen Schranken von Verständnis, aufbereitender Widergabe und Publikum hinzu [48].

Sowohl um verständlicher zu werden als auch, um den Kreis des Publikums durch Angebot und Hinweise zu erweitern, müssen also die Änderungen sich auch auf das theatralische Umfeld erstrecken. Für die Theater heißt das im besonderen: Es müssen Formen der Vermittlung gefunden werden, die Vorleistungen für die Bewußtseinsbildung der Theaterleute und des Publikums erbringen können. Dabei sind für die Bewußtwerdung und Veränderung des Publikums der Kontext der Aufführung im Spielplan des jeweiligen Theaters und das Angebot zusätzlicher Informationen notwendig; und zwar besonders, solange nicht entsprechende Informationen durch andere Arten der gesellschaftlichen Vermittlung von Literatur an das Publikum die Forderung stellen sich zu beziehen [49].

Solche zusätzlichen Informationen werden nicht deshalb gegeben, damit der Erkenntnisprozeß der Aufführenden bezogen auf ein bestimmtes Drama nachvollzogen werden kann, sondern um die Materialien zu liefern, Kenntnisse zu vermitteln, die bei den Zuschauern einen Erkenntnisprozeß initiieren und Erkenntnis fruchtbar machen könnten. So wird Erkenntnis nicht vorfabriziert, sondern der Zuschauer wird herausgefordert, Eigenes einzubringen, Stellung zu beziehen - die Aktivierung des Zuschauers setzt im Rezeptionsvorgang an.

Veränderung der Inhalte und der Vermittlungsformen heißt, daß zunächst die Vorstellung von der Bekanntheit des Dramas problematisiert werden muß. Eine Bearbeitung ist sowohl formal als auch inhaltlich besonders geeignet, gegen Rezeptionsgewohnheiten gewandt zu werden: Der von einer Bearbeitung immer herausgeforderte Vergleich mit dem Original ist rezeptionstechnisch ideal für den Vorgang des Anknüpfens an Vorverständnisse und für eine folgende Korrektur beziehungsweise ein Überschreiten des Vorverständnisses.

Dem wenig entwickelten historischen und gesellschaftlichen Bewußtsein der Rezipienten in der Bundesrepublik kann die Bearbeitung bestehender Widersprüche, Beobachtungen und Erkenntnisse nachdrücklicher vermitteln, als es die Aufführung des Textes ohne verdeutlichende Verständnishilfen könnte. Diese erfolgen gegenwärtig ansetzend bei der desillusionierenden Konfrontation von Wertsetzungen, gewordenen Werten und Wirklichkeit und haben zum Ziel den Verweis auf den trotzdem antizipierenaen Charakter der Wertsetzungen, ihren humanistischen Gehalt, ihren Optimismus.

Die gegenwärtigen Kenntnisse und Erfahrungen werden angesprochen vom historischen Realitätsgehalt des Werkes - daß dabei solche Erkenntnisse über die Gegenwart angesprochen werden können, die mit dem Gezeigten einen historischen Sinn ergeben - dafür sorgen die Übereinstimmung von fortschrittlicher Tradition und fortschrittlichen Zuschauern. 'Die Fruchtbarkeit des Ideals beruht auf der Reife der Geschichtserkenntnis' [50)] - und Geschichtserkenntnis beweist sich im Engagement für die Verwirklichung des Ideals.

Diese Verbindung zwischen Geschichtserkenntnis, Umbildung und Wertsetzung liegt in der traditionsbewußten Aufbereitung realistischer Werke. So können erneut Erkenntnis der Wirklichkeit, Verständigung über Verhaltensweisen und zugrundeliegende Werte anhand tradierter Dramen stattfinden:

- wenn das Drama in seiner Entstehungsgeschichte und in seiner gegenwärtigen inhaltlichen und ästhetischen Vermittlung in der fortschrittlichen Tradition des Ringens um die gesellschaftliche Befreiung des Menschen aus den Umweltbedingungen, die seine Entfaltung behindern, steht;
- wenn solche Menschen, die in ihrer Entfaltung behindert sind und deren gesellschaftliches Interesse in der Aufhebung der Bedingungen, die sie behindern, besteht, ins Theater gehen und daraufhin ihre Sache, theoretisch und praktisch, besser vertreten können,
- dann erfolgt eine Verständigung ü b e r die bürgerliche Gesellschaft, über ihre Realität im Vergleich zu historischen Strukturen und im Vergleich zum historischen und gegenwärtigen Anspruch les Bürgertums
- und es kann eine Verständigung erfolgen über die Möglichkeit der Überwindung der bürgerlichen Gesellschaft; über die Aufnahme der humanistischen Zielsetzung bei Beachtung der veränderten Realität; über die historisch vorgeschlagenen umbildenden Elemente im

Vergleich zur Gegenwart.

Aufheben und bewahren heißt also für die Rezeption der Literatur des aufsteigenden Bürgertums im Gegensatz zum gegenwärtig Tradierten:

An die Stelle des idealistischen Optimismus tritt statt des gegenwärtigen Pessimismus ein historisch-realistischer Optimismus. Die Wertsetzungen des aufsteigenden Bürgertums werden weder pauschal negiert noch in ihrer heutigen Bedeutung übernommen noch in ihrer ehemaligen Bedeutung "verwirklicht", sondern überprüft und im Verhältnis zur Gegenwart neu formuliert.

Die gegenwärtig abgebrochene Verständigung der Bürger anhand des bürgerlichen Dramas kann bei einem neuen Publikum zu einer Verständigung über die bürgerliche Gesellschaft, das eigene Verhältnis zu ihr und über die eigenen Vorstellungen von einer zukünftigen Gesellschaft werden.

Anmerkungen

In den Anmerkungen werden folgende Siglen benutzt:

M	Lessing, Gotthold Ephraim: Minna von Barnhelm oder das Soldatenglück. Ein Lustspiel in fünf Aufzügen. In: Sämtliche Schriften. Hrsg. von Karl Lachmann. 3., auf's neue durchges. u. verm. Aufl., bes. durch Franz Muncker. Stuttgart 1886. (Lessing: Sämtliche Schriften. Bd.2.) S. 171 - 264.
D.M	Lessing, Gotthold Ephraim: Minna von Barnhelm oder das Soldatenglück. Dramaturgische Einrichtung von Friedrich Dürrenmatt. Bühnenmanuskript. Basel [1970]. [Nicht im Buchhandel ersch.]
E	Lessing, Gotthold Ephraim: Emilia Galotti. Ein Trauerspiel in fünf Aufzügen. In: Lessing: Sämtliche Schriften. Hrsg. von Karl Lachmann. 3., auf's neue durchges. u. verm. Aufl., bes. durch Franz Muncker. Stuttgart 1886. (Lessing: Sämtliche Schriften. Bd 2.) S. 377 - 450.
K.E	Lessing, Gotthold Ephraim: Emilia Galotti. Bearbeitung und Inszenierung von Fritz Kortner. Regiebuch des Theaters in der Josefstadt, Wien. [Ohne Seitenzählung]
L/M	Lessing, Gotthold Ephraim: Sämtliche Schriften. Hrsg. von Karl Lachmann. 3., auf's neue durchges. u. verm. Aufl., bes. durch Franz Muncker. Bd 1 - 23. Stuttgart (12 - 21: Leipzig; 22.23: Berlin, Leipzig) 1886 - 1924.
Schiller NA	Schiller, Friedrich von: Werke. Nationalausgabe. Hrsg. von Julius Petersen, Gerhard Fricke u.a. . Bd 1 - Weimar 1943 ff.
MEW	Marx, Karl, und Friedrich Engels: Werke. Hrsg. vom Institut für Marxismus-Leninismus beim ZK der SED. Bd 1 - [Nebst] Erg.-Bde. Berlin 1959 ff.
Th.h.	Theater heute. Die deutsche Theaterzeitschrift. Hrsg. von Erhard Friedrich und Henning Rischbieter. Jg. 1 - . Seelze 1960 ff.

Die Angaben Autor / Kurztitel beziehen sich auf das Literaturverzeichnis.

1 Vorwort

1) Entsprechend sind "Wirkung" und "Rezeption" definiert: "Der Begriff Rezeption ist vom Leser aus gebildet: Er besagt, daß der Leser sich das Werk als Gegenstand 'nimmt', der ihm gegeben ist. Der Begriff Wirkung dagegen akzentuiert die Werk-Seite: das Werk nimmt sich, indem es rezipiert wird, auch den Leser; es wirkt auf den Leser ein." (Naumann, Gesellschaft, S. 87)

2) Die Termini sind ausführlich entwickelt in: Naumann, Gesellschaft.

3) Philosophisches Wörterbuch

4) vgl. Marx, Deutsche Ideologie

5) MEW Bd 1, S. 388

6) MEW Bd 3, S. 274

7) MEW Bd 39, S. 97

8) Premiere der Kortner-Bearbeitung: 29.4.1970, der Dürrenmatt-Bearbeitung September 1970.

2 Produktions- und Rezeptionsbedingungen von Literatur im 18. Jahrhundert in Deutschland

1) Die Auswahl ist historisch sehr unterschiedlich; man vergleiche nur die sich in der Geschichte des Theaterbaus widerspiegelnden Veränderungen.

2) Marx, Zur Kritik der politischen Ökonomie, MEW Bd 13, S. 9

3) Engels, Herrn Eugen Dührings Umwälzung der Wissenschaft, MEW Bd 20, S. 97

4) Böhme, S. 9

5) Schmoller, Die innere Verwaltung, S. 584

6) Genaue Zahlenangaben bei Mottek, S. 254 und 286

7) Beispiele bei Mottek, S. 267, 280, 290, 299 und 354

8) Die Rüstungsindustrie war besonders an der Herstellung von Stoffen für Uniformen und an der Herstellung von Kanonen und Pulver - also an Metallurgie und Bergbau - interessiert.

9) Durch Werber mit Prämien angeworbene Arbeiter wurden in Spinndörfern angesiedelt. Sie mußten bestimmte Quantitäten an Flachs und Wolle abliefern und nebenher auf einem Stück Land für ihren Unterhalt selbst sorgen. Unter Friedrich Wilhelm I. wanderten 27 323 Personen in Preußen ein (Mottek, S. 267).

10) Preuß, Bd 4, S. 433 f

11) Beispiele bei Mottek, S. 278

12) Mottek, S. 276

13) Mottek, S. 264

14) Roden berechnet für einen Bauern im Dorf Tempelhof bei Berlin, er habe von seinem Gewinn nach Abzug der Kontribution noch einen Thaler und fünfzehn Groschen übrig, aber noch mehr als elf Thaler feste Kosten (Preuß, Bd 4, S. 416). Roden resümiert: Der Bauer "muss allen Fleiß anwenden und sich kümmerlich behelfen, wenn er sich ehrlich ernähren und durchbringen will [...] Er kann daher keine Unglücksfälle übertragen, daferne ihm nicht alsdann durch Remission unter die Arme gegriffen wird, um ihn noch in etwas zu unterhalten [...]" (Preuß Bd 4, S. 417).

15) Mehring, Lessinglegende, S. 126

16) Beutin, S. 272, 273. Dort sind weitere Quellenangaben.

17) 500 000 von 4 500 000; Quelle und Kommentar: Koser, Bevölkerungsstatistik, S. 239 - 241.

18) Beutin, S. 280

19) dazu ausführlicher: Beutin, S. 278 f; zu Mietfragen: Klinkenborg, S. 179

Nicolai berichtet, daß Lessing Einblick in die Münzmanipulationen hatte: "Der General von Tauenzien hatte den Auftrag, mit den Münzentrepreneuren die Kontrakte wegen des geringhaltigen Geldes zu schließen, das damals geschlagen ward. Lessing hatte einen Theil der Unterhandlungen darüber, und die Münzkontrakte aufzusetzten. Das Geschäft war einträglich." (Daunicht, S. 173 f)

20) Mottek, S. 272

Auf dem Bandwebstuhl konnten 16 Stücke zur gleichen Zeit gewebt werden, auf den bis dahin gebräuchlichen Stühlen nur eins zur Zeit.
Auf dem Strumpfwirkstuhl konnten 1000 - 1500 Maschen pro Minute gestrickt werden, ein Handwerker strickte nur 100 Maschen in der Minute.

21) Mottek, S. 272 f

22) Böhme, S. 14

23) Hinze, S. 6

24) Zum Entwicklungsstand der Industrie in Preußen vgl. Hinze, S.240

25) vgl. Mottek, S. 334 - 353, bes. S. 349 - 351

26) "Brauchte man die Armee nicht, so wurde sie vermiethet. Und keinen geringen Gewinn brachte dieser verruchte Menschenhandel" (Schmoller, Die innere Verwaltung, S. 585). So verkaufte der Erbprinz von Braunschweig (später Karl Wilhelm Ferdinand, Herzog von Braunschweig) von 1776 - 1795 etwa fünf Prozent seiner Untertanen: Er verkaufte 1776 4300 Mann an England und schickte bis 1782 noch 1423 Mann als Ersatzmannschaften in Englands Krieg mit den amerikanischen Kolonien. 1783 kehrten 2078 Soldaten zurück; der Gesamtprofit für den Braunschweiger Hof, dem außer der "Miete" die Toten und Verwundeten bezahlt wurden, betrug 780 000 Pfund Sterling. (Schlözer, Karl Wilhelm Ferdinand von Braunschweig. In: Allgemeine deutsche Biographie 15, S. 272 ff. Dargestellt nach Mehring, Lessinglegende, S. 313.)

1788 wurden weitere 3000 Mann an die Niederlande verkauft und 1795 an England 1900 Soldaten. (Mehring, Lessinglegende, S. 312) Insgesamt hatte das Herzogtum Braunschweig zu der Zeit nur etwa 150 000 Untertanen (Mehring, S. 193).

27) So in Preußen, Braunschweig-Lüneburg und Sachsen; in Bayern nicht.

28) Schneider, Schmiede, Zimmerleute, Rademacher, Leineweber. Mottek, S. 284 f.

29) Mottek, S. 302 ff

30) Hinze, S. 137

31) Zum Kanton- und Freiwächtersystem vgl. Büsch, S. 14 - 19 und S. 115 - 116; Hinze, S. 172 - 173

32) Hinze, S. 39

33) Vogler/Vetter, S. 101

34) 73 von 120 und 5 von 120; Zahlenangaben bei Vogler/Vetter, S. 98

Eine genaue Untersuchung der Bevölkerungsentwicklung in preußischen Städten zwischen 1763 und 1790 gibt Paul Schwarz. Schwarz errechnet auch den prozentualen Anteil der Gewerbetreibenden in den (Klein-)Städten.

35) Mottek, S. 289; Angabe für 1792

36) Eberhardt, S. 23
Vgl. auch Schwarz, S. 107
Er errechnet speziell für die Städte der Neumark um 84 % Bürgertum und um 16 % Gesinde (= "Gesellen, Knechte, Jungen, Mägde").

37) Für das flache Land ergeben sich folgende Zahlen: knapp 87 Prozent Bauern, gut 12 Prozent Handwerker, Tagelöhner usw., 1 Prozent Adel.

38) Preuß Bd 3, S. 86 f

39) So der Titel der Untersuchung. Preuß Bd 3, Urkundenbuch, S. 92

40) Preuß Bd 3, Urkundenbuch, S. 95

41) Preuß Bd 3, Urkundenbuch, S. 89

42) "Solange das Kapital schwach ist, sucht es selbst noch nach den Krücken vergangner oder mit seinem Erscheinen vergehnder Produktionsweisen" (Marx, Grundrisse, S. 544).

43) Preuß Bd 3, S. 102

44) Mottek, S. 312

45) "wenn auch im ganzen und Großen das Bürgertum beanspruchen durfte, im Kampf mit dem Adel gleichzeitig die Interessen der verschiednen arbeitenden Klassen jener Zeit mitzuvertreten, so brachen doch bei jeder großen bürgerlichen Bewegung selbständige Regungen derjenigen Klasse hervor, die die mehr oder weniger entwickelte Vorgängerin des modernen Proletariats war." (Engels, Herrn Eugen Dührings Umwälzung der Wissenschaft, MEW Bd 20, S.17)

46) "Aber Deutschland hat die Mittelstufen der politischen Emanzipation nicht gleichzeitig mit den modernen Völkern erklettert [...] Allein wenn Deutschland nur mit der abstrakten Tätigkeit

des Denkens die Entwicklung der modernen Völker begleitet hat, ohne werktätige Partei an den wirklichen Kämpfen dieser Entwicklung zu ergreifen, so hat es andererseits die Leiden dieser Entwicklung geteilt, ohne ihre Genüsse, ohne ihre partielle Befriedigung zu teilen." (Marx, Zur Kritik der Hegelschen Rechtsphilosophie, Einleitung, MEW bd 1, S. 386 f)

47) So zeitweilig unter Friedrich Wilhelm I. (Büsch, S. 102) und fast während der ganzen Regierungszeit Friedrichs II. (Büsch, S. 104 - 108).

48) Leibniz, Monadologie 84, 85, S. 479

49) Leibniz, Monadologie 49, S. 461

50) Leibniz, Monadologie 17, 29, 83, S. 445 f, 451 f, 477 f

51) So stellt Locke den Vorgang dar in 'Two Treatises of Government'. Für diesen Zusammenhang sind die unterschiedlichen Vorstellungen innerhalb der englischen und französischen Aufklärung über den Naturzustand unerheblich. Entsprechend wird nicht weiter eingegangen auf die verschiedenen Antworten auf die Frage, ob die Entwicklung als ein Abfall vom Naturzustand interpretiert wird (wie bei Grotius) oder als Fortschritt, wie bei Hobbes und Rousseau, die eine Entwicklung vom Naturzustand zum Gesellschaftszustand darstellen oder wie bei Locke, der den Fortschritt in der rechtlichen Verankerung des Anspruchs auf Privateigentum und in der Herausbildung einer politisch-rechtlichen Ordnung entsprechend den Bedürfnissen der Bourgeoisie sieht.

52) Hartung weist darauf hin, daß im Preußischen Allgemeinen Landrecht 'das gesamte Handels-, Wechsel-, See- und Versicherungsrecht im Titel 'Vom Bürgerstande'' abgehandelt wird (S. 28).

53) Das wird bei Montesquieu durch die Sonderregelung eingeschränkt, daß ein Adliger nur von seinesgleichen gerichtet werden darf.

54) Französische Aufklärung, S. 307 f

55) Diderot: Es gibt einen allgemeinen und einen besonderen Willen. "Da von den zwei Willen [...] der allgemeine Wille niemals irrt, so ist es nicht schwer einzusehen, welchem Willen - zum Glück der Menschheit - die gesetzgebende Gewalt gehören sollte [...]" (Diderot, Enzyklopädie, S. 315).

56) vgl. Marx: Grundrisse der Kritik der politischen Ökonomie, S. 75

57) Gerth, S. 89; dort ist unter Anmerkung 268) eine Darstellung von Feder zitiert, in der beide Extreme anschaulich vorgeführt werden.

58) Gerth, S. 89

59) Niemeyer, S. 318

60) Niemeyer, S. 52

61) Niemeyer, S. 51

62) L/M Bd 17, S. 7

63) L/M Bd 17, S. 8
Brecht im 'Kleinen Organon': "Nicht einmal zu lehren sollte ihm [dem Theater] zugemutet werden, jedenfalls nichts Nützlicheres, als wie man sich genußvoll bewegt, in körperlicher oder geistiger Hinsicht" (S. 10).

64) Marx, Deutsche Ideologie, MEW Bd 3, S. 36

65) Französische Aufklärung, S. 435

66) Französische Aufklärung, S. 467 f

67) Schiller NA Bd 20, S. 97

68) Schiller NA Bd 20, S. 100

69) L/M Bd 9, S. 210

70) Schiller NA Bd 20, S. 92

71) L/M Bd 9, S. 210

72) L/M Bd 9, S.

73) Schiller NA Bd 20, S. 94

74) Zunächst äußerte sich die Einbeziehung der Moral in die Ästhetik als Forderung nach Illustration eines Lehrsatzes durch das Drama. "Die ganze Fabel hat nur eine Hauptabsicht: nämlich einen moralischen Satz; also muß sie auch nur eine Haupthandlung haben, um deretwegen alles übrige vorgeht", meinte Gottsched (Braemer, S. 11). Auch Johann Elias Schlegel erklärte die Morallehre für unabdingbar, sie sollte aber "aus dem Verlauf des ganzen Stückes hervortreten" (Braemer, S. 11).

75) Schiller NA Bd 20, S. 93

76) Schiller NA Bd 20, S. 94

77) L/M Bd 17, S. 8

78) vgl. L/M Bd 9, S. 303

79) L/M Bd 9, S. 303 f

80) Schiller NA Bd 20, S. 95

81) L/M Bd 9, S. 304

82) L/M Bd 9, S. 188

83) Schiller NA Bd 20, S. 95

84) L/M Bd 10, S. 113 f

85) L/M Bd 17, S. 66

86) L/M Bd 10, S. 120 f, Schiller NA Bd 20, S. 95 f

87) L/M Bd 10, S. 110

88) Dabei ist der dialektische Bezug zwischen Theorie und Praxis in den theoretischen Schriften Lessings und Schillers noch nicht erfaßt, sondern es wird abwechselnd die eine oder die andere Komponente als dominierend angesehen: "Über den gutherzigen Einfall, den Deutschen ein Nationaltheater zu verschaffen, da wir Deutsche noch keine Nation sind!" (L/M Bd 10, S. 213).

1782 folgt Schiller Lessing in dieser Auffassung: "Bevor das Publikum für seine Bühne gebildet ist, dürfte wohl schwerlich die Bühne ihr Publikum bilden" (Schiller NA Bd 20, S. 82), 1784 betont er den Einfluß des Beispiels: "wenn wir es erlebten, eine Nationalbühne zu haben, so würden wir auch eine Nation" (Schiller, NA Bd 20, S. 99).

89) Schiller NA Bd 20, S. 99

90) Schenda, S. 444, für 1770; vgl. dazu Engelsing, der für einzelne Gegenden Deutschlands und für Stadt und Land genauere Berechnungen gemacht hat (Analphabetentum, S. 62 ff).

91) Engelsing, Analphabetentum, S. 56

Die allgemeine Schulpflicht war zwar in einigen deutschen Ländern schon eingeführt, z. B. in Preußen, konnte aber auch dort noch nicht konsequent durchgesetzt werden. Im Sommer mußten die Kinder bei der Feldarbeit helfen und hatten im Winter häufig schon wieder vergessen, was sie im vorigen Winter gelernt hatten.

Da z. B. die Bauern ihre Fertigkeit im Lesen und Schreiben nicht im Produktionsprozeß brauchten, vergaßen sie sie auch im Laufe ihres Lebens wieder (Engelsing, S. 62).

92) Schmoller, Der Preußische Beamtenstand, S. 550 (Angabe für circa 1750)

93) Höchsteinnahmen der Mediziner und Theologen: 600 bzw. 616 Thaler, der Juristen 1000 Thaler. Die Einnahmen waren abhängig von der Anzahl der Studenten, die die gebührenpflichtigen Privatae besuchten (Paulsen, S. 161). Zur Umrechnung in heutige Kaufkraft vergleiche Anmerkung 59) zum 2. Kapitel.

94) L/M Bd 18, S. 82

95) L/M Bd 19, S. 233 f, der Verfasser des Briefes ist Johann Gottfried Kirsch.

96) Barner, S. 47

97) Schütze, Hamburgische Theatergeschichte, vor der Seitenzählung.

98) Thomas Abbt schätzte 1765, daß ein Buch höchstens eine Auflage von 4000 Stück erzielte (Abbt, S. 270 ff). Das 'Journal von und für Deutschland' behauptete 1785, wenn ein Verfasser 'einigen Ruf' habe, könnten 1000 - 2000 Exemplare gedruckt werden (Über den schlechten Bücherdruck in Deutschland. In: Journal von und für Deutschland 2 (1785). S. 546. Zitiert nach Engelsing, Analphabetentum, S. 56 f). Vom 'Nathan' forderte Lessing 1200 Exemplare an, die allein bei ihm subskribiert worden waren (L/M Bd 18, S. 305 und 313).

99) Dvoretzky Bd 1, S. 44

100) Dvoretzky Bd 1, S. 65; vgl. auch Boie an Knebel, Herder an Caroline Flachsland und Wessely in den fingierten Briefen: "Es warten wohl mehrere neugierige Leser und vielgar Leserinnen auf Ihr Exemplar der Emilia Galotti [...] Ich schicke es Ihnen also zurück" (Braun Bd 1, S. 392).

101) Engelsing, Analphabetentum, S. 56

102) vgl. Zahlenangaben bei Engelsing, Analphabetentum, S. 63

103) Zur Funktion, zum Bücherbestand, zum Leserkreis und zur Verbreitung der Lesegesellschaften vgl. Prüsener.

104) Prüsener, Spalte 463, 472, 489

In Trier war etwa 1 % der Bevölkerung Mitglied der Lesegesellschaft: Zwischen 1783 und 1793 hatte die Lesegesellschaft 83 Mitglieder, Trier hatte ca. 8400 Einwohner. Nur etwa zwei Drittel der Mitglieder entliehen überhaupt Bücher (Engelsing, Analphabetentum, S. 63).

105) Engelsing, Analphabetentum, S. 57

106) Engelsing, Analphabetentum, S. 60

107) Einen Überblick über die Veröffentlichungen zur 'Emilia Galotti' gibt die folgende Aufstellung:

	1.1.	(Kayserlich privilegirte Hamburgische) Neue Zeitung (vgl. 2.1.: Abschrift)	 21.3.1772
♦	1.2.	Neue Zeitung Eschenburgs Erwiderung auf die Kritik 1.1.	1.4. 72
♦	1.3.	Neue Zeitung Abgedruckt: Braun Bd 1, S. 369 - 370	8.4. 72
	1.4.	Neue Zeitung Fortsetzung von 1.3. (Abdruck eines Ausschnitts aus dem vorletzten Auftritt)	10.4. 72
	1.5.	Neue Zeitung Moses Wessely: Briefe über Emilia Galotti 1 - 4 (vgl. 2.5.: Ergänzte Abschrift)	25.4. 72 28.4. 1.5. 22.5.
	2.1.	Beytrag zum Reichs-Postreuter, Altona Abdruck aus der 'Neuen Zeitung' vom 21.3.72	23.3. 72
♦	2.2	Postreuter Braun Bd 1, S. 375 - 378	23.4. 72
	2.3	Postreuter Braun Bd 1, S. 381	18.5. 72
♦	2.4	Postreuter Braun Bd 1, S. 382 - 385	21.5. 72
♦	2.5	Postreuter Moses Wessely: Briefe über Emilia Galotti 1 - 5 Ergänzte Fassung von 1.5. Braun Bd 1, S. 391 - 411	25.6. 72 29.6. 72 2.7. 72 6.7. 72 16.7. 72
	2.6	Postreuter An den Verfasser der Briefe über Emilia Galotti Braun Bd 1, S. 412 - 413	23.7. 72
♦	3.	Staats- und Gelehrte Zeitung des Hamburgischen unpartheyischen Correspondenten, Hamburg Braun Bd 1, S. 352 - 354	24.3. 72

	4.1.	Gnädigst privilegirte Neue Braunschweigische Zeitung Eschenburg Schmidt Bd 2, S. 628	16.3. 72
♦	4.2.	Braunschweigische Zeitung Eschenburg Braun Bd 1, S. 354 - 366	24.3. 72 26.3. 27.3. 30.3. 31.3. 2.4.
♦	5.1.	Berlinische privilegirte Zeitung Ramler Braun Bd 1, S. 366 - 368	28.3. 72
	5.2.	Berlinische Zeitung Braun Bd 1, S. 368	7.4. 72
♦	5.3.	Berlinische Zeitung Braun Bd 1, S. 378 - 379	25.4. 72
	6.1.	Der Wandsbeker Bothe Braun Bd 1, S. 351 f	21.3. 72
♦	6.2.	Wandsbeker Bothe Matthias Claudius Braun Bd 1, S. 373 - 375	14.4. 72 15.4.
	6.3.	Wandsbeker Bothe Veröffentlichung von Prolog und Epilog zur Hamburger Aufführung Braun Bd 1, S. 380 - 381	16.5. 72
	7.1.	Wiener Realzeitung Leicht veränderter Nachdruck von 5.1. (Ramler) Teilweise abgedruckt in: Richter, S. 257 f	Zwischen Ende April und Anfang Juli 72
◊	7.2.	Wiener Realzeitung Teilweise abgedruckt in: Richter, S. 259 f	Anfang Juli 72
♦	8.	Neue critische Nachrichten Greifswald Braun Bd 1, S. 386 - 391	13.6. 72
♦	9.	Auserlesene Bibliothek der neuesten deutschen Litteratur. Lemgo 1772. S. 163 - 187. Mauvillon Braun Bd 1, S. 425 - 442.	1772
♦	10.	Neue Zeitungen von gelehrten Sachen auf das Jahr 1772. Leipzig 1772. Braun Bd 1, S. 414 - 415.	1772
♦	11.	Heynatz, Johann Friedrich: Briefe, die Deutsche Sprache betreffend. Bd 3. Berlin 1772. S. 58 - 74.	1772
♦	12.	Murr, Christoph Gottlieb von: Denkmal zur Ehre des sel. Herrn Klotz. Frankfurt, (Leipzig) 1772. S. 101 - 103.	1772

13. Erfurter gelehrte Zeitungen 1772, St30, S. 237 1772
Verweis: Goedecke 4,1. S. 424.
Bernhard Seuffert (In: Mitteilungen des österreichischen Vereins für Bibliothekswesen 11 (1907), S. 161) vermutet, Wieland sei der Autor der Kritik gewesen.

14. Magazin zur Geschichte des deutschen Theaters. Erstes Stück. Hrsg. von Jost Anton von Hagen. Halle 1773.
Brachvogel, S. 239 - 241.

108) Braun Bd 1, S. 354

109) Engelsing, Analphabetismus, S. 60

110) Neue Zeitung 1.4.72 (1.4.)

111) Braun Bd 1, S. 375

112) Braun Bd 1, S. 426

113) Herders Briefwechsel ... Bd 1, S. 50

114) Braun Bd 1, S. 392

115) Engelsing hebt die Bedeutung des Vorlesens für die Überwindung der Bildungsschranken des Analphabetismus hervor (S. 54). Der Aspekt spielt jedoch in diesem Zusammenhang keine Rolle, denn Analphabeten wurde nicht "Schöne Literatur" vorgelesen, sondern die Bibel oder Erbauungsschriften.
Prüsener weist diese Form der "Fürsorge" nur für das Land, nicht für die Städte nach (Sp. 386 f).

116) Knebel, S. 126

117) Braun Bd 1, S. 413

118) Braun (Bd 1, Anmerkung S. 365) vermutet, die Zurückweisung negativer Kritik in Eschenburgs Rezension beziehe sich auf eine Veröffentlichung im 'Magazin zur Geschichte des deutschen Theaters', die aber erst 1773 erschien. Eschenburgs Protest bezieht sich auf die am 21.3.72 in der Hamburgischen 'Neuen Zeitung' erschienene und am 23.3. im 'Postreuter' wieder abgedruckte Kritik, die der Döbbelinschen Truppe jedes Schauspielerische Vermögen abspricht. Gegen diese Darstellung protestierte Eschenburg schon mit ganz ähnlichen Formulierungen am 1.4.72 in der 'Neuen Zeitung'.

119) Richter, der die Kritik mitteilt, hat nicht gemerkt, daß es sich um eine in einzelnen Formulierungen leicht veränderte Abschrift von Ramlers Kritik handelt. Da er sie gekürzt wiedergibt, ist nicht festzustellen, ob schon der Abdruck in der Wiener Zeitung gekürzt war.

120) Labus, S. 20

121) L/M Bd 19, S. 251

122) Labus, S. 41

123) Labus, S. 52 f

124) Aufführungen der 'Minna von Barnhelm' 1767/68

Stadt	Zahl der Einwohner	Anzahl der Aufführungen	Daten der Aufführungen
Hamburg	100 200	11	30.9., 1. und 12.10., 3. und 20.11.1767 19.5., 20.6., 14.7., 1.8., 16.9., 23.11. 1768
Hannover	16 500	5	30.12. 1767, 20.1., 19.4., 2.5., 5.12. 1768
Frankfurt	42 600	2 (3)	17.10. 1767, zur Eröffnung eines neu erbauten Theaters. Nachspiel: Ballett 'Die eifersüchtigen Bauern' 20.10. 1767, ev. noch eine Wiederholung
Wetzlar		2	19.10. 1767, 4.11. (oder 28.10.) 1767 Leppertsche Gesellschaft
Wien			14.11. 67 "mehrere Wiederholungen", deren Daten nicht zu ermitteln waren. Bearbeitung: Weiskern
Leipzig	29 400	5	18.11., 20., 22., 25.11., 2.12.67. Kochsche Gesellschaft
Berlin	121 873	19	21. - 30.3. 68 täglich; 5., 6., 9., 12., 16., 19., 20., 22., 23.4. 68. Der 23. April war der letzte Spieltag der Saison. Döbbelinsche Gesellschaft.
Breslau	56 600	7	3.5. - 4.6. 68 fanden 7 Vorstellungen statt
Jena		1	1.6. 68 Starksche Truppe

Quelle für die Zahl der Einwohner (z. T. leicht abgerundet): Mottek, S. 288, Angaben für 1792.
Daten der Aufführungen: Labus, S. 20 - 53.

Außerdem finden "Aufführungen von kleinen und kleinsten Truppen" statt und: Der Betrieb der Wandertruppen, deren Spielprivileg immer für ganze Provinzen gilt, verhilft dem Stück zur Verbreitung und Einbürgerung in allen Gegenden Deutschlands" (Labus, S. 53).
Veranschlagt man noch etwa 17 solcher Aufführungen, ergeben sich mindestens 70 Aufführungen. die vom 30.9. 67 bis August 1768 stattgefunden haben.

125) L/M Bd 19, S. 232. Der Verfasser des Briefes ist Johann Gottfried Kirsch.

126) L/M Bd 19, S. 248

127) Labus, S. 42

128) Brachvogel, S. 211 - 214

129) Das Theater war 1765 im Auftrag der Schuchschen Truppe erbaut worden. Es hatte Parterre, Parkettlogen und zwei Ranglogen. Die Maße des Theaters betrugen: Länge 60 Fuß, Breite 36 Fuß, davon war die Bühne 24 Fuß breit und 30 Fuß tief. Das Parterre war demnach 36 Fuß breit und 30 Fuß tief. "Das Auditorium faßte im Ganzen 700 Personen bequem, 800 aber kaum" (Brachvogel, S. 188).
Ein Fuß = 0,3048 m (Lexikon Technik und exakte Naturwissenschaften). Da es nur darum geht, eine etwaige Vorstellung von der Größe des Theaters zu bekommen, wurden eventuelle örtliche Differenzen ignoriert. Gerechnet wurde: 1 Fuß = 0,30 m.

Grundfläche des Theaters: 60 x 36 Fuß
18 x 10,8 m = 194,4 m^2
Grundfläche der Bühne: 24 x 30 Fuß
7,2 x 9,0 m = 64,8 m^2
Grundfläche des Zuschauerraums daraus: ca. 130 m^2

In den Parkettlogen und im (Steh-) Parterre mußten etwa vier Zuschauer pro Quadratmeter untergebracht werden, in den zwei Rängen dann noch je 90.

130) vgl. Marsch, zitiert bei Labus, S. 43

131) Die Ackermannsche Truppe hatte sich das Theater 1765 "bei dem Dragonerstall", an der Ostseite des Gänsemarktes, bauen lassen. Es hatte ein ansteigendes Parterre mit Bänken, zwei Reihen Logen und eine Galerie, es war also ähnlich gebaut wie das Berliner Theater, nur größer. Die Maße: Länge: 110 Fuß, Breite: 59 Fuß. Breite der Bühne: 55 Fuß in der Breite (Maßangaben: Wollrabe, S. 57).

Grundfläche des Theaters: 110 x 59 Fuß
33 x 17,7 m = 584 m^2
Grundfläche der Bühne: 55 x 55 Fuß
16,5 x 16,5 m = 272,25 m^2
Grundfläche des Zuschauerraums daraus: ca. 312 m^2

In Parkettlogen und Sitzparterre standen für ca. 10 Zuschauer vier Quadratmeter zur Verfügung, wenn 150 Zuschauer in jedem Rang untergebracht werden konnten.
Matthias Claudius' Fritz beschreibt das Hamburger Theater, das er anläßlich der 'Minna'-Aufführungen das erste Mal besucht, so: "Wir kamen durch einen wunderlichen krummen Gang in einen großen prächtigen Saal. Hier saßen wohl bei tausend Menschen teils auf Bänken, die auf der Erde hinter einander, und teils in Bücherrepositoriis, die rund herum an den Wänden über einander befestigt waren" (Dvoretzky, S. 67).

132) vgl. Tabelle Anmerkung 127)

133) Labus, S. 43

134) Schütze, S. 342

135) Kindermann Bd 4, 1. Teil, S. 534

136) "Glauben Sie, mein Freund, einem wirklich Unpartheyischen, und einem der sich dünkt, auch ein wenig Kenner zu seyn, Emilia Galotti ist recht gut aufgeführet worden".

137) Döbbelin, zitiert nach Labus, S. 42

138) Labus, S. 53 - 55

139) Brachvogel, S. 238

140) Brachvogel, S. 187

141) Brachvogel, S. 185

142) Eschenburg in der 'Neuen Zeitung' vom 1.4.1772

143) Bei denen der Kaiser sich, vermutlich wegen der Art der Darstellung, köstlich amüsierte. L/M Bd 20, S. 187 f

144) Braun Bd 1, S. 391

145) L/M Bd 18, S. 31

146) geschrieben am 18. Mai 1772, Dvoretzky, S. 44

147) van Dyk, zitiert nach Schmidt Bd 2, S. 628

Aufführungen der 'Emilia Galotti' im Jahr 1772

Braunschweig	13.3.72, zwei Wiederholungen	Döbbelin
Berlin	4.4., neun Vorstellungen	Koch
Hamburg	15., 19., 25. Mai, 16. Juni	Ackermann
Wien	4., 5., 6. Juli, 30 August, 6. Oktober	
Weimar	30.12. (Diese Aufführung, mit Ekhof als Odoardo, wurde bis zum 20. Mai 1775 vierzehnmal gespielt, davon zweimal 1774 in Gotha, 1774/5 dreimal während der Messen in Leipzig.)	Seydler

Daten für Hamburg und Wien: Richter, S. 256 ff; Daten für Weimar: Schlösser, S. 9, 39, 72.

Das sind 22 nachgewiesene Vorstellungen für das Jahr '72.

148) 1.3., Braun Bd 1, S. 370

149) Dvoretzky Bd 1, S. 24

150) Dvoretzky Bd 1, S. 65

151) 4.2. (Eschenburg), Braun Bd 1, S. 355

152) Schmidt Bd 2, S. 628

153) 2.6., Braun Bd 1, S. 413

154) "insbesondere mußte das Ballett fortdauernd die Lockspeise für ernstere Vorstellungen abgeben, wodurch denn freilich auch der Geschmack in trüber Mischung erhalten wurde. So wurde 'Emilia Galotti' mit dem sogenannten Zuckerpuppenballett gegeben, um den herben Eindruck der Tragödie zu versüßen" (Devrient Bd 1, S. 459) - das war in Hamburg ca. 1775, unter Schröders Direktion der Ackermannschen Truppe.

155) In Braunschweig gab es als Vorspiel 'Diana im Hain der Musen' und als Nachspiel ein Ballett 'Philemon und Baucis' (Schmidt, Bd 2, S. 628); in Berlin machte "Den Beschluß[...] ein Ballet: Der Vogelfang" (5.2., Braun Bd 1, S. 368); in Hamburg gab es außer Prolog und Epilog den 'Bettler' von Johann Christian Bock als Nachspiel.

156) z. B. in Berlin 50 Prozent weniger Vorstellungen, noch dazu bei schwächerem Besuch

157) Houben Bd 1, S. 513

158) Vom 21. Mai '75 bis zum 24. September '79 fand keine Vorstellung mehr statt (Schlösser, S. 72 - 76).

159) Danzel Bd 2.2, S. 59

160) Houben Bd 1, S. 512

161) Houben Bd 1, S. 509

Die entsprechenden Hamburger Senatsprotokolle sind bei Daunicht, S. 230 - 232, veröffentlicht.

162) Auch in Frankreich fragte man erst beim preußischen Gesandten an, ob Bedenken gegen eine Aufführung bestünden (Labus, S. 58).

163) So schrieb jedenfalls ein Kritiker (Braun Bd 1, S. 197) - tatsächlich wird bei Lessing nur das Geplänkel bei Katzenberg in I, 12 erwähnt. Der Kritiker korrigiert damit, im Gegensatz zu seinen Worten, im nachhinein Lessings "Ironie auf den Ruhm der Schlachten", die ihn "statt der Tage von Roßbach und Leuthen oder von Kunersdorf und Kollin" (Kettner, S. 91) - eben nur diese "Affäre" erwähnen läßt.

164) Zu lang für eine ungekürzte Aufführung ist die 'Minna' übrigens nicht: Die Aufführungsdauer beträgt knapp drei Stunden. Das war nur deshalb für die Theater zu lang, weil auch die 'Minna' zu den ernsthaften Schauspielen gezählt wurde, auf die ein lustiges Nachspiel oder ein Ballett folgen mußte. So traten in Hamburg ab November 1767 "Luftspringer" im Anschluß an 'Minna'-Vorstellungen auf, worüber sich Schütze in seiner 'Hamburgischen Theater-Geschichte' bitter beklagt: mit dem Auftreten der Luftspringer "wurden alle schönen Hoffnungen zu - Luftstreichen" (Schütze, S. 344).

165) L/M Bd 20, S. 160

166) L/M Bd 20, S. 157

167) L/M Bd 18, S. 35 f

168) Später wird auf diese Kritik nicht mehr eingegangen, da sie nicht im Jahr 1772 erschien.

169) Ekhof spielte die Rolle zuerst am 30. Dezember 1772 in Weimar bei der Seydlerschen Truppe.

170) Devrient Bd 1, S. 417

171) Engel: Ideen zu einer Mimik, zitiert nach Devrient Bd 1, S. 417.

172) bei den Bauern und bei den Handwerkern und Bedienten, Eberhardt, S. 23, Preuß Bd 4, S. 416 f; Barner, S. 47.

173) Zum Vergleich: In Theatern mit abendlich wechselndem Spielplan sind 40 Aufführungen heute durchaus ein Erfolg. Wenn in einem Haus mit 1000 Plätzen (z. B. im Thalia-Theater, Hamburg) 10 Prozent der Hamburger Bevölkerung eine Aufführung sehen sollten, wären ca. 150 ausverkaufte Vorstellungen nötig.

3 Lessing: 'Minna von Barnhelm'

1) M, S. 189, Z. 8, S. 251, Z. 32
2) Hildebrandt, S. 171/2 über den 'König von Portugal'.
3) M, S. 175, Z. 34 - S. 176, Z. 9
4) M, S. 192, Z. 12
5) Hinze, S. 15
6) Mehring, S. 124
7) Franzosen: M, S. 187, Z. 9 f; Sachsen: z. B. M, S. 221, Z. 10 f
8) Carlyle, S. 359
9) M, S. 187, Z. 29
10) M, S. 236, Z. 23 f
11) Koser, Geschichte Bd 3, S. 136; Mehring, S. 415
12) Vogler/Vetter, S. 92
13) M, S. 224, Z. 13
14) M, S. 224, Z. 16
15) M, S. 236, Z. 24 ff
16) M, S. 262, Z. 7 f
17) M, S. 230, Z. 4 ff
18) M, S. 229, Z. 19; S. 230, Z. 25 f
19) M, S. 229, Z. 30 f
20) M, S. 230, Z. 19
21) M, S. 230, Z. 10
22) M, S. 241, Z. 26
23) Lessing an Nicolai, Brief vom 25.8.1769. L/M Bd 17, S. 298, Z. 12
24) M, S. 228, Z. 23 ff
25) M, S. 232, Z. 26
26) M, S. 228, Z. 28 f
27) M, S. 186, Z. 28 f
28) M, S. 246, Z. 22
29) M, S. 187, Z. 1

30) M, S. 254, Z. 20 ff

31) M, S. 220, Z. 2 f

32) M, S. 241, Z. 1 f

33) M, S. 200, Z. 32

34) M, S. 220, Z. 1 f, Sperrung von mir.

Tellheim ist hier als Balte ein in seiner Entscheidung "freier" Mann: Es ist wichtig, daß Tellheim nicht an duodezstaatliche Interessen gebunden ist. Loyalität gegenüber s e i n e m König (die Teil seiner moralischen Ehrenhaftigkeit wäre) darf keine Rolle spielen. Lessing zeigt seine dramatis personae immer nur in den Bindungen, die für die dargestellte Problematik relevant sind (insofern schreibt er "Lehrstücke"); das wurde z. B. auch deutlich bei der Frage nach der Definition seiner Personen entsprechend ihrer sozialen Herkunft.

35) M, S. 254, Z. 18

36) M, S. 254, Z. 18 f

37) Hildebrandt, S. 119/129

38) M, S. 239, Z. 20 f

39) M, S. 239, Z. 31 f

40) Ghillany, S. 308

41) Ghillany, S. 307/308

42) M, S. 230, Z. 16 f

43) M, S. 233, Z. 24 f

44) M, S. 239, Z. 16 f; S. 240, Z. 14 f

45) M, S. 187, Z. 24

46) M, S. 239, Z. 27 ff

47) M, S. 196, Z. 1 f

48) M, S. 241, Z. 34 - S. 242, Z. 4

49) M, S. 253, Z. 21 f

50) Koser, Geschichte Bd 3, S. 110

51) M, S. 253, Z. 23 f

Lessing wußte, daß der König einmal ausgesprochene Kassationen generell nicht wieder zurücknahm (Carlyle, S. 355 f; Mehring, S. 415).

52) M, S. 179, Z. 15 f

53) M, S. 253, Z. 29 f

54) Carlyle, S. 355 f.

Auch Preuß Bd 2, S. 372 - 4, stellt die Beziehung zwischen der Verabschiedung der Freikorps und Lessings 'Minna von Barnhelm' her.

55) Carlyle, S. 355/356

56) Büsch, S. 121/122

57) M, S. 180, Z. 26 ff und M, S. 216, Z. 5

58) M, S. 183, Z. 5

59) M, S. 239, Z. 28 f

Eine Umrechnung in heutigen Geldwert haben die Münchner Kammerspiele mit Hilfe der Staatlichen Münzsammlung, München, und der Deutschen Bank AG, Frankfurt/Main, versucht (Quelle: Programmheft 66, 1 a (1976/77) der Münchner Kammerspiele).

1 Pistole = 5 Thaler, **1 Thaler = 60 DM**

3100	Thaler Jahreseinkünfte Tellheims	= 186 000 DM
400	Thaler Leihsumme an Marloff	= 24 000 DM
114	Thaler an Just und seinen Vater	= 6 840 DM
10000	Thaler an die thüringischen Stände	= 600 000 DM

Diese Angaben beziehen sich vermutlich auf den Geldwert, umgerechnet in heutige Kaufkraft. (Z. B. betragen Tellheims Schulden im "König von Spanien" 150 Thaler = 9000 DM. Wenn er seit fünf Monaten dort logiert, kostet die Übernachtung für ihn, Just, zeitweilig Pferde, inklusive Verpflegung etwa 60 DM.)

Immerhin verdeutlichen die Zahlen die Relationen von Einkommen und Ausgaben Tellheims.

60) Büsch, S. 84 ff; S. 108 ff

61) M, S. 240, Z. 1 f

62) M, S. 219, Z. 17 f

63) Hinze, S. 39/40

64) Büsch, S. 5; S. 30

65) M, S. 183, Z. 1 f

66) M, S. 208, Z. 3

67) M, S. 193, Z. 33 f

68) M, S. 187, Z. 14 f

69) M, S. 177, Z. 25 ff

70) M, S. 211, Z. 32; S. 212, Z. 4 ff

71) Hildebrandt, S. 172

72) M, S. 193, Z. 6 - S. 195, Z. 2; S. 202, Z. 20; S. 210, Z. 13 ff

73) M, S. 193, Z. 28 f; S. 194, Z. 28 f; S. 210, Z. 20; S. 252, Z.21

74) M, S. 202, Z. 14 f

75) Hildebrandt, S. 172

76) Hildebrandt, S. 173

77) M, S. 191, Z. 26 ff

78) M, S. 175, Z. 32 f

79) M, S. 180, Z. 21 f

80) M, S. 241, Z. 13 f

81) M, S. 240, Z. 21 f

82) M, S. 237, Z. 32

83) M, S. 242, Z. 12 ff, Sperrung von mir.

84) Von Leibniz in der 'Theodizee' und in der 'Monadologie' niedergelegt.

85) Monadologie 90., S. 481

86) Monadologie 90., S. 481

87) Monadologie 84., S. 479

88) Monadologie 83., S. 479

89) Monadologie 84., S. 479

90) Monadologie 90., S. 481

91) M, S. 240, Z. 12

92) Monadologie 90., S. 481

93) Referiert in IV, 4 (M, S. 234, Z. 30 f) von Werner. Tellheim bezieht sich auf die Unterredung in IV, 6 (M, S. 241, Z. 33 f).

94) M, S. 241, Z. 30

95) M, S. 245, Z. 22 f

96) M, S. 261, Z. 14

97) Monadologie 49., S. 461

98) M, S. 240, Z. 21 f

99) M, S. 237, Z. 10

100) M, S. 237, Z. 11

101) M, S. 241, Z. 14 f

102) M, S. 236, Z. 27

103) M, S. 239, Z. 8

104) M, S. 239, Z. 9 f

105) M, S. 240, Z. 10
Tellheim hat mit seinen Einwendungen recht (vgl. Anm. 106).

106) Sekundärliteratur zum Thema "Ehre und Geld"

Der Begriff der "Ehre" muß, gerade weil er alt ist und unter verschiedenen Aspekten immer noch als aktuell empfunden wird, sorgfältig untersucht werden auf seine jeweilige historisch-konkrete Definition.

Das kann in Bezug auf Tellheim geschehen durch eine Untersuchung der Verwendung des Begriffs bei Lessing. Eine solche Bezugnahme erfolgt in der Sekundärliteratur jedoch durchgehend nicht, vielmehr werden Lessings Aussagen durch von den Interpreten an die Komödie herangetragene ersetzt.

Das wird besonders deutlich durch die Beziehung, in der diese vorausgesetzten Definitionen zu Weinrichs expliziter Ehre-Definition ('Mythologie der Ehre') stehen. Nach dieser Definition ist "Ehre" auch da, wo sie als 'innere Ehre' bezeichnet wird (Fricke, S. 142), eine "Ethik der Öffentlichkeit", die darin besteht, daß "Handlungen und Unterlassungen[...] auf die Billigung einer Öffentlichkeit bezogen" sind (Weinrich, S. 224). Weinrich suggeriert eine geistig-ethisch homogene Öffentlichkeit für den Zeitraum zwischen 1500 und 1900, die schon dadurch hinreichend definiert sei, daß sich die Ehre auf den Souverän beziehe. Sowohl die Erweiterung des Kreises der Satisfaktionsfähigen als auch die Erweiterung der Definition der Ehre über die Gleichsetzung mit Satisfaktionsfähigkeit hinaus, erweitern aber den Kreis der "Anderen", von deren Meinung die individuelle Ehre abhängig ist. Es müßte also untersucht werden, wer die "Öffentlichkeit" jeweils ist, durch wen sie repräsentiert wird.

Während Weinrich die Verteidigung der Ehre "einmaliger" Individuen gegenüber einer abstrakt bleibenden Öffentlichkeit (der Vergangenheit) positiv wertet, lehnt er einen kollektiven Ehrbegriff pauschal ab: " 'Nichtswürdig ist die Nation, die nicht ihr alles freudig setzt an ihre Ehre', lesen wir in Schillers 'Jungfrau von Orléans'. Diese Auffassung bahnt sich in Europa seit dem 17. Jahrhundert an, erreicht ihren Höhepunkt im 19., dem eminent nationalen Jahrhundert der europäischen Geschichte, und erstreckt sich unter Krampferscheinungen weit bis ins 20. Jahrhundert hinein" (S. 236). An den Bezug der Ehre auf eine bestimmte gesellschaftliche Gruppe ist nicht gedacht. Die unhistorische "Entlarvung" der Ehre wirft der Vergangenheit das eigene falsche Bewußtsein vor.

Genauso unhistorisch geht Seeba vor, wenn er Minnas tautologische Ehre-Definition interpretiert: "Treffender [...] kann die inhaltliche Bedeutungslosigkeit einer ideologisch mißbrauchten Phrase wie 'Liebe zur Sache' oder, als deren Abstraktion, 'Ehre' wohl kaum noch entlarvt werden" (S. 75) - er setzt nämlich die Beschreibung des Mißbrauchs historisch vor dem Mißbrauch selbst an. Die Soldaten der Söldnerheere wurden nicht ideologisch zum Kampf motiviert. Erst die Heeresreform machte eine individuelle Motivation der Soldaten notwendig. Die Heeresreform geschah auf Grund von in den Napoleonischen Kriegen gesammelten Erfahrungen. Für die Freiwilligenheere der französischen Republik und Napoleons war aber 'Liebe zur Sache' noch keine Phrase, sondern materielles Interesse und ideologische Bedeutung stimmten überein. Daß Tellheim einen solchen Zusammenhang überdenkt, zeigt, daß Lessing sich vorstellen konnte, es könne 'Sachen' geben, für die Männer wie Tellheim aus Überzeugung kämpfen würden.

Eine Definition von Tellheims "Ehre" nach Weinrichs Kategorien stellt gerade für die Differenzierung und Korrektur dieses Ehrbegriffes in einer Zeit gesellschaftlicher Veränderung keine Kriterien zur Verfügung.

Ein Teil der Sekundärliteratur identifiziert sich mit Tellheims Ehrbegriff, in der Bedeutung, die Weinrich als 'mythologisch' beschreibt. Entsprechend trifft der gegen Tellheim gerichtete Bestechungsvorwurf seine Ehre als "seine gesamte soziale und sittliche Existenz" (Wiese, S. 14); nach Auskunft der Sekundärliteratur, die "Ehre" als falsches Bewußtsein darstellt, trifft der Vorwurf nur seine Eitelkeit bzw. sein Portemonnaie. In ersteren Deutungen wird Tellheims Ehre denn auch wiederhergestellt, in letzteren legt Tellheim seine Vorstellung als eine falsche ab.

Tellheims Charakter sei ehrenhaft und "ritterlich, liebenswürdig, zart, gutmütig und empfindsam" - ein "Charakter von höchster Würde" (Staiger, S. 81 f), "männlich und würdig" (Wiese, S. 14), 'edel' (Mann, S. 90 und 94, Hass, S. 33), er übertreibt zwar, aber er übertreibt einen "edlen Zug", 'den edelsten eines männlichen Herzens' (Fricke, S. 137). Tellheims Ehre wird selbstverständlich als eine von der Welt, vom König abhängige gesehen.

Staiger: Durch den Bestechungsvorwurf merkt Tellheim, "daß die Ehre nicht in seinem eigentlichen Dasein gründet, sondern im Urteil der Öffentlichkeit" (S. 82). Die Diffamierung als Offizier durch den König versetze Tellheim in eine tragische Lage: "Er muß mit sich, mit der Welt zerfallen sein" (Mann, S. 90); "'Ehre' meint ja in diesem Fall seine gesamte soziale und sittliche Existenz, die in der Tat von der Welt aufs schwerste gekränkt worden ist" (Wiese, S. 14). Die Ehre kann also auch nur von der Welt wiederhergestellt werden. Das wird zwar von Wiese zunächst verneint ("In Wahrheit geschieht die Auflösung gar nicht durch den Brief [...]", S. 15), aber es bleibt auch in seiner Deutung höchst fragwürdig, was geschähe, wenn der Brief nicht als "Katalysator für einen noch nicht ganz abgeschlossenen seelischen Prozeß" (S. 15) einträfe. O. Mann ist konsequenter: "Vielmehr wird die Verwicklung aufgelöst durch den König, der von der Unschuld Tellheims unterrichtet wird und seinen verdienten Offizier rehabilitiert. [...] Die Auflösung der Verwicklung hängt ganz von dem deus ex machina, von dem Eingreifen des Königs ab." (S. 91). Hass: "Die Gerechtigkeit des Königs - das entspricht dem Weltoptimismus der Aufklärung - rettet die Ehre und damit die objektiv-gesellschaftliche Moral" (S. 31, auch S. 42). Staiger: "Der persönliche Brief des Königs trifft ein. Tellheim sieht sich rehabilitiert. Sein Glück, sein Name ist wieder heil. [...] Wie hinter hämischen Beamten, umständlichen Kriegszahlmeistern und eitlen Ministern plötzlich der König erscheint und durchgreift, das ist, als trete aus allem, was unsere beschränkte Einsicht stört, [...] jählings Gottes Majestät in überschwenglichem Glanz hervor. Und kein beliebiger Fürst greift durch. Sondern Friedrich der Große ist's [...] Der Genius der Aufklärung klärt auch das kleine Schicksal auf [...]" (S. 90 f).

Fricke: "Die 'Ehre' ist nichts als der Ausdruck von Tellheims sittlicher Existenz als ganzer, der A c h t u n g , die nicht so sehr andere vor ihm haben, als die er vor sich selbst zu haben genötigt ist, wenn ihm sein Dasein nicht verächtlich und nichtswürdig werden soll" (S. 137). Der Bestechungsvorwurf vernichtet Tellheims "moralische Existenz" - "daß seine Braut ihn und den ganzen Vorgang [...] genau kennt" und sein eigenes "bestes Gewissen" (S. 138) sind dagegen kein stichhaltiger Einwand. Die Achtung, die Tellheim vor sich selbst hat, ist direkt davon abhängig, was andere von ihm denken (vgl. Fricke, S. 146). Das wird bestätigt durch Frickes Einschätzung des königlichen Handschreibens, "das mit der Freigabe von Tellheims Vermögen zugleich seine Ehre in einer jeden Zweifel ausschließenden Weise wiederherstellt" (S. 153) und als solches Voraussetzung ist für die Wiederherstellung der "Einheit mit sich selbst, mit dem Du und mit der Pflicht" (S. 154).

In diesen Deutungen ergänzen sich Tellheims und Friedrichs

II. Güte, Rechtschaffenheit und Ehrenhaftigkeit zum Bild des idealen (preußischen) Mannes (und Offiziers), zur Vorbildlichkeit beider "an ihrem Platz". Brüggemann spricht von 'dem großen König, der auch seine persönlichen Interessen aufopferte für den Staat' (S. 83). Folgerichtig erhält Tellheim in dem 1939/40 nach dem 'Minna'-Stoff gedrehten Film 'Liebe und Soldatenehre' (Regie Hans Schweikart) den Vornahmen Friedrich.

Aus einer völligen Identifikation der Interpreten mit Tellheim heraus wird sein männlicher Standpunkt Minna gegenüber noch einmal bekräftigt. Die Auflösung des Verlöbnisses "ist dem Offizier durch seine Ehre unabdingbar vorgeschrieben" (Mann, S. 91), "Tellheim denkt und fühlt männlich und würdig, wenn er seine Minna [...] nicht an sein höchst fragwürdiges Geschick binden will" (Wiese, S. 14). Ebenso argumentieren Schmidt (S. 488), Staiger (S. 82) und Hass (S. 37).

Tellheims seelisch-menschliche Größe ist mit der "natürlichen" Sehweise Minnas nicht ganz zu erkennen, aber sie kann ihrem Tellheim mit 'Anmut des Geistes', 'weiblichem Scharm' "und dem alles beherrschenden Gefühl" (Fricke, S. 151) begegnen. Im "Konflikt zwischen Ehre und Liebe" vertritt Tellheim die 'objektiv-gesellschaftliche Moral' und Minna die 'subjektive Herzensethik' (Hass, S. 31, vgl. auch S. 45 f). Aber auch Minna ist ein 'vollgültiger sittlicher Charakter' (Hass, S. 38) - wenn auch von ihrer Intrige gilt (außer bei Wiese): "Ein bloßes Neckspiel kann solchen Männerernst nicht umbiegen" (Schmidt, S. 487).

Während sich zwischen diesen edlen Menschen fast eine Tragödie abspielt, sorgen Lustspielchargen für das Komödienelement: "in den niedrigeren Figuren" fügt Lessing "dem Spiel dieses derbere Komische zu" (Mann, S. 94); die "Franziska, Just, Werner, Wirt-Szenen" sorgen für eine "genrehafte, treuherzige und durchtriebene Lustspielatmosphäre" (Fricke, S. 147); das "Lustspielpersonal" (= Just, Wirt, Werner, Franziska) 'erhält' die Komödie auch da, wo der Hauptkonflikt tragisch zu werden scheint (Staiger, S. 84). Sie sind zwar auch moralisch gut, aber ihr Edelmut kommt irgendwie nicht mit dem Tellheims und Minnas mit: Just ist aus "dumpfem Trieb" "so gut und liebevoll und warm [...], daß die klarste moralische Überzeugung [die Just natürlich fehlt] daneben verblaßt" (Staiger, S. 86).

Während in diesen Interpretationen die zeitgenössische Realität als "Hintergrund" betrachtet wird ("Der Lebensstoff erscheint nicht als die eigentliche Realität.[...] Auch der Krieg ist nur eine allgemein menschliche Situation" (Mann, S. 87 f), "Den Hintergrund des Lustspiels bildet das Ende des Siebenjährigen Krieges") und als solcher nicht rekonstruiert, sondern konstruiert wird: "ein nationales Ereignis insofern, als die Person des großen Königs sich über die Grenzen der Länder hinweg den Deutschen gewaltig eingeprägt hatte [besonders den Sachsen, vermutlich, R] und nach beschlossenem Zwist ein umso innigeres Verlangen bestand, sich wieder als großes Ganzes zu fühlen" (Staiger, S. 80), geben andere (neuere) Interpreten sich betont realistisch.

Schlaffer beruft sich bei seiner Interpretation des Konflikts in der 'Minna von Barnhelm' auf eine Untersuchung der materiellen Grundlagen und ihre Bedeutung für das Personal, besonders für Tellheim. Dabei setzt er materiell mit finanziell gleich -

so auf den am wenigsten abgesicherten Angaben Lessings aufbauend. In der Beschreibung der gesellschaftlichen Grundlagen betrachtet er ausschließlich die Geld- und Warenwirtschaft. Da er die Produktionsweisen und den Besitz an den Produktionsmitteln nicht untersucht, scheint es ihm, als habe "den Niedergang des Feudalismus die Geldwirtschaft verursacht" (S. 108) und als habe erst das Bürgertum mit Geld und Handel ökonomische Aspekte in den Ablauf der Geschichte wie auch in die soziale Definition des Individuums eingebracht: Bürgerliche Herrschaft ist Herrschaft des Geldes; Geld macht prinzipiell "alle Menschen von Natur gleich", die Unterscheidung nach Besitz ist sekundär (S. 108); Geldbesitz als solcher bedeutet eine Macht, die prinzipiell jedem erreichbar ist. Soziale Gleichheit wird so von vornherein aus der Gleichheitsdefinition ausgeschlossen.

Tellheims Konflikt mit der Militärbehörde und seine Lösung reduziert Schlaffer auf dessen finanzielle Folgen für Tellheim - seine Mittellosigkeit bzw. die Rückzahlung der Gelder. Da der Bestechungsvorwurf nicht einmal referiert wird (Schlaffer übernimmt als T e l l h e i m s Meinung über seine gekränkte Ehre Minnas Satz "Weil Sie verabschiedet sind, nennen Sie sich in Ihrer Ehre gekränkt", S. 93) - kann Schlaffer Tellheims "Misere" mit seinem "Geldmangel" gleichsetzen (S. 107), ihn als einen im bürgerlichen Leben alltäglichen Fall darstellen, für den aristokratische Normen wie 'Ehre' ganz unangemessen seien.

Da der Mensch (auch) in der bürgerlichen Gesellschaft "Mensch" nur unabhängig vom Geld und von seinem zufälligen Besitz sei (S. 118), beruhe Tellheims Meinung, seine Ehre sei gekränkt, auf einem doppelt falschen Bewußtsein: Seine Übernahme einer adligen Ehrposition beruhe auf einer Verweigerung der Kenntnisnahme, daß er deren "materielle Basis", die finanzielle Unabhängigkeit, verloren bzw. als vom Soldempfang abhängiger Offizier nie besessen habe, sei also anachronistisch (wie die Ideologie des Adels insgesamt) - andererseits überschätze Tellheim, da er das 'Geldprinzip' noch nicht durchschaut habe und noch nicht bürgerlich denke, die Bedeutung des Geldes für die Wertbestimmung seiner Person.

Das Komödienende beschreibt Schlaffer pragmatisch als Gang Tellheims "in eine Gesellschaft, welche die prinzipielle Anerkennung ihrer Wirklichkeit mit individuellem Glück belohnt" (S. 92), also ganz nach Hegel, dessen Definition der 'Ehre' er zu Beginn seiner Untersuchung an Lessing herangetragen hat. Schlaffer versucht nicht, aus Lessings Drama eine Definition des Ehrbegriffs zu verstehen, sondern definiert 'Ehre' von vornherein als falsches Bewußtsein, das aufgegeben werden muß.

Sowohl die Beschreibung des ideologischen Konflikts als auch die Darstellung der zeitgenössischen Wirklichkeit (durch Verweis auf Norbert Elias' Analyse der französischen Verhältnisse) geschieht in Kategorien, die nicht aus der Realität, sondern aus einer eklektischen Verwendung von Sekundärliteratur gewonnen sind.

Der Bestechungsvorwurf wird ebenfalls ignoriert von Arntzen, der meint, es handle sich dabei um eine "durchschaubare Fehlleistung von Instanzen" (S. 36), Tellheim werde zwar vorübergehend von der Gesellschaft verachtet, aber das könne sich schon deshalb leicht klären, weil Tellheim der Gesellschaft keinen Nachteil zugefügt habe (S. 36). Der höfischen Gesellschaft hat Tellheim aber durch die Eintreibung niedriger Kontributionen sehr wohl Nachteil zugefügt, finanziellen nämlich.

Seeba hält den Ehrkonflikt für ein Geldproblem und als solches für irrelevant: "die umstrittene 'Sache' ist aber noch vor aller Ideologisierung nur eine Geldsumme [...] Bei der ganzen Ehrensache geht es in der Tat um 'nichts, als die zweitausend Pistolen, die Sie unseren Ständen so großmütig vorschossen'. Tellheims Ehrensache ist letztlich 'nichts als' eine Geldsache" (Seeba, S. 77 f). Das scheint so klar zu sein, daß es noch nicht einmal lohnt, den gegen Tellheim gerichteten Vorwurf näher anzusehen: Im "Vergleich mit der Realität" kommt Seeba zu der Erkenntnis, Tellheim und "andere entlassene Soldaten" konnten deshalb kein Geld bekommen, "weil keins da war" und es sei 'notwendig' gewesen, "nach dem Siebenjährigen Krieg Gelder einzubehalten, die den verdienten Soldaten seit langem zugestanden hätten" (Seeba, S. 82 f) - schließlich ist man Tellheim aber nicht den Sold schuldig geblieben (falls doch, beklagt er sich darüber jedenfalls mit keinem Wort). Auch stellt Tellheim gar keine Forderungen an irgendeine preußische Kasse, sondern seine Forderungen gehen an die sächsische Kriegskasse. Seebas "Entschuldigung" für den preußischen Staat kann also nicht gelten.

Ebenfalls unrichtig ist die Darstellung bei Schröder, nach der "Tellheim mit den sächsischen Ständen nicht nur auf die 'niedrigste Summe' [...] einig wurde, sondern auch diese in eigener Person vorgeschossen hat" (S. 245) - glaubt Schröder, es habe sich bei den Kontributionen um Summen gehandelt, die ein einziger begüterter Offizier so eben hinlegen konnte? Warum haben dann die gesamten sächsischen Stände des betroffenen Gebietes die Summe nicht aufgebracht? Da liegt dann allerdings die Folgerung nahe: "Die Frage einmal beiseite, ob der Bestechungsverdacht [...] denn gar so abwegig sei" (S. 245). Auch Sinn und Weg des Wechsels hat Schröder nicht verfolgt und wirft nun Tellheim seine Verzweiflung als Blindheit vor: er wolle nicht hoffen, "obwohl ihm der 'Oheim', und damit Geld und Zeugnis der Stände, gerade angekündigt worden sind" (S. 245). Beides nützt Tellheim tatsächlich gar nichts: Das Geld kann er nicht annehmen, da er den Wechsel an die Generalkriegskasse weitergereicht hat. Wenn diese ihn nun über die Liste der Kriegsschulden für sich einzieht (vgl. 'Minna' S. 239, Z. 27 ff), müßten die sächsischen Stände die 2000 Pistolen ein zweites Mal bezahlen. Das Zeugnis der Stände macht Tellheim in den Augen der Verwaltung einer preußischen Kasse nicht glaubwürdiger, denn entsprechend dem Bestechungsvorwurf sind die sächsischen Stände und Tellheim gegen sie Verbündete. Insofern ist Tellheim hier auch nicht "blind gegenüber Realitäten", sondern durchaus auf der Höhe der Ereignisse.

Die "Entlarvung" Tellheims über die nur scheinbare Einbeziehung ökonomischer Kriterien in die Analyse mißlingt; es werden weder die finanziellen Zusammenhänge aufgedeckt, noch der Umgang der dramatis personae mit Geld erkannt als ein Mittel Lessings zu ihrer wertenden Charakterisierung.

Weder die unkritische Identifikation mit Tellheims Ehrbegriff noch dessen Negation aus gegenwärtigem "besseren" Wissen führen zu einem Verständnis der dargestellten Vorgänge und ihrer Bedeutung in der ideologischen Auseinandersetzung zu Lessings Zeit - ein Verständnis, das Voraussetzung ist für (partielle) Zustimmung und (partielle) Ablehnung von Tellheims Charakter, Handlungsweise und Schlußfolgerungen. (Wiese: Lessing bis Grabbe; Mann: Minna; Schröder: Parabolische Geschehen; Schmidt Bd 1.)

107)M, S. 242, Z. 19 ff

108)M, S. 242, Z. 25

109) M, S. 247, Z 18, Z. 25, Z. 28 f; S. 249, Z. 32 f; S. 258, Z. 20 f; S. 260, Z. 27 f

110) Tellheims "Blindheit" und seine Heilung hat auch Schröder untersucht (Das parabolische Geschehen). Da der Beweis der Blindheit anhand der Untersuchung der Realität daran scheitert, daß Schröder die Realität nicht genau untersucht (vgl. Anm. 108)), bleibt seine christlich argumentierende Kritik an Tellheim, nach der "ein säkularisiertes, rein menschliches und d. h. psychologisiertes Heilsgeschehen" vorgeführt werde. Tellheim, der "blind und taub gegenüber Gott" sei, werde geheilt.
Das Geschehen wird hier reduziert auf eine Korrektur Tellheims, dem seine Ungläubigkeit und Verstocktheit bewiesen wird, während er und der Zuschauer die Güte Gottes vorgeführt bekommen. Tatsächlich macht Tellheim aber zwei Lernprozesse durch, und an beiden kann der Zuschauer teilnehmen: Tellheim lernt die Wege der Vorsehung kennen, aber da er auch lernt, die Realität zu durchschauen, beinhaltet der Lernprozeß Kriterien für die Einschätzung der Wirklichkeit.

111) Hamburgische Dramaturgie 79. Stück. L/M Bd 10, S. 120, Z. 18 f

112) Hamburgische Dramaturgie 79. Stück. L/M Bd 10, S. 120, Z. 18

113) Monadologie 90., S. 481

114) Daß Tellheim mit Minna nach Sachsen gehen wird, ist zu schließen aus seinem Wunsch, nicht wieder Dienste zu nehmen, sondern mit Minna "in der ganzen weiten bewohnten Welt den stillsten, heitersten Winkel" (M, S. 254, Z. 29 f) zu suchen um dort zu wohnen. Als Tellheim dies sagt, muß er zwar denken, daß ausgerechnet Sachsen für ihn gar nicht in Frage kommt, da er annimmt, daß Minna enterbt und (besonders in Sachsen) entehrt ist. Aber er wünscht sich nach dem unruhigen Leben als Offizier und dem unsicheren Leben in Berlin ein ruhiges 'Irgendwo'.
Da sich aber später erweist, daß Minna nicht enterbt ist, sondern ihre Güter in Thüringen noch besitzt, ist anzunehmen, daß Tellheim sein idyllisches 'Irgendwo aufgibt und mit Minna nach Sachsen geht - dort sind dann auch die materiellen Bedingungen für solch ein Leben gegeben.

115) M, S. 251, Z. 11 f

116) Auch Peter Weber stellt die nominelle Bindung von Tellheims Ehrbegriff an den Hof und ihre Ablösung im Verlauf der Komödie dar: "Tellheims Ehre besteht nicht darin, seinem König ergebenst zu dienen - er erhob die niedrigste Kontributionssumme und nahm somit Ehrbegriffe zur Richtschnur, die dem Hof fremd sein und zu Verdächtigungen Anlaß geben mußten" (S. 25). Trotz

fehlender Bindung an höfische Moralgehalte unterwerfe sich Tellheim dann aber dem Urteil des Hofes. Tellheims endliche Bekehrung zur 'sezessionistischen Moral' ist ermöglicht durch Anknüpfen an seinen Altruismus, der zu Beginn der Komödie als 'Tugendüberhebung' (S. 22) und Bindung an die 'Welt' fast als sein Gegenteil erscheint. Durch "Läuterung eines Tugendhaften von der Exklusivität seiner Tugendhaftigkeit" (S. 52) - Eliminierung der Momente ständischen geselligen Verhaltens aus dem Freundschafts- und Liebesbund - gelinge Tellheims Erziehung zum antihöfisch-sezessionistischen Standpunkt. Dieser Standpunkt sei jedoch nicht direkt umsetzbar in gesellschaftliche Realität: "In gleicher Weise als direkter antihöfischer Affront ist dieses Geselligkeitsmodell nur praktisch realisierbar unter sozialen Bedingungen, die den im Schauspiel vorgestellten entsprechen; in Hinsicht auf die Masse des Publikums dient seine Darstellung der Entwicklung altruistischer Moral, die sich ihres Gegensatzes zur höfischen Welt und der Unvereinbarkeit mit höfischer Bindung bewußt ist. Zielpunkt des Werkes ist damit die Entwicklung eines politisch-moralischen Bewußtseins, das 'weltbürgerlich' die Schranken nicht setzt zwischen den Untertanen verschiedener deutscher Despoten, sondern zwischen der vom Hof geprägten 'großen Welt' und den geselligen Kreisen altruistisch-antihöfischer Moralität" (S. 56 f). Art und Umfang der Entwicklung altruistisch-antihöfischer Moral in der'Minna' zu untersuchen, schien mir vom Standpunkt der historisch-gesellschaftlichen Relevanz aus wichtig - zumal Lessing selber die Kritik an dem Modell der sezessionistischen Geselligkeit in der 'Emilia Galotti' nachholt.

117) M, S. 256, Z. 24 f

118) M, S. 254, Z. 13 f

119) Tellheim reagiert auf die wirklichen Handlungen Friedrichs II., von denen Meinecke schreibt: "Der Imperativ der Staatsnotwendigkeit siegte jedesmal und überall wo es zu wählen galt, über die Forderung der Humanität" (Meinecke, S. 354).

120) Der Komödienschluß läßt verschiedene Deutungen der von Lessing beabsichtigten Wirkung auf sein zeitgenössisches Publikum zu: Er könnte auf den König im Sinne der Fürstenerziehung einwirken und dem übrigen Publikum Mut zur Fürstenerziehung einflößen wollen - oder ihnen überhaupt Mut und Vertrauen zur Bewältigung ihrer Gegenwart geben; er könnte sie auffordern wollen, die Übel ihres Staates zu verbessern oder sich selbst (im Privaten) zu verwirklichen.

Eine Antwort auf die Frage nach der Wirkungsabsicht kann nur unter Heranziehung von theoretischen Äußerungen Lessings versucht werden.

In der Sekundärliteratur wird der Schluß der Komödie fast immer als eine Harmonisierung verstanden - sei es, daß sie durch die Reaktion Friedrichs des Großen erfolgt, dem dann auch Tellheim sich wieder zuwendet (wie bei O. Mann, Fricke, Staiger, Wiese), oder sei es, daß der Schluß als Bekehrung Tellheims zu sich selbst dargestellt wird (Arntzen, S. 43; Schröder, S. 224). Schlaffers Beschreibung des Endes als "prinzipielle Anerkennung" der Wirklichkeit durch Tellheim (S. 92) und Staigers "Mitte, die dem goldenen Mittelweg des aufgeklärten Menschen entspricht und ein gedeihliches Leben verbürgt" (S. 95) kommen sich bemerkenswert nahe: Man trifft sich in der Reduktion des Anspruchs.

121) Kant, Grundlegung zur Metaphysik der Sitten. Zweiter Abschnitt, S. 50

122) M, S. 254, Z. 13 ff

123) M, S. 254, Z. 16 f

124) M, S. 220, Z. 24 f

125) M, S. 220, Z. 11 f

126) M, S. 191, Z. 28

127) M, S. 222, Z. 18 ff

128) M, S. 233, Z. 16 f

129) M, S. 189, Z. 14

130) M, S. 199, Z. 16

131) M, S. 201, Z. 20 f

132) M, S. 227, Z. 8

133) M, S. 227, Z. 10 f

134) M, S. 250, Z. 15 f

135) M, S. 251, Z. 27 f

136) M, S. 252, Z. 1 ff

137) M, S. 264, Z. 2 ff

138) Martens, Moralische Wochenschriften, S. 402

139) M, S. 197, Z. 29 ff

140) M, S. 198, Z. 28 f

141) M, S. 231, Z. 24
Nach der Umrechnung (vgl. Anm. 59) entspricht das einem Wert von 3 000 DM. Minna meint ja auch, Riccaut könne von dem Betrag Schulden bezahlen und eine Weile bescheiden leben.

142) M, S. 213, Z. 8 f

143) M, S. 187, Z. 10

144) M, S. 246, Z. 4 ff

145) M, S. 233, Z. 10 f

146) M, S. 198, Z. 23 f

147) M, S. 263, Z. 2 f

148) Kant, Grundlegung zur Metaphysik der Sitten. Zweiter Abschnitt, S. 59

149) M, S. 181, Z. 15 f

150) M, S. 181, Z. 26

151) M, S. 217, Z. 31

152) M, S. 220, Z. 24 ff

153) M, S. 225, Z. 30 - S. 226, Z. 1

154) M, S. 226, Z. 6 f

155) M, S. 243, Z. 6 f

156) M, S. 257, Z. 18 f

157) M, S. 257, Z. 6 ff

158) M, S. 257, Z. 10

159) M, S. 260, Z. 11 f

160) Mehring, S. 130

161) Mehring, S. 129

162) Mehring, S. 129

163) Daß sie dies begriffen hatten, zeigten 1765 die Leipziger Kaufleute, als sie ihre Kurfürstin-Regentin veranlaßten, an Friedrich II. zu schreiben: "Unser großes Prinzip ist die Freiheit des Handels und die Reziprozität der Vorteile". Friedrich ging auf das Angebot einer wirtschaftlichen Kooperation nicht ein. (Mehring, S. 129)

164) M, S. 239, Z. 27 ff

165) Carlyle, S. 355 f

166) Büsch, S. 92

167) M, S. 233, Z. 33 - S. 234, Z. 2
vgl. Anm. 141

168) Schiller, Bd 20, S. 311, Z. 22

Aus diesem Ansatz ergibt sich auch für Schiller eine doppelte Kampfsituation, in der er sich gegen die 'Schlaffheit und Depravation des Charakters' der 'civilisirten Klassen' einerseits und gegen die "rohen, gesetzlosen Triebe" andererseits wendet. (vgl. Bd 20, S. 319 - 320)

4 Lessings 'Emilia Galotti'

1) Danzel/Guhrauer Bd 2, Anhang S. 4 und Kapitel 2; Jan-Dirk Müller, S. 27

2) E, S. 388, Z. 2

3) Am Hochzeitsmorgen sprechen Besucher vor, "Die sich nur aus Neugierde melden lassen" (E, S. 394, Z. 13); der Bediente der Galottis berichtet: "Was bin ich seit einer Stunde nicht alles ausgefragt worden!" (E, S. 394, Z. 13 f)

4) E, S. 387, Z. 23 f

5) E, S. 383, Z. 19 f

6) E, S. 390, Z. 25 f

7) E, S. 446, Z. 21 f

8) E, S. 379, Z. 11

9) E, S. 391, Z. 30 ff: "Da war ja noch die Bittschrift einer Emilia Bruneschi [...] Aber, gute Bruneschi, wo deine Vorsprecherinn -- "

10) E, S. 444, Z. 11

11) E, S. 444, Z. 26 f und E, S. 445, Z. 7

12) E, S. 441, Z. 25 f

13) E, S. 427, Z. 9

14) E, S. 427, Z. 34

15) E, S. 426, Z. 28

16) E, S. 429, Z. 30

17) E, S. 436, Z. 24 ff

18) E, S. 387, Z. 21

19) E, S. 390, Z. 20

20) E, S. 389, Z. 24 f

21) E, S. 389, Z. 14; E, S. 390, Z. 17; E, S. 409, Z. 26; E, S. 410, Z. 1; E, S. 410, Z. 25

22) E, S. 388, Z. 22

23) E, S. 388, Z. 31; S. 450, Z. 22 ff

24) E, S. 424, Z. 6

25) E, S. 411, Z. 34

26) E, S. 424, Z. 1 f

27) E, S. 390, Z. 20 f

28) E, S. 390, Z. 31 f

29) E, S. 421, Z. 24 f

30) E, S. 425, Z. 16

31) E, S. 439, Z. 17

32) entfällt

33) E, S. 414, Z. 23 ff

34) E, S. 436, Z. 34

35) E, S. 385, Z. 16 ff; vgl. die entsprechende Untersuchung bei Durzak, S. 67 f

36) E, S. 380, Z. 8 f

37) Marinelli: "Nicht [...] einer Gemahlinn fürchtet sie [die Gräfin Orsina] aufgeopfert zu seyn, sondern -", (E, S. 386, Z. 25f). (Die Gräfin hat aber bisher von des Prinzen Liebe zu Emilia nichts geahnt, Marinelli sagt: "das wollt' ich in die Seele der Orsina schwören. Ihr Verdacht schweift auf einer ganz andern Fährte" (E, S. 389, Z. 21 ff).

38) E, S. 436, Z. 36; S. 437, Z. 2

39) E, S. 358, Z. 2

40) E, S. 386, Z. 24 f

41) E, S. 440, Z. 1 f

42) E, S. 383, Z. 12

43) E, S. 381, Z. 24

44) E, S. 382, Z. 14 f; S. 382, Z. 24

45) E, S. 382, Z. 29

46) E, S. 403, Z. 16 f

47) E, S. 448, Z. 23 f

48) E, S. 449, Z. 22 f

49) Es ist möglich, daß der Prinz das Gebiet bei Sabionetta unrechtmäßig an sich gebracht hat. Da sich der gerechte Odoardo dem 'Anspruch widersetzte' (E, S. 383, Z. 18 f), ist es sogar anzunehmen.

50) E, S. 422, Z. 16 f

51) E, S. 397, Z. 2

52) E, S. 396, Z. 30 f

53) Odoardo: "Kaum kann ich's erwarten, diesen würdigen jungen Mann meinen Sohn zu nennen. Alles entzückt mich an ihm" (E, S. 396, Z. 24 ff). Appiani: "Eben habe ich mich aus seinen Armen gerissen ... Welch ein Mann, meine Emilia, ihr Vater! das Muster aller männlichen Tugend! ... Nie ist mein Entschluß immer gut, immer edel zu seyn, lebendiger, als wenn ich ihn sehe - wenn ich ihn mir denke. Und womit sonst, als mit der Erfüllung dieses Entschlusses kann ich mich der Ehre würdig machen, sein Sohn zu heißen; - der Ihrige zu seyn, meine Emilia?" (E, S. 403, Z. 1 ff)

54) E, S. 415, Z. 15; S. 415, Z. 21 f; S. 415, Z. 33 f; S. 416, Z. 27; S. 417, Z. 1

55) E, S. 449, Z. 3

56) Odoardo kennt die Grimaldis: "Was sollt ich nicht? Sogar die liebenswürdigen Töchter dieses edeln Paares kenn' ich. Wer kennt sie nicht?" (E, S. 445, Z. 25 f)

57) E, S. 449, Z. 4

58) E, S. 399, Z. 17 f

In der Diskussion, inwiefern Emilia tatsächlich zur "Mitschuldigen" wird, gehen zwei Fehlinterpretationen durch die Sekundärliteratur (z. B. Seeba, S. 96 und Durzak, S. 81 f).

Wenn der Prinz (III,1) über seinen Auftritt mit Emilia in der Kirche zu Marinelli sagt: "Sie kam meinem Verlangen, mehr als halbes Weges, entgegen. Ich hätte sie nur gleich mitnehmen dürfen" (E, S. 411, Z. 1 ff) - dann lautet die von Lessing dazu gegebene Sprechanweisung "hönisch" (E, S. 410, Z. 33). Das ist eine doppelte Vorsichtsmaßnahme Lessings, denn die Ironie ergibt sich eigentlich schon aus der Sprechsituation. Die Aussage wird außerdem noch einmal deutlich aufgehoben in III, 3, wenn der Prinz, wiederum zu Marinelli, sagt: "Mit allen Schmeicheleyen und Betheuerungen konnt' ich ihr auch nicht ein Wort auspressen. Stumm und niedergeschlagen und zitternd stand sie da; wie eine Verbrecherinn, die ihr Todesurtheil höret [...]" (E, S. 414, Z. 30 ff). Noch unter dem Eindruck dieses Erlebnisses, bittet er Marinelli, Emilia allein zu empfangen, denn "kaum getrau' ich mir, sie wieder anzureden" (E, S. 415, Z. 2 f). So ist es auch durchaus glaubhaft, daß Emilia später "den Prinzen in einer Entfernung" hält ...

Die zweite Fehldeutung betrifft das von der Gräfin Orsina gehörte "Gequieke, das Gekreusche" (E, S. 426, Z. 32 - S. 427, Z. 1) - wer quiekt mit wem? In III, 5 führt der Prinz die sich sträubende Emilia in ein an den Vorsaal angrenzendes Zimmer, von dort hört ihre Mutter sie im Gespräch mit Marinelli, und Claudia "stürzt in das Zimmer" (in III, 8; E, S. 421, Z. 19); Sie bleibt bei ihrer Tochter, bis sie meint, Odoardo gehört zu haben, und im Vorsaal nach ihm sieht, das ist am Ende des vierten Aktes (IV, 8). Der Prinz ist mit Emilia allein während der Auftritte III, 6 - III, 8, er ist im Zimmer, als Mutter und Tochter sich wiedersehen. In IV, 1 ist er wieder im Vorsaal, im Gespräch mit Marinelli. In IV, 2 wird die Gräfin Orsina angekündigt und der Prinz zieht sich in ein ebenfalls an den Vorsaal angrenzendes Kabinett (E, S. 425, Z. 29) zurück, aus dem er in IV, 4 (E, S. 429, Z. 11) heraustritt. Wenn die Gräfin das "Gequieke" hört, nämlich während sie gemeldet wird (Anfang IV, 2) oder während sie in den Vorsaal geht (zwischen IV, 2 und IV, 3), ist der Prinz erst mit Marinelli zusammen und dann, wenige Sekunden erst, in dem Kabinett, von dem aus er den folgenden Auftritt IV, 3 beobachtet; mit Emilia ist währenddessen Claudia zusammen. Die Gräfin Orsina kann also ganz unmöglich die Laute eines 'Liebesspiels' vernommen haben (Durzak, S. 82) - jedenfalls nicht eines solchen zwischen Emilia und dem Prinzen -, sondern das 'weibliche Gekreusche' (E, S. 427, Z. 4) war Emilias und Claudias Klagen.

Nachdem er die Orsina zurückgewiesen hat, geht der Prinz "quer über den Saal [...] nach den andern Zimmern" (E, S. 429, Z. 15 f) - und ist dann von IV, 5 bis IV, 8 bei Emilia und Claudia. Emilia aber "hält den Prinzen in einer Entfernung; sie spricht mit ihm in einem Tone -" (E, S. 438, Z. 1 f).

59) Emilia ist ihren Eltern gegenüber ohne Einschränkung ehrlich. Sie empfindet es als unehrlich, Appiani ein Erlebnis zu verschweigen und läßt sich nur mit Mühe dazu überreden.

60) Appiani verzichtet auf eine Laufbahn bei Hof. Claudia, Emilia und Odoardo wollen keinen Nutzen daraus ziehen, daß der Prinz Emilia für sich gewinnen will.

61) E, S. 397, Z. 14

62) E, S. 407, Z. 33

63) E, S. 407, Z. 32

64) E, S. 407, Z. 32 f

65) E, S. 387, Z. 20

66) E, S. 423, Z. 7 f

67) E, S. 433, Z. 22 f

68) E, S. 429, Z. 16 ff

69) E, S. 436, Z. 5 ff

70) E, S. 440, Z. 28

71) Hamburgische Dramaturgie, L/M, Bd 10, S. 120, Z. 26

72) Leibniz: Monadologie, 86. Stück, S. 479

73) E, S. 440, Z. 4 f

74) Römerbrief 12/16; vgl. auch 5. Moses 32.35 "Die Rache ist mein; ich will vergelten".

75) E, S. 447, Z. 1 f

Odoardos "Virginiusthat" (Schmidt, S. 210) wird in der Sekundärliteratur schon dadurch in ihrer Unausweichlichkeit überschätzt, daß sie als vor-überlegt hingestellt wird: "Man ist gespannt auf eine That Odoardos" - "Und alle Sorge des Dichters muß sich darauf richten, Odoardos letzte Virginiusthat so vorzubereiten, daß sie als einzige Rettung aus diesen Wirren ihm mit unwiderstehlichem Zwange dictirt scheint" (Schmidt, S. 209). Er ignoriert V, 4, deutet den halben Griff nach dem Dolch (V, 5) als schnell selbst korrigierten Irrtum und V, 6 als letzten Kampf Odoardos mit sich selbst, während dessen er sich zum Tochtermord durchringt. Obwohl diese Deutung des 6. Auftritts üblich ist (z. B. Stahl, Labroisse, Lamport), ist sie nicht eindeutig am Text festzumachen: 'Was Odoardo für Emilia tun will' - das k a n n sein, daß er sie töten will, es ist aber wahrscheinlicher, daß er sie unter Einsatz seines eigenen Lebens retten will: indem er den Prinzen tötet und sich dann den Gerichten stellt, die - immer noch feudalabsolutistisch - ihn verurteilen würden. Die Deutung der Erkenntnis Odoardos "er will meine Hand" als: Gott will seine Hand für den Tochtermord, ist zumindest voreilig - Gott kann sie auch wollen, um Emilia durch Fürstenmord aus dem "Abgrund" zu ziehen. Der Auftritt der Emilia veranlaßt den Ausspruch vor allem deshalb, weil Odoardo nun nicht mehr, seinem Impuls entsprechend, weglaufen kann, und nicht unbedingt, weil er in ihr schon das Opfer seiner Tat sieht. Zu schließen, Emilia sei von Gott in diesem Augenblick zu ihm geschickt, damit er sie töten kann, wäre tatsächlich Hybris seinerseits (aus diesem Grund lehnt Hillen den Schluß ab, S. 127), als dramaturgische Einrichtung Lessings wäre es Organisation der Selbstverstümmelung.

76) E, S. 447, Z. 3 f

77) Vor Beginn der Handlung gab es eine Auseinandersetzung um Landbesitz in Sabionetta (das 1703 mit dem Fürstentum Guastalla vereinigt wurde, Jan-Dirk Müller, S. 6 und S. 27). In der Auseinandersetzung bezog Odoardo, der in der Nähe von Sabionetta ein Landgut besitzt, gegen den Prinzen Stellung.

78) E, S. 396, Z. 32 f

79) E, S. 397, Z. 14

80) E, S. 396, Z. 33, Sperrung von mir

81) E, S. 397, Z. 3 f, Sperrung von mir

82) E, S. 396, Z. 34; S. 397, Z. 1

K. D. Müller zeigt, daß Odoardos Benehmen zwar einerseits komische Züge hat, andererseits aber durch die Umstände gerechtfertigt sei: "Damit ist sein Verhalten aber eine objektive Kritik an den Umständen, die es rechtfertigen" (S. 48). Der Rückzug aus der Gesellschaft erweise sich als illusorisch (S. 41).

83) E, S. 396, Z. 28

84) E, S. 396, Z. 26 f

85) E, S. 398, Z. 19 f

86) E, S. 398, Z. 17 f

87) E, S. 398, Z. 18

88) E, S. 421, Z. 5 ff

89) E, S. 449, Z. 25

90) E, S. 440, Z. 5 ff

91) E, S. 450, Z. 12 f

92) Emilias Tod - bzw. ihre Ermordung - wird von einigen Autoren gerechtfertigt als Erhaltung der "Freiheit der Person" (Labroisse, S. 319), als "tragische Freiheit" (O. Mann, S. 273), als aus dem Recht auf 'sittliche Selbstbestimmung' folgend (Wiese, S. 37 und S. 49; Labroisse, S. 319; Fries, S. 127). Ein Verantwortlicher (oder gar ein verantwortlicher gesellschaftlicher Zustand) für die Situation, in der eine solche Entscheidung tödlich für den "Freien" ausfällt, wird nicht benannt. Die Tendenz geht bis zur völligen Negation irgendeiner Verantwortung, wenn O. Mann beobachtet, "was sich Tragisches am Menschen vollzieht" (S. 261). (Mann: Sein u. Leistung; Wiese: Dt. Tragödie).

Entsprechend "menschlich" werten diese Interpreten die dramatis personae: Besonders der Prinz profitiert davon, denn menschlich gesehen sei er "eigentlich" nicht schlecht und die schlimmen Auswirkungen seiner Wünsche und einiger seiner unsympathischeren Charakterzüge beruhen "nur" auf seiner Stellung (Fries, Stahl, Seeba, Labroisse, Kraft, Wiese, O. Mann, Schmidt) - ergo: Er selbst ist ein tragisches "Opfer" (O. Mann, S. 251; Seeba, S. 88).

Der Rückzug auf das "sittliche Wesen" d e s Menschen und die Darstellung seiner "Freiheit" als einer Freiheit nur zum Tod, heroisieren eine Moral, die das Bürgertum historisch behinderte, indem sie ihr das moralische Rückgrat, dessen Bedeutung Lessing zeigte, nahm - historisch jetzt schon unter dem Aspekt, daß diese Argumentation jede Klasse paralysieren könnte. Die individualistische Haltung läßt kämpferische Impulse selbstzerstörerisch werden, da sie eine gesellschaftliche Wirkung nicht intendiert. Diese Haltung ist die direkte Fortsetzung der von Lessing kritisierten ideologischen Aspekte.

93) Lessing, Hamburgische Dramaturgie, L/M Bd 10, S. 120, Z. 34 ff

Wenn nach der "tragischen Hauptperson als solcher" gesucht wird, teilen Odoardo und Emilia sich den Ruhm. Entsprechend wird nach einem von ihnen begangenen Fehler gesucht (Emilias Verschweigen der Kirchenszene wird genannt von Durzak, Fries, Cowen, Labroisse) oder nach einem entsprechenden Charakterfehler (je nach Interpretation der Lessingschen Forderungen im 75. und 79. Stück der 'Hamburgischen Dramaturgie': Emilia "misses the mark of self-reliant courage" (Hatfield, S. 296), Schmidt nennt als Fehler der Familie Galotti Odoardos Erregbarkeit und Emilias Sinnlichkeit (S. 203). Diese Beobachtungen sind jeweils richtig, aber ihre Beschreibung als Charakterfehler verengt den Bedeutungshorizont dieser Interpretationen auf die Entdeckung immanenter "Details".

Ein Vergleich der vorgeführten Situation mit der historischen Wirklichkeit führt dazu, den "Fehler" in Verbindung mit der bürgerlichen Moral zu bringen. Hillen sieht in der 'moralischen Fehlentscheidung' Odoardos am Schluß (S. 124) den Hinweis "auf die Fragwürdigkeit einer Moral, derzufolge die Tat gerechtfertigt ist" und die "Zurückweisung dieser Moral auf Grund ihres unmenschlichen Charakters" (S. 129). Da er den Schluß nicht als Abweichen von, sondern als Konsequenz der Moral interpretiert, sieht er Unmenschlichkeit nicht nur als latente Gefahr, sondern als Prinzip der Tugend.

Brüggemann beschreibt sehr genau die Art der Destruktion und den Punkt, an dem Lessings Widerspruch und Kritik an den von ihm gezeigten Bürgern ansetzt: "Hier wird der moralische Gegensatz zu einem realen Gegensatz, der in praktischem Kampf mit dem Gegner ausgetragen sein will "Die gegensätzlichen Eigenschaften sind den gegensätzlichen Ständen zugeteilt", S. 92 ; und es handelt sich um die Frage, wie weit das Bürgertum diesem Kampf gewachsen ist, ob das moralische Rüstzeug des Bürgertums einem solchen Kampf taugt" (S. 102). (Insofern ist das "Versagen Odoardos vor der Aufgabe einer kategorialen Bewältigung der Welt" keinesfalls "individuell", so Wierlacher, S. 151). Und Brüggemann folgert aus Emilias schuldlosem Untergang: "Das moralische Rüstzeug des Bürgertums hat sich zu einer realen Auseinandersetzung mit seinen Widersachern als untauglich erwiesen. Die Lebensanschauung der bürgerlichen Gemeinschaftskultur, die jeden Akt eigenmächtiger Gewalttätigkeit verbot, ist ad absurdum geführt" (S. 106). Die damit von Brüggemann angebotene Alternative ist: Lessings Trauerspiel erweise die Notwendigkeit "eigenmächtiger Gewalttätigkeit" durch 'Männer von Charakter' - "mag es hinführen, wohin es will" (S. 100). Brüggemann lehnt die humanistischen Wertsetzungen des Bürgertums als unbrauchbar zur Durchsetzung bürgerlicher Ziele ab und propagiert statt dessen unter gemeinschaftsfeindlicher Idealisierung der 'eigenmächtigen Gewalttätigkeit' einzelner eine militante Ideologie, die a priori auf moralische Legitimation verzichtet (Brüggemann: Subjektivismus).

Joachim Müller beschreibt die Problematik genau, wenn er sagt, 'Emilia' sei "Ausdruck der objektiven Widersprüchlichkeit des Bürgertums" (S. 61), zwischen Protest und Ohnmacht schwankend.

94) Lessing selbst hatte sich aus diesem finanziellen Grund zwei Jahre vor der Uraufführung der 'Emilia' dem Herzog von Braunschweig zur Verfügung gestellt und blieb bis zu seinem Tod in dessen Diensten.

95) Titus Livius, Ab urbe condita III, bei J.-D. Müller, S. 27 - 33

96) Lessing, Hamburgische Dramaturgie L/M Bd 10, S. 117, Z. 25 ff

97) Eine politische I n t e n t i o n Lessings wird häufig in derselben Kritik leidenschaftlich bestritten und über die Re-

flexion der möglichen Wirkung wieder eingeführt. Das liegt zum Teil daran, daß die Definition von "politischer" Intention sehr eng gefaßt wird: Ein vorgeführter Fürstenmord, eine vorgeführte antike Volkserhebung - und auf diese verzichtet Lessing unleugbar - sind nicht die einzigen dramatischen Themen, die "politisch" wirken können; also ist auch der Verzicht auf diese Themen nicht gleichzusetzen mit intendiertem Verzicht auf politische Wirkung. Die erreichbare Wirkung ist abhängig von den realen Möglichkeiten der Zeit, politische Wirkung ist also relativ zu definieren.

So wird das Trauerspiel für "an sich" unpolitisch erklärt, am leidenschaftlichsten von Stahl, dessen Interpretation von Kommerell übernommen ist. Und zwar handle Odoardo "im Zwielicht eines stoischen Übermenschentums und leise komischer Beschränktheit" (Stahl, S. 108; Kommerell, S. 128 f). Lamport: "Indeed he [Lessing] has done all he can to minimize it [the "class conflict"] and to portray his characters not as representatives of social classes, but as individuals.[...] The story does not permit the element of class conflict to be completely eliminated, but Lessing has thrust it completely into the background" (S. 311). Nach Schmidt ist Odoardo "nur Vater, nicht Römer und Patriot, und nur um die Tugend seiner Tochter zu schützen gibt er ihr den Tod" (S. 215), trotzdem konstatiert er politische Wirkung: "Der überlebende Prinz war eine Zielscheibe für revolutionäre Empörung" (S. 216).

Labroisse: Die soziale Ordnung werde "nicht angetastet", aber die Demonstration der Verantwortungslosigkeit des Prinzen, "obwohl er doch als Landesvater [...] mit gutem Beispiel vorangehen sollte", sei eventuell "politischer, was die Wirkung auf die Zuschauer der Lessing-Zeit anbelangt", als eine Ermordung des Prinzen (S. 318) - politische Wirkung meint in diesem Zusammenhang also keinesfalls Praxis, nur "Verstehen". Das gilt auch bei Ursula Fries, die feststellt, das politische Bewußtsein des Bürgertums sei "verkrüppelt" und Emilia entwickle ihren Willen zur 'autonomen Entscheidung der sittlichen Person' (S. 127) sozusagen ausgerechnet in der Konfrontation mit dem absoluten Herrscher. Wenn der so interpretierte Schluß "Anstoß zur politischen Willensbildung" gewesen sein soll (S. 129) - wie kann sich die angestrebte 'autonome Entscheidung der sittlichen Person' die gesellschaftlichen Bedingungen für eine Entfaltung schaffen - wird sie nicht immer wieder in Widerspruch zu dem "Willen des absoluten Herrschers" geraten (S. 127). Dazu Rilla: Hier werden der "Dauerfall fürstlicher Praxis" und der "Dauerfall des bürgerlichen Protestes" erfaßt (S. 275). Das dividiert Steinhauer auseinander, um dann feststellen zu können: "one might [...] agree with Korff that Lessing wished to glorify bourgeois virtue rather than condemn the corruption of the Court. In other words, his interest was social rather than political" (S. 175).

Seeba liest die 'Emilia' als Aufforderung zum Rückzug aus der Politik, wenn er Marinelli als 'politisierenden Kammerherrn' bezeichnet, den Prinzen aber als 'unpolitisch' (S. 87): So setzt er unter der Hand politisch mit intrigant gleich. "Die Politik ist, besonders in ihrem ehrgeizigen Drahtzieher Marinelli, moralisch so korrupt, daß der Rückzug aus ihr [...] den Flüchtlingen nur zur Ehre gereichen kann" (S. 92). So rechtfertigt Seeba auch Odoardos zweimalige Hoffnung auf Gott als Rächer seiner Familie (S. 98) - kritisiert bürgerliche 'Weltfremdheit' (S. 95) und 'bürgerliches Winkeldasein' (S. 98) und beschreibt dann den Rückzug auf's Land als positives "bürgerliches Selbstbewußtsein" (S. 93).

Nach dem Satz "Wer sich in Gefahr begibt ... ", den Wierlacher als Begründung für Emilias Furcht anführt, betrachtet Cowen nicht die 'Flucht auf's Land' als den "Fehler", den Odoardo begangen hat, sondern umgekehrt: Die Erziehung in der Stadt zugelassen zu haben, bewirkte die Katastrophe. Die Vermeidung einer Auseinandersetzung bedeutet, daß die Gefahr stets latent vorhanden bleibt (Wierlacher: Haus der Freude).

Klaus-Detlef Müller beschreibt den Bereich politischer Macht als Bewährungsprobe für alle Menschen, wobei "die Korrumpierung der Sitten durch das Höfische soweit vorausgesetzt (ist), daß Tugend und Leben am Hofe sich ausschließen" (S. 55). Die Folge sei "bedingte Umkehrung der Standespyramide" (S. 55) - in moralischer Hinsicht und unter Beibehaltung der sozialen Hierarchie. Wieder kommt es nur zu einer Trennung von Hofadel und Bürgertum. Das "Politische" sieht Müller dann darin, "daß in der Gegenwart [Lessings] eine Tat folgenlos bleibt, die unter anderen Umständen zum Aufstand des Volkes gegen den Mißbrauch der Macht geführt hat. Der durch den Vergleich provozierte Hinweis auf die Folgenlosigkeit wäre der politische Gehalt des Dramas: er ist Aufklärung und Anklage zugleich" (S. 58) - der These ist auf Grund meiner Beweisführung zuzustimmen.

Joachim Müller beschreibt die mögliche politische Wirkung qua Darstellung der Realität und deutet dann die politische Intention Lessings als Aufruf des Bürgertums gegen den Feudaladel. Das scheint mir einerseits, gemessen an den historisch möglichen Erfahrungen, sehr weit gegriffen, andererseits sehr eng: Einigung des Bürgertums und Korrektur der bürgerlichen Moralvorstelllungen, wie Lessing sie leistet, sind durchaus "politisch" und es ist möglicherweise klüger, die Konsolidierung der aufsteigenden Klasse mitzugestalten, als ein schwaches Bürgertum zu früh gegen den Feudaladel aufzurufen.

5 Rezeptionsanalytisches Erkenntnisinteresse

1) Die Wirkung läßt sich nicht analytisch in diese Faktoren zerlegen, da sie an der aktuellen Rezeption jeweils unterschiedlich beteiligt sind. Auch interiorisierte Appelle können als Handlungsanweisungen in die Praxis eingehen.

2) Hillmann, S. 441

3) Hillmann: "Es wird [...] gefragt, ob der Leser mit den vom Text angebotenen Denk- und Verhaltensalternativen etwas anfangen könnte", S. 447.

4) Brecht, Arbeitsjournal Bd 2, S. 507 (5.1.1948)

5) Da bereits eine umfangreiche Auseinandersetzung mit Jauß' Re-

zeptionsästhetik geleistet ist, sollen hier nur einige kritische Standpunkte, die in Aussagen mit meiner Kritik übereinstimmen, kurz referiert werden (Weimann: Tradition als literar-geschichtliche Kategorie, Mandelkow: Probleme der Wirkungsgeschichte, Wyss: Zur Kritik der Rezeptionsästhetik, Warneken (Jauß-Kritik)).

Da Jauß einen kategorialen Unterschied herstellt zwischen Geschichte und Literaturgeschichte, indem er für die Literaturgeschichte eine "spezifische Geschichtlichkeit" beansprucht, behauptet er einen kategorialen Unterschied zwischen materieller und geistiger Tätigkeit überhaupt (Wyss).

Wenn Jauß also von einer emanzipatorischen und produktiven Funktion der Literatur spricht, fehlt der Funktion die Bestimmung, die literarische Produkte kennzeichnet als Produkte menschlicher Arbeit, und die zeigt, daß sie ihre Antizipation ihrem Wechselverhältnis zur Realität dieses gesellschaftlichen Arbeitsprozesses verdanken - und nicht einer speziellen 'Begnadung' (Wyss). Der von Jauß als ein produktiver bezeichnete Prozeß vollzieht sich nur auf literarischer Ebene; an ihm beteiligt sind Autoren und (literarisch produzierende) Leser. Die gedachte Umwandlung von literarischer Erfahrung in den Erwartungshorizont der Lesenden wirkt so nur als ein Privileg der Lesenden - einer innerhalb unserer Gesellschaft sowieso schon privilegierten Gruppe. Wyss' kritische Ansätze verbindend, könnte man weitergehend kritisieren als er es tut und sagen: Da Lesen (Literatur) und Lebenspraxis (Geschichte) bei Jauß nicht auf einer kategorialen Ebene stehen, ist eine Umsetzung von literarischer Erfahrung in gesellschaftliche Praxis nicht mitgedacht; als Surrogat von Erfahrung und Handeln dient literarische Erfahrung den Privilegierten als Alibi.

Jauß versucht, die geschichtliche Dimension der Literatur über die Reflexion ihrer geschichtsbildenden Wirkung zu erfassen (Weimann), er erfaßt aber nur die literaturgeschichtsbildende, und er übersieht dabei, daß Literatur Wirklichkeit auch dadurch bildet, daß sie p r o z e ß h a f t e Wirklichkeit abbildet (Weimann).

Indem Jauß durch die Konzentration auf die jeweils gegenwärtige Funktion der Literatur den 'Aggregatzustand rezeptionsunmittelbarer Virtualität' (Mandelkow) zu erhalten versucht - diesen Teil der Wirkung beschreibt Weimann als den bleibenden Impuls unmittelbarer Wirkung -, verzichtet er mit dem historisch-objektivistischen Anspruch bei der Rekonstruktion der Entstehungsgeschichte auch auf die historische Objektivität als Bezugspunkt des literargeschichtlichen Prozesses überhaupt (Weimann). (Den Verweis Weimanns auf die historische Objektivität akzeptiert Mandelkow nicht (vgl. 'Rezeptionsästhetik und marxistische Literaturtheorie').)

"Genesis, Struktur und Funktion fallen bei Jauß zuungunsten der ersten beiden Momente auseinander; diese kann er nur in wissenssoziologischer oder werkimmanenter, also entweder Entstehung oder Werk isolierenden Betrachtungsweise denken. Nicht getroffen wird davon, was die marxistische Theorie mit der These meinte, Produktion und Konsumtion seien Momente eines Prozesses, worin die Produktion der wirkliche Ausgangspunkt und darum auch das übergreifende Moment sei (cf. Marx, Grundrisse, S. 15)" (Warneken).

Die Untersuchung der Wirkungsgeschichte schließt schon deshalb die Untersuchung der Entstehungsgeschichte ein, weil die vorliegenden Zeugnisse zur Wirkung historisch etwa bis in die Zeit der Entstehung zurückreichen (Weimann); sie schließt sie aber auch aus methodischen Gründen ein: Wenn Werk und Rezipient (Autor und Zielgruppe) als ursprünglich den gleichen historischen Produktionsverhältnissen angehörend verstanden werden, läßt sich durch Betrachtung der gleichzeitigen Rezeption, bezogen auf die Wirklichkeit, der ursprüngliche emanzipatorische Gehalt des Werkes feststellen (Wyss, vgl. meine Untersuchungen). Für die Analyse aller späteren Aktualisierungen eines Werkes geht die Frage an Jauß: "inwieweit das aufnehmende Bewußtsein Veränderungen der Werkbedeutung, die denen des wesentlich bewußtlos vollzogenen Gesellschaftsprozesses folgten, dem Inhalt nach bloß ratifiziert" (Warneken). (vgl. Wyss' Argument der Manipulation.)

So erfassen die von Jauß angebotenen, an der Synchronie orientierten Vorstellungen des 'Erwartungshorizonts' und des 'Dialogs' "die geschichtliche Bewegung des Werks [...] nur von der Seite einer Geschichte der Erfahrung" (Warneken).

Die Rekonstruktion von Erwartungshorizonten als Ansatz zu einer neuen Art der Literaturgeschichtsschreibung wird zunächst kritisiert unter dem Gesichtspunkt der Realisierbarkeit: Eine Beschreibung des 'Erwartungshorizonts' muß in der Vereinfachung, in der sie begrifflich nur fixierbar ist, den eigentlichen Sachverhalt verfehlen. Das Fehlen von entsprechenden Zeugnissen erschwert die Rekonstruktion der 'Erwartungshorizonte' (Mandelkow). Ebenso Weimann: Das Bezugssystem der Erwartungshorizonte ist kaum rekonstruierbar; außerdem ist es widerspruchsvoll, denn es existieren zur gleichen Zeit verschiedene 'Erwartungshorizonte'. Warneken schlägt vor, den Begriff der Erwartung zu ersetzen "durch den des Interesses oder Bedürfnisses [...], der nicht nur inhaltlicher ist, sondern auch mitbedenkt, daß die Erwartung durchaus übers Gewohnte hinaus weisen kann und ein in nicht nur literarischer Erfahrung herausgebildetes Klassenbewußtsein die Umwendung aufs neue heute einer in wesentlichen Momenten nachhinkenden Kunst erst abverlangen muß".

Übereinstimmend wird festgestellt, das Ergebnis dieses rezeptionsästhetischen Verfahrens sei die Gleichwertigkeit aller vergangenen Wirkungszeugnisse (Weimann: Alle "bisherigen Normen der Deutung" inklusive der eigenen "erweisen sich als gleichberechtigte Entfaltungen dichterischen Sinnpotentials") und aller gegenwärtigen Stellungnahmen:

Wyss faßt seinen Protest in einem Ausrufezeichen zusammen, wenn er feststellt, es sei von jeder Generation neu (!) die Frage zu finden, auf die die Kunst der Vergangenheit Antwort geben könnte. Der von Jauß für realisierbar gehaltene "Dialog" mit dem Werk wird unter dieser Voraussetzung zu einem "Abfragen" (Wyss) und die generelle Subjektivierung lenkt ab von der "Beschränktheit der eigenen Subjektivität".

Mandelkow: Jauß' Betrachtungsweise reflektiert die radikale Skepsis gegenüber platonischer Idealität ästhetischer Werte; die Gegenwart sei die Zeit der Auflösung des Wertekanons, in deren Folge man "sich aus dem Mangel eines festen Standorts am Relativismus der Standorte" begeistere.

Die Einführung des 'Erwartungshorizonts' der Leser als Kategorie der Wertung legitimiert Flucht vor eigener Verantwortung und Stellungnahme; an ihre Stelle tritt das Sammeln und Registrieren; hierin drückt sich ein Versagen vor der eigenen geschichtlichen Gegenwart aus (Mandelkow). Weimann: Fehlende Bewußtheit der eigenen ideologischen Position verhindert historische Wertung. Die Theorie dient der Rationalisierung dessen, daß eine zeitgenössische Wertung verweigert wird. Warneken hebt den Legitimationscharakter des Jauß'schen Standpunkts hervor, wenn er feststellt: "Rezeptionsästhetik tendiert zum anderen dazu, im Rekurs auf die Aneignungsweisen die Texte als erkenntnisvermittelnde Objekte überhaupt aufzulösen. Das entspricht [...] dem ideologischen Interesse daran, dem Anspruch kritischer Werke durch subjektive Projektionen ausweichen zu können [...]".

Abschließend sei Jauß' Kritik an vulgärmarxistisch zurechtgestutzten Thesen eine Darstellung der Grundsätze einer dialektisch-materialistischen Auffassung dieser Problematik gegenübergestellt:

"Die Ungleichmäßigkeiten zwischen sozialökonomischen und geistig-kulturellen Entwicklungen [...] lassen zwar in bestimmter Weise und vorübergehend äußerst widerspruchsvolle Verhältnisse zwischen materiellen und geistigen sowie zwischen individuellen und gesellschaftlichen Bedürfnissen zu, doch überschreiten diese Widersprüche im Geschichtsprozeß letztlich niemals die Grenzen, die durch die sozial-ökonomischen Bedingungen gezogen sind. Diese Feststellung mindert in keiner Weise die aktivierende und wirklichkeitsverändernde Funktion, welche die geistigen Bedürfnisse in der Geschichte und in der Gegenwart behaupten. Indessen macht sie klar, daß die Bedürfnisentwicklung nur in dem Maß produktiv werden kann, als sie sich in relativer Übereinstimmung mit den gesetzmäßig sich vollziehenden gesellschaftlichen Entwicklungen befindet. Das bedeutet und erhärtet zugleich, daß ästhetische Bedürfnisse stets vielfältig verflochten sind mit der Produktion und mit der Reproduktion a l l e r materiellen und geistigen Bedürfnisse, die von einer gesellschaftlichen Formation hervorgebracht und ermöglicht werden" (Sommer/ Walter, S. 15).

6 Die Rezeption der 'Emilia Galotti' im Jahre ihres Erscheinens, 1772

1) vgl. die in Anm. 107) zum Kapitel 'Produktions- und Rezeptionsbedingungen ...' gekennzeichneten Kritiken.

2) Karl Lessing an G. E. Lessing, 12.3.72
L/M Bd 20, S. 145 - 148

Johann Arnold Ebert an Lessing, 14.3.72
L/M Bd 20, S. 150 f

Friedrich Nicolai an Lessing, 7.4.72
L/M Bd 20, S. 160 f

Johann Gottfried Herder an Christian Gottlob Heyne, 3.4.72
Dvoretzky Bd 1, S. 106

Christian Heinrich Boie an Gottfried August Bürger, 12.4.72
Dvoretzky Bd 1, S. 65 f

Johann Gottfried Dyk an Johann Benjamin Michaelis, 24.4.72
Schmidt Bd 2 (2. Auflage), S. 628 f

Herder an Caroline Flachsland, April 72
Dvoretzky Bd 1, S. 106

Boie an K. L. von Knebel, 1.5.72
K. L. von Knebels literarischer Nachlaß und Briefwechsel ...
Bd 2, S. 125 f

Caroline Flachsland an Herder Bd 1, S. 106
Dvoretzky Bd 1, S. 106

Christian Felix Weiße an Uz, 13.10.72
Dvoretzky Bd 1, S. 24

3) Matthias Claudius z. B. zählt Szenen auf, die ihm "sonderlich" gefallen haben und lenkt mit der Auswahl der Szenen die Aufmerksamkeit auf das selbstbewußte Verhalten der Bürger, das er damit zur Nachahmung empfiehlt. Weiter wundert er sich über Emilias Verführbarkeit und gibt mit seiner Frage Anstoß zum Nachdenken über die Notwendigkeit des Handlungsablaufs.
Eine optimale Weitergabe von Lessings Intentionen in verhältnismäßig wenigen Zeilen scheint mir im Altonaer 'Postreuter' vom 21.5. erreicht (Braun Bd 1, S. 382 - 385). Der Rezensent gibt ein ausführliches Zitat der Camillo Rota-Szene und eine Auswertung, die diese Szene auf die Rechtsprechung allgemein bezieht; er versteht die Darstellung, die Lessing gibt, nicht auf die Situation in Fürstentümern beschränkt, sondern formuliert sie so, daß sie auch für die Hansestadt Hamburg anwendbar ist.

4) Bereits vorliegende Untersuchungen zur 'Emilia'-Rezeption befriedigen dieses Interesse nicht und helfen auch nicht bei der Analyse, da ihre Fragestellung nicht einem Erkenntnisinteresse entsprechend formuliert ist, das die Untersuchung strukturieren kann.
So ist z. B. Dvoretzkys Buch 'The Enigma of Emilia Galotti' lediglich eine Paraphrase der entsprechenden Zeugnisse aus den von ihm herausgegebenen wirkungsgeschichtlichen Dokumenten.
Barners Feststellung, 'Minna' und 'Emilia' seien "unpolitisch" verstanden worden (S. 236) fehlt die Definition, was denn historisch von einem 'politischen' Verständnis zu erwarten gewesen wäre (das Meyer-Zitat "kein Beleg zeige unzweideutig, 'daß sich ein zeitgenössischer Klassengenosse der Galottis durch die 'Emilia' zur politischen Aktivität habe aufrütteln lassen'" (Barner, S. 318) geht von einem unhistorischen und einschichtigen Politik-Verständnis aus), und es fehlt eine Auswertung des "unpolitischen" Verständnisses auf Grund der formulierten Reaktionen.

5) Die emotionale Reaktion steht immer in engem Zusammenhang mit

dem Erlebnis der Aufführung und des Lesens. Es wird von "Rührung" berichtet (4.2. (Eschenburg), Braun Bd 1, S. 355; 1.3., Braun Bd 1, S. 369; 2.4., Braun Bd 1, S. 384; Ebert an Lessing, L/M Bd 20, S. 150) und von T**ränen** (5.1. (Ramler), Braun Bd 1, S. 366), "Mitleidszähre" (Wessely); Mendelssohn hat 'vor Tränen nicht fortlesen können' an der Stelle 'Perlen bedeuten Tränen' (Karl Lessing an Lessing, L/M Bd 20, S. 146). Eschenburg berichtet von der Braunschweiger Aufführung: "Ich habe um mich herum Thränen genug fliessen gesehn, und die stärksten Eindrücke bemerkt" (1.2.). Wessely zählt die verschiedenen Gefühle auf, die das Stück bei ihm erweckt hat: "Mitleid, schreckenvolle Erwartung, Verachtung, Abscheu, Zuneigung, Gewogenheit, betäubendes Entsetzen"; das Trauerspiel zwinge von Anfang bis Ende, warmen Anteil zu nehmen (2.5., Braun Bd 1, S. 395).

Die 'Emilia' stört die innere Ruhe: Mendelssohn meinte zu Karl Lessing: "das ganze Stück hat mich so angegriffen, daß ich die Nacht nicht werde davor schlafen können" (L/M Bd 20, S. 146); Ebert, der während der Vorstellung in Braunschweig "laut gezittert" hat, konnte "davor fast nicht einschlafen" und hat "hernach einen sehr unruhigen Schlaf gehabt". Er kann auch am nächsten Morgen "nichts anders denken und vornehmen. Die Geister Ihrer Personen spüken noch immer um mich her, und schweben mir auf jedem Blatte, das ich lesen will, vor Augen" (L/M Bd 20, S. 151). Wessely gerät beim Schreiben seiner Kritik ins Schwärmen für Emilia: "Eine Leßingische unschuldig leidende Frauensperson ist ein Geschöpf [...] das mich ganz hinreißt. Ich brause wie ein Appiani, was für ein Mädchen, mein Herr L., Ihre Emilia!" (Braun Bd 1, S. 399).

6) L/M Bd 20, S. 6

7) Braun Bd 1, S. 433

8) 3., Braun Bd 1, S. 353

9) 4.2., (Eschenburg), Braun Bd 1, S. 361

10) 6.2., Braun Bd.1, S. 374

11) 2.5., Braun Bd 1, S. 409 f

12) Braun Bd 1, S. 433 f

13) 1.3., Braun Bd 1, S. 369

14) 5.1., Braun Bd 1, S. 368

15) 3., Braun Bd 1, S. 353, Sperrung von mir

16) Braun Bd 1, S. 381

17) Braun Bd 1, S. 403

18) Braun Bd 1, S. 409

19) Braun Bd 1, S. 392

20) Braun Bd 1, S. 395

21) Braun Bd 1, S. 398

22) Braun Bd 1, S. 398

23) Braun Bd 1, S. 403

24) Braun Bd 1, S. 404

25) Braun Bd 1, S. 359, Sperrung von mir

26) Braun Bd 1, S. 396 f

27) Wessely steht mit seiner Ablehnung Appianis allein. Eschenburg lobt den "würdigen Mann", er sei "liebenswürdig" und "voller Ehre" (Braun Bd 1, S. 361 f); Claudius gefällt seine "melancholische Schwärmerey" und seine (stolze) Haltung im Gespräch "mit den Hofschranzen" (Braun Bd 1, S. 374).

28) Braun Bd 1, S. 395

29) Braun Bd 1, S. 399, Sperrung von mir

30) Das sind: "der Stolz des Malers Conti", "daß Camillo Rota das Todesurtheil doch wohl nicht mitgenommen hatte", die Gespräche zwischen Odoardo und Claudia, Appianis "Gespräch mit dem Hofschranzen", Marinelli und Claudia. Wenn Claudius die Szenen zwischen der Gräfin Orsina und Marinelli bzw. Odoardo besonders hervorhebt betrachtet er die Orsina nicht als Adlige, sondern als Kontrahentin der Adligen; "Geist, Entschlossenheit und festen Muth" schätzt er an ihr (6.2. Braun Bd 1, S. 374)

31) 4.2., Braun Bd 1, S. 358

32) 4.2., Braun Bd 1, S. 357

33) 4.2., Braun Bd 1, S. 358

34) 4.2., Braun Bd 1, S. 361

35) 4.2., Braun Bd 1, S. 357 f, Sperrung von mir

36) 9., Braun Bd 1, S. 433

37) 9., Braun Bd 1, S. 426 - 433

38) 1.3., 2.5. (Wessely), 3., 4.2. (Eschenburg), 7.2., 9. (Mauvillon)

39) Karl Lessing und Nicolai detailliert; pauschal: Herder an Heyne, Boie an Knebel, Weiße an Uz.

40) L/M Bd 20, S. 158

41) L/M Bd 20, L/M Bd 20, S. 158

42) L/M Bd 20, S. 146

43) Dvoretzky Bd 1, S. 106

44) Dvoretzky Bd 1, S. 106

45) Sie schrieb Mitte Juni an Herder: "'Emilia Galotti' ist endlich neu hier erschienen und ich habs gelesen" (Dvoretzky Bd 1, S. 106).

46) Dvoretzky Bd 1, S. 106

47) 3, Braun Bd 1, S. 353

48) 1.3., Braun Bd 1, S. 106

49) Braun Bd 1, S. 432

50) Richter, S. 259

51) Braun Bd 1, S. 394

52) Braun Bd 1, S. 411

53) Braun Bd 1, S. 359 f

54) Braun Bd 1, S. 359

55) Braun Bd 1, S. 361

56) Braun Bd 1, S. 360

57) 1.3., Braun Bd 1, S. 369

58) Braun Bd 1, S. 432

59) 5.1., Braun Bd 1, S. 367

60) 1.3., 2.2., 2.5., 3., 5.1.

61) Braun Bd 1, S. 367, Sperrung von mir

62) Braun Bd 1, S. 368

63) Braun Bd 1, S. 394 und 406

64) Heynatz, S. 59

65) Braun Bd 1, S. 381

66) Braun Bd 1, S. 363

67) Braun Bd 1, S. 356

68) Braun Bd 1, S. 356

69) Braun Bd 1, S. 357

70) Braun Bd 1, S. 403

71) Braun Bd 1, S. 384

72) Murr, S. 102 f

73) Braun Bd 1, S. 429

74) Braun Bd 1, S. 409, Sperrung von mir

75) "Wer sie unschuldig in diesen Abgrund gestürzt hat, der ziehe sie wieder heraus. Was braucht er meine Hand dazu? [...] Zu spät! Ah er will meine Hand; er will sie!" (E, S. 447, Z. 3 f).

76) Braun Bd 1, S. 403

77) Braun Bd 1, S. 403

78) Richter, S. 259

79) Richter, S. 259

80) Richter, S. 259, Sperrung von mir

81) Dvoretzky Bd 1, S. 24

82) L/M Bd 20, S. 157

83) 6.2., Braun Bd 1, S. 375

84) L/M Bd 18, S. 40

Ein solches Gerücht taucht später noch einmal auf: "Herr L e s s i n g , der sich kürzlich einige Wochen in Hamburg aufgehalten, hat der dasigen Theater=Entreprise um Weihnachten die Fortsezung seiner E m i l i e G a l o t t i versprochen" schreibt die Litteratur= und Theater=Zeitung, Berlin, am 25. Novermber 1780 (Braun Bd 2, S. 268).

85) 3., Braun Bd 1, S. 354
86) 1.3.
87) Braun Bd 1, S. 370
88) Eine entsprechende Interpretation lieferte Engel 1774 (Engel, S. 111 - 119)
89) Braun Bd 1, S. 483
90) Braun Bd 1, S. 409
91) Braun Bd 1, S. 431
92) Braun Bd 1, S. 433
93) Braun Bd 1, S. 400
94) L/M Bd 20, S. 146
95) 2.5. (Wessely), 4.2. (Eschenburg)
96) z. B. 1.3.
97) 2.4.
98) Braun Bd 1, S. 374
99) Heynatz, S. 58
100) 2.2., Braun Bd 1, S. 376
101) 5.1., Braun Bd 1, S. 367
102) 2.5. (Wessely), Braun Bd 1, S. 395
103) L/M Bd 20, S. 151
104) 8., Braun Bd 1, S. 390
105) 10., Braun Bd 1, S. 415
106) 10., Braun Bd 1, S. 415
107) 8., Braun Bd 1, S. 391
108) 8., Braun Bd 1, S. 390
109) Heynatz, S. 58
110) Heynatz, S. 59 f
111) 10., Braun Bd 1, S. 414
112) 2.2., Braun Bd 1, S. 376; 5.1., Braun Bd 1, S. 366
113) 1.3., Braun Bd 1, S. 369
114) 4.2. (Eschenburg), Braun Bd 1, S. 355
115) 1.3., Braun Bd 1, S. 370; 2.5. (Wessely), Braun Bd 1, S. 395, 5.1. (Ramler), Braun Bd 1, S. 367
116) 9. (Mauvillon), Braun Bd 1, S. 438 f
117) 9. (Mauvillon), Braun Bd 1, S. 430, Sperrung von mir
118) 10., Braun Bd 1, S. 415
119) 5.3., Braun Bd 1, S. 379; vgl. auch Wessely über das Urteil der "Monde-Besitzer" über Marinelli (Braun Bd 1, S. 411)

120) Braun Bd 1, S. 428 und 432 f

121) Braun Bd 1, S. 439 ff

122) Braun Bd 1, S. 368

123) Außerdem kann mit den auch existierenden Schönheiten die Ständeklausel gemeint sein, deren Beschreibung mit dem Terminus "Fallhöhe" von Batteux in seinem 'Cours de belles lettres' (1747) eingeführt wurde, den Ramler 1754 - 58 ins Deutsche übersetzte (Rilla, Bd 9, S. 519). Lessing kommentiert Ramlers Rezension: "Unsers guten Ramlers Rezension ist freilich ein wenig schielend, und es könnte mich fast verdrießen, daß er mich ohne allen Streit für ebenso gut hält, als die Beaumarchais und Falbaires. Doch ich kenne überhaupt seine Art zu urteilen, bei der er sich überall Hintertüren offenhalten muß. Besonders, weißt Du wohl, muß er seinem Batteux die Stange halten, und kann also nicht so schlechterdings billigen, wo die Ausführung den Regeln desselben widerspricht" (L/M Bd 18, S. 35).

124) 9. (Mauvillon), Braun Bd 1, S. 431; 2.5. (Wessely), Braun Bd 1, S. 401; 4.2. (Eschenburg), Braun Bd 1, S. 355 und 362 (Gräfin Orsina) und 364 (Conti)

125) 2.5. (Wessely), Braun Bd 1, S. 402; 3., Braun Bd 1, S. 353 f; 4.2. (Eschenburg), Braun Bd 1, S. 362

126) Braun Bd 1, S. 393 f

127) Braun Bd 1, S. 401

128) E, S. 446, Z. 29 (Possenspiel), S. 450, Z. 16 (Tragödie)

129) 10., Braun Bd 1, S. 415; Wessely rät dem Akteur, die "schale Tragödie" wegzulassen, ohne Gründe für diesen Rat anzugeben. Er betont, beim Lesen störe ihn dieser Satz nicht (Braun Bd 1, S. 406)

130) E, S. 448, Z. 26 f

131) 8., Braun Bd 1, S. 391; Dyk vermutet, "über die Haarnadel [...] werde man lachen" (an Michaelis, zitiert nach Schmidt, Bd 2, S. 628). Stolberg erinnert sich in einem Brief an Voß vom 16. Juni 1785, "daß das Parterre brüllend lachte bey dem: Kind, es ist keine Haarnadel - in der Emilie von Lessing" (zitiert nach Schmidt, Bd 2, S. 628). Eschenburg verteidigt die 'Haarnadel' mit dem Verweis auf Shakespeare (Braun Bd 1, S. 364 f).

132) Braun Bd 1, S. 426

133) 10., Braun Bd 1, S. 415

134) 1.3., Braun Bd 1, S. 370

135) 2.2., Braun Bd 1, S. 376; 3., Braun Bd 1, S. 352; 5.1. (Ramler), Braun Bd 1, S. 366; 6.2. (Claudius), Braun Bd 1, S. 375

136) 3., Braun Bd 1, S. 352

137) Die Betonung des eigenständigen Wertes der deutschen Literatur gegenüber der englischen und besonders der französischen macht darauf aufmerksam, daß das deutsche Theater es wert ist, endlich eigene feste Häuser in den Städten zu haben und an den Hoftheatern den Platz einzunehmen, den noch die Franzosen innehaben.

Die Verweise auf Shakespeare sind ein Votum für die Tradition des englischen bürgerlichen Schauspiels und gegen die klassische französische Tragödie, die, entsprechend der ständischen Stiltrennung, heroisch-höfische Gesinnung transportierte.

138) Braun Bd 1, S. 391 f

139) Knebel, S. 126

140) Claudius: Goedecke,S. 973
Eschenburg: Meyen, S. 53
Herder: Goedecke, S. 697
Heynatz: Brief Lessings an Karl Lessing L/M Bd 18, S. 68
Karl Lessing: Goedecke, S. 649
Mauvillon: Mehring, Lessinglegende, S. 454
Nicolai: Goedecke, S. 496 f
Ramler: Goedecke, S. 178 f
Wessely: Schmidt, Bd 2, S. 173
Murr: Goedecke, S. 149

141) Murr, S. 102

142) Lessing schickt ihm später den 'Nathan' zum Silbenzählen. Lessing an Karl Lessing L/M Bd 18, S. 305; Lessing an Ramler L/M Bd 18, S. 296 f

143) Braun Bd 1, S. 356

144) Braun Bd 1, S. 405

145) L/M Bd 20, S. 146

146) L/M Bd 20, S. 157
Wenig später wird die antifeudalistische Position Lessings stärker betont, oder, wenn sie im Text nicht erkannt wird, selbst bezogen durch eine entschiedene Ablehnung des Endes. Z. B.: Johann Georg Sulzer an Bodmer, 24.12.1774 (Dvoretzky Bd 1, S. 9); Johann Jakob Bodmer: Epilogus zur Emilia Galotti, 1773 (Dvoretzky Bd 1, S. 49 ff); Friedrich Leopold Graf zu Stolberg an Christian Stolberg, 12.12.1778 (Dvoretzky Bd 1, S. 128); Herder: Briefe zur Beförderung der Humanität, dritte Sammlung, 1794 (Dvoretzky Bd 1, S. 112 ff).

7 Dürrenmatts Bearbeitung der 'Minna von Barnhelm'

1) M, S. 239, Z. 26 f

2) D.M, S. 100

3) Minnas Formulierung dieser Frage entfällt, ob nämlich "Ihr König, der ein großer Mann ist, auch wohl ein guter Mann sein mag" (M, S. 254, Z. 2 f).

4) D.M, S. 103

5) D.M, S. 104

6) D.M, S. 104

7) D.M, S. 104

8) D. M, S. 104
9) "Man muß Soldat sein für sein Land oder aus Liebe zu der Sache, für die gefochten wird." (D. M, S. 70)
10) D. M, S. 123
11) vgl. Justs Monolog D. M, S. 134 - 135
12) Hegel, Aesthetik Bd 2, S. 177
13) D. M, S. 80
14) D. M, S. 118
15) D. M, S. 123
16) D. M, S. 104
17) Riccaut, der den Brief des Königs auf französisch erwähnt hat, ist kaum verständlich und bestimmt nicht eindeutig glaubhaft gewesen; Werner hat keine Zeit angegeben, als er den Brief erwähnte.
18) D. M, S. 101
19) D. M, S. 101
20) D. M, S. 80
21) D. M, S. 80

Bei Lessing entsprang die Intrige der Kollision von Tellheims und Minnas Weltanschauung. Ein Zusammenhang, der sich in Franziskas Worten spiegelte: "am besten aber wäre es, e r ersparte sie die [Lektion, R] u n s " (M, S. 227, Z. 5). Zu Dürrenmatts willkürlich handelnder Minna kann Franziska sagen: " I h r erspartet es i h m am besten" (D. M, S. 82, Sperrungen von mir).

22) D. M, S. 36
23) D. M, S. 89; 1 Friedrichsdor = 1 Pistole
24) M, S. 264, Z. 1 ff
25) D. M, S. 133
26) D. M, S. 136
27) D. M, S. 108
28) D. M, S. 69 und 134
29) M, S. 184, Z. 13
30) D. M, S. 19
31) D. M, S. 36
32) D. M, S. 90
33) D. M, S. 101
34) D. M, S. 137
35) M, S. 236, Z. 25 f
36) D. M, S. 30
37) M, S. 195, Z. 4 f
38) D. M, S. 31

39) D. M, S. 25

40) M, S. 195, Z. 18 - S. 196, Z. 13

41) M, S. 239, Z. 7 f

42) M, S. 239, Z. 9 f

43) D. M, S. 99

44) Es gibt weitere Textstellen Lessings, auf die Dürrenmatt sich bezieht, obwohl er sie gestrichen hat:
Franziskas Satz "Man spricht selten von der Tugend, die man hat; aber desto öftrer von der, die uns fehlt" (M, S. 239, Z. 14 f) fehlt als Bezug für den Dialog: Minna: "Freund und Feind sagen, daß er der tapferste Mann von der Welt ist. Aber wer hat ihn von Tapferkeit jemals reden hören?" Franziska: "Von was für Tugenden spricht er denn?" Minna: "Er spricht von keiner, denn ihm fehlt keine." (D. M, S. 24)
Tellheim entwickelt seine Idylle nicht mehr. Der folgende Passus ist gestrichen: "Morgen verbinde uns das heiligste Band; und sodann wollen wir um uns sehen und in der ganzen weiten bewohnten Welt den stillsten, heitersten, lachendsten Winkel suchen dem zum Paradiese nichts fehlt, als ein glückliches Paar. Da wollen wir wohnen; da soll jeder unsrer Tage -" (M, S. 254, Z. 27 ff). Minna bezieht sich aber auch bei Dürrenmatt auf diese Passage, wenn sie sagt: "Sie sind sehr grausam, Tellheim, mir ein Glück so reizend darzustellen, dem ich entsagen muß." (D. M, S. 124) und: "sollte ich zugeben, daß er sich verliebten Träumereien mit mir überließe? daß der ruhmvolle Krieger in einen tändelnden Schäfer ausarte?" (D. M, S. 125).

45) Adelung Bd 1, Sp. 945 - 946

46) M, S. 259, Z. 27 f
Adelung Bd 4, Sp. 1006
Grimm Bd 12, Sp. 186 - 187

47) Adelung Bd 3, Sp. 1649 - 1650
Paul, S. 573
Mitzka Bd 6, S. 213
Duden Bd 10

48) D. M, S. 137

49) Beispiele aus anderen Szenen zeigen, daß Dürrenmatt häufig unverständliche Wörter durch ähnlich klingende ersetzt, ohne den Bedeutungswandel, den die Wörter inzwischen durchgemacht haben, zu berücksichtigen. So werden zwar die Wörter verständlicher, es ergibt sich jedoch kein neuer Sinn:

Wenn von einem Ofen gesagt wird, daß er "im Sommer recht hübsch läßt" (M, S. 176, Z. 9), heißt das: Er sieht hübsch aus, ist aber nutzlos; Dürrenmatt ändert in: "im Sommer recht hübsch durchläßt" (D. M, S. 4). Das ist eine mißverständliche Formulierung, die entweder besagt, daß er im Sommer, wenn man ihn nicht braucht, funktionieren würde, oder, daß es im Zimmer zieht.

Tellheim wird, so sagt Just, mit seinen Forderungen an die Generalkriegskasse 'aufgezogen' (M, S. 179, Z. 15 und D. M, S. 9), nämlich hingehalten, das erfahren wir auch sonst mehrfach in der Komödie. Dürrenmatt übernimmt die Wendung. Im heutigen Sprachgebrauch hat das Wort aber die Bedeutung, "sich über jemand lustig machen" - es macht sich aber niemand über Tellheim lustig.

50) D. M, S. 136

51) D. M, S. 136

52) D. M, S. 136

53) M, S. 261, Z. 13 f

54) Der Wirt sagt zu Minna: "jetzt liegen alle Wirtshäuser und Gasthöfe von ihnen [den verabschiedeten Offizieren] voll" (D. M, S. 32).

55) Es wird auch nicht mehr von ihm erzählt, daß er dem Krieg nach Italien ausgewichen ist; Minna fürchtete keinen Einspruch von seiner Seite gegen ihren Bräutigam, den preußischen Offizier, kein Sachse sagt mehr, daß er "den Officieren von dieser Farbe", nämlich der preußischen, "eben nicht gut" ist (M, S. 262, Z. 8 f).

56) D. M, S. 25; "Neuigkeiten" sagt Franziska bei Lessing (M, S. 191, Z. 11)

57) D. M, S. 134

58) D. M, S. 89

59) D. M, S. 89

60) D. M, S. 135

61) Carlyle Bd 1, S. 322 - 323

62) Carlyle Bd 4, S. 549 - 550 und S. 564

63) Carlyle Bd 4, S. 534 - 536

64) Mehring, S. 23

65) Mehring, S. 23; vgl. Carlyle Bd 4, S. 576 - 577 und S. 585 - 586.

66) Brecht, Organon, S. 30

67) Hegel, Aesthetik Bd 1, S. 250 - 256

8 Kortners Bearbeitung der 'Emilia Galotti'

1) Da das Regiebuch zu Kortners Inszenierung keine Seitenzählung hat, wird bei Kortner-Zitaten nicht verwiesen.

2) E, S. 384, Z. 33 ff

3) Beide Textstellen sind von Kortner gestrichen.

4) Marinelli sagt nicht mehr "Ihr Verdacht schweift auf einer ganz anderen Fährte" (E, S. 389, Z. 22 f).

5) E, S. 436, Z. 34

6) E, S. 385, Z. 8 f

7) E, S. 385, Z. 10 f

8) E, S. 385, Z. 16 ff

9) Kortner hat die Szenen I, 7 und I, 8 umgestellt.

10) Die Szene V, 1 ist ganz gestrichen.

11) Der Satz übernimmt bei Kortner die Funktion einer Mauerschau.

12) E, S. 423, Z. 32

13) E, S. 393, Z. 17 f

14) Die Szene zwischen Pirro und Angelo entfällt; die Unterhaltung zwischen Claudia und Odoardo (bei Lessing II, 2 und II, 4) ist zu einer Szene zusammengefaßt.

15) E, S. 396, Z. 30 f

16) E, S. 397, Z. 12

17) Odoardo sagt zu Claudia: "Vermenge dein Vergnügen [gestrichen: a n i h r <Emilia>] nicht mit ihrem Glücke".

18) Bei Lessing kündigt er seine Absicht am Anfang der zweiten Unterhaltung an (E, S. 396, Z. 24). Bei Kortner entfällt die Ankündigung, er spricht erst am Ende der Szene von seiner Absicht.

19) "konnte" statt "wollte" bei Lessing

20) Auf diese Möglichkeit der Interpretation - bei psychologischer Betrachtung - weist schon Steinhauer hin: Er vergleicht Odoardo mit Meister Anton und meint, man könne die Szene II, 6, wäre sie von Hebbel, so interpretieren: Odoardos "unbending character and tyrannical domestic rule have thrown his wife and daughter into such a state of permanent terror ... " (S. 176).

21) E, S. 437, Z. 12 f

22) zu dieser Szene s. Textvergleich S. 317 ff

23) Nagel, S. 35

24) Nagel, S. 36

25) "Huy! daß er da selbst kömmt! Es ist sein Gang" (E, S. 402, Z. 16) ist gestrichen.

26) Gestrichen sind Claudias "Wie glücklich bist du, meine Emilia!" (E, S. 402, Z. 31 f) und Odoardos "Was nennst du, sie verlieren? Sie in den Armen der Liebe zu wissen?" (E, S. 396, Z. 30 f) und "nun haben sie sich gefunden, die füreinander bestimmt waren" (E, S. 397, Z. 12).

27) "was ist dem Laster Kirch' und Altar"(E, S. 399, Z. 6) entfällt.

28) Sie sagt nicht "so tief ließ mich die Gnade nicht sinken" (E, S. 399, Z. 16 f).

29) Gestrichen ist Emilias "Sie wissen, meine Mutter, wie gern ich Ihren bessern Einsichten mich in allem unterwerfe" (E, S. 401, Z. 27 f).

30) E, S. 422, Z. 4 f

31) E, S. 438, Z. 1 f

32) "Ich will doch sehen, wer mich hält, - wer mich zwingt, -"
"Als ob wir, wir keinen Willen hätten, mein Vater!"

33) E, S. 435, Z. 7

34) E, S. 435, Z. 9 ff
Für diese Aussage fehlt jetzt auch die inhaltliche Voraussetzung:

Odoardo hat keine Ursache mehr, die Gräfin für eine weise Törin zu halten. (s. Textvergleich S. 315 ff)

35) Kortner ändert "gefodert" in "gefordert" (E, S. 379, Z. 11) "kömmt" in "kommt" (E, S. 425, Z. 6) und "verdienet" in "verdient" (E, S. 380, Fußnote).

36) Hegel Bd 10, S. 320

37) Die Gräfin sagt nicht: "Bald wird auch sie [Emilia] verlassen sein" (E, S. 436).

38) E, S. 436, Z. 6 f und E. S. 440, Z. 28 f

39) E, S. 403, Z. 7

40) Die bei Lessing mögliche positive Lösung - die Vorsehung könnte sich durchsetzen, Odoardo könnte den Fürstenmord verüben und darauf könnte eine Volkserhebung erfolgen - erklärt die Anklänge an eine Komödie in seinem Trauerspiel.

41) "Man hat ferner Leßingen zum Vorwurf gemacht, daß uns die Galotti auch zum Lachen zwinge" (1775, Braun Bd 2, S. 64). Friedrich von Ramdohr stört es, "Daß der Styl des Stückes, als Trauerspiel, sich von dem des Lustspiels nicht hinreichend durch Würde unterscheide" (1799, Dvoretzky Bd 1, S. 156).

"Knäbchen, Stutzerchen, Mäcenate, Jüngferchen und geschmackvolle Damen, versichern aus ihrem Handbüchelchen über die schönen Wissenschaften, daß weder der Grundsatz der Nachahmung der schönen Natur, noch die Würde des Trauerspiels erlaube, daß eine verlassene gräfliche Schöne eines Prinzen Schnickschnak und dergleichen niedrige Worte im Munde führe, noch ein Graf einen Kammerherrn einen Affen schimpfe." (Berlinische privilegirte Zeitung vom 25.4.1772; Braun Bd 1, S. 379).

"Einige zu delikate Kunstrichter rümpften gleich als die Emilia Galotti erschien, beim Schnickschnak und Schlaraffenleben der Orsina ihre Nasen und spien Galle darüber" (Braun Bd 2, S. 64).

Auch die dramaturgische Anlage hat eine Tendenz zur Komödie, vgl. die entsprechende Untersuchung bei Klaus Detlef Müller.

42) Brecht, Organon, S. 22

Textvergleich IV, 7

Lessing	Kortner
Orsina (nach einigem Stillschweigen, unter welchem sie den Obersten mit Mitleid betrachtet; so wie er sie, mit einer flüchtigen Neugierde): Was er Ihnen auch da gesagt hat, unglücklicher Mann!-	Orsina (nach einigem Stillschweigen, unter welchem sie den Obersten mit Mitleid betrachtet; so wie er sie, mit einer flüchtigen Neugierde): Was er Ihnen auch da gesagt hat, unglücklicher Mann!-
Odoardo: (halb vor sich, halb gegen sie): Unglücklicher?	
Orsina: Eine Wahrheit war es gewiß nicht;--am wenigsten eine von denen, die auf Sie warten.	Eine Wahrheit war es gewiß nicht;- am wenigsten eine von denen, die auf Sie warten.

Odoardo: Auf mich warten?- Weiß ich nicht schon genug?- Madame!- Aber, reden Sie nur, reden Sie nur.

Orsina: Sie wissen nichts.

Odoardo: Nichts?

Orsina: Guter, lieber Vater!- Was gäbe ich darum, wann Sie auch mein Vater wären!- Verzeihen Sie! Die Unglücklichen ketten sich so gern aneinander.- Ich wollte treulich Schmerz und Wut mit Ihnen teilen.

Odoardo: Schmerz und Wut? Madame!- Aber ich vergesse - Reden Sie nur.

Orsina: Wenn es gar Ihre einzige Tochter - Ihr einziges Kind wäre!- Zwar einzig, oder nicht. Das unglückliche Kind ist immer das einzige.

Odoardo: Das unglückliche?- Madame!- Was will ich von ihr?- Doch, bei Gott, so spricht keine Wahnwitzige!

Orsina: Wahnwitzige? Das war es also, was er Ihnen von mir vertraute?- Nun, nun; es mag leicht keine von seinen gröbsten Lügen sein.- Ich fühle so was!- Und glauben Sie, glauben Sie mir: wer über gewisse Dinge den Verstand nicht verlieret, der hat keinen zu verlieren.-

Odoardo: Was soll ich denken?

Orsina: Daß Sie mich also ja nicht verachten!- Denn auch Sie haben Verstand, guter Alter; auch Sie.- Ich seh' es an dieser entschlossenen, ehrwürdigen Miene. Auch Sie haben Verstand; und es kostet mich ein Wort,- so haben Sie keinen.

Odoardo: Madame!- Madame!- Ich habe schon keinen mehr, noch ehe Sie mir dieses Wort sagen, wenn Sie es mir nicht bald sagen.- Sagen Sie es! sagen Sie es! Oder es ist nicht wahr, daß Sie von jener guten, unsers Mitleids, unserer Hochachtung so würdigen Gattung der Wahnwitzigen sind - Sie sind eine gemeine Törin. Sie haben nicht, was Sie nit hatten.

Orsina: So merken Sie auf!- Was wissen Sie, der Sie schon genug wissen wollen? Daß Appiani verwundet

Odoardo: Auf mich warten?- Weiß ich nicht schon genug?-

Orsina: Sie wissen nichts.

Odoardo: Nichts?

Orsina: Guter, lieber Vater!- Verzeihen Sie! Die Unglücklichen ketten sich so gern aneinander.- Ich wollte treulich Schmerz und Wut mit Ihnen teilen.

Odoardo: Schmerz und Wut? Madame! Aber ich vergesse -
Doch, bei Gott, so spricht keine Wahnwitzige!

Orsina: Wahnwitzige? Das war es also, was er Ihnen von mir vertraute?- Nun, nun; es mag leicht keine von seinen gröbsten Lügen sein.- Ich fühle so was!- Und glauben Sie, glauben Sie mir: wer über gewisse Dinge den Verstand nicht verliert, der hat keinen zu verlieren.-

Auch Sie haben Verstand und es kostet mich ein Wort - so haben Sie keinen.

Odoardo: Sagen Sie es! sagen Sie es!

Orsina: Appiani ist tot! Der Bräutigam ist tot, und die Braut - Ihre Tochter -

worden? Nur verwundet?- Appiani ist tot!	
Odoardo: Tot? tot?- Ha, Frau, das ist wider die Abrede. Sie wollten mich um den Verstand bringen: und Sie brechen mir das Herz.	
Orsina: Das beiher!- Nur weiter.- Der Bräutigam ist tot, und die Braut - Ihre Tochter - schlimmer als tot.	
Odoardo: Schlimmer? schlimmer als tot?- aber doch zugleich, auch tot?- Denn ich kenne nur ein Schlimmeres -	Odoardo: Auch tot?
Orsina: Nicht zugleich auch tot. Nein, guter Vater, nein!- Sie lebt, sie wird nun erst recht anfangen zu leben.- Ein Leben voll Wonne! Das schönste, lustigste Schlaraffenleben,- so lang' es dauert.	Orsina: Nein - Sie lebt! Sie wird nun erst recht anfangen zu leben.- Ein Leben voll Wonne! Das schönste, lustigste Schlaraffenleben,- so lang' es dauert.

(Rilla Ausgabe, S. 299 - 301)

Textvergleich IV, 8

Lessing	Kortner
Claudia (die im Hereintreten sich umsiehet, und sobald sie ihren Gemahl erblickt, auf ihn zuflieget): Erraten!- Ah, unser Beschützer, unser Retter! Bist du da, Odoardo? Bist du da?- Aus ihrem Wispern, aus ihren Mienen schloß ich es.- Was soll ich dir sagen, wenn du schon alles weißt?- Aber wir sind unschuldig. Ich bin unschuldig. Deine Tochter ist unschuldig. Unschuldig, in allem unschuldig!	Claudia: Was soll ich dir sagen, wenn du noch nichts weißt?- Was soll ich dir sagen, wenn du schon alles weißt?- Aber wir sind unschuldig. Ich bin unschuldig. Deine Tochter ist unschuldig. Unschuldig, in allem unschuldig!
Odoardo (der sich bei der Erblikkung seiner Gemahlin zu fassen gesucht): Gut, gut. Sei nur ruhig, nur ruhig - und antworte mir. (gegen die Orsina) Nicht Madame, als ob ich noch zweifelte - Ist der Graf tot?	Odoardo: Ist der Graf tot?
Claudia: Tot.	Claudia: Tot.
Odoardo: Ist es wahr, daß der Prinz heute morgen Emilien in der Messe gesprochen?	Odoardo: Ist es wahr, daß der Prinz heute morgen Emilien in der Messe gesprochen?

Claudia: Wahr. Aber wenn du wüßtest, welchen Schreck es ihr verursacht, in welcher Bestürzung sie nach Hause kam -	Claudia: Wahr. Aber wenn du wüßtest, welchen Schreck es ihr verursacht, in welcher Bestürzung sie nach Hause kam -
Orsina: Nun, hab' ich gelogen?	
Odoardo (mit einem bittern Lachen): Ich wollt' auch nicht, Sie hätten! Um wie vieles nicht!	
Orsina: Bin ich wahnwitzig?	
Odoardo (wild hin und her gehend): O, - noch bin ich es auch nicht.-	
Claudia: Du gebotest mir ruhig zu sein; und ich bin ruhig.- Bester Mann, darf auch ich - ich dich bitten -	
Odoardo: Was willst du? Bin ich nicht ruhig? Kann man ruhiger sein, als ich bin? (sich zwingend) Weiß es Emilia, daß Appiani tot ist?	Odoardo: Weiß es Emilia, daß Appiani tot ist?
Claudia: Wissen kann sie es nicht. Aber ich fürchte, daß sie es argwohnet, weil er nicht erscheinet.-	Claudia: Wissen kann sie es nicht. Aber ich fürchte, daß sie es argwohnet -
Odoardo: Und sie jammert und winselt-	
Claudia: Nicht mehr.- Das ist vorbei: nach ihrer Art, die du kennest. Sie ist die Furchtsamste und Entschlossenste unsers Geschlechts. Ihrer ersten Eindrücke nie mächtig; aber nach der geringsten Überlegung, in alles sich findend, auf alles gefaßt. Sie hält den Prinzen in einer Entfernung; sie spricht mit ihm in einem Tone - Mache nur, Odoardo, daß wir wegkommen.	Claudia: Mache nur, Odoardo, daß wir wegkommen.
Odoardo: Ich bin zu Pferde.- Was zu tun?- Doch, Madame, Sie fahren ja nach der Stadt zurück?	Odoardo: Ich bin zu Pferde.- Was zu tun?- Doch Madame, Sie fahren ja nach der Stadt zurück? Hätten Sie wohl die Gewogenheit, meine Frau mit sich zu nehmen?
Orsina: Nicht anders.	
Odoardo: Hätten Sie wohl die Gewogenheit, meine Frau mit sich zu nehmen?	
Orsina: Warum nicht? Sehr gern.	Orsina: Warum nicht? Sehr gern.
Odoardo: Claudia,- (Ihr die Gräfin bekannt machend) Die Gräfin Orsina; eine Dame von großem Verstande; meine Freundin, meine Wohltäterin.- Du mußt mit ihr herein; um uns sogleich den Wagen heraus zu schikken. Emilia darf nicht wieder nach	Odoardo: Claudia,- (Ihr die Gräfin bekannt machend) Die Gräfin Orsina; eine Dame von großem Verstande; meine Freundin, meine Wohltäterin.- Du mußt mit ihr herein; um uns sogleich den Wagen heraus zu schicken. Emili

Guastalla. Sie soll mit mir.	darf nicht wieder nach Guastalla. Sie soll mit mir
Claudia: Aber - wenn nur - Ich trenne mich ungern von dem Kinde.	Claudia: Ich trenne mich ungern von dem Kinde.
Odoardo: Bleibt der Vater nicht in der Nähe? Man wird ihn endlich doch vorlassen. Keine Einwendung!- Kommen Sie, gnädige Frau. (leise zu ihr) Sie werden von mir hören.- Komm, Claudia. (er führt sie ab.)	Odoardo: Bleibt der Vater nicht in der Nähe? Man wird ihn endlich doch vorlassen. (leise zu ihr) Komm, Claudia. (er führt sie ab.)

(Rilla-Ausgabe, S. 303 - 304)

9 Rezeption der 'Emilia'-Inszenierung Kortners im Jahr 1970 und Weiterwirken der Inszenierung

1) Größe des Theaters in der Josefstadt: 785 Plätze (Deutsches Bühnenjahrbuch 1977).
Besucher: 34 540 bei hundertprozentiger, 31 086 bei durchschnittlicher Platzausnutzung (= 90 %, Theater heute, Jahressonderheft 1970).

2) Liste der Tournee-Aufführungen

Stadt	Anzahl der Aufführungen	Theater/Größe	Zuschauer
Böblingen	1	Kongresshalle	800
Schweinfurt	3	Stadttheater/785	2 355
Speyer	1	Stadthalle	800
Berlin	3	Schillertheater/1 103	3 309
Herford	1	Stadthalle	800
Offenbach	1	Theater an der Goethegasse/786	786
Weinheim	1	Stadthalle/900	900
Siegen	1	Bühne der Stadt/814	814
Viersen	1	Festhalle	800
Wolfenbüttel	1	Lessingtheater/700	700
Hannover	1	Theater am Aegi/1166	1 166
Bad Salzschlirf	1	Kurtheater	800
Erlangen	6	Markgrafentheater/664	3 984
Kempten	2	Stadttheater	1 600
Lindau	1	Stadttheater/808	808

Stadt	Anzahl der Aufführungen	Theater/Größe	Zuschauer
Lüdenscheid	1	Parktheater	800
Iserlohn	1	Parktheater/805	805
Mönchengladbach	1	Stadttheater/832	832
Hamburg	2	Schauspielhaus/1 472	2 944
Leverkusen	1	Forum der Stadt/977	977
Ulm	1	Ulmer Theater/815	815
Frankfurt	1	Oper/1 387	1 387
Frankfurt	1	Kulturzentrum Nordweststadt	800
Wolfsburg	1	Imperialtheater	800
Nienburg	1	Theater	800
Hagen	1	Stadttheater/808	808
Marl	2	Theater/954	1 908
Solingen	1	Theater/813	813
Bensberg	1	Aula des Albertus Magnus Gymnasiums	800
Dinslaken	1	Theater/800	800
Bocholt	1	Stadttheater	800
Bad Godesberg	1	Stadttheater/896	896
Köln	1	Schauspielhaus/920	920
München	2	Kammerspiele/730	1 460
Ingolstadt	1	Stadttheater/671	671
Bad Nauheim	1	Kurtheater	800
Wiesbaden	1	Staatstheater/710	710
Fürth	2	Stadttheater/707	1 414
<u>Schweiz</u>			
Basel	7	Komödie/610	4 270
Baden (bei Basel)	1	Kurtheater/148	148
Winterthur	3	Stadttheater/470	1 410
Bern	1	Stadttheater/800	800
<u>Österreich</u>			
Innsbruck	1	Tiroler Landestheater/793	793
Leoben	1	Stadttheater/288	288
Klagenfurth	1	Stadttheater/770	770

Außerdem fanden in Bozen und Meran je eine Aufführung statt.

Quelle für die Größe der Theater: Dt. Bühnenjahrbuch 1970. Für die Spielplätze, die dort nicht verzeichnet waren, wurde die bei vergleichbaren Gebäuden am häufigsten vorkommende Platzanzahl (800) in eckigen Klammern ergänzt.
Die Inszenierung erlebte also auf der Tournee in 46 Städten 69 Aufführungen und hatte circa 60 000 Zuschauer, mit den Vorstellungen in Wien waren es 47 Städte, 113 Vorstellungen und circa 85 500 Zuschauer.
Die Verbreitung und die quantitative Wirkung dieser Inszenierung sind für die gegenwärtige Theatersituation ganz ungewöhnlich groß.

Ein zahlenmäßiger Vergleich mit der zeitgenössischen Wirkung der Lessingschen Dramen - und entsprechend ein ins Verhältnis-Setzen der Einwohnerzahlen der jeweiligen Städte zu den Zuschauerzahlen - ist nicht beabsichtigt. Er würde eine Vergleichbarkeit der errechneten Zahlen und ihrer Aussage über die soziale Herkunft der Zuschauer suggerieren, die nicht gegeben ist. Das Verhältnis der Stadt - zur Landbevölkerung und infolgedessen die soziale Struktur der Stadtbevölkerung haben sich grundlegend geändert. So ermöglichte die Feststellung, x % der Stadtbevölkerung (die sich eine Theaterkarte kaufen konnten), hätten eine Inszenierung gesehen, zwar zu Lessings Zeit eine soziale Definition der Zuschauer, heute jedoch nicht mehr.

Die quantitativ bedeutende Wirkung der Kortner-Inszenierung erhöht die Chance einer qualitativen Wirkung.

3) am 22. Juli 1970

4) Premierenkritiken

Verfasser	Zeitung	Datum
Paul Blaha	Kurier (Wien)	2.5.70
Piero Rismondo	Die Presse (Wien)	2./3.5.70
Ivan Nagel	Süddeutsche Zeitung	2./3.5.70
Hilde Spiel	Frankfurter Allg. Ztg.	4.5.70
Otto F. Beer	Die Zeit	8.5.70
Kurt Kahl	Stuttgarter Zeitung	15.5.70
Erik G. Wickenburg	Die Welt	26.5.70
Ivan Nagel	Theater heute	Juni 70
[Hans Lossmann]	Bühne	Juni 70

5) Tourneekritiken

Verfasser	Zeitung	Datum
Hans-Dieter Seidel	Stuttgarter Zeitung	15.9.70
Walther Karsch	Tagesspiegel	22.9.70
Hellmuth Karasek	Die Zeit	25.9.70
Inge Santner	Hamburger Abendblatt	15.10.70
Mechthild Lange	Die Welt	19.10.70
[Klaus] Wa[gner]	Frankfurter Allg. Ztg.	29.10.70
Joachim Kaiser	Süddeutsche Zeitung	16.11.70

6) Fritz Kortner, der 'große alte Mann des deutschsprachigen Theaters' (Blaha).
"Ob das nun geglückt ist oder nicht, es trägt die Handschrift des großen alten Mannes" (Spiel).
"Und mag man sich im Lauf dieser drei Stunden auch oft [...] geärgert haben, ein Genie-Streich war es doch" (Beer).
"Der Respekt vor einem großen Namen, vor einem großen Regisseur hat es diesem offenbar widerspruchslos gestattet, mit dem Ensemble in die Irre zu gehen" (Kahl).
'der große alte Mann des deutschen Theaters' (Lossmann).

7) Die Nachruf-Funktion dieser Kritiken zeigen schon fünf der sieben Überschriften:
Regie: Fritz Kortner (Seidel)
Kortners letzte Regie (Karsch)
Kortners letzte Regietat (Santner)
Die letzte Regie Kortners (Wagner)
Lauter letzte Dinge (Kaiser)

8) Sie erschien in der Wochenendausgabe vom 2./3. Mai, gleichzeitig erschienen Blahas Kritik im 'Kurier' und Rismondos Kritik in der Presse, beide Wien. Das waren die ersten erscheinenden Kritiken. Die Premiere war am Mittwoch, den 29. April, gewesen; auch die Wiener Kritiker haben sich also Zeit gelassen, auf die Premiere zu reagieren, alle anderen hatten noch mehr Zeit. Es bleibt festzuhalten, daß keine der Kritiken unter äußerem Zeitdruck innerhalb weniger Stunden konzipiert und veröffentlicht werden mußte.

9) Die in der 'Süddeutschen Zeitung' erschienene Kritik wurde auszugsweise wiederabgedruckt im Programmheft der Tournee.

10) Kritik ist also a u c h eine Platzfrage. Wenn aber Kritiker den ihnen zur Verfügung stehenden Platz nicht zu nutzen wissen, ist nicht zu vermuten, daß sie auf viel mehr Zeiten plötzlich qualitativ bessere Kritiken schreiben.

11) SZ, Theater heute (6/70), S. 34

12) Th. h. (6/)/), S. 34

13) Th. h. (6/70), S. 35

14) Beer: "Der Zierrat, der Schnörkel streift bisweilen den Bereich des unfreiwillig Komischen" und Kahl: Kortners "Inszenierung ist vielmehr geeignet, Lessings gesellschaftskritisches Drama in die Distanz unfreiwilliger Lächerlichkeit zu rücken". Die komischen Elemente werden also durchaus bemerkt, aber sie werden für unfreiwillig gehalten - Trauerspiel bleibt schließlich Trauerspiel. Deshalb stellt Beer auch grundsätzlich klar: "Alle Figuren sind gleichsam von Anfang her mit Schicksalsstoff vollgesogen wie ein Schwamm", Lossmann: hier handelt es sich um ein "menschliches Trauerspiel" und Karsch: "hier wird von Anfang an Tragödie gespielt".

15) Th. h. (6/70), S. 35 - trotzdem: eigentlich ist Galotti Oberst.

16) Th. h. (6/70), S. 33

17) zu 'Kabale und Liebe' vgl. Th. h. (12 (1965), Ernst Wendt zu 'Clavigo' vgl. Th. h. Jahressonderheft 1970 (= Inszenierung des Jahres).

18) Th. h. (6/70), S. 33

19) Th. h. (6/70), S. 33

20) Th. h. (6/70), S. 33, S. 37

21) Th. h. (6/70), S. 33

22) Th. h. (6/70), S. 35

23) Th. h. (6/70), S. 33

24) Th. h. (6/70), S. 37

25) Th. h. (6/70), S. 36

26) Th. h. (6/70), S. 36

27) Hilde Spiel beschreibt ein anderes Detail der Kortnerschen Religionskritik: "Wie er [Marinelli, R] sich einmal bekreuzigt, auch er, der Bösewicht, das kann bei Kortner die Verdammung aller christlichen Scheinheiligkeit schlechthin bedeuten."

28) Th. h. (6/70), S. 33

29) Th. h. (6/70), S. 33

30).Th. h. (6/70), S. 37

31) Genau genommen bedeutet der Satz: Das waren gar keine wirklichen Schlagworte. Karasek meint aber wohl: Die übliche Vorstellung erwies sich als ein Schlagwort, das für den Lessingschen Text nicht zutraf, es steht anderes, es steht mehr darin.

32) vgl. Sachworterbuch der Geschichte Bd 1, S. 9 ff

33) Es wurden erfaßt:

- im Zusammenhang mit Schroeters Inszenierung für den Malersaaldes Deutschen Schauspielhauses Hamburg im Mai '72:

Hellmuth Karasek	Die Zeit	2.6.72
Hans Georg Behr	Th. h. 7 (1972), S. 18 - 19	

- im Zusammenhang mit Palitzschs Inszenierung für das Schauspielhaus Frankfurt im Juni '73:

Peter Iden	Frankfurter Rundschau	9.6.73
Reinhard Baumgart	Süddeutsche Zeitung Th. h. 7 (1973), S. 18	12.6.73
Uwe Schultz	Stuttgarter Zeitung	14.6.73

- Müller, Klaus Detlef: Erbe der Komödie, 1972
- Barner, Wilfried: Lessing-Lesebuch, 1975

34) Iden, Müller, Barner

35) Müller, S. 29; Karasek, Zeit 2.6.72; Nagel Th. h. (6/70), S. 33

36) Iden spricht von dem "Gericht, das das Drama abhält", vielleicht handelt es sich aber auch nur um eine Verkürzung von Nagels Aussage.

37) Barner, S. 332

38) SZ, Th. h. (6/70), S. 33, Barner, S. 332, Iden, Programmheft zur Tournee der 'Emilia'-Inszenierung Kortners, Programmheft

zur 'Emilia'-Inszenierung des Hamburger Thalia-Theaters 1975/76 (Premiere: 18.10.75).

39) Zeit, 2.6.72

40) Behr: Th. h. (7/72), S. 19

41) Müller, S. 29

42) Behr beschreibt, wie die Bürgerlichen von den Fürsten beherrscht werden unter Ausnutzung der Tatsache, daß sie "moralisch" sind. Er unterstellt den Fürsten sogar das Bewußtsein einer Differenz der moralischen Qualitäten und eine entsprechende Taktik - dann müßte aber Emilias Tod von dem Fürsten zumindest einkalkuliert worden sein.

43) Schultz; die Haltung findet sich bei allen.

44) Th. h. (7/72), S. 19

45) Barner, S. 332

46) Müller, S. 29

47) In seiner Schroeter-Kritik hebt Karasek hervor, daß Kortner die "rechthaberischen Akzente der Bürgerwelt [...] ins pedantisch-dumpfe Unrecht setzte". Da besteht mehr Übereinstimmung mit Nagel.

48) Barner, S. 332

49) Barner, S. 332

50) Auf dieser Möglichkeit basiert die apologetische Kritik Wagners.

51) Karasek, Die Zeit, 2.6.72

52) Th. h. (7/72), S. 18

53) Th. h. (7/72), S. 19

54) Th. h. (6/70), S. 36

55) Barner, S. 319

56) Blaha, Rismondo, Spiel, Beer, Lossmann, Karsch; Wickenburg sagt statt "Konzept": "neue Deutung" und Kaiser: Kortners 'Wille', 'Geist', 'Absicht'.

57) zumal Seidel Kortners Interpretation dann verteidigt, während Kahl die Inszenierung völlig ablehnt.

58) Kortners Image als das eines schwierigen Regisseurs wird gepflegt: Er durfte die Schauspieler selbst auswählen [!] , die Dekoration umbauen lassen, den Assistenten wechseln (Santner); er setzt sich durch gegenüber den Schauspielern, die ihn 'kopieren' müssen. Kahl bedauert, es habe an Widerständen und Probenkrächen gefehlt und deshalb sei Kortner in die Irre gegangen - während Beer das alte Bild des wilden Kortner beschwört, wenn er schreibt: "Man hat in der Josefstadt und auch noch in einer Filialbühne zwei Monate lang probiert, es gab die üblichen Zusammenstöße, Krachs, zwei Direktoren wetteiferten im Beschwichtigungsdienst und am Ende mußte man noch die Premiere um eine Woche hinausschieben." Die Tatsachen sind eigentlich wenig reißerisch: Es wurden statt der üblichen sechs Wochen acht geprobt, (auch andere Regisseure machen längere Probenzeiten zu einer

Bedingung ihres Vertrages). Die Verschiebung des Premierentermins kann auch mit falscher Planung zusammengehangen haben und eine einmalige Verschiebung um eine Woche ist nicht ungewöhnlich. Das Bild von den 'wetteifernden Direktoren' verliert viel von seiner Dramatik wenn man bedenkt, daß die 'Josefstadt' damals zwei Direktoren hatte, einen künstlerischen und einen Verwaltungsdirektor, die je nach Zuständigkeit mit Kortner verhandelt haben werden. Es bleibt: Beers formulierungssüchtige Aufbereitung.

59) Kahl über das 'zu enge' Bühnenbild

60) Nagel, Th. h. (6/70), S. 34

61) Diese Textänderung hat nicht Kortner, sondern nur Beer vorgenommen: Der Prinz sagt nach wie vor "recht gern".

62) Blaha schreibt von ihm: "ein rechter Manierelli".

63) Dabei wird negiert, daß Kortner nicht nur für die Erstellung eines Konzepts verantwortlich war, sondern auch für dessen Umsetzung mit den Mitteln des Theaters, daß die Entschuldigung also für Kortner keine ist. Die Kritiker folgen hier Contis Argumentation: "Oder meinen Sie, Prinz, daß Raphael nicht das größte malerische Genie gewesen wäre, wenn er unglücklicher Weise ohne Hände wäre geboren worden?"

64) "Kopie Kortnerschen Tonfalls" (Blaha über Conti/Kaup), Conti sei eine "Kortner-Kopie" (Kahl), Marianne Nentwich ein "willenloses Medium", das "mit Männerstimme aus dem Jenseits spricht" (Spiel) und auch die anderen Schauspieler "schneiden Gesichter wie Kortner, sie brechen mitten im Satz ab wie Kortner, sie schlürfen und lümmeln wie Kortner, sie blicken von unten her wie Kortner" (Kahl) - "Kortner-Dressur, die nicht aufgegangen ist" (Karsch).

Dabei sind die Kriterien für die Beurteilung der schauspielerischen Leistung alles andere als übereinstimmend: Die eine meint, bei Marinelli sei "keine Bewegung zuviel, kein Wort zu laut" gewesen (Spiel) und für den andern drücken bei demselben Marinelli "Gesten und Mienenspiel die Absicht mit der Diskretion eines Flammenwerfers aus" (Kahl). Auf diese Weise erhalten im Laufe der Kritiken alle Darsteller, mit Ausnahme Brandauers, die Zensuren 1 bis 6; die Orsina zum Beispiel ist "am überzeugendsten von allen" (Lossmann) und "fehlbesetzt" (Kahl).

Daß die Schauspieler und die szenische Umsetzung überhaupt so schlecht beurteilt werden, könnte darauf zurückgeführt werden, daß immer wieder von Erwartungen ausgegangen wird, die bewußt nicht erfüllt werden - aber die Wertungskriterien für das Theaterspiel sind auch bei gleicher Erwartung bei den einzelnen Kritikern verschieden, da sie sich nicht aus dem Inhalt des Dargestellten und der Frage nach seiner szenischen Umsetzung herleiten, zum Beispiel unterschieden sich Kahl und Lossmann, die Susanne Almassy als Orsina so völlig verschieden beurteilen, in ihrer sonstigen Haltung zu Kortners Inszenierung sehr wenig.

65) "der Zuschauer, der mehr als er [Marinelli, R] weiß, sieht ihn notgedrungen immer mehr als den dummen Pfuscher, als den ihn der Gang der Handlung endgültig entlarven wird."
Nagel, Th. h., S. 37

66) Nagel in der SZ und im Programmheft der Tournee:
"Dem Palast des Prinzen von Guastalla fehlt der böse, parasiti-

sche Prunk. Der Prinz improvisiert im trüben, schütteren Morgenlicht, wenn der Vorhang aufgeht, traurige Piecen auf dem Cembalo: ein schwermütiger aber sensibel-lebensvoller Junge, [...] Tyrannische Macht, die familiäres Glück zerstört, kann sich auf der Bühne so nicht exponieren".
Lange: "Wenn der Vorhang sich öffnet, sitzt der Prinz (Klaus Maria Brandauer) am Cembalo: kein Herrscher, kein Despot (auch das Bühnenbild von Monika Zallinger stellt absolutistische Pracht in Frage), sondern eher ein melancholischer, verträumter Jüngling, der zufälligerweise ein regierender Fürst ist."

67) Das ist besonders auffällig bei der in Einzelbeobachtungen so sorgfältigen Kritik Mechthild Langes.

68) "Kortner wandte die bekannte Methode an, höfische Sitten durch neuzeitliche demokratische Umgangsformen zu ersetzen, um damit eine Sache, die vor zweihundert Jahren spielt, näher heranzuholen. Das Überzeitliche springt ins Auge: ob auch das pädagogische Moment sich erhöht, sei dahingestellt".

69) Er bietet noch an: "Alle Figuren sind gleichsam von Anfang an mit Schicksalsstoff vollgesogen wie ein Schwamm. D i e s e genaue Durchkomposition eines Regie-Konzepts [...]" und: "Nicht nur das persönliche, mehr noch das soziale Thema wird in dieser drängenden Intensität sichtbar".

70) Wäre die "bürgerliche Strenge" noch verständlich?

71) z. B. Anouilhs 'Lerche' und 'Antigone'

72) Seine Kritik ist eine Variation auf den einleitenden Satz, daß hier "eine logisch entwickelte Konzeption konsequent durchgehalten wird".

73) Wenn hiermit Kortners Konzept beschrieben sein soll, dann folgert Karsch zwar schließlich, es sei "lange nicht so großartig realisiert" wie es angelegt sei - in der Beschreibung der Schauspieler geht er aber nicht danach, was sie gezeigt haben, sondern nach seinen ganz individuellen Kategorien: z. B. Brandauer war "zuwenig nuanciert, da wurde nur noch die Linie gegeben, nicht aber ihre Entwicklung". Frey (Odoardo) ist "zu sehr auf einen Ton gestimmt, als daß er zum Schluß hin, wenn's ernst wird, noch packen könnte". "eine reine Freude" hatte Karsch immerhin an Kurt Heintel, "der seinen Marinelli als einen freundlichen, ehrerbietigen Mann gibt, der Schuft eben aus Ehrerbietung ist" - das ist dann wohl sein Beitrag zur allgemeinen 'Verstrickung in Schuld'.
Zwischen der Beobachtung der Schauspieler und der Wertung ihrer künstlerischen Leistung, dem Spiel und seiner inhaltlichen Bedeutung, dem "Konzept", besteht für Karsch kein Zusammenhang.

74) Sperrung von mir

75) Auch da gehen sie nur für den Prinzen und Marinelli über nichtssagende Adjektive - wie: "das vorbildlich verstrittene Elternpaar <Erik Frey und Grete Zimmer>" - hinaus.

76) Der Tenor der Kritik ist höchstens wichtig, insofern er potentielle Zuschauer motivieren kann, sich eine bestimmte Aufführung anzusehen oder nicht. Da das unter dem Gesichtspunkt des Ansprechens bestimmter Vorverständnisse auch von einer negativen Kritik geleistet werden kann, bleibt vor allem der ökonomische

Gesichtspunkt: Ganz allgemein sind mehr Zuschauer durch eine positive Kritik zum Theaterbesuch zu motivieren.

77) "Wenn 'humanistisch' auch menschlich heißt, dann ist Goethe im 'Clavigo' menschlich: zerrissen, zweifelnd, uneins mit sich selbst und für Zuschauer dieser Jahre interessanter als mit 'Tasso' oder 'Iphigenie'" - Rolf Michaelis, Th. h. Jahressonderheft '70, S. 35, in einer Kritik zu Kortners 'Clavigo'-Inszenierung.

10 Produktive Rezeption und Tradition

1) Engels, Herrn Eugen Dührings Umwälzung der Wissenschaft, MEW Bd 20, S. 17

2) In: 'Literaturgeschichte und Mythologie', S. 11 - 46 und S. 47 - 128

Zur Bedeutung Weimanns innerhalb der Traditions-Diskussion in der DDR vgl. z. B. 'Dialog über Tradition und Erbe' und Sinn und Form 25, 1 (1973), S. 169 - 252

3) Marx, Einleitung zur Kritik der politischen Ökonomie, MEW Bd 13, S. 636

4) Weimann, Tradition, S. 103 f, Hervorhebungen von Weimann. Zitat im Zitat: MEW, Ergänzungsband 1, S. 541, 540

5) Weimann, Tradition, S. 114

6) Weimann, Tradition, S. 96

7) Weimann, Vergangenheit und Gegenwart, S. 42, Hervorhebungen von Weimann; vgl. auch Weimann, Tradition, S. 91

8) Weimann, Tradition, S. 90

9) Marcuse, S. 63

10) Marcuse, S. 66

11) S. 87 f über Kants kategorischen Imperativ

12) Marcuse, S. 80

13) vgl. die Darstellung dieser Werte in Lessings 'Minna von Barnhelm' und die Diskussion der Thematik in der 'Emilia Galotti'; z. B. auch in Schillers 'Don Carlos'.

14) Horkheimer/Adorno, S. 50

15) Horkheimer/Adorno, S. 24

16) Horkheimer/Adorno, S. 23

17) Horkheimer/Adorno, S. 51

18) Horkheimer/Adorno, S. 51

19) Horkheimer/Adorno, S. 24

20) Horkheimer/Adorno, S. 23 f

21) Weimann, Tradition, S. 57

22) Marx, Zur Judenfrage, MEW Bd 1, S. 370

23) Bloch, Naturrecht, S. 263

24) Bloch, Naturrecht, S. 263

25) Bloch, Naturrecht, S. 224

26) Bloch, Naturrecht, S. 81

27) Das ist dann etwa wiederzufinden in Baumgarts Rezeption von Nagels und Karaseks Kortner-Kritiken, wenn er den Prinzen als vorweggenommenen Bürger - "Sturm-und-Drang-Gemüt" - und die Galottis als genußvoll ohnmächtige Bürger, als bourgeois, beschreibt (SZ, 12.6.73).

28) Bloch, Naturrecht, S. 205

29) vgl. z. B. Brechts Johanna Dark in 'Die heilige Johanna der Schlachthöfe'.

30) Die Zeit, 25.9.70

31) Karsch: Lessings Werk wurde "nicht vergewaltigt, sondern begradigt, in eine logische Konsequenz getrieben [...], die sogar den Tochtermord [...] sinnvoll macht"; Wagner: "Klassiker der alten Bildungstradition" - "Regiekonzept [...], das nicht eigene Ideen über das Drama stülpt".

32) In: Tagesspiegel, 22.9.70

33) In: FAZ, 16.10.70

Brecht spricht in diesem Zusammenhang von einer "Tradition der Schädigung der klassischen Werke" (Brecht, Einschüchterung, S. 321).

34) In: Theater heute 2 (1972), S. 60

35) vgl. die Rolle der 'Moral' in den Nagel-Rezeptionen.

36) vgl. die Traditionsdefinition

37) Adorno, Thesen, S. 31

38) Adorno, Thesen, S. 32

39) Bloch, Prinzip Hoffnung Bd 1, S. 497

40) Brecht, Organon, S. 22

41) Naumann, Gesellschaft, S. 27

42) Naumann, Gesellschaft, S. 27

43) Pissarew, zitiert nach Lenin, 'Was tun', Lenin, Werke, Bd 5, S. 530

44) An dem vorliegenden einen Rezeptionsergebnis pro Rezipient läßt sich nicht prüfen, ob eine Erweiterung des Vorverständnisses erfolgt ist oder ob nur eine Wiederholung stattgefunden hat. Immerhin besteht bei Nagels und Karaseks Rezeptionsergebnissen, wenn man sie als Rezeptionsvorlage betrachtet, die Möglichkeit, daß sie dazu beitragen, das Vorverständnis anderer im Sinne einer Kritik am Bürgertum zu erweitern.

In Bezug auf J. Kaiser läßt sich feststellen, daß er durch Kortner nichts zu seiner an Otto Mann und B. v. Wiese orientierten 'Emilia'-Interpretation hinzugelernt hat.

45) Eine Ausnahme bildete die Nagelsche Kritik, die jedoch in ihrer ausführlichen Fassung nur in der Fachzeitschrift 'Theater heute' erschien.

46) Brecht, Bearbeitungen Bd 1, S. 116

47) Überlegungen zu einem entsprechenden didaktischen Modell

In seiner Untersuchung 'Zum didaktischen Status von Werken der Vergangenheit im Literaturunterricht' geht K.-P. Wedekind aus von der Analyse zweier Lehrplankonzepte. In Kritik, methodischem Ansatz zur Erarbeitung eines eigenen Vorschlags und in seinem 'Anamnese'-Modell kommt Wedekind in Bezug auf die Literaturdidaktik zu Ergebnissen, die meiner auf das gegenwärtige Theater bezogenen Kritik und meinen Vorschlägen für eine Rezeption von Werken des aufsteigenden Bürgertums auf dem Theater der BRD weitgehend entsprechen; zu überprüfen ist das z. B. an den Ansätzen zur Umsetzung des Modells in Klaus Schultes Referat 'Modell'eines literaturwissenschaftlichen Grundkurses' über das Thema 'Die Funktion der Literatur bei der Formierung der bürgerlichen Klasse Deutschlands im 18. Jahrhundert'.

Wedekinds Kritik bezieht sich auf zwei Lehrplankonzepte (die er - mit Hilfe Weimannscher Kriterien wie 'kritiklose Rezeption' bzw. 'rezeptionslose Kritik' - beschreibt): die neopositivistische Konzeption und die Position der 'Materialistischen Wissenschaft', wie sie u. a. in der Zeitschrift 'alternative' vertreten wird.

Er beschreibt die bei den Schülern durch das erste Konzept erzielte Haltung: Da "der Literatur der Vergangenheit [...] unterschiedslos jede Verbindlichkeit für gegenwärtige Orientierung" (142) abgesprochen werde, könne den Schülern die vergangene Geschichte nie als eigene Geschichte erscheinen. Als eine "überwundene" fordere sie per definitionem nicht zur Auseinandersetzung auf (147). Zwar wende sich dieses Konzept gegen eines, nach dem in der Rezeption nur die "Vergegenwärtigung von Vollkommenem" (142) sich vollziehe - es erreiche aber nun durch Herstellung einer Pluralität als gleichwertig betrachteter Interessen (148) letztlich nur die "Immunisierung" gegen die Inhalte der Literatur (149) - besonders auch gegen den in den Werken der Vergangenheit 'oft deutlich erkennbaren weltanschaulichen Verbindlichkeitsanspruch' (148).

Entsprechend diesem Konzept sind "Bildungsprozesse mit Literatur ... zwangsläufig nur denkbar in der Form der Anwendung eines Repertoires von Kategorien, die mit den virtuellen Impulsen der Werke oder - was dasselbe bedeutet - mit den Interessen der Rezipienten nicht vermittelt sein dürfen" (149). Diese Literaturdidaktik übe den Schüler ein in "Interessenunterdrückung" (146).

In der 'alternativen' Literaturdidaktik werden die literarischen Werke lediglich "auf ihr explizit politisches Wirkungspotential befragt" (157); der dahinter stehende Literaturbegriff ist: "Literatur ist 'Abbild gesellschaftlicher Praxis'", synonym: 'Ausdruck der Klassenpolitik' (Materialistische Wissenschaft 2, S. 90 und 1, S. 23, zitiert nach Wedekind, S. 160). 'Die Gesamtheit der objektiven historisch-gesellschaftlichen Funktionen der Literatur, von denen aus ein Gesellschaftsbezug sichtbar würde, wird nicht untersucht' (157). Ein didaktischer Wert der Literatur kann nur über unhistorisch-aktualisierende Verwertung des stofflichen (mit historischen Namen belegbaren, S. 155)

Konfliktpotentials moralisierend hergestellt werden (157). Um den moralischen Entschluß zum persönlichen Einsatz für den (indifferenten) Fortschritt zu befördern, wird der Unterricht zur "methodischen Überredung" (155).

Das Ziel dieser Didaktik sei die an allen Werken zu wiederholende 'Erschließung von Handlungsräumen, in denen die Gewaltverhältnisse zerstört werden können' (Materialistische Wissenschaft 2, S. 136, zit nach Wedekind, S. 157).

In diesem Ansatz werde übersehen, daß die anzusprechende Subjektivität der Schüler auch eine historisch vermittelte ist. Tatsächlich dürfe aber in der Literaturvermittlung die Interessenfrage weder ausgeklammert noch unhistorisch nur von heute aus betrachtet werden. Es soll vielmehr "die gegenwärtige Rezeption von Literatur der Vergangenheit, auch in der Schule, in ihrer möglichen Funktionalität für den Demokratisierungsprozeß der Gesellschaft" methodisch organisiert werden (165), um 'Einsichten in gesellschaftliche Interessenkonflikte' zu ermöglichen und die Fähigkeit zu fördern, "eigene 'Interessen in Solidarität mit anderen' 'in demokratischen Formen' 'zu vertreten' " (aus: 'Bildungspolitische Vorstellungen des Deutschen Gewerkschaftsbundes', Verabschiedet vom Bundesvorstand des DGB am 7. März 1972, zit. nach Wedekind, S. 162).

Der Literaturbegriff, der dieser Funktionsbestimmung zugrunde liegt, definiert literarische Produktion als "eine sich historisch verändernde Form der Kommunikation und Verfolgung gesellschaftlich erzeugter und auf die Gestaltung der Gesellschaft bezogener Interessen" (162). Daraus folgt für "die historische Interpretation von Literatur": "Wenn Literatur in der Gesellschaftsgeschichte, deren Produkt sie ist, wirkt, so muß die vergangene Funktion eines Werkes aus dem Zusammenhang der zeitgenössischen Entstehungs- und Wirkungsbedingungen als verschiedener Seiten derselben gesellschaftlichen Totalität bestimmt werden. Die Untersuchung der Genesis eines Werkes und die seiner zeitgenössischen Wirkung dürfen nicht auseinandergerissen werden." (162).

Daraus folgt eine Aussage "über die Aktualität der Literatur, d. h. über die objektive Beziehung zwischen den gegenwärtigen Rezipienten und den Werken der Vergangenheit": Sich weiter auf Weimann beziehend, verweist Wedekind darauf, daß die "Widerspiegelung früherer gesellschaftlicher Verhältnisse" - da sie 'aktiv wirkende' waren - "Moment der Entstehungsgeschichte" der sozialen Lage der Rezipienten "sowohl als auch ihres Bewußtseins von ihr" sind (163).

Die Rekonstruktion der historischen Gültigkeit der Werke kann über die Erkenntnis der (partiellen) historischen Diskontinuität zu bestimmten historischen Bewußtseinsinhalten und -formen führen, die im Gegensatz zu den gegenwartsgeschichtlichen objektiven Interessen der Subjekte stehen (164). Die Bewußtseinselemente, denen die Distanzierung gilt, müssen bewußt gemacht werden als in der Gegenwart andauernde (d. i. "zugleich der Nachweis dafür, daß auch der gegenwärtige Gesellschaftsprozeß ein durch antagonistische Interessen bestimmter ist") (165).

Das 'Anamnese'-Modell betont den Aspekt der historischen Diskontinuität: "Behinderungen der Identifizierung und der solidarischen Vertretung eigener Interessen werden ausgeräumt". Hinzu kommt "das Moment der historischen Kontinuität", in welchem "die produktive Bildungsfunktion von Werken der Vergangenheit in der Gegenwart bestimmt werden kann" als ein Umgang mit literarischer Tradition, der "Ausdruck des Interesses [...] an ihrer Umgestaltung" ist (166).

Die Grundlagen für ein ähnliches didaktisches Konzept formulieren Gert Mattenklott und Klaus Scherpe bezogen auf die Hochschuldidaktik in ihrem Aufsatz 'Aspekte einer sozialgeschichtlich fundierten Literaturgeschichte'.

(Zwar berufen sich Mattenklott/Scherpe in der Einleitung ihres Aufsatzes auf Habermas und zitieren als dritte ihrer zugrunde gelegten Thesen: 'Die Geschichte ist die der menschlichen Arbeit und die von Herrschaft' (In: Logik der Sozialwissenschaften. Philosophische Rundschau, Beiheft 5 (1967), S. 179; zitiert nach Mattenklott/Scherpe, S. 248) - sie ersetzen die ungenaue Definition 'menschliche Arbeit' aber im Laufe des Textes durch die Definition "Organisationsform der gesellschaftlichen Arbeit" (256) und setzen sie ins Verhältnis zu feudaler (256) und bürgerlicher Herrschaft (248, 250: Die Emanzipation der bürgerlichen Klasse "ist nicht isoliert von der Herausbildung kapitalistischer Produktionsverhältnisse zu studieren. Ihre Macht ist seitdem die Macht ihres Kapitals").

Ziel des hochschuldidaktischen Programms ist es, den vorwiegend aus den "Zwischenschichten" kommenden Studenten, deren Bewußtsein "durch die Sozialisierungsinstanzen dieses Staates geschult [...] - zumindest auch - durch die sozialen Inhalte derjenigen Klasse geprägt wird, die ihn zu i h r e m Staat gemacht hat: die bürgerliche" (248) - durch das Aufzeigen der Genesis des bürgerlichen, also i h r e s , Bewußtseins, dies eigene Bewußtsein als klassenbedingt erkennen zu lassen (257). Damit sollen Bedingungen geschaffen werden, die die Aufhebung der verinnerlichten Klassenposition ermöglichen (257). Die materiellen Bedingungen für die Veränderung des Bewußtseins bestehen darin, daß die Zwischenschichten, "objektiv gesehen, heute eher auf der Seite der Ausgebeuteten als auf der der Monopolbourgeoisie zu finden sind". "Wenn es gelänge, [...] s i e zur Erkenntnis über den Klassencharakter ihres Bewußtseins zu bringen, so wäre wohl zwar keine zureichende, womöglich aber eine der notwendigen Bedingungen zur gesellschaftlichen Demokratisierung im Sinne der Mitbestimmung aller ihrer Glieder erfüllt. Denn von distanziert resignierender Ideologiekritik würde sich diese Erkenntnis in dem Maße entfernen, wie es ihr gelänge, sich als praktische zu formulieren im Sinne der Ausschaltung bzw. der Eröffnung und Beschreibung von Handlungsmöglichkeiten" (249).

Damit wären wir wieder beim Thema der vorliegenden Arbeit: "Das sozialgeschichtlich orientierte Studium der Literaturgeschichte dient [...] sowohl der Kontrolle der aktuellen Rezeption der überlieferten Literatur wie der Relativierung der u. a. mit ihrer Hilfe verinnerlichten sozialethischen Normen" (252).

48) vgl. z. B. Prokop: Massenkommunikationsforschung

49) Entsprechende Versuche werden vereinzelt gemacht. Dazu rechne ich den Büchner-Abend des Schauspielhauses Hamburg (als Ergänzung zur Aufführung von 'Dantons Tod') und 'Shakespeare's Memory' der Schaubühne am Halleschen Ufer, Berlin. Beide Versuche hatten außergewöhnlichen Erfolg beim Publikum und wurden doch auf verschiedene Weise unterlaufen: Der Büchner-Abend wurde ab-

gesetzt (allerdings auf Nachfrage des Publikums wieder in den Spielplan aufgenommen) und 'Shakespeare's Memory' wurde von der Kritik vorgeworfen, es sei 'bürgerliches Bildungstheater', der Zuschauer werde "durch Museumssäle gehetzt" (Georg Hensel in der FAZ, 27.12.1976) bzw. in einen "Kultraum für Meditationsriten" eingelassen (Rainhardt Stumm in der Jurydiskussion zum Theatertreffen Berlin 1977; in: Magazin. Theatertreffen Berlin 77, S. 8) - also genau das, was es nicht sein will und nicht ist; Vorwürfe, die aber unerfahrene Theaterbesucher, die diese Veranstaltung sonst ansprechen kann, einschüchtern müssen.

50) Dramaturgie des Positiven, S. 62

Literaturverzeichnis

1. Politik, Wirtschafts- und Kulturgeschichte

Auer, Karl: Die Theologie der Lessing-Zeit. Halle/Saale 1929. [Nachdruck: Hildesheim 1964.]

Aufklärung. Erläuterungen zur Deutschen Literatur. Hrsg. vom Kollektiv für Literaturgeschichte im volkseigenen Verlag Volk und Wissen. Ltg. Kurt Böttcher. 3. bearb. u. erg. Aufl. Berlin 1971.

Bahrdt, Carl Friedrich: Handbuch der Moral für den Bürgerstand. Halle 1789.

Balet, Leo, und E. Gerhard: Die Verbürgerlichung der deutschen Kunst, Literatur und Musik im 18. Jahrhundert. Hrsg. und eingel. von Gert Mattenklott. (Frankfurt/M., Berlin, Wien 1973.) (Ullstein Buch. 2995.)

Behre, Otto: Geschichte der Statistik in Brandenburg-Preußen bis zur Gründung des Kgl. Statistischen Bureaus. Berlin 1905.

Benekendorf, Karl Friedrich von: Zufällige Gedanken über die Frage: Warum der heutige Landmann, obgleich die Landgüter gegen die Zeiten unsrer Vorfahren eine weit stärkere Einnahme gewähren, dennoch bey deren Bewirthschaftung mehr arm als reich wird? Halle 1786.

Beutin, Ludwig: Die Wirkungen des Siebenjährigen Krieges auf die Volkswirtschaft in Preußen. In: Beutin: Gesammelte Schriften zur Wirtschafts- und Sozialgeschichte. Köln, Graz 1963. S.254 - 283.

Beyer, Johann Rudolph Gottlieb: Über das Bücherlesen, insofern es zum Luxus unserer Zeiten gehört. Erfurth 1795.

Biedermann, Karl: Deutschland im 18. Jahrhundert. 2.verm. u. verb. Aufl. Bd 1 - 4. Leipzig 1880.

Blanckenburg, Friedrich von: Versuch über den Roman. Faksimiledruck der Originalausgabe von 1774. Stuttgart 1965.

Bluntschli, J[ohann] C[aspar]: Denkwürdiges aus meinem Leben. [...] durchges. u. veröff. von Rudolf Seyerlen. Bd 1. Die schweizerische Periode. 1808 - 1848. Nördlingen 1884

Brachvogel, A[lbert] E[mil]: Das alte Berliner Theater-Wesen bis zur ersten Blüthe des deutschen Dramas. Berlin 1877. (Geschichte des Königlichen Theaters zu Berlin. Bd 1.)

Böhme, Helmut: Prolegomena zu einer Sozial- und Wirtschaftsgeschichte Deutschlands im 19. und 20. Jahrhundert. (Frankfurt/M. 1968.) (edition suhrkamp. 253.)

Brüggemann, F(ritz) (Hrsg): Der Siebenjährige Krieg im Spiegel der zeitgenössischen Literatur. Leipzig 1935. (Deutsche Literatur. Reihe [14]. Bd 9.) [Nachdruck: Darmstadt 1966.]

Büsch, Otto: Militärsystem und Sozialleben im alten Preußen. 1713 - 1807. Berlin 1962. (Veröffentlichungen der Berliner Historischen Kommission beim Friedrich-Meinecke-Institut der Freien Universität Berlin.7.)

Carlyle, Thomas: Geschichte Friedrichs II. von Preußen [...] Bd 1 - 6. Deutsch von J. Neuberg, fortgesetzt von Friedrich Althaus. Berlin 1869.

Cassirer, Ernst: Philosophie der Aufklärung. Tübingen 1932.

Devrient, Eduard: Geschichte der deutschen Schauspielkunst. 5 Teile. o.O. 1848 - 1874. [...] hrsg. von Rolf Kabel und Christoph Trilse. Bd 1 - 2. Berlin 1967.

Drews, Paul: Der evangelische Geistliche in der deutschen Vergangenheit. Jena 1905. (Monographien zur deutschen Kulturgeschichte. Hrsg. von Georg Steinhausen. 12.)

Eberhardt, Hans: Goethes Umwelt. Forschungen zur gesellschaftlichen Struktur Thüringens. Weimar 1951. (Thüringische Archivstudien.1.)

Eichhorn, Herbert: Konrad Ernst Ackermann. Ein deutscher Theaterprinzipal. Ein Beitrag zur Theatergeschichte im deutschen Sprachraum. Emsdetten (1965). (Die Schaubühne.64.)

Elias, Norbert: Die höfische Gesellschaft. Untersuchungen zur Soziologie des Königtums und der höfischen Aristokratie [...]. Neuwied, Berlin (1969). (Soziologische Texte.54.)

Engelsing, Rolf: Analphabetentum und Lektüre. Zur Sozialgeschichte des Lesens in Deutschland zwischen feudaler und industrieller Gesellschaft. Stuttgart 1973.

Engelsing, Rolf: Der Bürger als Leser. Lesergeschichte in Deutschland 1500 - 1800. Stuttgart 1974. [Zuerst 1960/1961.]

Engelsing, Rolf: Die Perioden der Lesergeschichte in der Neuzeit. Das statistische Ausmaß und die soziokulturelle Bedeutung der Lektüre. In: Archiv für Geschichte des Buchwesens 10 (1970). Sp.945 - 1002.

Ewald, J[ohann] L[udwig]: Über Volksaufklärung; ihre Gränzen und Vortheile. Den menschlichen Fürsten gewidmet. Berlin 1790.

Fernbach jun, L.: Der wohlunterrichtete Theaterfreund. Ein unentbehrliches Handbuch für Buchhändler, Leihbibliothekare, Theaterdirektoren, Schauspieler und Theaterfreunde. Bd 1 - 4. Berlin 1830 - 1860.

Französische Aufklärung. Bürgerliche Emanzipation, Literatur und Bewußtseinsbildung. Kollektivarbeit unter der Leitung von Winfried Schröder. Leipzig 1974.

Gerth, Hans: Die sozialgeschichtliche Lage der bürgerlichen Intelligenz um die Wende des 18. Jahrhunderts. Ein Beitrag zur Soziologie des deutschen Frühliberalismus. Diss. Phil. Frankfurt 1935. Frankfurt/M. 1935.

Ghillany, F[riedrich] W[ilhelm]: Europäische Chronik von 1492 bis Ende April 1865 [1877]. Bd 1 - 5. Leipzig 1865 - 1878.

Götze, Walter: Die Begründung der Volksbildung in der Aufklärungsbewegung. Langensalza 1932.

Gotzkowsky, J[ohann] E[rnst]: Geschichte eines Patriotischen Kaufmanns. (Wiederabdruck der im Jahre 1768 [...] erschienenen Selbstbiographie [...].) Schriften des Vereins für die Geschichte der Stadt Berlin 7 (1873).

Grab, Walter: Demokratische Strömungen in Hamburg. Hamburg 1966. (Veröffentlichungen des Vereins für Hamburgische Geschichte. 21.)

Gülich, Gustav von: Geschichtliche Darstellung des Handels, der Gewerbe und des Ackerbaus. Bd 1 - 5.
Bd 3 - 4: Die gesammten gewerblichen Zustände in den bedeutendsten Ländern der Erde. Unveränderter Nachdruck der 1830 -1845 [...] in Jena erschienenen Ausgabe. Graz 1972.

Gußmann, Hans, und Eberhard Werner: Theatergebäude. Bd 1 - 2. Berlin 1954.

Habermas, Jürgen: Strukturwandel der Öffentlichkeit. Untersuchungen zu einer Kategorie der bürgerlichen Gesellschaft. Neuwied 1962. (Politica.4.)

Haferkorn, Hans Jürgen: Der freie Schriftsteller. Eine literatursoziologische Studie über seine Entstehung und Lage in Deutschland zwischen 1750 und 1800. In: Archiv für die Geschichte des Buchwesens 5 (1964). Sp.523 - 712.

Hartung, Fritz: Der Aufgeklärte Absolutismus. In: Historische Zeitschrift 180 (1955). S.15 - 42.

Hauser, Arnold: Sozialgeschichte der Kunst und Literatur. Bd 1 - 2. München 1953. [Zuerst 1951.]

Heubaum, Alfred: Geschichte des Deutschen Bildungsvereins seit der Mitte des 17. Jahrhunderts. 1. Bd [Mehr nicht ersch.]: Bis zum Beginn der allgemeinen Unterrichtsreform unter Friedrich dem Großen 1763ff. Das Zeitalter der Standes- und Berufserziehung. Berlin 1905. [Neudruck der Ausg. Berlin 1905. Aalen 1973.]

Hinze, Kurt: Die Arbeiterfrage zu Beginn des modernen Kapitalismus in Brandenburg-Preußen. Berlin 1927.

Houben, Hubert Heinrich: Verbotene Literatur von der klassischen Zeit bis zur Gegenwart. Ein kritisch-historisches Lexikon über verbotene Bücher, Zeitschriften und Theaterstücke, Schriftsteller und Verleger. Bd 1 - 2. Berlin 1924 - 1928. [Nachdruck: Hildesheim 1965.]

Ide, Heinz, und Bodo Lecke (Hrsg.): Ökonomie und Literatur. Lesebuch zur Sozialgeschichte und Literatursoziologie der Aufklärung und Klassik. Frankfurt/M. 1973.

Jähns, Max: Geschichte der Kriegswissenschaften vornehmlich in Deutschland. Bd 1 - 3. München 1889 - 1891.

Jonas, Lutz: Die Finanzierung der öffentlichen Theater in der Bundesrepublik Deutschland. Diss. rechts- und wirtschaftswiss. Fak. Mainz 1972. Mainz 1972.

Justi, Johann Heinrich Gottlob von: Der Handelnde Adel, dem der kriegerische Adel entgegengesetzt wird, zwey Abhandlungen über die Frage: Ob es der Wohlfarth des Staats gemäß sei, daß der Adel Kaufmannschaft treibe? Aus dem Französischen übersetzt und mit einer Abhandlung über eben diesen Gegenstand versehen. Göttingen 1756.

Kaeber, Ernst: Geistige Strömungen in Berlin zur Zeit Friedrichs des Großen. In: Forschungen zur Brandenburgischen und Preußischen Geschichte 54 (1943). S.257 - 303.

Kapp, Friedrich, und Johann Goldfriedrich: Geschichte des deutschen Buchhandels. Bd 1 - 4. Leipzig 1886 - 1923.

Kersting, Kurt: Wirkende Kräfte in der Theaterkritik des ausgehenden 18. Jahrhunderts. Berlin 1937.

Kindermann, Heinz: Von der Aufklärung zur Romantik. <1.Teil.> Salzburg (1961). (Theatergeschichte Europas.4.)

Klein, Ernst: Geschichte der öffentlichen Finanzen in Deutschland (1500 - 1870). Wiesbaden 1974.

Klinkenborg, Melle: Das Berliner Mietsedikt vom 15. April 1765. In: Forschungen zur Brandenburgischen und Preußischen Geschichte 25 (1913). S.179 - 189.

Kofler, Leo: Zur Geschichte der bürgerlichen Gesellschaft. Versuch einer verstehenden Deutung der Neuzeit. (Neuwied, Berlin 1966.) (Soziologische Texte. 38.)

Koselleck, Reinhart : Kritik und Krise. Ein Beitrag zur Pathogenese der bürgerlichen Welt. Freiburg, München (1959). (Orbis academicus.)

Koser, Reinhold: Zur Bevölkerungsstatistik des preußischen Staates 1756 - 1786. In: Forschungen zur Brandenburgischen und Preußischen Geschichte 16 (1903). S.239 - 245.

Koser, Reinhold: Die preußischen Finanzen im Siebenjährigen Krieg. In: Forschungen zur Brandenburgischen und Preußischen Geschichte 13 (1900). Heft 1 S.153 -217; Heft 2 S.1 - 47.

Koser, Reinhold: Geschichte Friedrichs des Großen. Bd 1 - 4. Stuttgart, Berlin 1912.

Koser, Reinhold: König Friedrich der Große. Bd 1 [unvollständig]. Stuttgart 1893. (Bibliothek Deutscher Geschichte.)

Krieg, Walter: Materialien zu einer Entwicklungsgeschichte der Bücherpreise und des Autoren-Honorars vom 15. bis zum 20. Jahrhundert. Wien, Bad Bocklet, Zürich 1953.

Kulischer, Josef: Allgemeine Wirtschaftsgeschichte des Mittelalters und der Neuzeit. Berlin 1971.

Laufenberg, H[einrich]: Hamburg und sein Proletariat im 18. Jahrhundert. [...] Hamburg 1910. (Sammlung sozialistischer Schriften.12.)

Löwen, Johann Friedrich: Geschichte des deutschen Theaters <1766>. Flugschriften über das Hamburger Nationaltheater <1766>und<1767>. Neudruck mit Einl. u. Erläuterungen hrsg. von Heinrich Stümcke. Berlin 1905.

Martens, Wolfgang: Die Botschaft der Tugend. Die Aufklärung im Spiegel der deutschen Moralischen Wochenschriften. Stuttgart 1968.

Meinecke, Friedrich: Friedrich der Große. In: Meinecke: Die Idee der Staatsräson in der neueren Geschichte. München, Berlin 1924. S.340 - 424.

Meyen, Fritz: Johann Joachim Eschenburg. 1743 - 1820. Kurzer Abriß seines Lebens und Schaffens nebst Bibliographie. Braunschweig 1957.

Mottek, Hans: Wirtschaftsgeschichte Deutschlands. Ein Grundriß. Bd 1: Von den Anfängen bis zur Zeit der Französischen Revolution. Berlin 1974. [Zuerst 1957.]

Neumann, Franz: Der Funktionswandel des Gesetzes im Recht der bürgerlichen Gesellschaft. In: Neumann: Demokratischer und autoritärer Staat. Hrsg. von Herbert Marcuse. Frankfurt/M.; Wien (1967). (Politische Texte.)

Niemeyer, August Hermann: Grundsätze der Erziehung und des Unterrichts für Eltern, Hauslehrer und Erzieher.Hrsg.von Hans-Hermann Groothoff und Ulrich Herrmann. Halle 1796. Unveränderter Nachdruck der ersten Auflage. Paderborn 1970. (Schöninghs Sammlung pädagogischer Schriften. Quellen zur Geschichte der Pädagogik. Hrsg. von Theodor Rutt.)

Paulsen, Friedrich: Das deutsche Bildungswesen in seiner geschichtlichen Entwicklung. Leipzig, Berlin 1920.

Paulsen, Friedrich: Geschichte des gelehrten Unterrichts auf den deutschen Schulen und Universitäten vom Ausgang des Mittelalters bis zur Gegenwart. 3. erw. Ausg. hrsg. [...] von R. Lehmann. Bd 1 - 2. Leipzig 1919 - 1921.

[Peiba, Abraham]: Gallerie von Teutschen Schauspielern und Schauspielerinnen nebst Johann Friedrich Schinks Zusätzen und Berichtigungen. Mit Einl. u. Anm. hrsg. von Richard Maria Werner. Berlin 1910. (Schriften der Gesellschaft für Theatergeschichte.13.) [Zuerst 1783.]

Pies, Eike: Prinzipale. Zur Genealogie des deutschsprachigen Berufstheaters vom 17. bis 19. Jahrhundert. Ratingen, Kastellaun, Düsseldorf (1973).

Preuß, J[ohann]D[avid] E[rdmann]: Friedrich der Große. Bd 1 - 4. Eine Lebensgeschichte [...]. Mit einem Urkundenbuche. Berlin 1832 - 1834.

Proelß, Robert: Kurzgefaßte Geschichte der deutschen Schauspielkunst von den Anfängen bis 1850 nach den Ergebnissen der heutigen Forschung. Leipzig 1900.

Prüsener, Marlies: Lesegesellschaften im 18. Jahrhundert. Ein Beitrag zur Lesergeschichte. In: Archiv für Geschichte des Buchwesens 13 (1972). Sp.369 - 549.

Schenda, Rudolf: Volk ohne Buch. Studien zur Sozialgeschichte der populären Lesestoffe. 1770 - 1910. Frankfurt/M. (1970). (Studien zur Philosophie und Literatur. Neunzehntes Jahrhundert. 5.)

Scherpe, Klaus R[üdiger]: Gattungspoetik im 18. Jahrhundert. Historische Entwicklung von Gottsched bis Herder. Stuttgart (1968). (Studien zur allgemeinen und vergleichenden Literaturwissenschaft.2.)

Schlösser, Rudolf: Vom Hamburger Nationaltheater zur Gothaer Hofbühne. 1767 - 1779. (Jena Phil. Habil. Schrift.) <Hamburg 1895.>

Schmid, Christian Heinrich: Chronologie des deutschen Theaters. [Leipzig] 1775. Neu hrsg. Von Paul Legband. Berlin 1902. (Schriften der Gesellschaft für Theatergeschichte. 1.)

Schmid, Christian Heinrich: Das Parterr. Erfurt 1771.

Schmoller, Gustav: Der preußische Beamtenstand unter Friedrich Wilhelm I. In: Preußische Jahrbücher 26 (1870). H.2 S.148 - 172; H.3 S.253 - 270; H.5 S.538 - 555.

Schmoller, Gustav: Umrisse und Untersuchungen zur Verfassungs-, Verwaltungs- und Wirtschaftsgeschichte besonders des Preußischen Staates im 17. und 18. Jahrhundert. Leipzig 1898.

Schmoller, Gustav: Die innere Verwaltung des Preußischen Staats unter Friedrich Wilhelm I. In: Preußische Jahrbücher 25,5 (1869); 26,1 (1870). S.575 - 591; S.1 - 16.

Schütze, Johann Friedrich: Hamburgische Theater=Geschichte. Hamburg 1794.

Schulze, Johanna: Die Auseinandersetzung zwischen Adel und Bürgertum in den deutschen Zeitschriften der letzten drei Jahrzehnte des 18. Jahrhunderts (1773 - 1806). Berlin 1925. (Historische Studien. 163)

Schwarz, Paul: Die neumärkischen Städte nach dem Siebenjährigen Krieg. In: Schriften des Vereins für die Geschichte der Neumark 8 (1899). S.98 - 112.

Steinhausen, Georg: Der Kaufmann in der deutschen Vergangenheit. Leipzig 1899. (Monographien zur deutschen Kulturgeschichte.2.)

Vierhaus, Rudolf: Deutschland im 18. Jahrhundert. Soziales Gefüge, politische Verfassung, geistige Bewegung. In: Lessing und die Zeit der Aufklärung. [...] Göttingen 1968. S.12 - 29.

Vogler, Günther, und Klaus Vetter: Preußen. Von den Anfängen bis zur Reichsgründung. Berlin 1973.

Weber, Max: Wirtschaft und Gesellschaft. Tübingen 1922.

Wittmann, Walter: Beruf und Buch im 18. Jahrhundert. Ein Beitrag zur Erfassung und Gliederung der Leserschaft im 18. Jahrhundert. Diss. Wirtschafts- und Sozialwissenschaften, Frankfurt 1934. Bochum 1934.

Wollrabe, Ludwig: Chronologie sämmtlicher Hamburger Bühnen [...] 1230 - 1846 [...]. Hamburg 1847.

2. Primärliteratur

Brecht, Bertolt: Arbeitsjournal. 1938 - 1955. Bd 1 - 2. (Frankfurt/M. 1974.) (Bertolt Brecht. werkausgabe edition suhrkamp. Supplementbände.)

Brecht, Bertolt: Einschüchterung durch die Klassizität. In: Brecht: Schriften zum Theater.6. (Frankfurt/M. 1967.) S.321 - 324.

Brecht, Bertolt: Kleines Organon für das Theater. In: Brecht: Schriften zum Theater.7. (Frankfurt/M. 1967.) S.6 - 67.

Brecht, Bertolt: Schriften zum Theater. Bd 1 - 7. Red. Werner Hecht. (Frankfurt/M. 1963 - 1964.)

Claudius, Matthias: Asmus omnia sua secum portans Oder Sämmtliche Werke des Wandsbecker Bothen [d.i. Matthias Claudius]. Bd 1/2 - Hamburg [1774 -]
Bd 1/2.[1774.] Bd 4. [1783.] Bd 5. [1790.]

Diderot, Denis, et Jean Le Rond d'alembert: Encyclopédie dictionnaire raisonné de sciences, des arts et des métiers,par une soc. de gens de lettres. Paris 1751 - 1765.

Enzyklopädie. Artikel aus der von Diderot und d'Alembert herausgegebenen Enzyklopädie. (Hrsg. von Manfred Naumann, übersetzt von Theodor Lücke.) Leipzig 1972.

Dürrenmatt, Friedrich: Komödien (Bd 2: und frühe Stücke). Bd 1- Zürich (1957ff.)

Dürrenmatt, Friedrich: Gotthold Ephraim Lessing. Minna von Barnhelm oder das Soldatenglück. Dramaturgische Einrichtung von Friedrich Dürrenmatt. Bühnenmanuskript. Basel[1970]. [Nicht im Buchhandel ersch.]

Dürrenmatt, Friedrich: Theater-Schriften und Reden. (Hrsg. von Elisabeth Brock-Sulzer.) Bd 1 - Zürich (1966 ff.).

Engel, J[ohann] J[akob]: Der Philosoph für die Welt. Teil 1 - 2. Berlin 1801. (Engel: Schriften. Bd 1 - 2.)

Eschenburg, Johann Joachim: Archäologie der Literatur und Kunst. Berlin, Stettin 1787.

Eschenburg, Johann, Joachim: Beispielsammlung zur Theorie und Literatur der schönen Wissenschaften. Bd 1 - 8. Berlin, Stettin 1788 - 1795.

Eschenburg, Johann Joachim[Übers.]: William Shakespeare: Schauspiele. [Teils. Deutsch.]Zürich 1775 - 1782.

Hegel, Georg Wilhelm Friedrich: Sämtliche Werke. Jubiläumsausgabe. Bd 1 - 20. [...] im Faksimileverf. neu hrsg. von Hermann Glockner. Stuttgart 1949 - 1958.
Bd 12 - 14: Vorlesungen über die Aesthetik. Bd 1 - 3. Stuttgart 1953 - 1954.

Herder, Johann Gottfried: Briefwechsel mit Caroline Flachsland. Hrsg. von Hans Schauer. Bd 1 - 2. Weimar 1926 - 1928. (Schriften der Goethe-Gesellschaft. Hrsg. von Victor Michels und Julius Wahl. 39.)

Herder, Johann Gottfried: Sämmtliche Werke. Hrsg. von Bernhard Suphan. Berlin 1877 - 1913.

Kant, Immanuel: Grundlegung zur Metaphysik der Sitten. In: Kant: Moralische Schriften. S.7 - 101. Leipzig 1920. (Kant: Sämtliche Werke. Bd 5.)

Knebel, K.L. von: Literarischer Nachlass und Briefwechsel. Hrsg. von K.A. Varnhagen von Ense und Th. Mundt. Bd 1 - 3. Leipzig 1835.

Kortner, Fritz: Gotthold Ephraim Lessing: Emilia Galotti. Bearbeitung und Inszenierung von Fritz Kortner. Regiebuch des Theaters in der Josefstadt, Wien.[Ohne Seitenzählung.]

Leibniz,Gottfried Wilhelm: Monadologie. In: Leibniz: Kleine Schriften zur Metaphysik. Darmstadt 1965. S.439 - 483. (Leibniz: Philosophische Schriften. Hrsg. von Hans Heinz Holz. Bd 1.)

Lenin, W[ladimir] I[ljitsch]: Werke. Hrsg. vom Institut für Marxismus-Leninismus beim ZK der KPdSU. Ins Deutsche übertragen nach der 4. russ. Ausg. Die dt. Ausg. wird vom Institut für Marxismus-Leninismus beim ZK der SED besorgt. Bd 1 - Berlin 1956 ff.

Lessing, Gotthold Ephraim: Sämtliche Schriften. Hrsg. von Karl Lachmann. 3., auf's neue durchges. u. verm. Aufl., bes. durch Franz Muncker. Bd 1 - 23. Stuttgart (12 - 21: Leipzig; 22. 23: Berlin, Leipzig) 1886 - 1924.

Lessing, Gotthold Ephraim: Werke. Vollständige Ausgabe in fünfundzwanzig Teilen. Hrsg. von Julius Petersen und Waldemar von Olshausen. Bd 1 - 20. Berlin Leipzig, Wien, Stuttgart 1925 - 1929.

Lessing, Gotthold Ephraim: Gesammelte Werke. Hrsg. von Paul Rilla. Bd 1 - 10. Berlin 1954 - 1958.

Lessing, Gotthold Ephraim: Minna von Barnhelm oder das Soldatenglück. Berlin 1767.

Lessing, Gotthold Ephraim: Lustspiele. Bd 1 - 2. Berlin 1767. Bd 2: Der Freygeist. Der Schatz. Minna von Barnhelm oder das Soldatenglück.

Lessing, Gotthold Ephraim: Emilia Galotti. Ein Trauerspiel in fünf Aufzügen. Berlin 1772.

Lessing, Gotthold Ephraim: Trauerspiele. Bd 1 - 2. Berlin 1772.

[Lessing, Gotthold Ephraim]: Verzeichnisse der Drucke von Lessings Schriften. 1747 - 1919. In: Lessing: Sämtliche Schriften. Hrsg. von Karl Lachmann. 3., auf's neue durchges. u. verm. Aufl., bes. durch Franz Muncker. Bd 22, Teil 2, Berlin, Leipzig 1919. S.315 - 807.

Lessing, Karl Gotthelf: Gotthold Ephraim Lessings Leben, nebst seinem noch übrigen litterarischen Nachlasse. Bd 1 - 3. Berlin 1793 -1795.

Locke, John: (Two Treatises of Government.) Of civil government. (Introd. by W. F. Carpenter.) (Repr.) London (1940). (Everyman's Library.751.)

Marx, Karl, und Friedrich Engels: Werke. Hrsg. vom Institut für Marxismus-Leninismus bei ZK der SED. Bd 1 - . [Nebst] Erg.-Bde. Berlin 1959 ff.

Marx, Karl: Grundrisse der Kritik der politischen Ökonomie. Berlin 1953.

Mauvillon, J[acob]: Essai sur l'influence de la poudre à canon dans l'art de la guerre moderne. Leipsic 1788.

Mauvillon, J[acob von]: Geschichte Ferdinands Herzog von Braunschweig-Lüneburg. Bd 1- 2. Leipzig 1794.

Mendelssohn, Moses: Gesammelte Schriften. Nach den Originaldr. u.Hss hrsg. von G[eorg] B[enjamin] Mendelssohn. Bd 1- 7. Leipzig 1843 - 1845.

Mendelssohn, Moses: Gesammelte Schriften. Jubiläumsausgabe. In Gemeinschaft mit [...] Begonnen von I(smar) Elbogen [u.a.]. Fortgeführt von Alexander Altmann. Bd 1 - Berlin 1929 ff.

Montesquieu, Charles Louis de Secondat: De l'esprit des lois. (1748). Teil 1 - 2. Paris 1961. (Classiques Garnier.)

Nicolai, Friedrich (Hrsg.): Anekdoten von König Friedrich II. von Preußen und von einigen Personen, die um ihn waren. [...] Bd 1 - 6. Berlin, Stettin 1788 - 1792.

Nicolai, Friedrich: Das Leben und die Meinungen des Herrn Magister Sebaldus Nothanker. Hrsg. von Fritz Brüggemann. Leipzig 1938. (Deutsche Literatur. Reihe 14. 15.)

Ramler, Karl Wilhelm: Poetische Werke. Bd 1 - 2. Berlin 1825.

Rousseau, Jean - Jaques: Über den Ursprung der Ungleichheit unter den Menschen. In: Schriften zur Kulturkritik. [Dt. - Frz.] Eingeleitet, übers. u. hrsg. von Kurt Weigand. Hamburg (1971). S.62 - 269. (Philosophische Bibliothek.243.)

Schiller, Friedrich von: Werke. Nationalausgabe. Hrsg. von Julius Petersen, Gerhard Fricke[u.a.]. Bd 1 - . Weimar 1943ff.

Schlegel, Joh[ann] Elias: Werke. Hrsg. von Johann Heinrich Schlegel. (Kopenhagen, Leipzig 1764 - 1773 .) (Faks.Dr.) Bd 1 - 5. Frankfurt 1971. (Athenäum Reprints.)

3. Lessing: Sekundärliteratur und Wirkungsgeschichte

Andres, Astrid: Die Figur des Bösewichts im Drama der Aufklärung. Diss. Phil. Freiburg 1965.

Angehrn, Hans: Der Bösewicht in Lessings Theorie und dichterischer Praxis. Ein Beitrag zur Geschichte des deutschen Dramas im 18. Jahrhundert. Diss. Phil Zürich 1968. Zürich 1968.

Angress, R.K.: The Generations in 'Emilia Galotti'. In: Germanic Review 43 (1968). S.15 - 23.

Arntzen, Helmut: Die Komödie des Individuums. Lessings 'Minna von Barnhelm'. In: Arntzen: Die ernste Komödie. Das deutsche Lustspiel von Lessing bis Kleist. München 1968. S.25 - 45.

Barner, Wilfried [et al.]: Lessing. Epoche, Werk, Wirkung. München (1975). (Arbeitsbücher für den literaturgeschichtlichen Unterricht. Hrsg. von Wilfried Barner und Günter Grimm.) (Beck'sche Elementarbücher.)

Batley, E[dward] M[alcolm]: Die Dialektik von Intention und Rezeption als Grundlage zur Deutung der dramatischen Werke Lessings. An Miss Sara Sampson erläutert. In: Akten des 5. Internationalen Germanisten-Kongresses. Cambridge 1975. Hrsg. von Leonard Forster und Hans-Gert Roloff. Bd 4. Bern, Frankfurt/M. 1976. S.50 - 59.

Bauer, Franz: Gotthold Ephraim Lessing. Das Erwachen bürgerlichen Geistes. Berlin (1949). (Die kleine Bücherei.)

Bauer, Gerhard, und Sibylle Bauer (Hrsg.): Gotthold Ephraim Lessing. Darmstadt 1968. (Wege der Forschung. 211.)

Borch, Rudolf: Lessing-Bibliographie für 1916 - 1920. In: Lessing-Buch. Berlin 1926. S.67 - 85. Sonderabdruck:Berlin 1926.

Bostock, J Knight: The Death of Emilia Galotti. In: MLR 46 (1951). S.69 - 71.

Braemer, Edith: Zu einigen Grundfragen in Lessings 'Hamburgischer Dramaturgie'. In: Edith Braemer und Ursula Wertheim: Studien zur deutschen Klassik. Berlin (1960). S.5 - 39.

Braun, Julius (Hrsg.): Lessing im Urtheile seiner Zeitgenossen. Zeitungskritiken, Berichte und Notizen, Lessing und sein Werk betreffend, aus den Jahren 1747 - 1781. Bd 1 - 3. Berlin 1884 - 1897.

Brüggemann Diethelm: Die sächsische Komödie. Studien zum Sprachstil. Köln, Wien 1970. (Mitteldeutsche Forschungen.63.)

Brüggemann, Fritz: Die Entwicklung der Psychologie im bürgerlichen Drama Lessings und seiner Zeit. In: Euphorion 26 (1925). S.376 - 388.

Brüggemann, Fritz: Lessings Bürgerdramen und der Subjektivismus als Problem. Psychogenetische Untersuchung. In: Jahrbuch des Freien Deutschen Hochstifts 1926. S.69 - 110. [Wiederabgedruckt in: Gotthold Ephraim Lessing. Hrsg. von Gerhard und Sibylle Bauer. Darmstadt 1968. (Wege der Forschung. 211.)]

Cowen, Roy C.: On the Dictates of Logic in Lessings 'Emilia Galotti'. In: German Quarterly 42 (1969). S.11 - 20.

Danzel, Theodor Wilhelm, und G.E. Guhrauer: Gotthold Ephraim Lessing. Sein Leben und seine Werke. Nebst einigen Nachträgen zur Lachmann'schen Ausgabe. Bd 1 - 3. Leipzig 1850 - 1854.

Daunicht, Richard: Lessing im Gespräch. Berichte und Urteile von Freunden und Zeitgenossen. (München) 1971.

Dilthey, Wilhelm: Gotthold Ephraim Lessing. In Dilthey: Das Erlebnis und die Dichtung. Lessing, Goethe, Novalis, Hölderlin. Leipzig, Berlin 1906. S.11 - 110.

Dosenheimer, Elise: Das deutsche soziale Drama von Lessing bis Sternheim. Darmstadt 1967. [Zuerst 1949.]

Durzak, Manfred: Das Gesellschaftsbild in Lessings 'Emilia Galotti'. In: Lessing Yearbook 1 (1969). S.60 - 87. [Wiederabgedruckt in: Durzak: Poesie und Ratio. Vier Lessing - Studien. Bad Homburg (19707. S.69 - 104. (Schriften zur Literatur.14.)]

Dvoretzky, Edward: The Enigma of 'Emilia Galotti'. The Hague 1963.

Dvoretzky, Edward (Hrsg): Lessing. Dokumente zur Wirkungsgeschichte 1755 - 1968. Bd 1 - 2. Göppingen 1971 - 1972, (Göppinger Arbeiten zur Germanistik. 38. 39.)

Eloesser, Arthur: Das bürgerliche Drama. Seine Geschichte im 18. und 19. Jahrhundert. Berlin 1898.

Fricke, Gerhard: Lessings 'Minna von Barnhelm'. Eine Interpretation. In: Zeitschrift für Deutschkunde 53 (1939). S.273 - 292. [Wiederabgedruckt in: Fricke: Vollendung und Aufbruch. Berlin 1943. S.133 - 157. Wiederabgedruckt in: Fricke: Studien und Interpretationen. Frankfurt/M. 1956. S.25 - 46.]

Frieß, Ursula: 'Verführung ist die wahre Gewalt'. Zur Politisierung eines dramatischen Motivs in Lessings bürgerlichen Trauerspielen. In: Jahrbuch der Jean-Paul-Gesellschaft 6 (1971). S.102 - 130.

Graham, Ilse: Minds without Medium. Reflections on 'Emilia Galotti' and 'Werthers Leiden'. In: Euphorion 56 (1962). S.3 - 24. [Wiederabgedruckt in: Gotthold Ephraim Lessing. Hrsg. von Gerhard und Sibylle Bauer. Darmstadt 1968. (Wege der Forschung. 211.)]

Guthke, Karl S.: Der Stand der Lessing-Forschung. Ein Bericht über die Literatur von 1932 - 1962. Stuttgart 1965. [Zuerst in: DVjS 38 (1964) Sonderheft. S.68 - 169.]

Guthke, Karl S.: Lessing-Literatur 1963 - 1968. In: Lessing-Yearbook 1 (1969). S.255 - 264.

Guthke, Karl S.: Lessing in der Unterwelt. Grillparzers Totengespräch und seine Vorgeschichte. In: Austriaca. Beiträge zur österreichischen Literatur. Festschrift für Heinz Politzer zum 65. Geburtstag. In Zusammenarbeit mit Richard Brinkmann hrsg. von Winfried Kudszus und Hinrich C. Seeba. Tübingen (1975). S.171 - 187.

Haftmann, Werner: Gotthold Ephraim Lessing oder über den Auftrag des Schriftstellers in kritischen Zeiten. München (1962).

Hankamer, Paul: Lessing. In: Hochland 26,4 (1928/29). S.360 - 376.

Hass, Hans-Egon: Lessings 'Minna von Barnhelm'. In: Das deutsche Lustspiel. Hrsg. von Hans Steffen. Bd 1. Göttingen 1968. S.27 - 47.

Hatfield, Henry: Emilia's Guilt once more. In: MLN 71 (1956). S.287 - 196.

Hein, Jürgen (Hrsg.): Erläuterungen und Dokumente. Gotthold Ephraim Lessing: Minna von Barnhelm. Stuttgart (1971). (Reclams Universal-Bibliothek. 8108.)

Heitner, Robert R.: An Indictment of Bourgeois Passivity. In: Journal of English and Germanic Philology 52 (1953). S.480 - 490.

Heynatz, Johann Friedrich: Briefe, die Deutsche Sprache betreffend. Dritter Theil. Berlin 1772.

Hildebrandt, Dieter (Hrsg.): Gotthold Ephraim Lessing: Minna von Barnhelm. [...] (Frankfurt/M., Berlin 1969.) (Dichtung und Wirklichkeit. Hrsg. von Hans Schwab-Felisch und Wolf Jobst Siedler. 30.) (Ullstein Taschenbuch.3930.)

Hillen, Gerd: Die Halsstarrigkeit der Tugend. Bemerkungen zu Lessings Trauerspielen. In: Lessing Yearbook 2 (1970). S.115 - 134.

Hinck, Walter: Das deutsche Lustspiel des 17. und 18. Jahrhunderts und die italienische Komödie. Commedia dell' arte und théâtre italien. Stuttgart 1965. (Germanistische Abhandlungen.8.)

Kettner, Gustav: Lessings Dramen im Lichte ihrer und unserer Zeit. Berlin 1904.

Köster, Albert: Die deutsche Literatur der Aufklärungszeit. Hrsg. von Julius Petersen. Heidelberg 1925.

Kommerell, Max: Lessing und Aristoteles. Untersuchungen über die Theorie der Tragödie. Frankfurt/M. 1940.

Kraft, Werner: Emilia Galotti. In: Kraft: Rebellen des Geistes. Stuttgart 1968. S.9 - 43. [Überarbeitete Fassung eines Artikels aus der Neuen Rundschau 72 (1961). S.198 - 232.)]

Kundt, Ernst: Lessing und der Buchhandel. Heidelberg Diss. Phil. 1907. Heidelberg 1907.

Labroisse, Gerd M.: Emilia Galottis Wollen und Sollen. In: Neophilologus 56 (1972). S.311 - 323.

Labus, Lotte: 'Minna von Barnhelm' auf der deutschen Bühne. Diss. phil. Berlin 1934. Berlin 1936.

Lamport, F.J.: Lessing and the 'Bürgerliches Trauerspiel'. In: The Discontinous Tradition. Studies in German Literature in honour of Ernest Ludwig Stahl. Oxford 1971. S.14 - 28.

Lamport, F.J.: Eine bürgerliche Virginia. In: GLL 17 (1963/64). S.304 - 312.

List, Wolfram: Preußische Ehre im klassischen Drama. In: Dichtung und Volkstum 42,2 (1942). S.46 - 64.

Lukács, Georg: 'Minna von Barnhelm'. In: Lukács: Deutsche Literatur in zwei Jahrhunderten. (Neuwied, Berlin 1964.) S.21 - 38. (Lukács: Werke.7.) [Wiederabgedruckt in: Gotthold Ephraim Lessing. Hrsg. von Gerhard und Sibylle Bauer. Darmstadt 1968. S.427 - 447. (Wege der Forschung. 211.)]

Mann, Otto: Lessing und das Tragische. Preußische Jahrbücher 238 (1934). S.142 - 155.

Mann, Otto: Minna von Barnhelm. In: Das deutsche Drama vom Barock bis zur Gegenwart. Hrsg. von Benno von Wiese. Bd 1. Düsseldorf. 1958. S.79 - 100.

Mann, Otto: Lessing. Sein und Leistung. Hamburg 1948.

Mann, Otto: Neue Lessingforschung. In: Zeitschrift für deutsche Philologie 59 (1934). S.374 - 380.

Martini, Fritz: Riccaut, die Sprache und das Spiel in Lessings Lustspiel 'Minna von Barnhelm'. In: Gotthold Ephraim Lessing. Hrsg. von Gerhard und Sibylle Bauer. Darmstadt 1968. (Wege der Forschung. 211.) S.376 - 426. [Zuerst 1964.]

Mehring, Franz: Die Lessing-Legende. Berlin 1963. (Mehring: Gesammelte Schriften. Hrsg. von Thomas Höhle [et al.]. 9.)

Metzger, Michael: Soziale und dramatische Struktur in Lessings 'Emilia Galotti'. In: Akten des 5. Internationalen Germanisten-Kongresses. Cambridge 1975. Hrsg. von Leonard Forster und Hans-Gert Roloff. Bd 4. Bern, Frankfurt/M. 1976. S.50 - 59.

Meyer-Benfey, Heinrich: Lessings 'Minna von Barnhelm'. Göttingen 1915. (Klassische Dramen. 1.)

Michelsen, Peter: Die Erregung des Mitleids durch die Tragödie. Zu Lessings Ansichten über das Trauerspiel im Briefwechsel mit Mendelssohn und Nicolai. In: DVjS 40 (1966). S.548 - 566.

Michelsen, Peter: Die Verbergung der Kunst. Über die Exposition in Lessings 'Minna von Barnhelm'. In: Jb. d. dt. Schillerges. 17 (1973). S.192 - 252.

Müller, Jan-Dirk (Hrsg.): Erläuterungen und Dokumente. Gotthold Ephraim Lessing: Emilia Galotti. Stuttgart (1971). (Reclams Universal-Bibliothek. 8111/11a.)

Müller, Joachim: Prinzipien einer realistischen Ästhetik in Lessings 'Hamburgischer Dramaturgie'. In: Müller: Wirklichkeit und Klassik. (Berlin 1955.) S.42 - 52.

Müller, Joachim: Lessings 'Emilia Galotti'. In: Müller: Wirklichkeit und Klassik. (Berlin 1955.) S.53 - 62.

Müller, Klaus Detlef: Das Erbe der Komödie im bürgerlichen Trauerspiel. Lessings 'Emilia Galotti' und die commedia dell' arte. In: DVjS 46 (1972). S.28 - 60.

Muncker, Franz: Gotthold Ephraim Lessing. Bibliographie. In: Karl Goedecke: Grundriß zur Geschichte der deutschen Dichtung. Fortgeführt von Edmund Gotze. Bd 4, Abt. 1. Dresden 1916. S.303 - 473.

Murr, Christoph Gottlieb von: Denkmal zur Ehre des sel. Herrn Klotz. [...] Frankfurt, (Leipzig) 1772.

Nagel, Ivan: Aufklärung über das 'aufgeklärte Bürgertum'. In: Theater heute 6 (1970). S.33 - 37.

Nolte, Fred O.: Lessings 'Emilia Galotti' im Lichte seiner 'Hamburgischen Dramaturgie'. In: Gotthold Ephraim Lessing. Hrsg. von Gerhard und Sibylle Bauer. Darmstadt 1968. (Wege der Forschung. 211.) [Zuerst 1937.]

Pikulik, Lothar: 'Bürgerliches Trauerspiel' und Empfindsamkeit. Diss. Phil Bonn. Köln,Graz 1966. (Literatur und Leben. N.F. 9.)

Rempel, Hans: Tragödie und Kömödie im dramatischen Schaffen Lessings [...] (Unveränd. reprogr. Nachdr. d. Ausg. Berlin 1935.) Darmstadt 1967. (Reihe Libelli. 220 = N.F. 26.)

Richter, H.M.: Geistesströmungen. Berlin 1875.

Rieck, Werner: Lessings 'Emilia Galotti': Versuch einer Analyse. In: Wiss. Zs. d. Pädagogischen Hochschule Potsdam. Gesellschafts- und sprachwissenschaftliche Reihe 11 (1967). S.121 - 128.

Rieck, Werner: Zur Wirkung von Lessings 'Minna von Barnhelm' auf der deutschen Bühne. In: Wissenschaftliche Zeitschrift der Pädagogischen Hochschule Potsdam. Gesellschafts- und Sprachwissenschaftliche Reiehe 14 (1970). S.459 - 464.

Rilla, Paul: Lessing und sein Zeitalter. Berlin 1958. (Lessing: Gesammelte Werke. Hrsg. von Paul Rilla.10.)

Ryder, Frank G.: Emilia Galotti. In: German Quarterly 45 (1972). S.329 - 347.

Schadewaldt, Wolfgang: Furcht und Mitleid? In: Hermes 83,2 (1955). S.129 - 171.

Schaer, Wolfgang: Die Gesellschaft im deutschen bürgerlichen Drama des 18. Jahrhunderts. Grundlagen und Bedrohung im Spiegel der dramatischen Literatur. Diss. phil. Bonn. Bonn 1963. (Bonner Arbeiten zur deutschen Literatur.7.)

Schlaffer, Heinz: Der Bürger als Held. Sozialgeschichtliche Auflösung literarischer Widersprüche. Frankfurt/M. 1973. (Edition Suhrkamp.264.)

Schmidt, Erich: Lessing. Geschichte seines Lebens und seiner Schriften. Bd 1 - 2. Berlin 1884 - 1899.

Schneider, Heinrich: Emilia Galotti's Tragic Guilt. In: MLN 71 (1956). S.353 - 355.

Schrimpf, Hans-Joachim: Lessing und Brecht. Von der Aufklärung auf dem Theater. Pfullingen 1965. (opuscula aus Wissenschaft und Dichtung. 19.)

Schröder, Jürgen: Das parabolische Geschehen der 'Minna von Barnhelm'. In: DVjS 43 (1969). S.222 - 259.

Schröder, Jürgen: 'Minna von Barnhelm'. Ästhetische Struktur und 'Sprache des Herzens'. In: Lessing Yearbook 3 (1971). S.84 - 107.

Schulte-Sasse, Jochen: Lessing, Mendelssohn, Nicolai. Briefwechsel über das Trauerspiel. Hrsg. und komm. von Jochen Schulte-Sasse. München (1972).

Seckendorf, G. Freiherr von: Orsina. Trauerspiel in fünf Aufzügen, als Folgestück aus Lessings Emilia Galotti. Braunschweig 1815.

Seeba, Hinrich C.: Die Liebe zur Sache. Öffentliches und privates Interesse in Lessings Dramen. Tübingen 1973.

Spiess, Otto: Die dramatische Handlung in 'Emilia Galotti' und 'Minna von Barnhelm'. Ein Beitrag zur Technik des Dramas. Halle 1911. (Bausteine zur Geschichte der neueren deutschen Literatur.6.)

Spitzer, Leo: Emilia Galotti. Eine 'Gans' oder ein 'Luderchen'. Germanic Review 23 (1948). S.40 - 41.

Stahl, Ernst Ludwig: Lessing: Emilia Galotti. In: Das deutsche Drama. Hrsg. von Benno von Wiese. Bd 1. Düsseldorf 1958. S.101 - 112.

Stahr, Adolf: G(otthold) E(phraim) Lessing. Sein Leben und seine Werke. Bd 1 - 2. Berlin 1859.

Staiger, Emil: Lessing: Minna von Barnhelm. In: Staiger: Die Kunst der Interpretation. Studien zur deutschen Literaturgeschichte. Zürich 1957. S.75 - 96. [Zuerst 1947.]

Steinhauer, Harry: The Guilt of Emilia Galotti. In: Journal of English and Germanic Philology 48 (1949). S.173 - 184.

Steinmetz, Horst: Aufklärung und Tragödie. Lessings Tragödien vor dem Hintergrund des Trauerspielmodells der Aufklärung. In: Amsterdamer Beiträge zur neueren Germanistik 1 (1972). S.3 - 41.

Steinmetz, Horst: Die Komödie der Aufklärung. Stuttgart 1966. (Sammlung Metzler. 47.)

Steinmetz, Horst (Hrsg.): Lessing. Ein unpoetischer Dichter. Dokumente aus drei Jahrhunderten zur Wirkungsgeschichte Lessings in Deutschland. Frankfurt/M., Bonn 1969.

Stolte, Heinz: Lessings 'Minna von Barnhelm'. In: Zeitschrift für deutsche Bildung 17 (1941). S.71 - 80.

Träger, Klaus: Lessingsches Erbe. In: WB 22,5 (1976). S.80 - 96.

Tubach, Frederic C.: Die Naturnachahmungstheorie. Batteux und die Berliner Rationalisten. In: GRM 44 (NF 13), 1963. S.262ff.

Weber, Peter: Lessings 'Minna von Barnhelm'. Zur Interpretation und literarhistorischen Charakteristik des Werkes. In: Studien zur Literaturgeschichte und Literaturtheorie. Hrsg. von Hans-Günther Thalheim und Ursula Wertheim. Berlin 1970. S.10 - 57; S.335 - 340.

Weber, Peter: Das Menschenbild des bürgerlichen Trauerspiels. Entstehung und Funktion von Lessings 'Miß Sara Sampson. Berlin (1970).

Weigand, Hermann J.: Warum stirbt Emilia Galotti? In: Journal of English and Germanic Philology 28 (1929). S.467 - 481. [Wiederabgedruckt in: Weigand: Fährten und Funde. Hrsg. von A. Leslie Wilson. Bern, München 1967. S.39 - 50.]

Weinrich, Harald: Mythologie der Ehre, Ethik der Öffentlichkeit. In: Merkur 23 (1969). S.224 - 239.

Werner, Richard Maria: Lessings Emilia Galotti. Nebst einem Anhange: Die dreiactige Bearbeitung. Berlin 1882.

Wessel Jr., Leonard P.: The Function of Odoardo in Lessing's 'Emilia Galotti'. In: Germanic Review 47 (1972). S.243 - 258.

Wessel Jr., Leonard, und Charles M. Barrack: The Tragic Background to Lessing's Comedy 'Minna von Barnhelm'. In: Lessing Yearbook 2 (1970). S.149 - 161.

Wierlacher, Alois: Das bürgerliche Drama. Seine theoretische Begründung im 18. Jahrhundert. Diss.Phil. Bonn 1968. München 1968.

Wierlacher, Alois: Zum Gebrauch der Begriffe 'Bürger' und 'bürgerlich' bei Lessing. In: Neophilologus 51 (1967). S.147 - 156.

Wierlacher, Alois: Das Haus der Freude oder Warum stirbt Emilia Galotti. In: Lessing Yearbook 5 (1973). S.147 - 159.

Wiese, Benno von: Lessing. Dichtung, Ästhetik, Philosophie. Leipzig 1931.

Wiese, Benno von: Von Lessing bis Grabbe. Studien zur deutschen Klassik und Romantik. Düsseldorf 1968.

Wiese, Benno von: Die deutsche Tragödie von Lessing bis Hebbel. Bad Homburg 1948.

Willige, Wilhelm: Lessing. Ein Leben im Kampf für den deutschen Geist. Dresden 1938 . (Große Sachsen. Diener des Reiches.4.)

Wölfel, Kurt: Moralische Anstalt. Zur Dramentheorie von Gottsched bis Lessing. In: Deutsche Dramentheorien. Bd 1. Hrsg. von Reinhold Grimm. (Frankfurt/M. 1971.) S.45 - 122.

4. Tradition und Rezeption

Adorno, Theodor W[iesengrund-]: Minima Moralia. Berlin, Frankfurt/M. (1951).

Adorno, Theodor W[iesengrund-]: Noten zur Literatur. Frankfurt/M. (1965).

Adorno, Theodor W.: Thesen über Tradition. In: Ohne Leitbild. Parva Aesthetica.(Frankfurt/M 1967.) S.29 - 41. (edition suhrkamp.201.)

Auerbach, Erich: Mimesis. Dargestellte Wirklichkeit in der abendländischen Literatur. Bern 1964. (Sammlung Dalp. 90.)[Zuerst 1946.]

Barthes, Roland: Histoire ou littérature. In: Barthes: Literatur oder Geschichte. (Übers. von Helmut Scheffel.) (Frankfurt/M. 1969.) (edition suhrkamp. 303.)

Benjamin, Walter: Über den Begriff der Geschichte. In: Benjamin: Gesammelte Schriften. Bd 1, 1-2. Hrsg. von Rolf Tiedemann und Hermann Schweppenhäuser. (Frankfurt/M. 1974.) S.693 - 703.

Benjamin, Walter: Das Kunstwerk im Zeitalter seiner technischen Reproduzierbarkeit. (Frankfurt/M.) 1955. (Benjamin:Schriften. Hrsg. von Th[eodor]W. und Gretel Adorno. Bd 1.)

Bloch, Ernst: Naturrecht und menschliche Würde. (Frankfurt/M. 1961.) (Bloch: Gesamtausgabe. 6.)

Bloch, Ernst: Die Schaubühne als paradigmatische Anstalt betrachtet, und die Entscheidung in ihr. In: Das Prinzip Hoffnung. Bd 1. (Frankfurt/M. 1959.) (Bloch: Gesamtausgabe.5.) S.478 - 500.

Curtius, Ernst Robert: Europäische Literatur und lateinisches Mittelalter. Bern 1954.

Dialog über Tradition und Erbe. Kolloqium des Forschungsbereichs Gesellschaftswissenschaften der Akademie der Wissenschaften der DDR. Hrsg. von Dieter Schiller und Helmut Bock. Berlin 1976.

Escarpit, Robert: Das Buch und der Leser: Entwurf einer Literatursoziologie. Köln, Opladen 1961. (Kunst und Kommunikation.2.) [Zuerst 1958.]

Fiebach, Joachim: Zur Spezifik und Funktion von Theaterkunst. In: WB 18,7 (1972). S.50 - 77.

Fortunatow, N.: Künstlerischer Schaffensprozeß und Leser-Rezeption. In: Kunst und Literatur 1 (1971). S.26 - 44.

Fügen, Hans Norbert: Hauptrichtungen der Literatursoziologie. In: Literaturwissenschaft und Sozialwissenschaften. Grundlagen und Modellanalysen. Stuttgart 1971. S.81 - 150.

Gadamer, Hans-Georg: Wahrheit und Methode. 2. erw. Aufl. Tübingen 1965.

Giegel, Hans Joachim: Reflexion und Emanzipation. In: Hermeneutik und Ideologiekritik. (Frankfurt/M. 1971.) S.244 - 282. (Theorie-Diskussion.)

Girnus, Wilhelm [et al.]: Von der kritischen zur historisch-materialistischen Literaturwissenschaft. Berlin 1971.

Hahn, Erich: Marxismus und Ideologie. In: DZPh 10 (1964). S.1171 - 1190.

Hass, Hans Egon: Literatur und Geschichte. In: Neue deutsche Hefte 5 (1958/59). S.307 - 318.

Hillmann, Heinz: Rezeption - empirisch. In: Historizität in Sprach- und Literaturwissenschaft. Vorträge und Berichte der Stuttgarter Germanistentagung 1972. [...] hrsg. von Walter Müller-Seidel. München 1974. S.433 - 449.

Hohendahl, Uwe: Literaturkritik und Öffentlichkeit. In: LILI. Zs. für Literaturwissenschaft und Linguistik. (Frankfurt/M.) Jg 1, 1/2 (1971). S.11 - 46.

Horkheimer, Max, und Theodor W. Adorno: Dialektik der Aufklärung. Philosophische Fragmente. Amsterdam 1947.

Ingarden, Roman: Das literarische Kunstwerk. Tübingen 1960.

Jauß, Hans Robert: Literaturgeschichte als Provokation der Literaturwissenschaft. In: Literaturgeschichte als Provokation. (Frankfurt/M. 1970.) S.144 - 207. (edition suhrkamp.418.)

Kaiser, Gerhard: Überlegungen zu einem Studienplan Germanistik, literaturwissenschaftlicher Teil. Mit einem Exkurs über Hans Robert Jauß[...]. In: Fragen der Germanistik. Zur Begründung und Organisation des Faches. München 1971. S.38 - 65.

Kirsten, Utz: Der neue Leser. Literatursoziologische Fragestellungen in der SU der zwanziger Jahre. In: Wissenschaftliche Zeitschrift der Universität Rostock. Ges.- und Sprachwissenschaftliche Reihe 20, 1/2 (1971). S.123 - 129.

Krauss, Werner: Grundprobleme der Literaturwissenschaft. Zur Interpretation literarischer Werke. [...] (Reinbek 1968.) (Rowohlts deutsche Enzyklopädie. 290/291.)

Krauss, Werner: Literaturgeschichte als geschichtlicher Auftrag. In: Krauss: Studien und Aufsätze. Berlin 1959. S.19-72.

Krauss, Werner: Studien zur deutschen und französischen Aufklärung. Berlin (1963). (Neue Beiträge zur Literaturwissenschaft.16.)

Literatur als Praxis? Aktualität und Tradition operativen Schreibens. Hrsg. von Raoul Hübner und Erhard Schütz. (Opladen 1976.)

Mäde, Hans Dieter, und Ursula Püschel: Dramaturgie des Positiven. Berlin 1973.

Mandelkow, Karl Robert: Probleme der Wirkungsgeschichte. In: Jb. für Intern.Germanistik. (Probleme der Literaturgeschichts schichtsschreibung.) Frankfurt/M. 2,1 (1970). S.71 - 84.

Mandelkow, Karl Robert: Rezeptionsästhetik und marxistische Literaturtheorie. In: Historizität in Sprach- und Literaturwissenschaft. Vorträge und Berichte der Stuttgarter Germanistentagung 1972. [...] hrsg. von Walter Müller-Seidel. München 1974. S.379 - 388.

Marcuse, Herbert: Über den Affirmativen Charakter der Kultur. In: Kultur und Gesellschaft. 1. (Frankfurt/M. 1969.) S.56 - 101. (edition suhrkamp.101.)

Marcuse, Herbert: Das Ende der Utopie. Berlin 1967.

Marcuse, Herbert: Triebstruktur und Gesellschaft. (Frankfurt/M. 1967.) (Bibliothek Suhrkamp.158.)

Mattenklott, Gert, und Klaus R[üdiger] Scherpe: Aspekte einer sozialgeschichtlich fundierten Literaturgeschichte am Beispiel von Lessings Mitleidtheorie. In: Historizität in Sprach- und Literaturwissenschaft. Vorträge und Berichte der Stuttgarter Germanistentagung 1972. [...] hrsg. von Walter Müller-Seidel. München 1974. S.247 - 258.

Mattenklott, Gert, und Klaus R[üdiger] Scherpe (Hrsg.): Literatur der bürgerlichen Emanzipation im 18. Jahrhundert. Ansätze materialistischer Literaturwissenschaft. Kronberg/Ts 1973.

Meilach, B.: Die Kunstrezeption. Forschungsaspekte und Untersuchungsmethoden. In: Kunst und Literatur 19,2 (1971), S.140 - 155.

Meyer, Hermann: Tradition und Ursprünglichkeit in Sprache und Literatur. In: Tradition und Ursprünglichkeit. Akten des 3. Internationalen Germanisten-Kongresses 1965. Hrsg. [...] von Werner Kohlschmidt und Hermann Meyer. Bern, München (1966).

Naumann, Manfred, [et al.]: Gesellschaft. Literatur. Lesen. Literaturrezeption in theoretischer Sicht. Berlin, Weimar 1973.

Naumann, Manfred, [et al.]: Die Funktion der Erbeaneignung bei der Entwicklung der sozialistischen Literatur. In: WB 9 (1970). S.10 - 41.

Peitsch, Helmut: Private Humanität und bürgerlicher Emanzipationskampf. Lessings 'Miß Sara Sampson'. In: Literaturgeschichte als Sozialgeschichte. Westberliner Projekt zum Literaturgeschichtsstudium für künftige Deutschlehrer. S.179 - 192. In: Literatur der bürgerlichen Emanzipation im 18. Jahrhundert. Hrsg. von Gert Mattenklott und Klaus R. Scherpe. Kronberg/Ts 1973. S.137 - 192. (Literatur im historischen Prozeß.1.)

Plechanow, Georgi Walentinowitsch: Kunst und Literatur. Berlin 1955.

Prokop, Dieter: Massenkommunikationsforschung. Bd 1: Produktion. (Frankfurt/M. 1972.) (Fischer Taschenbuch.6151.)

Rjabow, W.: Der Gegenstand der geistigen Produktion und die Besonderheiten seiner Konsumtion. In: Kunst und Literatur 1 (1970). S.26 - 34.

Schiller, Dieter: Zu Begriff und Problem der Literaturgesellschaft. In: Studien zur Literaturgeschichte und Literaturtheorie. Hrsg. von Hans-Günther Thalheim und Ursula Wertheim. Berlin 1970.

Schiller, Dieter: Unser Traditionsverständnis und das klassische Erbe. In: WB 19,6 (1973). S.151 - 165.

Schücking, Levin L.: Soziologie der literarischen Geschmacksbildung. 3., neu bearb. Aufl. Bern, München 1961. (Dalp-Taschenbücher.354.) [Zuerst 1931.]

Schulte, Klaus: Modell eines literaturwissenschaftlichen Grundkurses. Die Funktion der Literatur bei der Formierung der bürgerlichen Klasse Deutschlands im 18. Jahrhundert. In: Literaturgeschichte als Sozialgeschichte. Westberliner Projekt zum Literaturgeschichtsstudium für künftige Deutschlehrer. S.168 - 178. In: Literatur der bürgerlichen Emanzipation im 18. Jahrhundert. Hrsg. von Gert Mattenklott und Klaus R. Scherpe. Kronberg/Ts 1973. S.137 - 192. (Literatur im historischen Prozeß.1.)

Seeba, Hinrich C.: Wirkungsgeschichte der Wirkungsgeschichte. Zu den romantischen Quellen [...] einer neuen Disziplin. In: Jb. für Intern. Germanistik 3,1 (1972). S.145 - 167.

Šklovskij, Victor: Die Kunst als Verfahren. (Dt. / Russisch.) In: Texte der russischen Formalisten. [...] Hrsg. von Jurij Striedter. Bd 1. (München (1969). S.3 - 35.

Sommer, Dietrich, und Achim Walter: Versuch über den gesellschaftlichen Charakter ästhetischer Bedürfnisse. In: WB 17,11 (1971). S.14 - 28.

Träger, Claus: Zur Kritik der bürgerlichen Literaturwissenschaft. Methodologischer Kreislauf um die unbewältigte Geschichte. In: WB 18, 2 (1972); 18,3 (1972). S.10 - 42; S.10 - 36.

Turk, Horst: Wirkungsästhetik: Aristoteles, Lessing, Schiller, Brecht. Theorie und Praxis einer politischen Hermeneutik. In: Jb. d. Dt. Schillerges. 17 (1973). S.519 - 531.

Walter, Achim: Sozial bedingte Lesemotivationen. In: WB 11 (1970). S.124 - 144.

Warneken, Bernd Jürgen: Jauß, Hans Robert: Literaturgeschichte als Provokation. [...] [Kritik.]In: Das Argument 14, 3/4 (1972). S.360 - 366.

Wedekind, Klaus Peter: Aktuelle Beziehungen zwischen Literaturwissenschaft und Literaturdidaktik. In: Literaturgeschichte als Sozialgeschichte. Westberliner Projekt zum Literaturgeschichtsstudium für künftige Deutschlehrer. S.138 - 167. In: Literatur der bürgerlichen Emanzipation im 18. Jahrhundert. Hrsg. von Gert Mattenklott und Klaus R. Scherpe. Kronberg/Ts 1973. S.137 - 192. (Literatur im historischen Prozeß.1.)

Weimann, Robert: Gegenwart und Vergangenheit in der Literaturgeschichte. In: Weimann: Literaturgeschichte und Mythologie. Berlin 1972. S.11 - 46.

Weimann, Robert: Shakespeare on the Modern Stage. Past Significance and Present Meaning. In: Shakespeare Survey 20. Cambridge 1967. S.113 - 120.

Weimann, Robert: Tradition als literar-geschichtliche Kategorie. In: Weimann: Literaturgeschichte und Mythologie. Berlin 1972. S.47 - 128.

Weimann, Robert [et al.]: Zur Tradition des Realismus und Humanismus. In: WB 10 (1970). S.31 - 119.

Weinrich, Harald: Kommunikative Literaturwissenschaft. In: Weinrich: Literatur für Leser. Stuttgart 1971.

Weinrich: Für eine Literaturgeschichte des Lesers. In: Merkur 21 (1967). S.1027 - 1038. [Wiederabgedruckt in: Weinrich: Literatur für Leser. Stuttgart 1971.]

Wyss, Ulrich: Zur Kritik der Rezeptionsästhetik. In: Historizität in Sprach- und Literaturwissenschaft. Vorträge und Berichte der Stuttgarter Germanistentagung 1972.[...] hrsg. von Walter Müller-Seidel. München 1974. S.143-154.

5. Nachschlagewerke

Adelung, Johann Christoph: Grammatisch-kritisches Wörterbuch der hochdeutschen Mundart [...]. Bd 1 - 4. Leipzig 1793 - 1801.

Deutsches Bühnen-Jahrbuch 79 (1971). Spielzeit 1970/1971.

Deutsches Bühnen-Jahrbuch 85 (1977). Spielzeit 1976/1977.

Goedeke, Karl: Grundriß zur Geschichte der deutschen Dichtung. Bd 4,1: Vom Siebenjährigen bis zum Weltkriege 1. Abt. 3. Aufl. Dresden [1907]- 1916.

Grimm, Jakob, und Wilhelm: Deutsches Wörterbuch. Bd 1 - 16. Leizig 1854 - 1960.

Lexikon Technik und exakte Naturwissenschaften Bd 1 - 10. (Frankfurt/M. 1972.)

Mitzka, Walter (Hrsg.): Trübners Deutsches Wörterbuch. Bd 1 - 8. Berlin 1939 - 1957.

Paul, Hermann: Deutsches Wörterbuch. Tübingen 1966.

Philosophisches Wörterbuch. Hrsg. von Georg Klaus und Manfred Buhr. Bd 1 - 2. 1o. Aufl. Leipzig 1974.

Sachwörterbuch der Geschichte [...]. Hrsg. von Horst Bartel [et al.]. Bd 1 - 2. Berlin 1970.